LES GUIDES DE LA MANUFACTURE

Les villes :

Le Guide de Sedan
Le Guide d'Avignon
Le Guide de Chartres

A paraître :

Le Guide de Rouen
Le Guide d'Aix-en-Provence
Le Guide de Saint-Malo
Le Guide de Besançon
Le Guide de Paris

Les régions :

Le Guide du Vercors
Le Guide du Bugey et du Pays de Gex
Le Guide des Ardennes
Le Guide du Haut-Doubs
Le Guide du Queyras
Le Guide de la Chartreuse
Le Guide de l'Ardèche
Le Guide de l'Argonne
Le Guide de la Creuse
Le Guide du Pays de Caux
Le Guide du Boulonnais et de la côte d'Opale
Le Guide de la Maurienne

A paraître :

Le Guide du Léman
Le Guide de la Vendée
Le Guide de la Corrèze
Le Guide des Vosges du Nord

Les pays :

Le Guide de l'Islande

Les thèmes :

Le Guide des musées du patrimoine rural

Le Guide
du Jura

Cette collection a obtenu le
GRAND PRIX NATIONAL
DES GUIDES TOURISTIQUES 1986

Le Guide du Jura

Pierre Gresser
Claude Mercier
André Robert
Michel Vernus

la manufacture

Sommaire

Les paysages du Jura 11

Jura blanc, Jura noir, 13. — De multiples nuances locales, 18. — Climat, 20. — La forêt, 21.

Le Jura d'hier et d'aujourd'hui 31

Avant l'écriture, 33. — Le Jura romanisé, 38. — Le millénaire médiéval, 41. — Les Temps modernes, 49. — Révolutions et mutations en cascade de 1789 à aujourd'hui, 55.

Un patrimoine aux multiples aspects 63

Regards sur l'architecture médiévale, 65. — Du gothique persistant au classique triomphant, 69. — XIXe et XXe siècles : une dominante scientifique et littéraire, 74.

Les activités économiques : tradition et innovation 77

Quelle identité pour le Jura ? 97

A la découverte du Jura 103

Lons-le-Saulnier 105

Une situation et un site privilégiés, 107. — La découverte de la ville, 112. — Les environs lédoniens, 126.

La Petite-Montagne 131

Baume-les-Messieurs et le sud du Vignoble 143

Une double approche, 145. — De Voiteur aux grottes de Baume, 153.

De Poligny à Arbois 165

Poligny, « une des jolies et plaisantes villes du comté de Bourgogne », 167. — Arbois : son clocher, son vin, sa douceur de vivre, 172.

Salins et la saline d'Arc-et-Senans 181

La Bresse jurassienne 195

De Lons-le-Saunier à Sellières, 197. — De Sellières à Dole, 201.

Dole 211

Les caprices de l'histoire, 213. — Dole aujourd'hui, 216. — Découverte de la ville, 217. — Visiter la périphérie de Dole, 227.

La région doloise 231

La montagne de la Serre et les Avants-Monts, 233. — Entre le Doubs et la Loue : forêt de Chaux et val d'Amour, 240. — La plaine du Doubs et le Finage, 249.

Champagnole et les plateaux environnants 253

Champagnole et ses proches environs, 255. — La combe d'Ain et la forêt de la Joux, 262. — Le val de Mièges, les vallées de l'Ain, de la Saine et de la Lemme, 270.

Au pays des lacs et des eaux vives 281

Clairvaux-les-Lacs, 283. — Autour du lac de Vouglans, 286. — Des lacs et des cascades, 291. — D'Ilay à Clairvaux, 296.

Morez, Les Rousses et le Grandvaux 303

Morez et ses environs, 305. — Les Rousses-Haut-Jura, 312. — A la découverte du Grandvaux et des gorges de la Bienne, 325.

Le haut Jura de Saint-Claude 331

Saint-Claude : du monachisme à l'industrie, 333. Visite de Saint-Claude, 338. — Les environs de Saint-Claude, 342.

Renseignements pratiques 357

Pour venir dans le Jura, 359. — Pour s'informer, 360, — Pour se loger, 362. — Pour pratiquer les sports, 370. — Le Jura à pied, 374. — Le Jura à cheval, 377. — La pêche dans le Jura, 381.

Annexes 385

Orientation bibliographique, 387. — Index des principaux noms de lieux et de personnalités, 389.

Créé en 1790 par l'Assemblée nationale constituante, le département du Jura demeure une entité administrative qui sera bientôt biséculaire. Ce passé respectable ne saurait pourtant faire oublier que dès l'origine, les limites assignées à la nouvelle circonscription se jouèrent de la géographie et de l'histoire.

En effet, c'est en vain que l'on chercherait une quelconque correspondance entre l'assise départementale actuelle et les données naturelles. Il suffit d'évoquer les différences entre la plaine du Finage, dans la région de Dole, et les paysages montagneux du haut Jura pour souligner combien le souci qui présida au tracé du cadre administratif fut en partie économique : reproduire à une échelle plus réduite l'ancienne unité vitale de la province de Franche-Comté, fondée sur la complémentarité des échanges entre la montagne et le bas pays. C'est ainsi que « l'orientation perpendiculaire à la chaîne montagneuse des districts de Salins/Arbois, Poligny, Lons-le-Saunier et Orgelet, qui chevauchaient la plaine, le Vignoble et les plateaux, respectait la vie locale » (Claude-Isabelle Brelot).

Si nous tournons nos regards vers le passé, la discordance entre l'histoire antérieure à la Révolution française et le découpage opéré par la Constituante est non moins flagrante. Certes, pour l'essentiel, le département reprit le contour des bailliages de l'Ancien Régime avec, parfois, des corrections de détail, comme le détachement du marquisat de Chaussin de la Saône-et-Loire et son rattachement au Jura en avril 1790. Mais, malgré cette prégnance des limites administratives de l'époque moderne, comment réduire l'action des hommes, qui façonnèrent les terres jurassiennes, à une circonscription relativement récente et d'autant plus artificielle qu'en aucun cas elle ne correspond à une entité antérieure à la fin du XVIIIe siècle ? Cela est d'autant plus vrai lorsque l'on remonte dans le temps où la notion d'unité culturelle ne saurait se confondre avec notre actuelle organisation de l'espace.

C'est en ayant conscience de cette double particularité que les auteurs de ce livre ont d'abord cherché à mettre en valeur la spécificité départementale du Jura. Conformément à la tradition, les chapitres historiques suivent l'approche géographique de la région étudiée. De plus, le tableau économique et social qui complète l'ensemble cherche à donner l'idée la plus actuelle d'une réalité impossible à voir sur le terrain dans sa globalité. La présentation théorique se double d'une description de l'originalité jurassienne dans le cadre de différents itinéraires, mêlant à la fois l'évocation du passé et les problèmes du temps présent. Dans les deux cas, les limites administratives ont parfois été franchies. Que le lecteur veuille bien nous en excuser et voir dans ces passages non pas des digressions, mais l'impossibilité à insérer les multiples composantes de la réalité dynamique dans un espace figé.

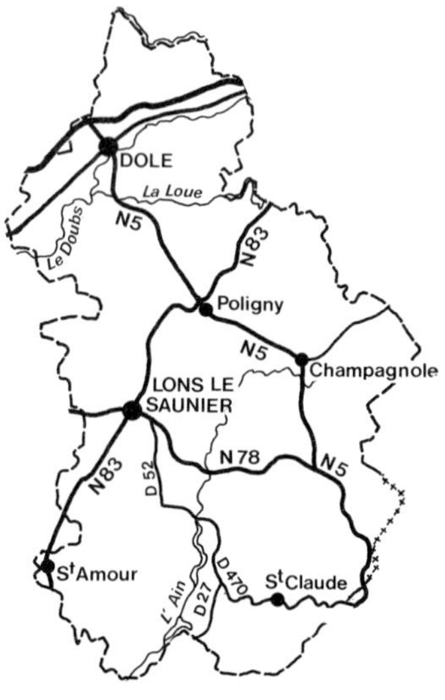

Le Jura.

Les paysages du Jura

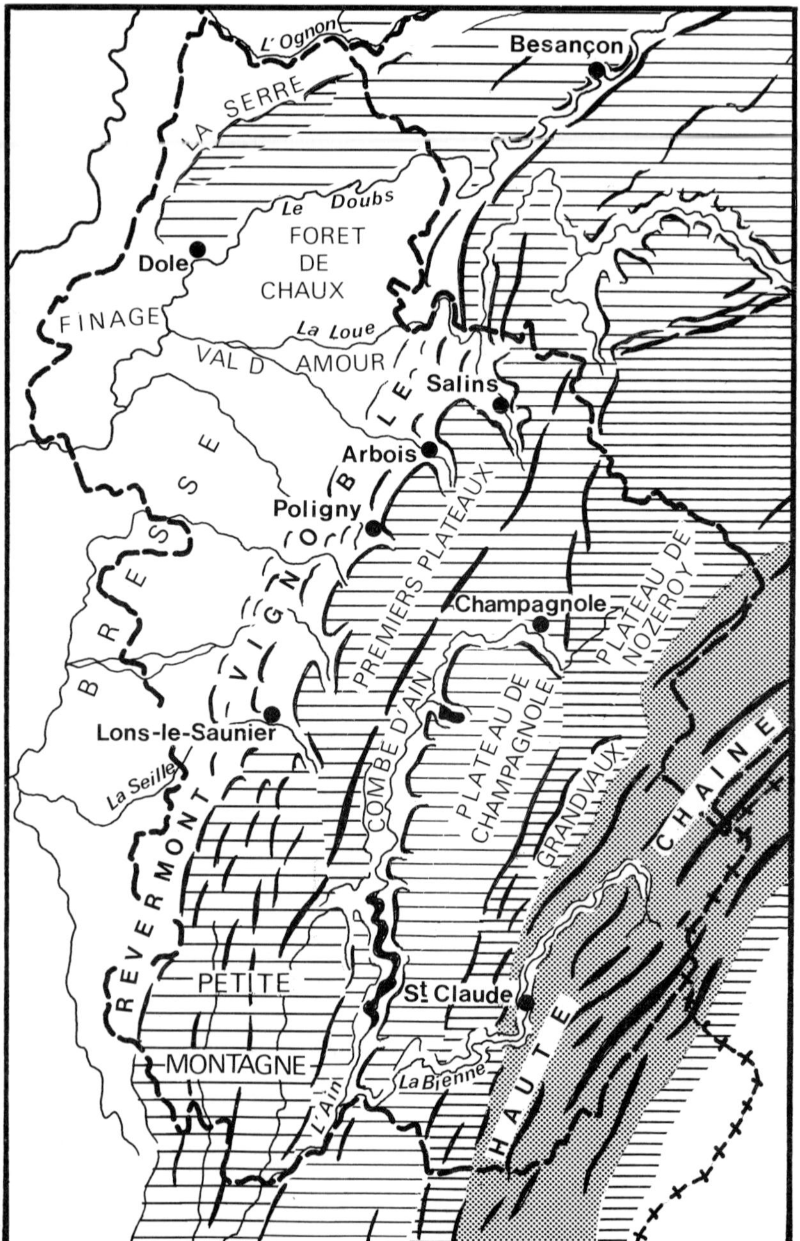

Les grands ensembles du relief.

◄ *Le lac d'Antre au-dessus de Villards-d'Héria.*

Relief et paysages du Jura se répartissent en deux régions d'importance inégale. A l'ouest d'une ligne Mouchard-Lons-le-Saunier-Saint-Amour, une plaine basse appartenant au bassin de la Saône présente des altitudes peu contrastées autour de deux cents mètres, avec cependant des nuances sensibles entre région doloise, grandes vallées et collines bressannes. A l'est, sur les deux tiers du département, un ensemble montagneux offre une topographie et des altitudes variées : plateaux étagés, haute chaîne plissée en longs rubans de monts et de vaux.

Le département du Jura est sans doute moins jurassien que le Doubs presque tout entier situé en zone montagneuse, et à peine plus que le département de l'Ain, auquel il abandonne d'ailleurs les plus hauts sommets du Jura français (crêt de la Neige : 1 723 mètres, crêt d'Eau, Colomby, Grand-Colombier). Toutefois, il constitue la partie centrale du massif et livre un large échantillon des types de relief et des formes qui caractérisent le relief jurassien : larges plateaux calcaires et chaînes régulières que l'on retrouve plus au nord dans le Doubs, crêtes étroites et compliquées de la Petite-Montagne et de la région sanclaudienne, qui se continuent dans tout le Bugey, formes karstiques et modelé glaciaire.

Le département assure également une transition dans les paysages : dans le sud, des nuances plus rhodaniennes, presque méridionales se perçoivent dans la végétation, les formes de l'habitat, dans la toponymie et les genres de vie, qui annoncent la Grande Bresse et le Bugey.

Jura blanc, Jura noir

Les roches de l'ensemble montagneux présentent une assez grande homogénéité. Les calcaires dominent largement, si largement que le Jura a pu servir de référence pour qualifier un « système » de l'ère secondaire, le jurassique. Durant cette période de près de quatre-vingts millions d'années, se sont accumulés dans des mers peu profondes, à partir de débris de coquillages, de squelettes de poissons et de coraux, plusieurs centaines de mètres de dépôts calcaires, légèrement différents toutefois selon le lieu et la période de formation, et séparés par quelques bancs de terrains marneux assez minces. L'ensemble est plus important à l'est, proche de la Suisse, où les terrains sédimentaires atteignent près de quatre mille mètres d'épaisseur.

A l'ouest, les calcaires du jurassique moyen (ou dogger), très résistants, s'empilent sur plusieurs centaines de mètres, en couches régulières, de couleur ocre et grise. Ce sont eux que l'on découvre sur les flancs des reculées autour d'Arbois, de Poligny, de Lons-le-Saunier. Très massifs, peu plissés, mais hachés par de nombreuses failles, ils forment les vastes tables horizontales des premiers plateaux, usés et nivelés par une lente érosion.

Ces formations sont peu à peu recouvertes vers l'est par des terrains plus récents, du jurassique supérieur ou malm, également calcaires, mais de teinte nettement plus claire. Ceux-ci constituent l'armature du relief des seconds plateaux et de la haute chaîne. Ils se découvrent au flanc des cluses et constituent les longs abrupts blanchâtres des crêts, au milieu des forêts sombres. Ils forment le « Jura blanc » des anciens géologues.

Les terrains du malm sont cependant moins homogènes que ceux du jurassique moyen : ils admettent nombre de bancs marneux intercalés entre les larges couches de calcaires. Plus tendres, ces marnes sont facilement attaquées par l'érosion sur les versants et les abrupts, et offrent les lignes continues d'abris-sous-roche plus ou moins vastes, souvent de simples griffures grises au flanc des falaises claires. Les terrains plus récents, d'âge crétacé, n'ont été conservés que dans les vals de la haute chaîne : les calcaires, parfois marmoréens, perdent encore de leur puissance face aux marnes et sables qui deviennent parfois dominants.

Sur la bordure occidentale de la montagne jurassienne, le jeu combiné du soulèvement et de l'érosion a mis au jour les couches plus anciennes, marnes et calcaires marneux noirâtres du lias (ou jurassique inférieur), voire argiles à sel et gypse du trias, présents dans le Vignoble, de Lons-le-Saunier à Arbois et Salins. L'érosion agit avec plus de vigueur sur ces terrains peu résistants que trahissent des collines molles aux bas de versants adoucis, surmontés parfois d'un « chapeau » protecteur de calcaire jurassique souvent boisé.

Ce secteur correspond à ce que les anciens auteurs appelaient le « Jura noir », en raison de la couleur sombre de la plupart des terrains.

Le socle, sur lequel reposent les séries sédimentaires d'âge secondaire, n'apparaît pas dans le Jura, mais il est à faible profondeur à l'ouest, entre – 250 mètres et – 350 mètres sous le Vignoble, localement – 40 mètres à Grozon près de Poligny, alors qu'il s'enfonce très rapidement à l'est et n'est atteint qu'à – 2 000 mètres sous la haute chaîne, – 4 000 mètres sous la plaine suisse. Ce socle, cristallin pour l'essentiel (granite, gneiss), comprend également des terrains sédimentaires primaires, notamment dans la région de Lons-le-Saunier, où un important bassin houiller a été reconnu par sondage sous la ville.

Curieusement, le socle, masqué dans la montagne, affleure dans le bas pays, au cœur du petit ensemble boisé de la Serre, à la faveur d'un soulèvement local. Les terrains primaires (« massif ancien ») percent les couches de grès du trias en un petit dôme bordé de failles, la Serre, dans une structure analogue aux Vosges et au Morvan, mais d'une ampleur beaucoup plus modeste, puisque le sommet ne dépasse pas 391 mètres.

En dehors de la Serre et de ses abords calcaires qui se poursuivent dans les Avant-Monts des environs de Besançon, la partie occidentale du département, qui appartient aux plaines de la Saône, est formée de terrains récents, pour la plupart tertiaires (oligocènes et miocènes). Ils remplissent en partie un ancien bassin d'effondrement (fossé de Bresse), limité par des failles à l'est, le long du Revermont, comme à l'ouest (Côte d'Or, Mâconnais), et tour à tour envahi par la mer ou rempli d'eaux douces. Les dépôts sont pour la plupart argileux ou marneux, donnant des terres lourdes, humides, souvent difficiles à travailler. Sur la bordure se sont accumulés de vastes dépôts de cailloutis amenés par des rivières puissantes venant de l'est. C'est notamment le cas en forêt de Chaux, un delta de l'ancien fleuve Rhin-Doubs, roulant ses galets alpins depuis la Suisse centrale...

Une montagne récente

Si les structures géologiques se sont mises en place en plusieurs phases parfois anciennes, le relief actuel résulte d'un soulèvement récent de la montagne jurassienne, commencé il y a sept millions d'années à peine et qui semble se poursuivre actuellement, comme en témoignent, sur la bordure occidentale, des méandres récents du Doubs déformés et certains sites romains dénivelés.

Auparavant, l'ensemble du département correspondait, comme toute la chaîne du Jura, à une zone de bordure marine, plate-forme longuement inclinée vers une mer profonde à l'emplacement de la Suisse et des Alpes actuelles. S'y entassent durant toute l'ère secondaire des couches épaisses de sédiments, surtout calcaires.

L'émersion se produit au début de l'ère tertiaire il y a quelque cinquante millions d'années, alors que commence à se creuser la fosse bressanne. Le « Jura », soulevé et en pente vers la dépression suisse, est soumis à l'érosion, particulièrement sur sa bordure occidentale où les couches calcaires sont lentement taillées en plateaux. Des plissements s'ébauchent à l'oligocène, accompagnés de failles. Sur les flancs orientaux et méridionaux toutefois se déposent, dans le fond des dépressions immergées, des molasses miocènes identiques à celles de la plaine suisse.

Le paroxysme tectonique se produit à la fin du miocène (pontien). La chaîne se soulève dans le même temps où se mettent en place les grands massifs

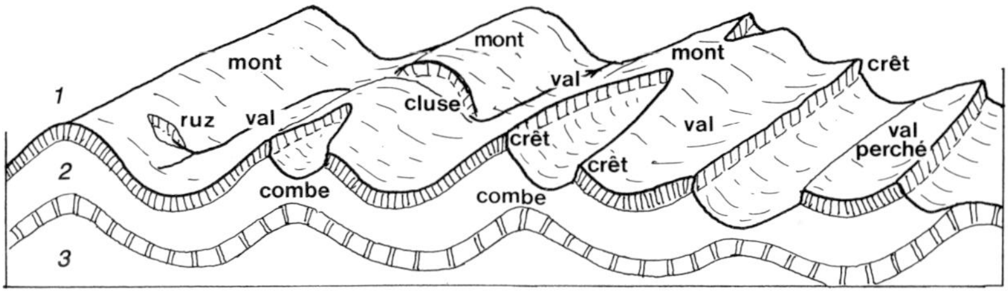

Le relief jurassien. 1. Couche calcaire résistante. 2. Couche tendre. 3. Couche calcaire résistante.

alpins. Le socle profond se casse, partagé par des failles en blocs qui se chevauchent. La couverture sédimentaire plus souple se déforme. A l'est, où les terrains jurassiques sont très épais et rendus plastiques par la présence de marnes, la région se ride en longs anticlinaux et synclinaux parallèles, souvent réguliers, quoique parfois décalés par quelques failles profondes (« accidents » ou décrochements de Pontarlier et de Morez). A l'ouest, les calcaires plus massifs et la proximité du socle imposent un autre style, où les plis jouent un moindre rôle, au contraire des cassures qui dénivellent les couches et se présentent parfois en « faisceaux » de failles parallèles, notamment sur la bordure occidentale (faisceau lédonien, faisceau salinois).

L'ensemble du relief subit alors une poussée générale vers l'ouest, qui fait glisser dans cette direction les couches sédimentaires au-dessus du socle. Elles le débordent même dans le Vignoble où, par un chevauchement d'une dizaine de kilomètres parfois, les terrains du trias et du jurassique ont recouvert les sédiments beaucoup plus récents — oligocènes et miocènes — du fossé de Bresse... Dans le même temps, les principaux accidents de la structure sont réactivés, les failles rejouent, les plis s'accentuent.

Surtout, c'est à cette époque que se produit une inversion générale du drainage : contrairement aux périodes précédentes, c'est désormais la partie orientale plissée qui est portée à plus haute altitude. La plupart des rivières, après un cours plus ou moins sinueux, se déversent alors dans le lac bressan. La surrection de la montagne jurassienne engendre une érosion vigoureuse. Le ruissellement et les eaux courantes sculptent les modelés. Mais leur action est contrariée par la nature calcaire des roches : à l'érosion « normale » s'ajoute, voire, pour de vastes espaces, se substitue l'érosion karstique, génératrice de tout un cortège de formes originales. Enfin, au cours de l'ère quaternaire, il y a quelques dizaines de milliers d'années seulement, les glaciers à plusieurs reprises occupent toute la partie haute du département actuel et contribuent également à façonner les reliefs.

Combes, cluses, ruz et vals

L'opposition dans le style tectonique comme dans l'ampleur du soulèvement entre la haute chaîne et le Jura des plateaux se retrouve dans la morphologie.

La haute chaîne est le domaine du relief plissé. Les anticlinaux, souvent parallèles, formés de couches calcaires plissées correspondent aux monts actuels, avec leurs sommets arrondis et leurs versants raides, parfois entaillés de ruz. Les vaux, ou vals, correspondent aux synclinaux. Ils sont parfois encombrés de collines de molasse miocène comme autour de Morez et Saint-Claude.

L'érosion des rivières a pu cependant entailler et aménager les reliefs. Des cluses traversent perpendiculairement l'anticlinal, coupure profonde et étroite ayant profité d'un abaissement local du pli ou d'une faille rompant sa continuité.

Une érosion importante sur le sommet d'un mont a, parfois, fait disparaître localement la couverture calcaire résistante et développé dans les couches marneuses sous-jacentes plus tendres un creux allongé, ou combe, parallèle au val proche, mais taillé dans l'axe de l'anticlinal et bordé d'abrupts calcaires ou crêts.

Dans le détail toutefois le relief du haut Jura apparaît souvent plus complexe, ayant notamment à composer avec le jeu de failles longitudinales ou transverses, avec des replis et plissottements « dysharmoniques » dans les couches supérieures. Ces phénomènes sont particulièrement nombreux dans le sud du département, Jura de Saint-Claude et Petite-Montagne.

Les rivières sont pour la plupart adaptées à cette structure plissée : les eaux suivent le tracé du val et ne s'en échappent que par une courte percée en cluse pour rejoindre le val voisin. Aussi la plupart des cours d'eau sont-ils parallèles à l'orientation générale de la chaîne. C'est le cas dans le Doubs (haut Doubs et Dessoubre), c'est le cas dans le Jura (Ain, Bienne, Suran...). Leur tracé en baïonnette avec de brusques changements d'orientation, présente une alternance de biefs calmes dans les vals, et de sections encaissées, avec rapides et cascades, encombrées de rochers parfois creusés de « marmites de géants ».

Chaque val constitue ainsi une petite unité particulière (tel le Grandvaux), séparé de ses voisins par des monts continus. Les seuls passages transversaux sont permis par les cluses. Mais elles sont rarement longtemps continues et les voies de communication doivent souvent escalader les versants à la recherche d'un passage toujours élevé : la route de Genève emprunte le col de la Savine à 991 mètres entre Saint-Laurent et Morez, et au-delà des Rousses, le col de la Faucille, à 1 323 mètres. Le passage vers Saint-Cergue est à 1 228 mètres, assez peu en dessous des principaux sommets.

Des plateaux vallonnés et secs

Les plateaux, bien développés au nord-est de Lons-le-Saunier et autour de Champagnole, ne doivent pas leur aspect plan à la seule présence de bancs calcaires presque horizontaux, peu affectés de plissements. S'ils ont été ensuite portés en altitude, et si des études récentes montrent que leur soulèvement se continue, ils ont subi durant la majeure partie de l'ère tertiaire une action érosive importante, et les couches, légèrement inclinées vers l'est, sont taillées en biseau par des surfaces d'érosion étagées.

L'érosion a pu d'ailleurs niveler des blocs qu'un jeu de failles avait auparavant disjoints, et permettre l'affouillement postérieur des terrains les moins résistants, diversifiant le relief indépendamment du soulèvement originel des blocs. C'est le cas notamment dans le Vignoble, où les zones les plus basses correspondent souvent à des secteurs soulevés (« horst »), mais de roches tendres, tandis que les terrains durs plus récents, conservés dans des blocs effondrés (« graben ») ont été mis en relief. Le fait se présente surtout lorsque les roches en contact sont particulièrement contrastées, comme c'est le cas dans la plupart des zones de « faisceaux », où les terrains sont tranchés et dénivelés par de nombreuses failles grossièrement parallèles (faisceau lédonien, le long du Revermont et du Vignoble, faisceau salinois, faisceau de Syam à l'est de Champagnole).

Ailleurs, sur les plateaux, les surfaces d'érosion longuement élaborées au cours de l'ère tertiaire, se retrouvent à peu près intactes, par suite du faible rôle des rivières. Les tables calcaires horizontales, aux sols minces et souvent secs (les chaux), où percent par endroits quelques roches blanchâtres taraudées de cannelures ou lapiez, sont rarement continues sur de grands espaces. Dans le détail dominent les vallonnements confus, désordonnés, les creux de toutes tailles. Peu de vallées, encore moins de rivières. Les eaux des précipitations s'enfoncent grâce à un réseau de fissures ténues (les diaclases), à l'intérieur de la masse des calcaires. Légèrement acides, elles dissolvent les carbonates de la roche, contribuant à agrandir les passages. Se crée ainsi tout un ensemble de formes liées à la dissolution du calcaire et que l'on qualifie globalement de relief karstique où la circulation des eaux est souterraine

Par monts et par vaux, depuis Longchaumois.

pour une grande part, ou confinée en d'étroites vallées profondes bordées de hauts abrupts rocheux, tandis que la surface du plateau, sèche, est parsemée de dépressions — les dolines — et trouée d'avens, appelés ici entonnoirs ou emposieux. Gouffres, grottes, rivières souterraines sont nombreux et seulement en partie explorés. Les ruisseaux de surface sont rares sur les plateaux et s'épuisent durant la saison sèche, le plus souvent perdent leurs eaux après quelques kilomètres de cours.

Le cheminement souterrain des rivières n'est pas partout connu. Les eaux réapparaissent, parfois après de longues distances, dans des résurgences, ou sources vauclusiennes. Ainsi, toutes les pertes des ruisseaux du bassin de Lemuy, à l'est de Salins, contribuent à alimenter la source du Lison, à plus de huit kilomètres au nord. Ainsi, les « entonnoirs » où se perd la Thoreigne près d'Orgelet sont essentiels pour les écoulements du Valouson, un modeste ruisseau de la Petite-Montagne.

Chaque réseau souterrain, encore actif ou abandonné, est jalonné de grottes plus ou moins vastes, parfois ornées de stalactites, de stalagmites et de colonnes, concrétions calcaires de formes souvent étranges constituées par le dépôt des carbonates de chaux dont l'eau s'est chargée au cours de son voyage à travers la roche. Certaines grottes sont aménagées dans le Jura pour une visite publique.

Les résurgences, où la rivière sort ainsi toute constituée, se situent parfois dans de véritables gorges, ou au fond de reculées en « bout du monde » cernées de hautes falaises grises.

De multiples nuances locales

Ces aspects « classiques » de la morphologie jurassienne, qui prédominent dans le Doubs, se retrouvent dans le département jusqu'à une diagonale Morez-Lons-le-Saunier. Ainsi apparaissent, de l'ouest à l'est :

— le Vignoble : des collines basses à sommet boisé, aux pentes tapissées de vignes et de prés, que domine vers l'est l'abrupt calcaire de la bordure du Jura ;

— les plateaux étagés, troués de dolines et compartimentés de murettes de pierres, dominant les étroites « reculées » et la vallée de l'Ain (combe d'Ain) ;

— la haute chaîne, avec ses vals humides, parfois tourbeux, mais presque toujours défrichés, (Grandvaux, val de

Le lac des Mortes.

L'Embossieux.

Mouthe, vallée de Joux) et ses monts couverts de forêts trouées de prés-bois (Risoux, mont Noir, Joux-devant, forêt du Prince...).

Le sud du département est plus complexe. Les plateaux n'apparaissent plus qu'en lambeaux minces dans les vals (Orgelet, Moirans), tandis que les zones plissées et faillées prédominent en longues échines méridiennes. Ainsi la Petite-Montagne, au sud de Lons-le-Saunier se résoud en étroits rubans de collines calcaires et boisées qui se relèvent en bordure de la Bresse dans la crête complexe du Revermont... Le sud-est est également différent, plus massif, plus élevé, coupé de vallées profondes et étroites (Bienne, Valmijoux).

C'est dans ces régions méridionales que les glaciations quaternaires ont apporté de surcroît leurs complications majeures. De puissants glaciers ont, à plusieurs époques — Riss, Würm —, envahi la plaine suisse et, enjambant le rebord oriental du Jura, ont recouvert haute chaîne et plateaux pour venir mourir non loin des plaines bressannes. Leur influence est encore perceptible par les dépôts de moraines qu'ils ont laissés et qui renforcent l'aspect mamelonné et anarchique de la plupart des fonds de vals, gênant l'écoulement des eaux. Des langues glaciaires sont responsables également du « surcreusement » de certaines vallées perpendiculaires à l'orientation de la chaîne (ainsi la vallée du Hérisson) et de la présence de nombreux lacs de « barrages morainiques », épars sur le haut Jura (lacs de Chalain, de Clairvaux, de Narlay, des Rousses...), dans les eaux desquels se mirent les forêts sombres des « joux » proches et qui, souvent très poissonneux, contribuent à l'agrément d'un séjour jurassien.

Le bas pays du Jura fait partie des plaines de la Saône ; quoique moins riche en curiosités naturelles, il ne manque cependant pas de variété, et de petites régions s'individualisent tant par leur modelé que par les formes de peuplement, d'habitat et d'économie agricole. Ainsi le massif de la Serre, au nord, petit massif ancien, peu élevé, aux sols acides totalement couverts de forêts, entouré de calmes collines calcaires au-dessus de vallons marneux et verdoyants... De ces hauteurs modestes, la vue domine les grandes vallées à fond plat des affluents de la Saône, Ognon et Doubs, et surtout de la Loue qui étalait naguère ses larges méandres divagants à travers les prairies du val d'Amour. Aujourd'hui, toute une action d'aménagement a été menée pour « rectifier » le lit de la rivière (ainsi que celui du Doubs en aval du confluent). Le pittoresque de la vallée y a perdu beaucoup si l'agriculture y a gagné des terres. Mais la rivière se pliera-t-elle aussi aisément à la volonté des hommes ? Déjà quelques méandres coupés se reforment.

En amont de Dole, entre Doubs et Loue, la forêt de Chaux, un des principaux massifs forestiers français, utilise les terres médiocres du delta graveleux de l'ancien fleuve Rhin-Doubs. Tout en collines basses, et délaissé par l'agriculture — un seul village à l'intérieur du vaste espace boisé — ce secteur s'oppose aux horizons dégagés du Finage à l'ouest de Dole, la « grande » plaine céréalière du département.

Elle s'oppose également à la Bresse comtoise argileuse et humide, une « fausse plaine » toute en légers et calmes vallonnements, avec son chevelu très dense de ruisseaux sinueux escortés de saules et souvent barrés de digues retenant un escalier complexe d'étangs poissonneux. Un pays de bocages où l'arbre est roi, mais plus souvent torturé en haies de têtards au bord des prairies qu'élément de futaies, rares ici. Un pays que tranchent les petites plaines plus sèches des terrasses alluviales de la Seille autour de Bletterans et de la Vallière à l'ouest de Lons-le-Saunier.

Les tavaillons protègent les murs.

Climat

L'ensemble du département appartient à la France de l'Est, de climat semi-continental, avec des hivers souvent rudes et enneigés, des étés chauds et ensoleillés, mais aussi orageux. Intervient toutefois une influence de la latitude qui, déjà méridionale, en tempère en quelques endroits la dureté.

Le relief joue un rôle majeur dans les précipitations comme dans les températures. Les abrupts des rebords des plateaux, les chaînons du haut Jura sont disposés perpendiculairement aux vents d'ouest humides : aussi Revermont et Vignoble d'une part, haute chaîne d'autre part sont-ils plus arrosés que les régions à leurs pieds. Et les vals, en position méridienne, nettement plus secs que les monts de part et d'autre, sont volontiers balayés par la bise du nord-est durant les froides journées de février.

Les lignes du relief délimitent ainsi clairement les nuances climatiques : d'un côté les zones de plaines, région doloise et Bresse comtoise, moins arrosées, plus douces mais souvent brumeuses aux saisons intermédiaires, de l'autre le massif jurassien, où l'orientation des pentes et l'altitude créent des microclimats souvent très contrastés.

Les précipitations sont dans l'ensemble abondantes. Si la plaine ne reçoit que six cents à huit cents millimètres d'eau par an, une hauteur de mille millimètres est franchie dès le Vignoble et le Revermont. Elle dépasse deux mètres sur les hauteurs orientales (les

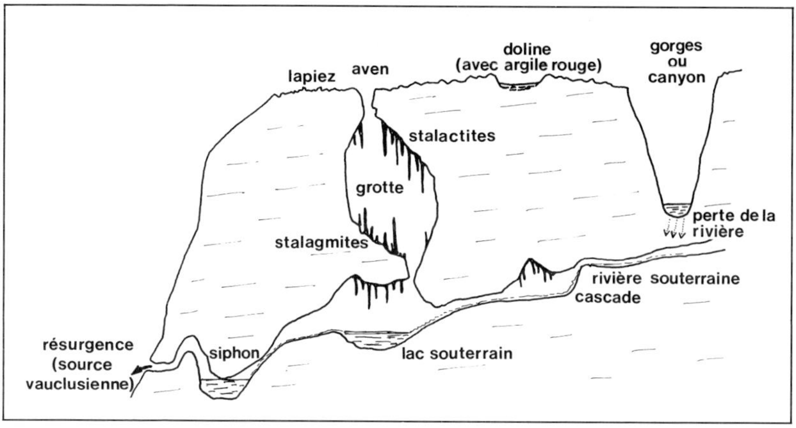

Le relief karstique. (D'après Bellavi et Pomerol.)

Rousses, les Molunes) proches de la frontière suisse.

La variabilité interannuelle est très importante, allant du simple au double souvent. Ainsi le Finage a été très sec (cinq cents millimètres en 1964), mais a reçu plus de mille cent millimètres de pluie l'année suivante. Il en est de même un peu partout (mille quatre cents millimètres aux Rousses en 1964 mais deux mille cinq cents millimètres en 1965 !).

Les saisons les plus arrosées sont le printemps et l'automne, bien que septembre et octobre soient certaines années très ensoleillés et constituent une arrière-saison particulièrement agréable. Les étés sont chauds, en plaine comme en montagne, où la température moyenne de juillet dépasse 15 °C dans la haute chaîne, 20 °C dans le Vignoble et le Revermont (moyenne sur dix-huit ans). Par contre les hivers sont rudes, surtout en montagne : janvier et février voient parfois le thermomètre indiquer des températures très basses, et localement, dans les fonds de vallées descendre certains jours par temps clair jusqu'à −30 °C dans le Grandvaux comme dans le val de Mouthe voisin. La bise, vent du nord-est sec et froid prend en enfilade les longs vals et les plateaux et contribue à donner au Jura ces belles journées de janvier et de février, où le soleil resplendit sur toute la blancheur du paysage.

La neige tombe en moyenne une cinquantaine de jours en hiver et, par suite du climat froid, peut persister au sol durant cent à cent cinquante jours sur les points les plus élevés autour des Rousses et de la Pesse, en créant, sur les plateaux doucement vallonnés, des conditions favorables à une bonne pratique du ski de randonnée. En année moyenne, la hauteur totale de neige tombée atteint onze mètres dans les environs de Septmoncel.

La forêt

Le Jura est, tout au long de l'année, un département vert, mais avec de multiples nuances locales et saisonnières. La teinte domine partout, et il n'y a guère que l'hiver qui offre un décor radicalement différent : dans la montagne, le blanc des étendues neigeuses compose avec le vert sombre des forêts de conifères, sapins et épicéas ; dans la plaine, où la neige dure peu, le roux et le gris des chênes et des hêtres voisinent avec le vert un peu brouillé des prés et pâturages en repos. Le printemps et le début de l'été engendrent un renouvellement rapide des verts, nuancés ici et là de teintes éclatantes lors de la floraison des arbres et des prairies. S'épanouissent successivement les tapis des jonquilles, des narcisses, des diverses renoncules jaunes et blanches, des centaurées, des reines-des-prés, des trolles...

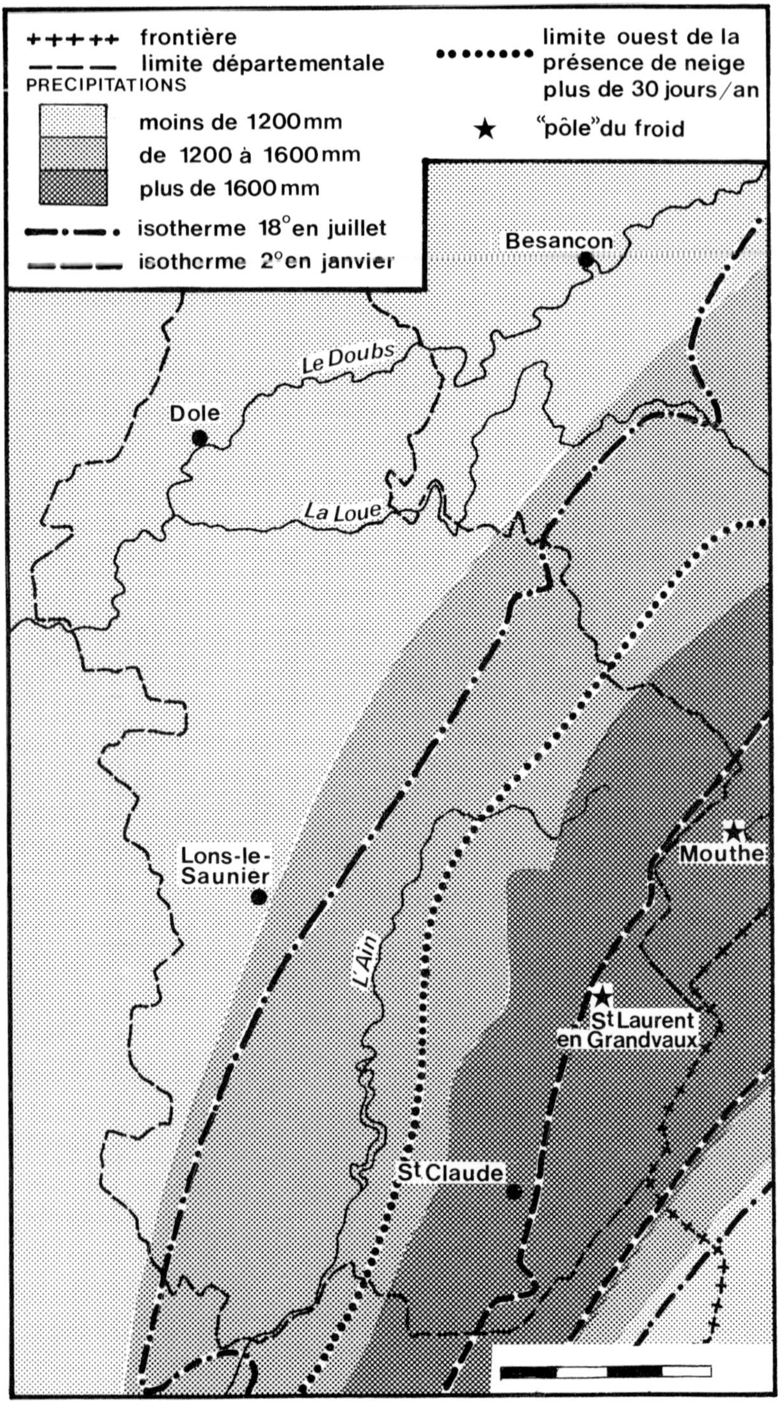

Les grandes zones climatiques.

Automne sur les plateaux.

Le tableau change de semaine en semaine, parfois de jour en jour, et les fenaisons, à défaut de moissons rares en altitude, permettent le renouvellement des tons épuisés des herbes à maturité. Et les forêts apportent elles aussi, comme les prairies, leur diversité colorée, verts tendres printaniers des jeunes pousses et des feuilles nouvelles, troués ici et là sur les plateaux par la blancheur fleurie des merisiers épars, des aubépines et des pruniers dans les haies.

Avec 43 % de sa superficie en forêts, le département est un des plus boisés de France, et quelques uns de ses

Sous-bois givré aux environs de Poligny.

massifs forestiers comptent parmi les plus importants de l'ensemble national : ainsi la forêt de Chaux, à l'est de Dole, sur près de vingt mille hectares,mais aussi celle de la Joux (dix mille hectares) qui se poursuit au-delà de la limite du département dans le Haut-Doubs ; les forêts de la Serre, de la Joux-devant, du mont Noir, du Risoux et surtout d'innombrables bois moins importants, sur le sommet des monts, sur le versant des vallées, dans les zones trop humides ou aux sols ingrats.

Presque partout l'arbre joue un rôle majeur dans le paysage, limitant l'horizon ou cernant les plans successifs. Bien rares sont les petites régions comme le Finage et certains plateaux (Nozeroy) où la forêt a presque totalement disparu. Mais là encore souvent l'arbre reste présent, en bosquets, en haies vives et tourmentées de têtards, de noisetiers, d'arbustes épineux tout couverts de fleurs au printemps.

Omniprésente dans tout le Jura, la forêt n'offre pas partout le même aspect. Chaque arbre a ses besoins, est plus à l'aise dans certains milieux mais défavorisé dans d'autres. La concurrence tourne alors à son désavantage et il se voit supplanté par des espèces mieux adaptées. Aussi la diversité des conditions naturelles dans le département qui allie la plaine souvent argileuse à la montagne froide et humide, aux hivers longs et rigoureux, se traduit par un étagement végétal d'ouest en est, en bandes grossièrement parallèles.

Les plaines de Bresse, les collines et vallées des environs de Dole constituent le domaine des feuillus. Chênes, surtout, et hêtres prédominent, mais chacun laisse souvent place à d'autres espèces assez disséminées : charmes, frênes, érables, voire merisiers. Les sous-bois sont variés. Clairs quand le terrain est acide, avec seulement au sol des touffes serrées de molinies aux longues feuilles bleuâtres, des fougères aigles en nombre et taille inverses de la densité des frondaisons des arbres, voire des callunes en vastes tapis mauves, ils deviennent plus denses sur les sols basiques ou neutres. C'est alors le lieu de croissance du muguet et des pervenches, c'est le domaine des scilles aux fleurs bleues si lumineuses au début du printemps, des stellaires blanches, des fraisiers... Dans les bas-fonds humides prospèrent les frênes et les aulnes à l'écorce sombre, voire les peupliers en plantations homogènes.

Sous-bois en plein été près de Saint-Laurent-en-Grandvaux.

Sur les pentes du Vignoble et du Revermont, les sols calcaires plus chauds et plus secs portent souvent un maigre taillis de chênes pubescents, d'érables, d'alisiers, de genévriers, de noisetiers, de cerisiers à grappes à l'odeur si forte. Le sous-bois est abondant : cornouillers, viornes, noisetiers, troènes, buis, fusains « bonnet de prêtre » signalés à l'automne par leurs jolis fruits rouge orangé. Cette forêt thermophile du Vignoble et du Revermont déborde sur les chaînons calcaires à exposition sud et sud-

Pré-bois près de Saint-Laurent-en-Grandvaux.

est de la Petite-Montagne et sur les bas versants des vallées de l'Ain et de la Bienne jusqu'aux abords de Moirans et de Saint-Claude. Elle contribue à donner au sud du département un aspect différent, déjà méridional.

Sur les premiers plateaux du Jura, au-dessus de Lons-le-Saunier, de Poligny, d'Arbois, s'étendent de vastes forêts où chênes pédonculés et charmes règnent en maîtres mais où le hêtre peut être localement dominant en quelques magnifiques futaies. Les autres espèces, frênes, merisiers, érables, sont plus marginales et disséminées. Dans le sous-bois dense voisinent les viornes et les cornouillers, les troènes et les fusains, les groseillers, le bois-joli (daphné) aux si jolis rameaux fleuris mais aux baies vénéneuses, l'aubépine blanche et le noisetier.

Au-dessus des premiers plateaux, à partir de 700 à 750 mètres, commence le domaine privilégié des conifères, sapins et épicéas. Les hêtres conservent encore cependant une place notable. Les bois occupent près des trois quarts des surfaces, tantôt en vastes étendues, tantôt en bouquets épars au milieu des pâturages : c'est le pré-bois. L'altitude nuance la physionomie et la composition des forêts. Dans les parties les plus basses prédomine le sapin, qui admet cependant la présence non seulement des hêtres, mais aussi, localement, pour peu que l'orientation plus ensoleillée leur soit favorable, de quelques chênes pédonculés, ormes, érables et tilleuls isolés. Sur les plateaux supérieurs intervient l'épicéa, d'abord en mélange avec le sapin, mais qui tend à envahir les peuplements au fur et à mesure que l'altitude se fait plus forte, et, partant, le climat plus sévère. Les feuillus apparaissent alors plus rarement, presque marginaux et seulement sur quelques versants d'adrets... Seul le hêtre, omniprésent, maintient sa présence ici et là au milieu des futaies, ainsi que les érables et les frênes sur les terrains humides. Lorsque les frondaisons ne sont pas trop épaisses, églantiers, framboisiers et groseillers tiennent compagnie en sous-bois aux chèvrefeuilles et aux sureaux à grappe. Le cortège herbacé est particulièrement riche qui connaît, parmi de multiples espèces présentes, les longues tiges à clochettes verdâtres des sceaux-de-Salomon, les géraniums des bois, les oxalis acidulés, les centaurées, les parisettes mais aussi, très recherchées, les myrtilles dont les baies noires sont en été l'objet de patientes et délicieuses cueillettes.

Dans la haute chaîne, au dessus de mille mètres, apparaissent les pessières, les forêts de « pesses », nom local des épicéas. Ceux-ci occupent à peu près seuls les bois, tandis que le sapin disparaît (forêt du Risoux, forêt du Prince, forêt du Massacre) et ce n'est guère que dans les vallonnements humides et tourbeux des hautes surfaces, où l'épicéa se plaît mal, que croissent pins « à crochets » et bouleaux en touffes isolées. Le hêtre se signale à proximité des sommets, où il devient même prépondérant parmi les arbres rabougris, écrasés par la neige et déformés par les bourrasques en d'étranges silhouettes sans cime, aux branches basses et tortueuses démesurément allongées « en drapeau » sous le vent.

L'aspect actuel des forêts jurassiennes doit beaucoup à l'influence de l'homme qui a tantôt favorisé les espèces feuillues, et notamment chênes et charmes pourvoyeurs du bois de feu nécessaire au chauffage et à l'industrie ancienne (métallurgie, salines, verreries...), tantôt, plus récemment, donné la priorité aux conifères, et particulièrement à l'épicéa. L'aspect et les essences témoignent encore à présent des préférences du siècle dernier : dans toute la plaine, mais aussi souvent sur les premiers plateaux, persistent des taillis, formations basses et souvent touffues, coupées régulièrement tous les vingt-cinq ou trente ans. Dans les taillis sous futaie au-dessus des buissons de chênes, de charmes, voire de noisetiers qui composent le taillis, existent quelques grands arbres, plus ou moins nombreux, préservés lors des coupes précédentes. Depuis plusieurs décennies au moins, la politique forestière vise à convertir ces forêts souvent de maigre rapport (un taillis ne produit parfois que de un à trois mètres cubes de bois par hectare et par an), en une futaie de valeur nettement supérieure (jusqu'à dix, voire douze mètres cubes par hectare et par an), capable de fournir du bois d'œuvre de plus en plus recherché.

En partie grâce à l'aide et aux subventions des pouvoirs publics, la superficie forestière a beaucoup progressé depuis un siècle dans le département au détriment des surfaces agricoles marginales, pauvres ou éloignées. Toutefois la concurrence pour les terres entre agriculteurs et propriétaires forestiers a nécessité dans nombre de communes la mise en place d'un zonage qui réglemente étroitement les possibilités d'extension des surfaces boisées.

L'évolution de la forêt jurassienne, en qualité et en surface, n'est pas seulement l'affaire des propriétaires privés. Les communes se partagent quelque quatre-vingt-treize mille hectares, soit

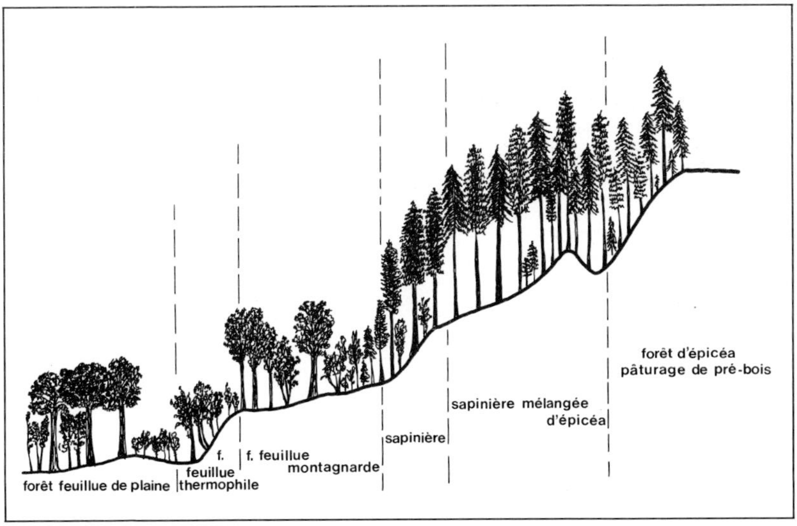

Les étagements de la végétation. D'après Nos forêts comtoises.

Les trois types de chêne du Jura

Hormis dans le haut pays au-dessus de sept cents mètres, voué surtout aux conifères, sapins et épicéas, les forêts du département du Jura se présentent le plus souvent sous forme de chênaie-charmaie en plaine, de chênaie-hêtraie sur les premiers plateaux. Le chêne y trouve des conditions écologiques favorables, et l'homme, par le mode de traitement en taillis qu'il a appliqué longtemps à la forêt, lui a réservé une place majeure dans la plupart des zones boisées. Le chêne autrefois fournissait un bois d'œuvre excellent, mais aussi un bois de feu de qualité, et ses glands pouvaient être une précieuse denrée pour l'élevage des porcs, menés en « panage » dans la forêt. Les écorces des jeunes arbres étaient aussi, dans nombre d'endroits, recueillies pour leur richesse en tanin et broyées dans les « moulins à tan » épars au long des rivières. La coupe régulière, à faibles intervalles (on dit « révolution »), favorise les espèces comme le charme et le chêne qui ont la faculté de se régénérer rapidement à partir de la souche. Mais, contrairement aux plants issus de graines, les touffes ainsi obtenues ne fournissent que des tiges de faible volume, pour le chauffage ou la production de charbon de bois. L'amélioration depuis un siècle est sensible, et la plupart des forêts publiques sont devenues des taillis sous futaies accueillant des arbres de belle taille.

Trois types de chêne se rencontrent dans nos forêts, avec leurs aspects et leurs exigences propres. Quelques critères physionomiques permettent de les distinguer.

Le **chêne pédonculé** *(1), ou mâle (*Quercus robur L., Quercus pedunculata Ehrh*), grand arbre pouvant atteindre jusqu'à quarante mètres, préfère les bois frais et humides, les sols lourds, parfois inondables des vallées et plaines du bas pays. Il peut vivre très longtemps et certains sujets atteindre huit cents ans. Ses feuilles, largement lobées, ont un très court pétiole, et portent à la base deux oreillettes. Leur plus grande largeur est sur le tiers supérieur. Les glands, portés dans une cupule peu profonde, sont disposés par deux ou trois sur un long pédoncule pendant, de trois à douze centimètres (d'où le nom).*

Le **chêne sessile**, *ou* **rouvre** *(2) (*Quercus petraea Lieb., Quercus sessiliflora Salisb.*), préfère les sols légers et plus secs des collines et des plateaux. Il peut atteindre des dimensions importantes, une hauteur de quarante mètres. Ses feuilles, cunéiformes à la base, ont un long pétiole jaunâtre. Leur largeur principale est au centre. Les glands, courts, en groupes de deux à six, dans des cupules à écailles serrées, sont sessiles, c'est-à-dire attachés directement sur la tige, sans pédoncule ou avec un très court pédoncule redressé (de cinq à dix millimètres).*

Le **chêne pubescent** *(3) (*Quercus pubescens Willd., Quercus lanuginosa Thuill.*) est un arbre des coteaux secs et des bords ensoleillés des grandes vallées des plateaux. C'est une espèce déjà plus chaude, commune dans la vallée du Rhône et le Midi, et de taille plus réduite, dépassant rarement vingt-cinq mètres. Son écorce noirâtre est finement craquelée, même sur des sujets peu âgés. Ses jeunes rameaux, bruns, pubescents, portent de longs poils denses et gris. Les feuilles adultes ont un limbe gris-vert sur la face supérieure glabre, tandis que le dessous porte de longs poils, avec un pétiole pubescent de sept à vingt millimètres. Le gland, sessile ou porté sur un très court pédoncule, s'insère dans une cupule grisâtre, couverte de poils très fins. Le chêne pubescent est le chêne truffier du Périgord et du Vaucluse.*

43 % des forêts du département. Elles en retirent souvent des revenus importants, notamment dans le haut Jura, aux riches futaies de résineux. Cela leur permet parfois d'éviter, souvent de réduire le poids des impôts locaux. Bien des communes ont pu ainsi s'équiper aisément. Dans le bas pays, domaine des forêts de feuillus, bon nombre de municipalités partagent entre les divers foyers du village une partie des coupes communales de bois de chauffage : c'est la pratique de l'affouage, toujours très vivace. L'Etat possède vingt-trois mille hectares de forêts, en quelques grands massifs dans le nord du département (forêt de Chaux, forêt de la Joux, des Moidons...), pour la plupart issus des propriétés des anciens comtes de Bourgogne prises par Louis XIV lors de la conquête. Bien gérés, mis en valeur par l'Office national des forêts, ces domaines comptent souvent des arbres de grande valeur, aux dimensions impressionnantes (les sapins « Président » dans la forêt de la Joux notamment). Les principaux massifs forestiers sont aménagés pour des visites touristiques intéressantes.

Le pré-bois

C'est certainement la forme d'occupation du sol la plus connue du Jura. Il correspond à des régions de défrichement assez tardif : haut Jura, haut Doubs, Franches-Montagnes. Les fonds de vals ont été déboisés et sont entièrement en prairies, quand l'excès d'humidité n'y maintient pas quelques zones de marais. Un peu partout subsistent des bouquets d'arbres de petite taille — quelques individus parfois — qui conservent de beaux hêtres, ou quelques épicéas dont on réservait le fût, ou encore des tilleuls. Les bosquets, qui sont le trait dominant, peuvent être accompagnés de haies qui soulignent les parcellaires lanières de défrichement. L'ensemble dégage une impression d'harmonie renforcée par le cadre sombre des forêts qui couvrent les pentes des monts voisins et par le piquetis des fermes à larges toits peu pentus associées presque à chaque bosquet d'arbres. Entièrement construit de main d'homme, ce terroir a souvent pris dans l'imaginaire régional une valeur symbolique qui en fait un paysage naturel ! Il n'existe pas seulement dans les vals ; on a aussi défriché sur les pentes et sur certains sommets. Les pâturages ont été gagnés aux dépens des hêtraies d'altitude et des hêtraies-sapinières : c'est la prairie à gentiane jaune sous laquelle pointent, ici et là, des bancs rocheux.

(*J.-C. Wieber,* Le Jura, de la montagne à l'homme.)

Quelques fleurs du Jura :

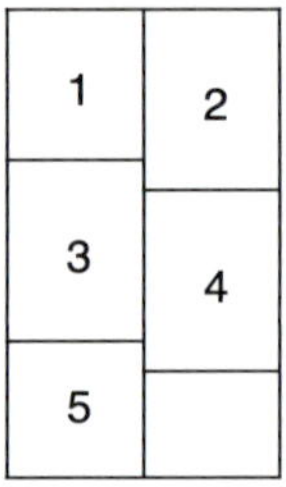

1. Salsifi. - 2. Hélianthème. - 3. Campanule « gants de la Vierge ». - 4. Lys martagon. - 5. Gentiane printanière.

Le Jura
d'hier et
d'aujourd'hui

Le pont des Arches, à Villards-d'Héria.

◀ *La tour consolidée de Toulouse-le-Château.*

Avant l'écriture

Entre le plus ancien témoignage archéologique de la présence de l'homme sur le territoire de l'actuel département du Jura et le moment où les premiers textes éclairent d'un jour nouveau le passé jurassien, le sol a livré et continue de fournir des vestiges permettant de reconstituer la succession des cultures connues par ailleurs : paléolithique, néolithique, âge du bronze et âge du fer. Mais la régularité de cette énumération ne saurait masquer une caractéristique essentielle d'un monde privé d'écriture : l'importance locale du néolithique et des civilisations protohistoriques, beaucoup plus représentés que le paléolithique par lequel il est logique d'aborder cette étude.

Les âges de la pierre

L'âge de la pierre taillée

Même si c'est à Vergranne, dans le département du Doubs, à une dizaine de kilomètres au nord de Baume-les-Dames, qu'a été mis au jour par M. Campy, en 1974, le reste le plus ancien d'hominidé découvert en France (une canine supérieure gauche d'un enfant, datée des environs de 500 000 à 400 000 ans avant notre ère), les preuves indiscutables de la présence humaine dans le département du Jura à l'époque du paléolithique inférieur ne manquent pas. Elles correspondent à des pièces lithiques (bifaces surtout) trouvées fortuitement à la bordure occidentale du premier plateau ou dans la Bresse toute proche : Gendrey, Bracon, Conliège, Courlans, Vernantois... « Cette localisation paraît étroitement liée à l'extension rissienne du glacier alpin et jurassien interdisant toute incursion de l'homme dans les zones où l'altitude est supérieure à 500 mètres. » (André Thévenin.)

Le paléolithique moyen, période qui prendrait fin vers – 35 000 – 30 000 et chronologiquement correspondant à l'interglaciaire Riss-Würm et à la première moitié du Würm, est en revanche beaucoup mieux connu car ses vestiges ont souvent été étudiés dans un contexte stratigraphique sûr, représenté par des dépôts développés au niveau des entrées de grottes. Au cours de cette longue période, l'homme vécut non seulement dans les plaines de la Saône, mais aussi sur les plateaux occidentaux du Jura.

Les fouilles conduites dans la Petite-Montagne à Gigny-sur-Suran, par M. Vuillemey, jointes aux résultats d'autres recherches effectuées en dehors du département, ont révélé l'existence de tribus moustériennes installées en campements plus ou moins temporaires pendant la première moitié de la dernière glaciation (Würm). Lors d'un climat oscillant entre le froid et des températures plus clémentes, l'homme de Neandertal a colonisé la région en profitant des phases climatiques moins rigoureuses. Vivant comme leurs prédécesseurs de la chasse, la pêche, la cueillette des baies et fruits sauvages, les néandertaliens nous ont laissé un matériel lithique représenté par des éclats de silex et de chaille, des racloirs et pointes façonnés dans la même matière et travaillés avec soin.

La seconde moitié de la période würmienne (– 25 000 à – 15 000), caractérisée par une importante dégradation climatique, bouleversa les conditions de vie en rendant inhospitalières les terres de hauteur. En effet, la formation de glaces sur la chaîne jurassienne explique pourquoi les traces humaines du paléolithique supérieur sont quasiment inexistantes jusqu'en – 15 000. Mais, avec le renversement de la tendance climatique et le réchauffement de la température, des groupes de chasseurs porteurs de la civilisation magdalénienne purent reconquérir progressivement les zones antérieurement inaccessibles. A cet égard, les vestiges mis au jour à Moirans-en-Montagne dans la grotte des Pestiférés, ou des Jargillards, sont révélateurs de cette nouvelle colonisation humaine. Mais, parmi les nombreuses pièces conservées de cette époque, certaines dépassent par leur beauté le traditionnel matériel lithique et osseux. A Arlay, ont été découverts des os et des bois de renne gravés et, sur le fragment de la défense d'un mammouth, le dessin de cet animal ; à Ranchot, l'abri des Cabônes a livré un galet de sept centimètres de long avec, sur une face, le profil d'un bouquetin très stylisé.

Un regard d'ensemble sur les diverses phases du paléolithique met bien en valeur une des caractéristiques essentielles de l'histoire jurassienne liée à son relief : les efforts déployés par l'homme pour pénétrer à l'intérieur de la montagne, sur des terres à l'altitude élevée. Les sites archéologiques étudiés prouvent que chaque fois que le climat le permit, se produisit le même élan en direction des plateaux, voire du haut Jura. Faut-il en déduire pour autant l'existence des premières relations transjurassiennes ? Une réponse catégoriquement positive occulterait trop la tendance qui prédomina : celle de contourner la chaîne du Jura plutôt que de la parcourir transversalement.

L'âge de la pierre polie

Le mésolithique, transition entre l'âge de la pierre taillée et l'âge de la pierre polie, n'innova pas fondamentalement par rapport à la période précédente, malgré les changements qu'il apporta dans le climat (réchauffement), la végétation (le Jura se couvrit de pins et de bouleaux), et la faune (le cerf remplaça le renne). L'homme ne quitta pas les terres relativement élevées, comme le prouvent les trouvailles de la grotte de Montrond sur le premier plateau, et s'implanta même sur la haute chaîne (vestiges relevés au crêt Pourri, sur la commune de Chaumont, à l'est de Saint-Claude). Vivant en petits groupes isolés au sein d'immenses forêts, se déplaçant selon les saisons pour chasser, pêcher et cueillir les fruits sauvages, il s'adonna à la fabrication d'un outillage microlithique.

En revanche, dans le département du Jura, comme partout ailleurs, le néolithique fut bien une véritable révolution. Certes, pendant des siècles, l'homme continua à pratiquer une culture itinérante sur brûlis. Mais, bénéficiant d'une augmentation de la température dont on peut situer l'optimum aux Ve et IVe millénaires avant notre ère, la population augmenta, se sédentarisa et développa pour la première fois de son histoire une agriculture digne de ce nom.

Ces bouleversements furent loin d'être répandus partout au même moment. Ainsi, dès les débuts du néolithique, apparut une opposition entre la zone montagneuse et les contrées de plus basse altitude, la première continuant à vivre sur sa lancée mésolithique alors que les secondes connaissaient les innovations énumérées précédemment. Mais ce décalage se restreignit progressivement et à partir de –3700 –3600 et du néolithique moyen, la colonisation du Jura montagneux s'accompagna de la diffusion des changements radicaux des modes de vie.

Au nombre de ceux-ci, l'habitat mérite de retenir l'attention. L'usage de la pierre polie et la fabrication de haches expliquent comment furent réalisés les importants défrichements et les maisons en bois. La combe d'Ain en possède deux remarquables exemples avec les sites exceptionnels de Chalain et de Clairvaux-les-Lacs et leurs villages défensifs élevés sur pilotis (fouilles de Pierre Pétrequin). Mais les principaux aspects de la vie économique ne sont pas moins notables. En même temps que sa sédentarisation, l'homme développa une agriculture céréalière (blé et orge), l'élevage des animaux (bœufs, porcs, ovins). La fabrication de poteries sans l'aide du tour, le filage et le tissage des vêtements firent leur apparition. Cet essor se doubla d'échanges commerciaux avec des régions lointaines, les communautés humaines recherchant en dehors de la chaîne jurassienne ce qu'elles ne trouvaient pas sur place. C'est ainsi que les haches des cités lacustres de Chalain et de Clairvaux-les-Lacs furent faites avec des roches alpines transitant par la Suisse et que des pierres provenant de régions extérieures au Jura servirent à la fabrication des meules et polissoirs des mêmes villages. L'étude des parures des habitants de Chalain et de Clairvaux-les-Lacs confirme l'insertion des deux communautés dans un réseau commercial à grandes distances : quartz des Alpes, stéatite alpine et pyrénéenne, marbres du Languedoc et ambre de la Baltique. Il est donc possible d'affirmer l'existence de relations transjurassiennes, le point de passage obligé à travers les monts du Jura se faisant par la région de Pontarlier.

Les âges des métaux

Alors que la civilisation néolithique marquait profondément les terres jurassiennes de son empreinte, lentement pénétrèrent dans la région les premiers objets en cuivre en provenance de Suisse occidentale et du Languedoc. Cette introduction d'un corps nouveau assura subrepticement le passage de l'âge de pierre à celui des métaux, qui allait révolutionner, là comme ailleurs, la vie de l'homme.

L'âge du bronze

C'est, semble-t-il, aux environs de – 1800 que le Jura fut gagné par l'usage du bronze à partir des régions rhénanes et du plateau suisse. Progressivement, la fabrication des outils, des armes et des parures se fit en recourant à l'alliage qui se substitua au cuivre. La région de Salins-les-Bains joua un rôle important dans l'adoption des nouvelles techniques de fabrication, sans que l'on sache très bien d'où venaient les métaux (cuivre et étain) nécessaires à la réalisation du bronze.

Cette invention n'impliqua pas une modification radicale de l'implantation humaine. Les hommes continuèrent à vivre beaucoup plus dans les régions de basse altitude que dans celles de hauteur, encore que ces dernières ne furent pas négligées. La recherche de sites faciles à défendre rend compte de la localisation de bon nombre d'habitats, que ce soit en utilisant les cavités naturelles (les grottes des Planches près d'Arbois) ou en barrant un éperon rocheux afin de l'isoler du plateau voisin. Mais les hameaux et villages ne furent pas systématiquement des créations *ex nihilo*. C'est ainsi que les villages lacustres, remontant au néolithique, continuèrent à être occcupés. Mais pas de façon permanente, comme le prouve le site de Clairvaux-les-Lacs qui, abandonné au Bronze moyen (à partir du XVe siècle avant notre ère) fut à nouveau l'objet d'une colonisation au Bronze final (– 1100 à – 800).

L'utilisation du bronze ne créa pas une coupure radicale dans les genres de vie qui s'étaient définis au néolithique. L'agriculture (culture du blé, de l'orge et du millet, élevage du porc, de la chèvre et du mouton) demeura la base des activités humaines. Aux travaux agricoles, à la fabrication de céramiques, de paniers et tissus grossiers, s'ajouta un artisanat fondé sur la métallurgie nouvelle. Des dépôts d'objets en bronze enfouis à la hâte dans le sol pour des raisons énigmatiques prouvent l'existence de petits ateliers.

L'âge du fer

De même que le bronze s'était progressivement substitué au cuivre, de même le fer, en provenance de l'Europe centrale, remplaça l'alliage du cuivre et de l'étain à partir de – 800. De petits groupes humains, utilisant le cheval, s'implantèrent dans divers secteurs comme la vallée de l'Ain par exemple. Ils utilisèrent les petits gisements très répandus dans les formations calcaires pour fabriquer des objets fonctionnels alors que les parures restèrent pour une très grande part en bronze. Les découvertes faites dans les tumulus (tertres artificiels de terre et de pierre élevés au-dessus des tombes) prouvent la persistance de relations entre la population jurassienne et des contrées lointaines. A Conliège a été trouvé un magnifique vase en bronze manifestement importé du bassin méditerranéen. Dans l'un des tumulus de la nécropole de Chavéria fouillée par Dominique Vuaillat, un harnachement de cheval était en association avec une épée. L'exemplaire du mors mis au jour, dont le décor rappelle celui des mors scythiques, suppose des contacts à longue distance avec des groupes d'Europe centrale ou orientale.

Les conditions d'habitation correspondirent soit à des habitats fortifiés de hauteur, soit à des villages. Le camp du château à Pretin près de Salins-les-Bains est implanté sur une longue crête, emplacement idéal pour ériger

Villages littoraux du lac de Chalain (2700 à 750 av. J.-C.)

A douze kilomètres au nord du lac de Clairvaux, L.A. Girardot a reconnu en 1904 d'autres vestiges d'occupation néolithique, pour l'essentiel à l'extrémité occidentale du lac de Chalain. L'intérêt des sites de Chalain est d'offrir une chronologie encore plus longue qu'à Clairvaux, puisqu'on y a repéré aussi des villages de la fin de l'âge du bronze (1100 à 750 av. J.-C.) ; de surcroît, ces sites lacustres sont nettement plus nombreux, et répartis sur près de 1,4 kilomètre de rivages. Dès lors, Chalain et Clairvaux doivent être considérés comme deux ensembles documentaires exceptionnels dont l'étude est complémentaire.

A Chalain, comme à Clairvaux, l'agriculture du néolithique moyen (3700-3100 av. J.-C.) se fait en défrichant des clairières en forêt ; après dix à vingt ans, les terres cultivées autour du village sont envahies par la végétation secondaire ; on déplace alors le village pour défricher une nouvelle portion de forêt, projetant de revenir sur le premier site seulement lorsque la végétation arborée s'y sera reconstituée. Les agglomérations ne sont alors que des hameaux de huit à douze maisons, pour une population n'excédant certainement pas soixante-dix personnes. Vers 3100-3000 av. J.-C., l'assimilation des techniques nouvelles (la roue et le chariot de transport, la traction animale et l'araire) modifie peu à peu les rapports que l'homme entretient avec le milieu ; les hameaux sont maintenant plus importants, tendant à une sédentarité plus longue (de l'ordre de vingt à quarante ans) ; les maisons se pressent de part et d'autre d'une rue centrale et sont protégées par une palissade ; de larges chemins de planches permettent l'accès des chars à bœufs.

On a longtemps discuté pour savoir si les maisons, aujourd'hui sous le niveau de l'eau, étaient construites sur pilotis ou bien si elles étaient bâties normalement à même le sol, pendant les périodes de basses eaux du lac. Des méthodes nouvelles, basées sur des observations ethnographiques, ont montré qu'à Clairvaux et à Chalain, on avait construit aussi bien des villages sur pilotis en eau peu profonde que des hameaux à même le sol humide de plages émergées ou sur le sol spongieux des tourbières riveraines.

Les recherches entamées par le C.N.R.S. dès 1986 ne sont pas une répétition de celles de Clairvaux. Il s'agit surtout, maintenant, de dégager des villages sur toute leur superficie pour étudier les règles qui régissaient alors les rapports socio-économiques entre les différentes unités élémentaires (schématiquement : les familles restreintes). Cette recherche implique également une évaluation générale de la richesse de ce patrimoine archéologique unique en France. Elle devra déboucher sur une mise en protection totale de la zone archéologique. Les vestiges pluri-millénaires sont menacés par l'érosion littorale, l'assèchement et les glissements de terrain consécutifs à l'exploitation hydroélectrique du lac par E.D.F. ; et la baignade, hors des plages aménagées, tend à détruire rapidement toutes les couches archéologiques actuellement apparentes sur les rives exondées et en eau peu profonde. Des milliers de pieux visibles au début du siècle, ne subsistent plus que quelques dizaines. Et l'intérêt archéologique de Chalain est tel que toute la rive occidentale a été classée au titre des Monuments historiques dès 1911. Notre génération porte donc la responsabilité de choisir entre une destruction irraisonnée de ces archives uniques ou leur protection pour de futures études.

Il est prévu à Chalain, en plus des recherches purement scientifiques, un programme d'archéologie expérimentale (reconstitution de quelques maisons avec les techniques néolithiques) et la reconstitution d'un hameau lacustre qui sera ouvert au public. La visite de ce village sera appariée avec une exposition permanente dans l'ancienne fromagerie de Marigny, toute proche.

Villages littoraux du lac de Clairvaux (2700 à 1700 av. J.-C.)

Le 27 juin 1870, à la suite d'une longue période d'abaissement des eaux du grand lac de Clairvaux, J. Le Mire découvrait les premiers villages néolithiques lacustres repérés en France. Les fouilles anciennes ont mis l'accent sur ce miracle de la conservation de sites préhistoriques sous le niveau de l'eau, où ont été préservés, pendant quatre à cinq millénaires, l'essentiel des témoins de la vie quoditienne des premières communautés agricoles de la combe d'Ain. Dans les collections, maintenant réunies au musée d'Archéologie de Lons-le-Saunier, on ne se lassera pas d'admirer des vases du XXVIIIe siècle av. J.-C., leur contenu de bouillies alimentaires carbonisées, un couteau à moissonner avec un manche en érable et une lame de silex importé de Suisse occidentale, les poids de filets de pêche enroulés en papillotte dans des écorces, les pointes de flèches, les poignards en silex et les arcs en if, datés du XXXe au XXVIIe siècle av. J.-C., les instruments de cuisine avec des poteries très décorées, mais aussi des bols en bois, des louches, des batteurs en tige de sapin, les colliers enfin où sont associées des perles en marbre et en stéatite importées du midi de la France.

Mais Clairvaux n'est plus seulement une collection d'objets archéologiques qui comporte à ce jour plusieurs dizaines de milliers de pièces. De 1970 à 1984, le lac de Clairvaux a été un thème de recherche privilégié pour le Centre national de la recherche scientifique. On y a reconnu, au travers des vestiges de neuf sites archéologiques différents, la plus longue séquence chronologique lacustre en France, soit depuis la première mise en culture de la combe d'Ain (vers 2700 av. J.-C.) jusqu'à la fin de l'âge du bronze ancien (vers 1700 av. J.-C.), au moment où se développe une société très hiérarchisée, au profit de quelques privilégiés, enterrés sous tumulus avec des objets de prix (poignard, hache et épingle en bronze). En fait, l'ensemble des vestiges lacustres de Clairvaux permet de suivre, pendant un millénaire, l'histoire des premières communautés agricoles et cette évolution est remarquablement datée, dans le détail des événements socio-économiques, par la dendrochronologie, méthode basée sur l'étude des cernes de croissance des centaines de troncs de chêne utilisés pour la construction des maisons ; cette méthode de datation permet de connaître parfois les dates à l'année près, et, au pire, à quelques années près. Clairvaux et sa séquence de dates sont aujourd'hui le meilleur chronomètre de l'évolution du néolithique, au moins pour tout l'est de la France. Clairvaux est aussi devenu le nom d'une civilisation de la fin du néolithique (XXXe au XXVIIIe siècle av. J.-C.) caractérisée par une profonde influence de styles céramiques issus du midi de la France. Les fouilles n'ont jusqu'ici porté que sur quelques centaines de mètres carrés ; il reste, pour d'autres fouilles et avec d'autres méthodes, plusieurs hectares de sites archéologiques préservés. Ces documents rarissimes ont failli disparaître sous les aménagements à but touristique ; ils sont maintenant protégés au titre des Monuments historiques. Des neuf sites classés, rien n'est visible sur place et les amateurs trouveront une documentation très détaillée au musée d'Archéologie, 25, rue Richebourg, Lons-le-Saunier.

(Pierre Petrequin.)

Le plus ancien chemin carrossable de France. En 2790 av. J.-C., une route a été construite entre le village néolithique de Chalain 2A-C et la terre ferme, pour permettre le passage des chars à bœufs au travers d'une zone marécageuse de 120 mètres de longueur. Implanté sur des poteaux de chêne enfoncés sur 2 à 2,5 mètres de profondeur dans les sédiments lacustres plastiques, ce chemin comportait des travées successives qui supportaient un tablier de planches posé à même le sol.

une forteresse difficile d'accès, avantageusement placée le long d'une grande voie de communication naturelle qui relia l'Italie du Nord à la Bourgogne et au Bassin parisien, à travers le plateau suisse, soit par le col de Jougne, soit par celui de Joux. Cet oppidum allait prendre une importance considérable du fait que le fer et peut-être le sel abondaient sur place.

Le Jura romanisé

Alors que depuis le paléolithique inférieur, les vestiges archéologiques sont la source essentielle de nos connaissances des âges de la pierre et des métaux, l'apparition de textes jette un éclairage nouveau sur l'histoire jurassienne. Le second âge du fer n'est pas achevé quand César, dans ses *Commentaires sur la guerre des Gaules*, nous apprend que les Séquanes occupaient un territoire beaucoup plus vaste que le département du Jura et même que la Franche-Comté. En effet, les Séquanes touchaient au Rhin au nord-est, étaient séparés des Helvètes, à l'est, par les monts du Jura, s'étendaient au sud jusqu'au Rhône qui formait la limite septentrionale de la province romaine. Quant à leurs terres occidentales, elles étaient traversées par la Saône, qui coulait également chez les Héduens, voisins et rivaux des Séquanes.

Jalons d'histoire

Entre le moment où Jules César pénétra pour la première fois sur le sol de la Séquanie (58 av. J.-C.) et le début des invasions germaniques (450), il est bien difficile de savoir ce que fut l'histoire événementielle du territoire jurassien. D'une part, les renseignements sont rares et surtout, d'autre part, lorsque les textes nous ont laissé le souvenir de faits, il est souvent impossible de les localiser avec précision.

C'est pour éliminer la menace du Germain Arioviste sur les Séquanes que César intervint en 58 av. J.-C. et occupa Vesontio (Besançon) d'une façon préventive. Ayant réussi à repousser le Barbare et ses troupes au-delà du Rhin, le proconsul laissa deux légions en Séquanie aux ordres de Labienus. En 52 av. J.-C., les Séquanes étaient sollicités pour envoyer des hommes à Vercingétorix. S'ils le firent sans doute, cela ne changea rien au sort de la Gaule qui cessa d'être indépendante à partir de la bataille d'Alésia, localisée définitivement à Alise-Sainte-Reine en Côte-d'Or et non pas dans le département du Doubs (Alaise) ou dans celui du Jura (Salins ou Syam). Après leur retentissante victoire, les Romains laissèrent des légions en Séquanie pendant l'hiver 52-51 av. J.-C., au commandement de Labienus.

Belle preuve d'une volonté d'indépendance, les Séquanes remirent en cause au Ier siècle de notre ère la célèbre *Pax romana* qui leur avait été imposée. En l'an 21 de notre ère, ils participèrent au soulèvement éclaté chez leurs voisins d'outre-Saône : les Héduens ; en 68, ils faisaient partie de ceux qui, avec Julius Vindex, s'insurgèrent contre Néron. A chaque fois les révoltés furent matés : en 21, par le général romain Silvius ; en 68, par des légions en provenance du Rhin et commandées par Verginius Rufus. Tout pousse à croire que ces répressions servirent de leçon car, en 70, lors de l'insurrection de Civilis, ils demeurèrent fidèles à Rome.

Après un siècle apparemment calme, la paix fut interrompue par la pénétration des Barbares dans les cadres de l'Empire romain. Il est trop tôt pour savoir si l'énigmatique intervention de Marc Aurèle (161-180) pour mettre fin à une situation troublée chez les Séquanes concerna les terres jurassiennes. Ce qui est certain, en revanche, c'est que « de toute manière, le dernier tiers du IIe siècle fut une période agitée » (Lucien Lerat). Les IIIe et IVe siècles ne firent que poursuivre la tendance qui était apparue à la fin du Haut-Empire. L'infiltration des Germains dans l'Empire déclencha une peur chez les Gallo-Romains qui enfouirent leurs trésors monétaires. L'étude de ceux-ci fait ressortir l'ampleur du phénomène entre les règnes de Maximin le Thrace (235-238) et de

Alésia : une bataille définitivement perdue

Depuis le milieu du XIXe siècle, la bataille d'Alésia ne cesse de préoccuper certains esprits désireux de la localiser sur le sol comtois.

C'est en 1855 que l'architecte bisontin Alphonse Delacroix (1787-1878) crut pouvoir identifier Alaise avec le lieu où, en 52 avant J.-C., Jules César défit les troupes gauloises commandées par Vercingétorix. Malgré une critique formulée contre cette thèse par l'historien Edouard Clerc (1801-1881) cinq ans plus tard, l'idée saugrenue fit son chemin et devint une forme du patriotisme comtois. En prétendant que les tertres repérés autour d'Alaise étaient des vestiges de la bataille et en recherchant dans la plaine de Myon les traces des retranchements romains, Auguste Castan (1833-1892) contribua à gonfler un dossier indéfendable scientifiquement.

Les fouilles exécutées sous le Second Empire à Alise-Sainte-Reine de 1861 à 1865, et prouvant de façon irréfutable l'emplacement de la célèbre défaite gauloise, n'empêchèrent pas Georges Colomb dit Christophe (1856-1945), écrivain célèbre pour ses livres écrits et illustrés à l'intention des enfants, de relancer le débat dans les années 1920. Récemment encore les sites de Salins et de Syam ont été proposés pour avoir été le théâtre de la perte de l'indépendance de la Gaule chevelue.

N'en déplaise aux nostalgiques des idées faussement reçues, la victoire romaine n'a jamais eu lieu à l'est de la Saône, chez les Séquanes, mais bien à Alésia « qui est l'oppidum des Mandubiens » (Jules César). Aux évidences du texte latin s'ajoute une longue liste de preuves archéologiques qui contribue à faire de la thèse « comtoise » une bataille définitivement perdue.

Dioclétien (284-305), avec une acuité particulière à partir de l'effondrement du limes sous Philippe l'Arabe (244-249). La cartographie des trouvailles, qui a pu être faite, place le département du Jura avant ceux de Haute-Saône et du Doubs, par ordre d'importance quantitative, et révèle un contraste entre le bas pays et les terres de hauteur, vides de toute découverte en dehors de la combe d'Ain et de la vallée de la Bienne. Si l'on ne mesure pas encore tous les méfaits commis par les envahisseurs sur les sites gallo-romains du département du Jura et en particulier à Villards-d'Héria, le plus important d'entre eux, les trésors monétaires enfouis à proximité (Etival, Les Piards, Dortans dans l'Ain) à la fin du IIIe siècle sont l'indice que le pays souffrit des invasions qui déferlèrent sur la Gaule à cette époque.

Au moment où les IIIe et IVe siècles étaient en proie aux turbulences dues aux Barbares, le christianisme se diffusa à partir du foyer lyonnais, qui joua probablement un rôle déterminant dans l'évangélisation. Les origines de celle-ci demeurent mal connues. Quand et comment la foi chrétienne et les premiers lieux de culte prirent-ils naissance sur le sol jurassien ? « Il est vraisemblable de supputer la première communauté chrétienne bisontine vers les années 200, au temps où saint Irénée de Lyon, seul évêque en Gaule, évoquait déjà les Eglises des lointaines Germanies ; ensuite, des calculs fondés autorisent à placer avant la fin du IIIe siècle le première évêque de Besançon (Linus). Mais aucun indice ne permet alors d'affirmer quoi que ce soit pour le Jura. C'est environ un siècle plus tard que se rencontre une précision, encore hypothétique : des traditions locales affirmaient le passage de l'apôtre des campagnes gallo-romaines, l'évêque Martin de Tours, aux environs de Dole. Ce thème est trop courant pour être reçu en l'absence de preuves ; dans cette région, néanmoins, le culte du saint connut très tôt une densité remarquable. » (Pierre Lacroix.) Cependant, les faits avérés ne commencent qu'avec la date de l'épiscopat de Pancharius Vesontiensium (346) et surtout la première moitié du Vᵉ siècle. Car c'est juste avant l'arrivée des Barbares, en 430-435 que s'implantèrent dans le haut Jura les ermites, qui allaient donner naissance à Saint-Oyend, la future Saint-Claude.

La Séquanie romaine

Une des conséquences de la conquête du Jura par Rome fut d'incorporer celui-ci dans les entités administratives qui varièrent avec le temps. D'abord, sous Auguste, les Séquanes firent partie de la province de Belgique, avec les Helvètes et les Rauraques. Ensuite, sous les Flaviens (69-96), les mêmes peuples appartinrent à la Germanie supérieure. Enfin, l'empereur Dioclétien (284-305) intégra les trois ethnies dans une grande circonscription militaire : la *Provincia Maxima Sequanorum* avec Besançon pour métropole. Cette dernière entité servit de cadre à une province religieuse ayant Besançon pour centre administratif (IVᵉ siècle) et regroupant des terres transjurassiennes : la *civitas Equestrium* (Nyon), la *civitas Helvetiorum* (Avenches, puis Windisch et enfin Lausanne) et la *civitas Rauracorum* ou *Basiliensium* (siège épiscopal hésitant entre Augst et Bâle). Cette organisation restera inchangée jusqu'au moment où, au milieu du Vᵉ siècle, les Alamans pénétreront sur les terres comtoises.

La carte des vestiges gallo-romains incite à penser que pendant tout l'Empire, la population fut surtout implantée sur des terres de basse altitude. En effet, une grande partie du Jura demeura le domaine des résineux, des sites gallo-romains comme Saint-Germain-en-Montagne et Villards-d'Héria demeurant des exceptions. Peut-être exista-t-il un flottage sur certains cours d'eau (Bienne et Ain) ? Mais la population vécut avant tout de l'agriculture : cultures céréalières, élevage du porc permettant la fabrication de salaisons réputées jusqu'à Rome. L'exploitation de la pierre et du bois, abondants dans la région, permit de réaliser des constructions de nature diverse. Grozon fut peut-être déjà un centre producteur de sel. Si la métallurgie demeure mal connue, la céra-

L'empreinte de Rome dans les paysages séquanes

L'étude de l'Antiquité alliant l'archéologie aérienne, la microtoponymie et la topographie historique, permet de caractériser les formes de l'occupation du sol qui se développèrent après la conquête romaine. Certains secteurs reflètent des modes d'articulation originaux entre le type d'habitat et la morphologie agraire, qui permettent de conclure à une organisation complexe du paysage, structuré en unités singulières fonctionnant dans le cadre de microrégions. C'est ainsi que le Finage, petite plaine entre Dole et Pierre-de-Bresse déjà exploitée à l'époque protohistorique, connut après la conquête une nouvelle morphologie agraire et une redistribution de l'habitat. Le trait le plus remarquable de cette transformation fut constitué par le tracé d'une centuriation entre la Saône et le Doubs, structurée en unités carrées de 704 mètres de côté. La microrégion se trouva alors insérée dans un vaste cadre de compréhension interrégionale transgressant les limites des cités et les limites naturelles puisqu'il englobait de part et d'autre de la Saône des territoires éduens et séquanes. Dans le Vignoble, la distribution de l'habitat antique a tenu compte de la rencontre entre les paysages naturels constitués par les petites plaines alluviales, prolongées par les reculées entre Salins-les-Bains et Lons-le-Saunier, et la voie Lyon-Strasbourg. A chaque intersection a pu être repérée une villa : celle de Vadans sur la Cuisance ; celles d'Arlay-Saint-Vincent et de Domblans au bord de la Seille.

Ce panorama succint des résultats acquis montre l'extraordinaire mobilité des paysages mais aussi la permanence des structures préromaines puisque dans le Finage comme dans le Vignoble les grandes villae *contrôlaient toutes les vallées riches en structures protohistoriques.*

mique fut fabriquée dans des centres extérieurs au département : régions de Gray et de Belfort et surtout Luxeuil.

Intégrées dans les mailles d'un remarquable réseau de communications, l'espace départemental ne fut parcouru par aucune voie majeure, les principales routes (Rhône-Saône-Rhin ; transversale par Jougne) étant extérieures à lui. Cela n'empêcha pas le développement d'échanges commerciaux, la définition exacte des marchandises importées et exportées demeurant délicate. Mais avec les hommes et les produits, les idées et les croyances circulèrent aussi, créant les conditions d'un synchrétisme religieux.

En effet, comme dans toutes les contrées qu'ils conquirent, les Romains apportèrent avec eux leur panthéon. C'est ainsi que le culte de Rome et d'Auguste, dont le centre se trouvait à Lyon, est attesté par une statue de bronze mise au jour à Villards-d'Héria et érigée pour honorer un Héduen, grand prêtre de cette religion civique. Mais l'existence de divinités authentiquement romaines n'empêcha pas la création de symbioses originales avec les dieux indigènes. Ceux-ci résistèrent parfois à toute assimilation, telle Epona, la déesse protectrice des chevaux, dont on possède une magnifique représentation en bronze provenant de Loisia. Spécifiquement indigène aussi, le fragment en bronze de calendrier découvert à Villards-d'Héria et rappelant celui de Coligny, beaucoup plus célèbre (Ain). Enfin, le plan centré de certains temples à la *cella* carrée (Moutonne), circulaire (lac d'Antre) ou octogonale (mont Rivel près de Champagnole), entourée d'une galerie, souligne la permanence des traditions indigènes.

La marque tangible de Rome

A la différence d'autres départements, celui du Jura ne possède pas de sites gallo-romains spectaculaires à visiter, Villards-d'Héria mis à part. En effet, les deux localités ayant été indubitablement des villes se trouvent dans le département du Doubs et correspondent à Besançon (Vesontio) et à Mandeure (Epomanduodurum). Cela ne signifie pas pour autant que Rome ne marqua pas durablement le sol jurassien de son empreinte.

Au nombre des marques tangibles de la civilisation romaine s'inscrivent d'abord une série de *villae* révélées parfois par la prospection aérienne systématique de la Franche-Comté depuis 1976. Si certaines peuvent être « visitées » (Pannessières, Saint-Germain-en-Montagne...), d'autres sont toujours enfouies dans le sol et mériteraient d'être fouillées (Vadans, Tourmont...). Mais c'est parfois beaucoup plus qu'un seul centre d'exploitation agricole qu'a révélé la photographie, comme à Dammartin où la prospection aérienne a confirmé les recherches antérieures en montrant le plan d'un quartier d'une bourgade gallo-romaine au nom inconnu.

Nous pourrions faire la même constatation à propos des sanctuaires. Certains, repérés par la photographie aérienne, comme celui de la plaine de la Thoreigne près d'Orgelet, attendent toujours d'être dégagés. D'autres ont été mis au jour, ce qui ne signifie pas que leur accès soit facile : tel est le cas des deux *fanum* (l'un carré, l'autre octogonal) existant au sommet du mont Rivel, près de Champagnole. Plus récemment, la fouille conduite à Pupillin, près d'Arbois, a montré la superposition de deux *fanum*, le plus récent étant visible. En reprenant en partie le temple originel, le second sanctuaire de Pupillin a laissé des vestiges dont la lecture dissimule partiellement le plan carré de la *cella* et de la galerie périphérique qui l'entourait.

Le millénaire médiéval

Traditionnellement délimité du Ve au XVe siècle inclus, le Moyen Age représente la phase la plus longue des âges historiques. Si celui-ci débuta par six siècles sur lesquels l'historien est particulièrement mal documenté, les XIe, XIIe et XIIIe siècles formèrent un apogée bien conforme à celui de l'Europe occidentale à la même époque. Il appartenait au bas Moyen Age (XIVe et XVe siècles) de rompre avec la prospérité antérieure et d'être marqué par une série de difficultés qui, sans être nouvelles, revêtirent une acuité particulière. Mais tout ne fut pas sombre et la fin du XVe siècle prépara l'heureux passage aux Temps modernes.

Les lignes de faîte du haut Moyen Age

Avec ses six siècles d'histoire (Ve-Xe siècles), le haut Moyen Age orienta le sort des terres jurassiennes vers un autre destin que celui qui leur avait été réservé dans les cadres de l'Empire de Rome. Certes, la transition ne se fit pas toujours brusquement et même si, dans certains domaines, il y eut effectivement rupture avec l'Antiquité romaine, la coupure ne devrait pas occulter les éléments de continuité de part et d'autre des dates conventionnellement retenues pour définir le passage du monde antique au Moyen Age.

Le nouveau peuplement

Depuis la fin du IIe siècle, la Séquanie romaine avait connu bien des fois des incursions barbares mais pas de véritables invasions. Alors que celles-ci commencèrent de façon catastrophique en 405-406, la *Provincia Maxima Sequanorum* eut la chance d'échapper aux Vandales et aux Huns et de continuer à vivre dans l'orbite romaine. Tel ne devait plus être le cas à partir du milieu du Ve siècle où se produisit la pénétration de plusieurs peuples étrangers, générateurs de la germanisation de la contrée.

Pendant la décennie 450-460, ce furent d'abord les Alamans qui, à partir de la Porte de Bourgogne, couvrirent un espace supérieur au département du Jura puisqu'ils se répandirent de la région de Mandeure (Doubs), au nord, jusqu'à celle de Nantua (Ain), au sud. Requis par l'empereur Majorien (456-464) en tant qu'alliés de Rome, sans doute pour renforcer la *Provincia Maxima Sequanorum* menacée à l'est par les Alamans, les Burgondes formèrent la seconde vague d'envahisseurs. Enfin, après la conquête du royaume de Bourgogne par les Francs au début du VIe siècle (500-534), les Alamans refirent leur apparition à la charnière des VIe et VIIe siècles, mais rien ne prouve que leur recrudescence affecta l'actuel département du Jura.

A la différence des invasions alamannes, burgondes et franques, qui marquèrent cent cinquante ans de l'histoire du haut Moyen Age, les raids des IXe et Xe siècles sont très mal connus. Il est à peu près certain que les Normands, qui poussèrent leur course jusqu'à Luxeuil en Haute-Saône, laissèrent indemne le sud de la région comtoise. Si les Hongrois sont bien signalés entre la Saône et les monts du Jura dans la première moitié du Xe siècle, comme dans le cas précédent tout laisse à penser qu'ils ne sévirent qu'au-delà du département du Jura (Besançon, 926 ? ; Lure, 937 ?). Enfin, malgré une tendance erronée de l'historiographie qui voulut leur attribuer bien des méfaits, les Sarrasins de Provence ne touchèrent sans doute jamais les terres jurassiennes lors de leurs incursions septentrionales des années 940.

Contrairement à une idée qui a été trop longtemps répandue, il ne faut pas imaginer les invasions barbares comme des vagues ethniques submergeant le pays à la façon dont une armée contemporaine avance en pays conquis. D'abord, les habitants de la Séquanie romaine avaient depuis longtemps l'habitude des incursions de pillards et des mouvements de troupes. Les armées romaines, qui intervinrent dans la région, étaient elles-mêmes, en partie, composées de Barbares et commandées par des chefs d'origine germanique. Ensuite, les Germains ne furent jamais très nombreux. Par conséquent, la plupart des contemporains des événements que nous avons brièvement évoqués ne prirent pas conscience des grands bouleversements qui s'opéraient sous leurs yeux : ils ne virent pas l'Empire romain s'écrouler.

La christianisation

Commencée au cours de l'époque gallo-romaine, la christianisation se poursuivit pendant tout le haut Moyen Age. A cet égard, le Jura joua un rôle remarquable comme terre d'accueil du monachisme qui donna lieu, au début du VIe siècle, à la rédaction d'un ouvrage exceptionnel par sa date et les renseignements qu'il contient : la *Vie des pères du Jura*.

En effet, c'est vers 430-435 que Romain décida de fuir le monde en se retirant au milieu des forêts du haut Jura et de se fixer à Condat (toponyme celtique signifiant le confluent : de la Bienne et du Tacon, où allait se développer la ville de Saint-Claude). Là, il fut bientôt rejoint par son frère (Lupicin) et d'autres disciples, si bien que très tôt (avant 460) se produisit un essaimage de l'établissement religieux à Lauconne (Saint-Lupicin), La Balme (Saint-Romain) et sur les flancs orientaux de la chaîne jurassienne à Romainmôtier en Suisse. Que ce premier noyau cénobitique ait été en relation avec le couloir rhodanien est une certitude. En revanche, l'est beaucoup moins le problème religieux, qui se posa lors de l'arrivée des Germains à partir de 450.

Alors que la population gallo-romaine était chrétienne, les Barbares furent porteurs de l'hérésie arienne ne reconnaissant pas dans le Verbe, fils de Dieu, la même nature que celle de son père. Retardant la fusion entre les Germains et les Gallo-Romains, l'arianisme allait régresser à partir de la conversion de Clovis au christianisme (vers 496) et de l'acceptation de la foi romaine par les autres peuples germaniques. Il est certain que l'hérésie n'interrompit point le mouvement amorcé dans la première moitié du Ve siècle puisque Lautein se retira à Silèze (Saint-Lothain) après 450 et que saint Oyend, abbé de 485-490 à 512-514 à Condat, orienta la communauté vers la vie communautaire.

Après avoir été perturbé dans le courant du VIe siècle, le monachisme, moteur essentiel de la christianisation, connut un souffle nouveau avec l'implantation de saint Colomban à Annegray, Luxeuil et Fontaine-lès-Luxeuil (Haute-Saône), dans le dernier quart du VIe siècle. Si, au VIIe siècle, six ou sept établissements colombaniens virent le jour sur les terres comtoises, tous eurent pour particularité d'être situés au nord du département du Jura. Tel ne fut pas le cas des monastères fondés sous influence bourguignonne car, si l'attribution des origines de Saint-Amour à Gontran n'est plus de mise, on peut faire remonter à l'action des rois bourguignons Aiglepierre et Chamblay sur la voie reliant, à travers le Jura, les monastères d'Agaune à Saint-Marcel-lès-Chalon ou Saint-Bénigne de Dijon.

Marquée par les statuts diocésains qui réglèrent le comportement des clercs et des fidèles ainsi que par les réformes religieuses de Louis le Pieux, l'époque carolingienne connut une pause dans l'évangélisation. Elle allait être rompue par un véritable renouveau dû à Bernon qui, en 880, s'établit à Gigny pour restaurer l'observance de Benoît d'Ariane. Développant son action à Baume-les-Messieurs et à Saint-Lothain, en 910 Bernon quittait la célèbre reculée de la Seille pour fonder Cluny dont on connaît le prodigieux essor au XIe siècle.

Les turbulences politiques

A partir du moment où les Alamans et les Burgondes pénétrèrent sur le sol de la *Provincia Maxima Sequanorum*, l'histoire politique de la région entra dans une longue période rendue complexe par la multiplicité des souverains qui la dominèrent et se la disputèrent. Il ne saurait être question de suivre ici les diverses fluctuations territoriales qui peuvent néanmoins se résumer en plusieurs phases marquantes.

D'abord, sous les Burgondes, se forma un royaume (443-534) qui, après trois décennies agitées, fut remplacé par un second royaume (la Bourgogne mérovingienne) de 561 à 771. Puis, à cette date, l'ensemble bourguignon fut incorporé dans les possessions de Charlemagne. L'unité réalisée par le souverain et son fils (Louis le Pieux) fut de courte durée. En 843, au traité de Verdun, les trois fils de Louis se partageaient l'Empire, le Jura revenant à Lothaire. En 855, au décès de ce dernier, son fils Lothaire II hérita de la majeure partie de la chaîne jurassienne qu'il détint jusqu'à sa mort en 869. L'absence d'héritiers directs explique pourquoi, en 870, au traité de

Meersen, la Lotharingie fut partagée entre Louis le Germanique et Charles le Chauve.

C'est dans ce contexte troublé du dernier tiers du IXe siècle que les grands de la région choisirent à deux reprises leur roi : Boson en 879 et Rodolphe Ier, duc de Transjurane, en 888. A la tête d'une principauté englobant la chaîne du Jura, les Rodolphiens développèrent leurs possessions en Germanie et placèrent la Provence dans leur suzeraineté. Mais cet essor s'accompagna d'une « inféodation sourde du royaume juran au roi de Germanie » (Gérard Moyse), lourde de conséquences pour l'avenir.

Ces fluctuations politiques des IXe et Xe siècles ne sauraient faire oublier ce qui en fut à la fois la cause et la conséquence : l'essor de la féodalité. Progressivement, la désagrégation de l'autorité centrale permit la concentration des pouvoirs régionaux entre les mains d'un seul homme : le comte. A la fin du Xe siècle, Otte-Guillaume réussit à rassembler seul les pouvoirs qui, jusqu'à lui, étaient dévolus aux comtes carolingiens de cinq pagi. Son principat, achevé en 1026, marque le début d'une ère nouvelle : celle du comté de Bourgogne.

L'apogée médiéval

Du XIe au XIIIe siècle, les terres jurassiennes furent englobées dans les cadres d'une principauté qui ne cessa de se renforcer : le comté de Bourgogne. Ce dernier, qui allait perdurer jusqu'à l'époque moderne, connut d'abord trois siècles d'essor et de progrès.

La spécificité politique

Politiquement, le comté de Bourgogne affirma très tôt son originalité en étant rattaché à l'Empire. Peu de temps après la mort d'Otte-Guillaume (1026) et l'accession au trône épiscopal du plus grand archevêque de Besançon du XIe siècle (Hugues de Salins en 1031), la principauté naissante, ainsi que le royaume de Bourgogne dont elle mouvait, furent intégrés à l'Empire germanique (1032). A partir de cette date et à part des exceptions aux XIVe et XVe siècles, la Comté eut pour originalité de ne pas appartenir au royaume de France tout en étant de civilisation française. Séparée de son puissant voisin occidental par la vallée de la Saône, la future Franche-Comté vécut indépendante des souverains français qui ne manifestèrent leur volonté impérialiste qu'à partir de Philippe le Bel (1285-1314).

Cela ne signifie pas pour autant que le comté, pendant trois siècles, se trouva étroitement uni à l'Empire dont il dépendait. Un regard d'ensemble sur les XIe, XIIe et XIIIe siècles fait apparaître, au contraire, une sorte de mouvement pendulaire qui, marqué d'abord par une progressive autonomie séculaire (milieu du XIe siècle/milieu du XIIe siècle), oscilla ensuite vers le renforcement des relations entre la principauté et l'Empire sous Frédéric Barberousse (1156-1190), époux de la comtesse de Bourgogne, avant de revenir à une indépendance de fait au XIIIe siècle.

Au-delà des péripéties de détail, la société se structura, dominée dès le XIIe siècle par quelques grandes familles dont le rôle allait se révéler déterminant parfois jusqu'à la fin du Moyen Age : les Salins, les Coligny, les Dramelay, les Neublans dans la région du confluent de la Saône et du Doubs. Corollaire des mutations sociales caractérisées, entre autres, par l'affirmation du rôle des seigneurs, le pays se couvrit de châteaux : modestes constructions en bois au sommet d'un motte artificielle d'abord, avant de devenir de véritables forteresses en pierre. L'incapacité des ducs de Méranie Othon II et Othon III, princes allemands et comtes palatins de Bourgogne (1208-1248), à s'imposer aux forces locales, explique que de celles-ci naquit la personnalité la plus marquante de tout le XIIIe siècle : Jean de Chalon (1190-1267) appelé aussi Jean l'Antique.

La disparition de ce dernier, en 1267, entraîna un partage des biens familiaux et comtaux que Jean l'Antique avait eu tendance à confondre, entre les trois branches de la famille : Othon IV, comte palatin, fils d'Alix de Méranie (†1279) et d'Hugues (†1267), Jean de Chalon-Rochefort, comte

Un patrimoine médiéval particulièrement étudié

Les églises romanes et gothiques du département du Jura sont connues grâce aux travaux qu'un certain nombre d'historiens leur ont consacrés. Pour ne retenir que les ouvrages postérieurs à la Seconde Guerre mondiale, rappelons que René Tournier, le premier, publia une somme sur Les Eglises comtoises. Leur architecture des origines au XVIIIe siècle *(A. et J. Picard), Paris, 1954. Six ans plus tard, le Congrès archéologique de France se tenait en Franche-Comté et faisait la synthèse des connaissances sur une série d'églises jurassiennes :* Congrès archéologique de France. CXVIII^e^ session, 1959, Franche-Comté, *Paris, Société française d'archéologie, 1960. En 1979, les efforts conjugués de René Tournier, Willibald Sauerländer et Raymond Oursel donnèrent lieu à la parution, dans la collection Zodiaque, d'une double étude :* Franche-Comté romane. Bresse romane *(abbaye Sainte-Marie-de-la-Pierre-qui-Vire), agréablement illustrée. Plus récemment, l'abbé Pierre Lacroix s'est distingué en enrichissant la bibliographie comtoise d'un livre remarquable sur les* Eglises jurassiennes, romanes et gothiques *(Cêtre, Besançon, 1981).*

Deux monographies consacrées à des établissements célèbres ont vu le jour au cours de la dernière décennie : Locatelli (René), Gresser (Pierre), Fiétier (Roland), Moyse (Gérard) et Courtieu (Jean), L'Abbaye de Baume-les-Messieurs, *Marque-Maillard, Lons-le-Saunier, 1978 ; Gresser (Pierre), Locatelli (René), Gresset (Maurice) et Vuillemin (Elie),* L'Abbaye Notre-Dame-d'Acey, *Cêtre, Besançon, 1986.*

Le travail est loin d'être interrompu comme le prouve « la Franche-Comté cistercienne », thème des quinze conférences du séminaire organisé en 1987-1988 par l'Association de sauvegarde et de mise en valeur du patrimoine et l'université de Franche-Comté avec le concours de la Région de Franche-Comté.

d'Auxerre, et Jean de Chalon-Arlay (†1315). Désireux de reprendre chacun à leur compte le programme ambitieux de leur père, les héritiers de Jean de Chalon se querellèrent, mobilisant les principaux seigneurs du comté. C'est dans ce contexte perturbé par la visée de l'hégémonie politique du pays que le comte Othon IV décida de remettre le sort des terres comtoises entre les mains du roi de France.

En 1291, à Evreux, Othon IV conclut avec Philippe le Bel un traité secret dont les clauses furent officiellement révélées quatre ans plus tard, à Vincennes. En vertu de l'accord de 1295, la fille d'Othon IV et de Mahaut d'Artois (Jeanne de Bourgogne) était promise à un des fils du roi (le futur Philippe V le Long) et devait apporter le comté en dot à son époux. Ce dernier étant mineur, son père devint l'administrateur de la province et le souverain français eut désormais la jouissance des terres comtoises.

La croissance économique

Alors que le haut Moyen Age n'avait pas été marqué par une vie économique intense, à partir du XIe siècle, modestement, et du XIIe siècle, plus intensément, se produisit une croissance dont l'apogée rejaillit sur tout le XIIIe siècle, voire la première moitié du XIVe.

Cette phase d'expansion fut avant tout agricole et liée à l'augmentation démographique qui se conjugua avec un ensemble de progrès techniques. Elle eut pour principale manifestation une extension de la superficie agricole utile aux dépens de la végétation naturelle. Alors que les terres jurassiennes de hauteur demeuraient le domaine de la forêt (les résineux — joux — recouvrant tout le haut Jura), sous l'action des ecclésiastiques et des laïques, les arbres furent abattus et remplacés par des foyers de peuplement. Certes, il existait bien déjà des exceptions à l'omniprésence de la forêt (le monastère de Saint-Oyend en étant l'exemple le plus célèbre). Mais pour la première fois au Moyen Age, l'action de l'homme allait jeter sur les plateaux et la haute chaîne les bases des paysages auxquels nous sommes habitués.

Un prince pas comme les autres : Frédéric Barberousse, comte de Bourgogne (1156-1190)

En 1156, le mariage de Béatrice, fille du comte Renaud III (†1148), et de Frédéric Barberousse, empereur romain germanique depuis 1152, plaça à la tête du comté de Bourgogne un homme d'une envergure exceptionnelle. Rompant avec le désintérêt de ses prédécesseurs pour la Comté, l'empereur s'intéressa de près aux affaires comtoises, alliant la volonté de se faire obéir à un désir d'entente avec la noblesse locale. A l'évidence, pour la principauté comtale, l'apparition de Frédéric Barberousse mettait fin aux tendances autonomistes de la première moitié du XIIe siècle.

Dès 1156, l'empereur écarta les deux fils de Guillaume (frère de Renaud III, comte de Mâcon et de Vienne) de la succession du comté. L'année suivante, à Besançon, il se faisait reconnaître comme suzerain par le clergé et les seigneurs, méfiants à l'égard d'une autorité trop affirmée. Plusieurs voyages en Comté (le dernier en 1178) prouvèrent l'intérêt que Frédéric portait à la région. Pour mieux la contrôler, l'empereur confia des responsabilités à son épouse, Béatrice, et réforma le personnel chargé de l'administration et de la gestion de son domaine. Jusqu'à la mort accidentelle du souverain en 1190, aucune tension ne vint troubler la fidélité des sujets laïcs à l'égard de leur suzerain.

Il n'en fut pas de même pour les archevêques dont les bonnes relations avec l'empereur furent perturbées par le schisme victorin (1159-1177). Après l'archevêque bisontin Humbert, fidèle à l'empereur, et la renonciation de Gauthier au siège de Besançon, fut choisi un Allemand, Herbert (1163-1170), qui servira sans défaillance la cause impériale. Si Evrard (1171-1180) sut se réconcilier avec le pape tout en ayant de bonnes relations avec Frédéric Barberousse, l'épiscopat de Thierry de Montfaucon (1180-1190) marqua une pause entre le schisme et les débuts du XIIIe siècle.

La disparition de l'empereur, en 1190, ouvrit une période troublée, en Comté, par des rébellions contre le comte palatin, fils et successeur de l'impératrice Béatrice, morte en 1183.

Si les moines furent les premiers responsables de ces bouleversements, leurs efforts furent renforcés par ceux des laïques au XIIIe siècle. A cet égard, Jean de Chalon s'illustra en obtenant, en 1266, de l'abbaye Saint-Oyend la concession de toutes les forêts de sapins s'étendant de l'abbaye jusqu'à Pontarlier.

La première conséquence de cet essor fut d'accroître la superficie des terres cultivables et de permettre à l'homme de mieux se nourrir. Si la polyculture vivrière fut partout pratiquée, il semble que dès le XIIIe siècle, l'élevage l'emporta dans les contrées montagneuses.

L'apparition de zones de peuplement dota le Jura d'une série de localités nouvelles qui, à l'origine, furent prises dans les mailles seigneuriales. Elles constituèrent aussi une forme de diffusion du christianisme et de la mise en place des premières paroisses. Toutes les couches de la société furent bénéficiaires de tels progrès, les paysans se voyant parfois accorder des chartes de franchises.

Au moment où s'accomplissaient les progrès agricoles, se développa un commerce international. La Comté devint un point de passage obligé entre l'Italie, la Suisse, la Champagne et la Flandre. Si la traversée de la haute chaîne se faisait par le col de Jougne, à partir de Pontarlier deux routes coupaient les terres de hauteur : l'une par Besançon, l'autre par Salins, pour gagner Saint-Jean-de-Losne ou Auxonne. De plus, une voie longeant le rebord du premier plateau se dirigeait vers la Lorraine. Mais, malgré son admirable situation, le comté de Bourgogne profita peu du grand négoce et demeura un « pays d'économie dominée » (R. Fiétier).

La prospérité générale se traduisit aussi par un essor urbain. Ce fut surtout le fait de petites agglomérations dans le Vignoble (Lons-le-Saunier, Poligny, Arbois) ou la plaine (Dole), Saint-Claude formant une exception par son implantation montagneuse. La seule ville importante resta Salins grâce à la production du sel et sa situation sur une voie de communication majeure. Comme les campagnes, les villes obtinrent des chartes de franchises aux XIIIe et XIVe siècles et connurent parfois les premières formes d'une vie municipale.

Le rayonnement monastique

Si la vie religieuse au XIe siècle fut en très grande partie dominée par l'archevêque Hugues de Salins (1031-1066), la première moitié du XIIe siècle représenta « l'âge d'or du monachisme comtois » (R. Locatelli). Le diocèse fut d'abord touché par les Clunisiens qui fondèrent des établissements ruraux modestes ou des prieurés. Mais, de tous les religieux qui essaimèrent dans le comté, les Cisterciens l'emportèrent de très loin puisque, en quelques années, ils créèrent seize abbayes (douze d'hommes et quatre de femmes). Dans les cadres de l'actuel département du Jura apparurent successivement les maisons de Rosières vers 1132, Acey vers 1133, Balerne en 1136, Ounans vers 1150. La vague cistercienne fut complétée par l'arrivée des Chartreux (Vaucluse en 1140 et Bonlieu en 1170) et des ordres militaires, les principales commanderies des Templiers se trouvant à Girefontaine au nord de Lons-le-Saunier, Salins et Dole. Au XIIIe siècle, Lons-le-Saunier, Poligny, Salins virent les ordres mendiants (Dominicains, Franciscains et Clarisses) s'implanter dans leurs murs, parmi les laïques et non pas dans la solitude comme les anciens ordres monastiques.

Si tous ces établissements jouèrent un rôle religieux évident, bon nombre d'entre eux représentèrent largement la vie intellectuelle des XIIe et XIIIe siècles (ateliers de copistes, bibliothèques monastiques...). N'oublions pas non plus, comme nous le verrons dans l'évocation du patrimoine architectural du Moyen Age, qu'ils contribuèrent aussi à la diffusion des styles roman et gothique.

Les contrastes du bas Moyen Age

Sans être totalement novateur, le bas Moyen Age apporta bien des changements dans l'histoire des terres jurassiennes. Aux données politiques nouvelles se joignirent des conditions économiques qui contrastèrent avec la prospérité antérieure. Mais la civilisation prouve que les XIVe et XVe siècles, tout en restant médiévaux, contenaient déjà en eux, par bien des aspects, les germes des Temps modernes.

A l'heure française et bourguignonne

En faisant basculer le comté de Bourgogne sous l'influence de Philippe le Bel, le traité de Vincennes (1295) donna le ton de ce qu'allait être le bas Moyen Age comtois : celui d'une principauté vivant à l'heure française et bourguignonne. Nominalement toujours terre d'Empire, la Franche-Comté eut désormais son sort lié à celui de ses maîtres d'outre-Saône.

La trame des événements est simple à résumer et s'ordonne en grandes phases d'inégale importance chronologique. De 1295 à 1330, trois rois et deux comtesses dominèrent politiquement la région : Philippe le Hardi, de 1295 à 1314, son premier fils Louis X le Hutin (1314-1316) et son second héritier le roi Philippe V le Long (1316-1322) ; la comtesse et reine Jeanne de Bourgogne et sa mère Mahaut d'Artois, qui assurèrent conjointement le gouvernement de 1322 à 1329-1330.

La mort de Jeanne de Bourgogne, en 1330, plaça pour la première fois le comté entre les mains des ducs de Bourgogne : Eudes IV (1330-1349) et son petit-fils Philippe de Rouvres (1349-1361). La mort de ce dernier ouvrit une parenthèse au cours de laquelle la France-Comté revint à Marguerite de France, fille cadette de Philippe V et veuve de Louis de Nevers, comte de Flandre. Parenthèse de deux décennies (1361-1382) à peine prolongée par le principat de Louis de Mâle (1382-1384).

C'est alors que, pour près d'un siècle, les grands ducs d'Occident eurent sous leur dominance la principauté comtoise. Avec une remarquable régularité, Philippe le Hardi (1384-1404), Jean sans Peur (1404-1419), Philippe le Bon (1419-1467) et Charles le Téméraire (1467-1477) comptèrent la Franche-Comté parmi leurs possessions bourguignonnes. Situation lourde de conséquences si l'on songe que le dernier des ducs-comtes conçut le projet de réunir en un seul Etat ses pays de « par-delà » à ceux de « par-deçà », c'est-à-dire les parties méridionales et septentrionales de ses territoires.

C'est l'échec d'une telle politique en 1476-1477 qui déclencha la conquête des terres jurassiennes par Louis XI et le maintien de celles-ci sous la tutelle de Charles VIII. Mais on sait ce qu'il en fut : après avoir failli devenir définitivement française au traité d'Arras (1482), Charles VIII remit en cause les clauses comtoises de l'accord en épousant Anne de Bretagne et non pas Marguerite, fille de Marie de Bourgogne et de Maximilien, petite-fille du Téméraire. C'en était fini pour près de deux siècles de la domination française, le comté retournant aux héritiers légitimes des ducs-comtes de Bourgogne : les Habsbourg (traité de Senlis, 1493).

De cette histoire mouvementée, on ne finirait pas d'évoquer les répercussions politiques : entrée de la province dans la guerre de Cent Ans, déprédations des Routiers après 1360, destruction de Dole par les troupes françaises en 1479, pour ne citer que quelques exemples marquants. Mais un regard sur l'économie et sur certains éléments de la civilisation incite à nuancer un tableau qui fut loin d'être entièrement sombre.

Permanences et nouveautés économiques

Alors que pendant tout le bas Moyen Age, les productions agricoles et artisanales demeurèrent ce qu'elles étaient au XIIIe siècle, la conjoncture se renversa vraisemblablement à partir du milieu du XIVe siècle. A la prospérité succéda une récession qui se prolongea peut-être jusqu'au milieu du XVe siècle. Encore faut-il rappeler que les événements militaires des années 1476-1479 perturbèrent parfois profondément la reprise commencée un quart de siècle plus tôt. Sans rejeter l'idée d'une crise structurale et d'une dégradation climatique qui restent à prouver, ce changement s'explique aussi par une série de difficultés à l'acuité sans précédent : pestes (dont la peste noire de 1348-1350), déprédations dues à la soldatesque. Dans de telles conditions, la population diminua bien qu'elle continuât à s'adonner à ses activités traditionnelles.

Sur un espace agricole désormais fixé, les paysans continuèrent leur polyculture vivrière. Sans que l'on puisse parler de spécialisation, la viticulture se renforça dans le Vignoble (Arbois ayant déjà une réputation dépassant les cadres de la Comté) et autour de Dole. L'évolution de l'alimentation, de plus en plus carnée, et la consommation accrue du beurre et du fromage rendent compte du développement de l'élevage et des premières « fruitières ». Dans le domaine artisanal, la métallurgie prit de l'ampleur avec l'apparition de nouvelles forges, parfois promises à un brillant avenir (Fraisans). Mais c'est indubitablement le sel qui fut la grande spécialité économique comtoise. La fermeture de certains centres (Lons-le-Saunier, au début du XIVe siècle ; Grozon en 1369 ; Montmorot à une date inconnue) et la volonté de ne pas exploiter la source de Tourmont, en 1448, correspondirent à un désir de concentrer le traitement de l'eau salée (la muire) à Salins. Avec une production évaluée à sept mille quatre cents tonnes de sel à la fin du XVe siècle, la ville était une véritable capitale de « l'or blanc ».

Pas plus que l'agriculture ou l'artisanat, le commerce ne connut de grands changements par rapport au XIIIe siècle. Le comté de Bourgogne continua à être traversé par des échanges internationaux sans vraiment en bénéficier. Même si se produisit un élargissement des relations commerciales, celles-ci continuèrent à porter sur les toiles, le sel et le vin. Profitant de circonstances locales favorables, quelques bourgades devinrent de petites villes (Nozeroy, Sellières, Clairvaux, Orgelet, Saint-Amour) et étoffèrent le réseau urbain apparu au cours de la période précédente.

Eléments de modernité

Dans le monde très contrasté que fut le bas Moyen Age, le comté de Bourgogne vit se mettre en place des éléments de modernité. Ce fut le cas dans le domaine institutionnel, les progrès décisifs étant accomplis par les ducs-comtes Valois. Dès le XIVe siècle, la Comté fut divisée en deux bailliages (Amont, avec pour centre Vesoul ; Aval groupé autour de Dole et Poligny). En 1422, par démembrement du bailliage d'Aval, Philippe le Bon créa un troisième bailliage : celui de Dole. Remontant sans doute au début du XIVe siècle, le parlement se fixa en 1386 à Dole, capitale de la Comté. La ville était aussi le siège d'un trésorier (gérant les biens et les droits du comte dans le cadre d'une vaste trésorerie se confondant avec le ressort du bailli) et le centre d'une université à partir de 1422. Mais la centralisation était loin d'être totale et les salines de Salins ainsi que les eaux et forêts domaniales disposaient d'une administration et d'une gestion particulières.

Corollaire de cet essor institutionnel et de la volonté des princes, la société évolua. Au déclin de la classe seigneuriale répondit l'ascension des robins. Les officiers de l'administration comtale devinrent des personnages avec lesquels il fallut désormais compter, certaines familles s'illustrant dans des fonctions spécialisées (les Vurry et les Toubin, à la tête de la trésorerie de Dole). Mais cette nouvelle catégorie sociale ne fut pas la seule à s'épanouir car les marchands et les hommes de loi s'affirmèrent aussi à la tête des villes. Quant aux paysans, ils continuèrent à bénéficier de l'octroi de franchises au XIVe siècle. Paradoxalement, ce mouvement libéral n'empêcha pas l'extension de la mainmorte (signe de dépendance) à la fin du Moyen Age sur les terres de la grande abbaye de Saint-Claude.

Au total, c'est un monde médiéval en pleine mutation qui, en 1493, revint aux Habsbourg pour y connaître « l'heureux temps de la neutralité » (Maurice Gresset).

Les Temps modernes

Au long des cinq siècles qui suivent, ici comme ailleurs, le temps précipita son cours, il accumula les événements et les transformations comme pour égarer l'observateur dans la poussière des faits et l'entrecroisement des documents et des témoignages. Cependant, cette période eut ses lignes de force. C'est tout d'abord l'irruption de l'Etat. Certes, l'Etat espagnol resta toujours lointain, mais ensuite l'Etat imposa son omniprésence, de l'Etat louisquatorzien avec sa fiscalité dévorante à l'Etat contemporain tatillon et bureaucratique. Il s'y révéla comme une puissance organisatrice et tutélaire. Dans le même temps, les agressions extérieures, les occupations militaires, des guerres du XVIIe siècle à l'occupation nazie, ont contribué à forger une conscience collective dans le cadre provincial d'abord, dans le cadre départemental ensuite. L'esprit de révolte, la revendication de liberté s'incarnent aussi bien dans le héros indépendantiste jurassien du XVIIe siècle, Lacuzon, que dans les héros de la Résistance de la dernière guerre. Cet esprit de liberté puisa ses forces dans un attachement à la petite patrie, celle du clocher, qui n'était pas exclusive de la grande. Par ailleurs, ce temps fut également celui de l'alphabétisation qui aboutit après un long effort de près trois siècles. En ce domaine, le département a montré une précocité certaine. Dès 1866, 94 % des hommes et 86 % des femmes savaient lire et écrire. Avant l'installation de l'école de Jules Ferry, le Jura vint donc aux premiers rangs de la liste des départements alphabétisés. La veillée, la religion, l'ouverture vers l'extérieur — la montagne jurassienne n'était pas répulsive, au contraire, elle fut attractive — expliquent cette précocité.

Si la réputation des vins, des fromages et autres produits est fort ancienne, si les beautés des paysages de ce pays ont été découvertes par les voyageurs dès le tournant des XVIIIe et XIXe siècles, à une époque où la sensibilité préromantique prédisposait à l'émotion devant le spectacle de la nature, il n'en reste pas moins que le tourisme est une activité très récente. Il n'est véritablement intégré dans une stratégie du développement départemental que depuis les années cinquante de ce siècle. Dès lors, avec le recul, le tourisme apparaît comme une tentative tardive pour échapper à la longue crise qui frappe ce pays depuis le milieu du XIXe siècle.

Claude Prost, dit Lacuzon, héros de l'indépendance (1607?-1681)

Claude Prost est né à Longchaumois vers 1607 ; dans la montagne il réussit à constituer une force militaire capable de lutter contre les Suédois de Weimar. Son surnom vient d'un mot patois qui signifie « taciturne et vigilant ». La légende entoure sa vie et son action. Il fut un mélange de soudard et de patriote.

Il lutta d'abord dans le haut Jura contre les « gris » du Bugey, puis multiplia les coups de main en Bresse. Installé au château de Montaigu (1640), il s'empara de la forteresse de Saint-Laurent-la-Roche (1641), poussa ses actions jusqu'à Louhans. Il fut accusé de pillage et de sorcellerie ; de nombreuses communautés villageoises du bailliage d'Aval prirent sa défense. Ce chef de bande fut reconnu officiellement par l'Espagne, Louis XIV essaya de l'attirer dans le parti français par des propositions qu'il repoussa. En 1668, il resta fidèle à l'Espagne. Refusant l'annexion française, il s'exila en Italie, où il mourut à Milan en 1681. Il reste pour les Jurassiens une référence, symbole de l'esprit d'indépendance, voire de révolte.

Un pays convoité

Après les essais d'annexion de la Franche-Comté par Louis XI, le traité de Senlis (1493), pour une durée de près de deux siècles, intégra le pays jurassien avec l'ensemble comtois dans l'empire des Habsbourg ; englobés dans le vaste et disparate système impérial, les Jurassiens, au sein d'une identité comtoise laissée dans une semi-autonomie, y trouvèrent avec satisfaction une certaine indépendance. En tout cas, cette situation leur donna la possibilité de résister à une double pression extérieure : à l'ouest, celle de la puissance française, à l'est, celle des cantons suisses qui caressèrent un temps le projet de contrôler les salines.

Cette longue période fut jusqu'en 1635 une ère de paix et de prospérité. Ville et campagne connurent une activité fièvreuse. La partie jurassienne du Comté, en gros le bailliage d'Aval, possédait la capitale de la province : Dole (quatre mille habitants), dotée d'une université, siège du parlement, tribunal, mais aussi véritable gouvernement de la Franche-Comté. C'est également de Dole que les Etats adressèrent aux souverains leur liste de vœux. En raison de sa position stratégique, Charles Quint en fit une puissante place forte, défendue par des murailles construites à partir de 1541 par l'ingénieur Ambroise Précipiano. Mais d'autres villes animèrent la vie économique. Salins notamment, avec son industrie du sel. Ses deux salines, la Grande-Saunerie et le Puits-à-Muire excitèrent l'admiration du premier historien comtois, Louis Gollut (1535-1595), qui écrivit en 1592 : « [Elle] excède toutes les autres par ses singularités qui sont en la multitude de tant de beaux chasteaux, en la richesse de ces fontaines salées, en la mémorable œchonomie et police des saulneries. » D'autres villes, au rythme de l'essor d'une bourgeoisie commerçante et artisanale, se développèrent : Lons-le-Saunier qui, après l'incendie de 1536, se reconstruisit ; Poligny, ou encore Saint-Amour, déjà sous l'influence lyonnaise. Dans la terre de Saint-Claude, lieu de pèlerinage, l'abbaye acensa aux seigneurs, aux bourgeois, aux communautés villageoises, des pans entiers de montagne boisée ; dès lors, le pic et la hache maniés par des bras de plus en plus nombreux partirent à l'assaut des « joux noires ».

La paix extérieure fut un instant troublée par l'assaut que Henri IV, en 1595, livra à la Comté, épisode qui révèle que la puissance française n'avait pas renoncé à ses ambitions.

Seule la crise religieuse perturba alors la sérénité du pays. Les idées nouvelles de la Réforme y pénétrèrent tôt, dans la décénnie 1520-1530. Dès 1535, le parlement à Dole multiplia les édits de répression. Celle-ci s'accentua en 1550 et, cette fois, des têtes tombèrent à Saint-Amour, à Lons-le-Saunier ou à Dole. Cependant, sur les registres d'entrée de Genève, on ne relève que vingt-deux Jurassiens. La partie méridionale du Jura fut touchée plus particulièrement par l'hérésie ; elle était, il est vrai, sous la double influence de Genève (cité de Calvin) et de Lyon. Toutefois, le pays jurassien échappa aux guerres de religion qui ensanglantèrent le royaume voisin, et à aucun moment il n'a failli basculer dans le protestantisme.

1635-1678 : la guerre, la peste

Dans le grand conflit qui opposa l'Espagne à la France, la Franche-Comté fut un lieu d'affrontement, un théâtre permanent d'opérations militaires. Elle traversa alors la période la plus dramatique et la plus sombre de son histoire. Les rois de France partirent à l'assaut de la province à trois reprises, trois expéditions dévastatrices. Les pays jurassiens furent traversés, piétinés par les armées et les bandes amies ou ennemies ; la famine et les pestes y développèrent leur triste cortège. Toutes les villes durent, tour à tour, héroïquement subir des séries de sièges renouvelés, coûteux en hommes. Ainsi, Dole offrit en 1636 une belle résistance à l'armée de Condé, mais dut ouvrir ses portes en 1668, puis 1674 ; Lons-le-Saunier qui, en 1637, fut pillée et totalement détruite, subit à nouveau l'occupation française en 1668 et 1674 ; Saint-Amour (1637), Salins (1668), Arbois (1674) et Poligny (1674) connurent aussi des assauts dévastateurs.

Les populations apeurées fuirent la contagion épidémique, les exactions des hommes de troupes, les « picoreurs » de toutes sortes, se cachèrent dans les forêts ou les grottes, tels les habitants de Revigny ou ceux de Mesnay qui s'enfonçaient dans la forêt des Moidons. Girardot de Nozeroy (1580-1651), témoin des calamités dans son *Histoire de dix ans*, écrivit : « La famine commença en 1638, année de déplorable mémoire où les paysans, retirés dans les villes, y étaient entassés sans ouvrage ; le grain se vendait au plus haut prix ; on vivait d'animaux immondes et d'herbages. » Des témoignages décrivent des scènes d'anthropophagie. Des bandes de résistants, les « loups de bois » attaquaient les convois français, mais également vivaient sur le pays, mêlant le goût du pillage à la défense « nationaliste ». Le plus célèbre des héros de la résistance jurassienne est Lacuzon. Période de division aussi, où les « francophiles » dans les villes s'opposèrent et s'entredéchirèrent avec les « indépendantistes ».

Le coût de ce demi-siècle de terreur et de destruction est lourd : la moitié de la population a succombé. Une reconstruction du pays fut nécessaire. Par ailleurs, l'annexion française par le traité de Nimègue (17 septembre 1678) eut aussi ses conséquences politiques : la mainmise souvent brutale du roi et de son administration sur le pays. Dole fut décapitée de sa fonction de capitale au profit de Besançon. Elle perdit successivement le parlement (1671) puis l'université (1691). Punition politique volontairement infligée, mais le Roi-Soleil avait été sensible aux arguments « sonnants et trébuchants » des deniers bisontins.

1678-1789 : le Jura dans la paix française

Désormais, Louis XIV imposa donc son ordre. Il mit en place une administration : nouvelle capitale et nouvelles circonscriptions, les bailliages. Arbois, Poligny, Dole, Salins, Lons-le-Saunier, Saint-Claude, Orgelet devinrent de petites capitales administratives, bastions avancés de la volonté royale. Chaque bailliage eut un subdélégué nommé par l'intendant représentant du roi à Besançon. Les municipalités, dans le même temps, furent mises au pas, le pays supporta l'impôt royal « réparti » par le subdélégué sur ordre de l'intendant. La paix qui s'installa fut donc à ce prix.

Celle-ci cependant produisit ses effets : dans les campagnes comme dans les villes, la population doubla. Ainsi, Dole passa de 4 900 habitants à 9 000, Lons-le-Saunier de 2 000 à 6 800. Le Jura exporta ses hommes qui descendirent de la montagne, notamment du Grandvaux. En 1790, le département rassemblait 280 000 habitants, mais la population urbaine restait très minoritaire, seulement 15%. Les villes de taille modeste étaient de petits centres de pouvoir où dominait l'ambition fièvreuse des hommes de loi tout en étant des foyers d'activité commerciale et artisanale.

Le Jura devint un immense chantier où les villes abattaient leurs murailles, luttaient pour le confort et la propreté en multipliant les fontaines publiques, l'éclairage, édifiaient des promenades et jardins. Nobles et bourgeois se firent bâtir de beaux hôtels particuliers, alors que, dans le même temps, on élevait de grands édifices publics : hôtel de ville comme à Lons-le-Saunier (1735-1743) (signe des temps : sur l'emplacement du château féodal !) et à Salins (1718-1719) ; des casernes à Dole et Lons-le-Saunier (1736-1750) ; des hôpitaux : Lons-le-Saunier (1735-1744), Orgelet (1720). A la campagne, la noblesse rénova ses antiques demeures ou mieux, les reconstruisit de toutes pièces comme les Lezay Marnésia à Moutonne ou les Froissard de Broissia à Neublans. Mme de Lauragais, à proximité des ruines de l'ancien château d'Arlay, fit bâtir une magnifique demeure avec un beau parc de verdure, le tout inauguré en 1775 au cours de fêtes fastueuses.

Les nombreuses rivières jurassiennes ne furent plus laissées à leur paresse naturelle. On utilisa la force motrice de leurs eaux abondantes et claires ; les moulins, les martinets et autres patouillets jalonnèrent le moindre cours d'eau. Les hauts lieux de cette activité industrielle furent Fraisans avec la métallurgie, Salins et Montmorot avec ses installations récentes ; la papeterie, activité plus éclatée, fit tourner des « usines » à Arbois, Sirod, Messia.

Dans le même temps, le pays et les esprits furent marqués par la forte empreinte de la réforme catholique. Croix innombrables, églises nouvelles ou agrandies, clochers nouveaux se dressèrent un peu partout et affirmèrent matériellement la présence chrétienne. Depuis 1742, les Jurassiens

Rouget de Lisle (1760-1836)

Le père, avocat au bailliage de Lons-le-Saunier, appartenait à ce monde actif des hommes de loi du temps. Claude Joseph est né dans cette ville le 10 mai 1760, mais la famille possédait une maison à Montaigu et c'est là que le futur créateur de La Marseillaise *passa sa première enfance. On aimait la musique, semble-t-il, dans la famille.*

Il prépara l'école militaire de Mézières, en 1789, il était lieutenant, capitaine en 1791. En avril 1792, il se trouvait à Strasbourg au moment où la France déclara la guerre au roi de Bohême et de Hongrie (20 avril). L'âme soulevée par l'enthousiasme patriotique, il composa en une nuit le chant de la guerre qu'il chanta chez le maire Dietrich (25 avril 1792). Destitué, car il n'accepta pas le 10 août, il fut jeté en prison dont il sortira après le 9 thermidor. Il accompagna Tallien à Quiberon, épisode dont il écrira l'histoire avec lucidité. Il rompit par la suite avec Bonaparte. Isolé, il n'était pas royaliste, ni bonapartiste, ni jacobin, il vécut médiocrement de petits travaux éditoriaux et de musique. En 1826, emprisonné pour dette, son ami Béranger réunit la somme qui permit de le libérer. Louis-Philippe le décora de la Légion d'honneur. Il passa la fin de sa vie chez des amis. Il mourut d'une bronchite à Choisy-le-Roy le 26 juin 1836.

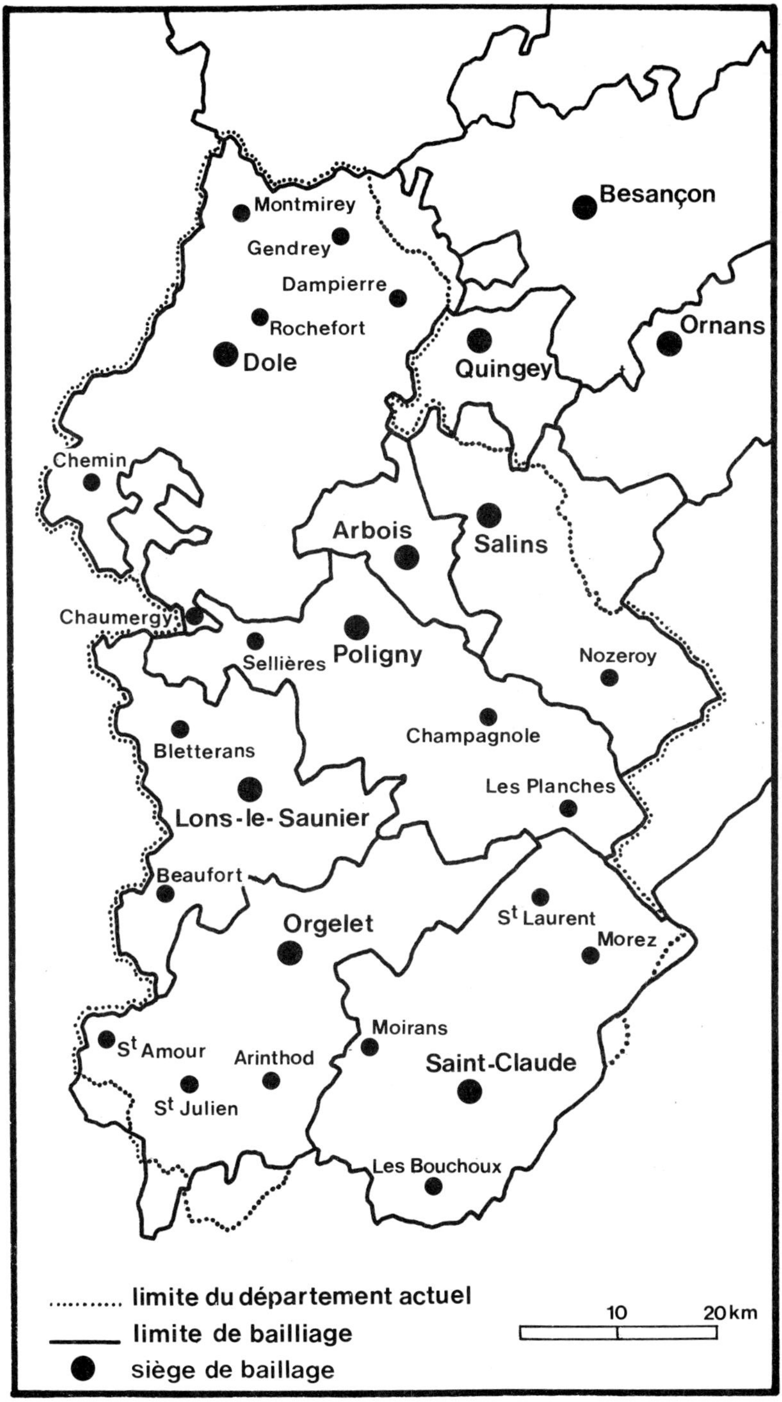

Les bailliages au XVIIIe siècle.

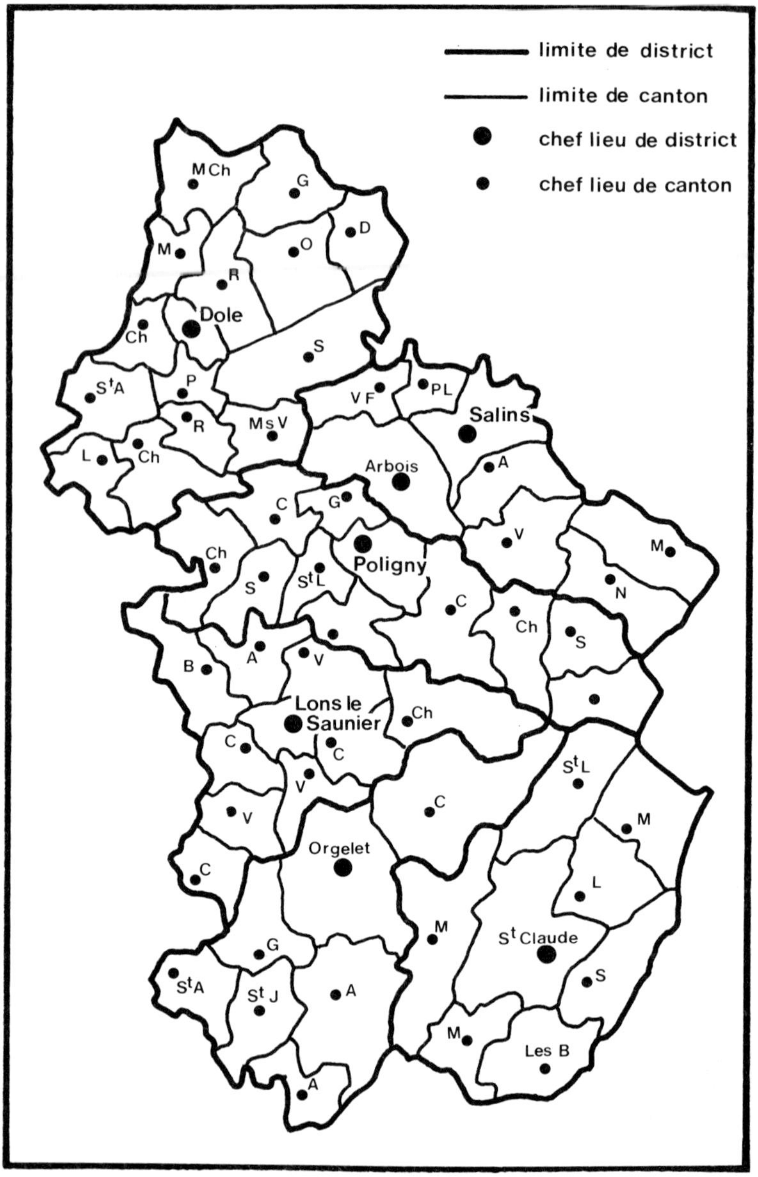

Les cantons du Jura en 1792.

relevaient de deux diocèses : l'ancien, Besançon, et le nouveau, Saint-Claude, constitué essentiellement avec l'ancienne terre de l'abbaye. Un clergé paroissial depuis le début du siècle s'efforça de développer dans les paroisses une religion plus ponctuellement pratiquée, en s'appuyant sur la diffusion des images, des objets de piété ainsi que celle des petits livres de dévotion.

L'élite culturelle qui recrutait surtout chez les hommes de loi était ouverte aux idées nouvelles. Beaucoup d'avocats souscrivirent à l'*Encyclopédie*. Dans la masse paysanne, une minorité possédait des livres (de religion) ; aussi, chez elle, le besoin de changement provient-il d'ailleurs. Il fut nourri par le poids des impôts, le rejet surtout du système seigneurial, par les difficultés liées au nombre des hommes, voire aux calamités météorologiques. L'aspiration paysanne au changement ne dut donc rien à la littérature des Lumières.

Dumas le Rouge, président du Tribunal révolutionnaire de Paris (1753-1794)

Père d'un officier de gendarmerie, surnommé le Rouge en raison de sa chevelure, appelé également cadet pour le distinguer de son aîné, avocat modéré, avec lequel il ne s'entendait pas, il s'affirma au sein de la société populaire de Lons-le-Saunier, aux côtés de l'ancien régent du collège, Philibert Buchot (1748-1812), qui deviendra commissaire des affaires étrangères. En 1791, à l'affolement des bourgeois de la ville, il fut élu maire. En juin 1793, il s'installa à Paris, y dénonça l'attitude des responsables jurassiens « traîtres fédéralistes », devint vice-président du Tribunal révolutionnaire, puis président le 10 juin 1794. Redouté, il se fit une solide réputation de brutalité impitoyable. Il fut guillotiné le 10 thermidor aux côtés de Robespierre.

Révolutions et mutations en cascade de 1789 à aujourd'hui

Les temps qui s'ouvrent au-delà de 1789 pour le Jura sont ceux des grandes mutations, avec le jeu complexe des ruptures et des continuités étroitement et originalement mêlées.

La Révolution donna au Jura son identité administrative par la création du département (5 février 1790). Cette innovation introduisit une rupture avec l'ancienne organisation de l'espace administratif. La départementalisation fut en effet complétée par la création de six districts, niveau intermédiaire entre les communes et le département. L'organisation nouvelle, sous l'impulsion de l'avocat lédonien Théodore Vernier, député à la Constituante, offrit le chef-lieu à Lons-le-Saunier au détriment de Dole. Le découpage territorial qui plaça cette dernière dans une position excentrée dans le département n'était pas innocent. Pendant la période révolutionnaire, la rivalité entre les deux villes restera toujours très vive, notamment en 1793.

Dans la vie quotidienne des hommes, les événements ont introduit de multiples ruptures. Rupture pour le millier d'émigrés contraints à l'exil dans des pays parfois fort éloignés, comme ce marquis de Lezay Marnésia qui tenta en Pennsylvanie d'implanter une colonie. Rupture brutale aussi pour des centaines de prêtres qui refusèrent le serment de la Constitution civile du clergé et qui choisirent, à partir de l'été 1791, soit l'exil en Suisse, soit la vie clandestine. En juin 1791, suite aux rétractations diverses, un tiers des prêtres jurassiens seulement adhéraient à la nouvelle organisation de l'Eglise (36 %). Rupture brutale également, à l'opposé, pour ces patriotes engagés à plein dans le prosélytisme républicain, qui ont animé à tous niveaux les instances administratives, milité dans les sociétés populaires et qui ont dû subir les épurations successives au rythme des flux et reflux du mouve-

L'ancêtre des guides du Jura : **Le Voyage pittoresque** *de J.-M. Lequinio (1801)*

Le Breton Jean-Marie Lequinio, agent forestier dans le département après avoir été député montagnard en l'an IX, a rassemblé une documentation statistique importante, observations de tous ordres. Nous le suivons dans ses deux volumes tout au long d'un circuit qu'il accomplit avec le regard attentif du voyageur curieux et scientifique. Il fut sensible, dans une sorte de préromantisme, à la beauté des paysages jurassiens.

Citons quelques lignes : « Perspectives : extrêmement trompeuses dans les monts, immenses sur les cimes et sur le bord du plateau... La plus belle perspective dans le Jura est celle de la bordure occidentale du grand plateau. On voit douze lieues de large et le double en longueur... Aspect : varié partout... »

Rouget de l'Isle, originaire de Lons-le-Saunier et auteur de La Marseillaise.

ment révolutionnaire. Rupture aussi pour des milliers de volontaires partis pour les armées de la République. Environ trente mille hommes de 1792 à 1799. Beaucoup, pour reprendre l'expression d'un bon roman historique récent, durent quitter « le cul de leurs vaches » (Lucien Ruty) pour connaître à travers la France et l'Europe les gloires et les misères de la vie militaire. Le patriotisme jurassien a fourni trente-sept généraux à la République. Chaque ville possède son ou ses militaires illustres. Nul effet du hasard donc si un officier jurassien, Claude Joseph Rouget, dans ce courant d'exaltation patriotique, en avril 1792, compose à Strasbourg où il était en garnison, le *Chant de guerre pour l'armée du Rhin*, plus connu sous le nom de *La Marseillaise*.

L'épisode le plus marquant de la Révolution dans le Jura fut la révolte fédéraliste (mars à août 1793). Maladroitement fomentée par les « sires du Jura », bourgeois modérés qui dirigeaient alors l'administration départementale ainsi que celle des districts. Ils refusaient la centralisation et la convention montagnarde ; ils établirent des liens avec les départements révoltés et surtout avec Lyon. Ils se heurtèrent à la résistance des sociétés populaires de Lons-le-Saunier et de Dole ainsi qu'à l'opposition de la municipalité de cette ville. En effet, les Dolois, en luttant contre les « traites fédéralistes » visaient à récupérer l'administration départementale, donc le chef-lieu. La rébellion fut stoppée par la Convention, Lons-le-Saunier payant son attitude dans cette affaire : débaptisée, devenue « Franciade », elle fut également décapitée ; en effet, les instances départementales siégèrent pendant deux années à Dole.

Exode rural et chemin de fer

Les différents régimes qui se succédèrent de 1800 à 1870 ne modifièrent pas les conditions de vie politique du département. Cette période fut le beau temps des notables, maîtres de forges, nobles, grands propriétaires terriens, qui jouaient les puissances dans les villes et dominaient une société juras-

Des bailliages au département

C'est aux XIVe et XVe siècles que le comté de Bourgogne (l'actuelle Franche-Comté) fut doté de bailliages, sans que l'on puisse pour l'instant préciser les dates de leur création. Ils furent initialement au nombre de deux : bailliage d'Amont, avec pour centre administratif Vesoul ; bailliage d'Aval, organisé autour de Dole et Poligny. En 1422, Philippe le Bon, duc et comte de Bourgogne créa un troisième bailliage, celui de Dole, par démembrement du bailliage d'Aval. Contrairement à la notion comtemporaine de circonscription, ces bailliages ne formaient pas des entités administratives homogènes. Pendant tout le bas Moyen Age, il s'agit d'une série de seigneuries comtales, c'est-à-dire la propriété personnelle du prince qui était placée dans le ressort des baillis. Il appartint à l'époque moderne de faire évoluer cette notion pour la transformer en une institution publique.

En effet, l'histoire des bailliages franchit une étape nouvelle avec l'introduction à la fin du XVIIe siècle, au lendemain de la conquête par Louis XIV, d'une administration qui se veut plus forte et plus rationnelle. Les bailliages restent d'abord des circonscriptions judiciaires, mais la mise en place d'un subdélégué à la tête de chacun d'eux en fait une véritable circonscription administrative. Le subdélégué, qui représentait l'intendant de Besançon, avait regard sur la perception des impôts du roi, sur la police et la justice, la circulation des grains. Toutefois, héritage du passé, la subdélégation peut être une fonction sans véritable assise territoriale.

Les « petits bailliages » du XVIIIe siècle, au nombre de douze, furent si ancrés dans les mœurs que la départementalisation de 1790 a consisté tout simplement à organiser des groupements de bailliages. Ainsi, à l'origine, le département du Jura ne fut-il qu'un pur agglomérat de sept anciens bailliages comtois. Dans le nouveau découpage territorial, ils perdurèrent, puisque les districts de 1790 conservèrent remarquablement, dans le Jura du moins, leur configuration. Signalons que l'actuel canton d'Arbois est pratiquement l'ancien bailliage d'Arbois.

sienne pour l'essentiel constituée de petits paysans dans un département profondément rural (75 %). Le passage du suffrage censitaire au suffrage universel en 1848 ne bouleversa pas un système social et politique qui possédait son exutoire : les révoltes populaires. Celles-ci revêtirent encore les allures des « émotions » de l'Ancien Régime. Révolte de 1830, révolte de 1834, antifiscale et dirigée contre les « rats de cave », mais aussi révolte républicaine des vignerons arboisiens, qui projetaient dans l'idée républicaine leur idéal d'une démocratie de petits propriétaires et qui, dans l'immédiat, en attendaient d'abord l'abaissement des taxes sur le vin ; révolte alimentaire de la pomme de terre en 1840 à Lons-le-Saunier ; révolte de 1848 dans un contexte de pénurie agricole ; révolte de 1851 à Poligny...

Les grandes mutations ne furent donc pas politiques, elles étaient ailleurs. Elles furent d'ordre démographique d'abord. Passé l'année 1846, date à laquelle le département atteignit son record avec un chiffre de 316 884 habitants, irréversiblement la courbe de la population s'inversa et s'abaissa en un long mouvement prolongé jusqu'à nos jours. L'émigration s'accentua sensiblement après 1850. Mais la grande nouveauté, ce fut aussi le progrès dans la circulation des hommes et des choses, avec notamment la révolution ferroviaire qui, justement, favorisa l'exode rural. La première liaison réalisée fut celle de Dijon à Dole, le chantier étant ouvert en 1852 et achevé en 1854. La gare de Dole fut alors inaugurée en grande pompe avec une messe solennelle célébrée par l'évêque de Saint-Claude, le 10 juin 1855. Le tronçon Lons-Mouchard, segment de la ligne Lyon-Strasbourg, au pied du rebord jurassien, construit par la compagnie P.L.M., se mit en place entre 1860 et 1862. Les campagnes offraient une main-d'œuvre paysanne à ces chantiers d'un nouveau genre. A cette époque, le Jura se rattacha progressivement à l'extérieur.

Un président de la République jurassien, Jules Grévy (1807-1891)

Fils d'un chef de bataillon des volontaires du Jura, dont la famille originaire de Rathier est venue s'installer à Mont-sous-Vaudrey, il fit ses études à Poligny et à Dole. Après son droit à Paris, il s'inscrivit au barreau de la capitale en 1836. Dès 1830, ses convictions devinrent républicaines et il se fit connaître dans des procès politiques. A la révolution de 1848, il fut nommé dans le département du Jura comme commissaire du gourvernement provisoire. Il y conduisit une administration prudente et modérée. Elu à la Constituante en avril 1848, il lutta contre le vote de l'élection du président au suffrage universel. Le coup d'Etat de Louis Napoléon Bonaparte trouva en lui un opposant déterminé. Il regroupa les républicains jurassiens, fut élu aux législatives de 1869, devint le président de l'Assemblé nationale en 1871 et 1873. Elu président de la République le 30 janvier 1879, il fut réélu en 1885 et dut démissionner en 1887.

M. le Président descendit pendant longtemps, jusqu'en 1884, du train présidentiel qui l'amenait de Paris à La Vieille-Loye. De là il rejoignait Mont-sous-Vaudrey par la route. On lui facilita le voyage en construisant la ligne Dole-Poligny en 1884, date à laquelle la gare de Mont-sous-Vaudrey fut inaugurée. Mais l'express 501, par habitude, continua à s'arrêter à La Vieille-Loye jusqu'en 1914 !

A nouveau les malheurs de l'occupation étrangère

Au début de l'année 1871, les Jurassiens virent surgir avec effroi les Prussiens. A Dole, un instant, les habitants crurent être défendus par Garibaldi, pourtant accueilli avec enthousiasme, mais celui-ci se retira et la ville fut occupée le 21 janvier. Les Arboisiens, après des expéditions tragi-comiques (équipement disparate, barils de vin, débandade...) en direction de Mont-sous-Vaudrey et de Mouchard pour retarder l'avance ennemie, durent se résigner à accepter les Prussiens. Lons-le-Saunier tomba à son tour le 6 février. Les populations jurassiennes eurent à souffrir de lourdes réquisitions et d'une certaine brutalité de l'occupant, ce qui fit naître un sentiment anti-prussien vigoureux.

Si, pendant la Première Guerre mondiale, le département se trouva épargné par les opérations militaires, il paya en revanche un lourd tribut de sang, dont témoignent tous les monuments aux morts avec leurs longues listes de victimes (453 à Dole, 336 à Lons-le-Saunier...). Le triste spectacle de populations apeurées, fuyant à la campagne devant l'ennemi au milieu de la débâcle, réapparut dans le Jura en juin 1940. Ainsi, à Arbois, à partir du 14 juin, pendant trois jours de suite, la ville fut-elle encombrée par des colonnes militaires et civiles : 230 000 soldats, 150 000 civils traversèrent la cité. Celle-ci, désertée par les habitants, vit l'installation des Allemands le 17 juin. Le même jour, la botte nazie, après un bombardement, s'abattait sur Dole.

La Résistance : les hommes de l'ombre

Après la défaite, le département, dans sa partie nord, fut partagé par la ligne de démarcation : zone occupée d'un côté, zone libre de l'autre. Cette ligne suivait en gros la vallée de la Loue. Dole était située en zone occupée et interdite. Le Jura devint donc tout naturellement un lieu de passage d'une zone à l'autre, d'autant que la Suisse, au-delà de la frontière, offrait une terre de liberté.

De la plaine, où des filières de passage à travers la Loue furent à l'origine des premiers groupes de résistance, au haut Jura, où s'organisa l'évacuation clandestine, à travers la frontière, des juifs et des personnes suspectes et recherchées par les nazis, le département devint une terre de Résistance. Dès 1941 et 1942, il y eut les premières manifestations à l'égard de l'occupant, commencèrent alors aussi les premiers parachutages (août 1942). Les maquis se développèrent à partir du printemps 1943, suite au refus du S.T.O.

> ***Un reconstructeur social : Victor Considérant (1808-1893)***
>
> *Né à Salins dans une famille qui depuis quatre générations faisait commerce des livres — son père, ancien militaire humaniste, était bibliothécaire et imprimeur —, il abandonna en 1832 une brillante carrière militaire pour se faire le propagandiste des idées de Charles Fourier. Devenu chef de l'Ecole sociétaire, il développa avec générosité l'idée de l'association, dont l'archétype lui fut fourni par les fruitières jurassiennes. Député en 1848, il fut le seul à proposer le vote féminin dans le cadre du suffrage universel. En 1849, il s'insurgea contre Louis Napoléon Bonaparte et il fut contraint à l'exil. Il créa alors, aux Etats-Unis, à Dallas, une colonie qui s'efforça de mettre en application les idées fouriéristes (1854-1859).*
>
> *Il rentra en France en 1869, participa à la Commune de Paris. Le 27 décembre 1893, Jean Jaurès accompagna les cendres de celui qui était le dernier survivant des socialistes utopiques.*

Le maquis du haut Jura eut « la plus longue existence et le plus grand nombre de maquisards », huit cents hommes environ, comme l'écrit François Marcot. Dès mars 1943, dans la montagne, les réfractaires au S.T.O. trouvèrent un refuge, la coopérative « La Fraternelle » avec son infrastructure et ses responsables constituant un réseau d'accueil. De plus, les maquisards trouvèrent le soutien de la population. Peu à peu, ils s'organisèrent en une véritable force de combat. Cependant, la répression s'accentua très durement au début de l'année 1944, par exemple l'extermination du maquis d'Alièze, le 8 mars. Les parachutages ne laissaient tomber du ciel que des armes légères.

Dans les premiers jours d'avril, tout le haut Jura fut investi par une division allemande ; commencèrent alors les épisodes les plus tragiques de la Résistance jurassienne. La Gestapo arrêta les deux chefs : Vallin Duhail et Kemler, lesquels seront torturés. Dans la première quinzaine d'avril, les Allemands, aidés des miliciens, déployèrent les représailles les plus terribles. C'est dans ce contexte que se situent les « Pâques rouges » de Saint-Claude. Le dimanche 9 avril, tous les hommes de dix-huit à quarante-cinq ans furent convoqués sous prétexte de vérification d'identité. Plus de mille huit cents furent contrôlés, trois cent quarante furent retenus et embarqués en direction des camps allemands, cent soixante-quinze d'entre eux ne revinrent jamais. Tout cela en présence du sinistre Klaus Barbie. Les exactions se poursuivirent en juillet et en août 1944. Dans le même temps, les représailles s'abattaient dans le bas pays. A Saligney, le maquis encerclé eut vingt-deux tués. A Lons-le-Saunier, le docteur Michel, pour avoir soigné des résistants blessés, fut fusillé dans les bois de Pannessières (avril 1944).

Actuellement, quantité de plaques, de stèles, de monuments rappellent que la répression fut générale et terrible, que les sacrifices des hommes de l'ombre ne doivent pas être oubliés. Tel est parmi beaucoup d'autres le monument des maquis du haut Jura à Saint-Hubert-le-Bas à Saint-Claude, tel est encore le monument de la Résistance à Lons-le-Saunier où un combattant debout personnifie l'héroïsme jurassien et se dresse sur un fond de carte départementale.

L'évolution de la vie politique

Hors de ces temps d'angoisse exceptionnelle, comment s'est organisée la vie publique dans ce long siècle qui suit l'écroulement du Second Empire ?

Les républicains affirmèrent progressivement leur prééminence aux dépens des monarchistes et des conservateurs. Mais de quelle République rêvait-on alors ? L'opinion jurassienne se décida pour longtemps majoritairement pour une République radicale modérée. Ce radicalisme modéré, Jules Grévy l'a assez bien personnifié dans la première phase de la IIIe République. Ensuite, le radical-socialisme progressa jusqu'à la Première

Hier le tourisme

Dole. Affiche du P.L.M. dessinée par J. de Colbert. (1932.)

L'hôtellerie et le tourisme ne se sont développés dans le département que très récemment. L'accueil, la promotion, si l'on en découvre les prémices dans l'entre-deux-guerres, n'entrent dans les préoccupations des responsables, élus ou professionnels, qu'au lendemain de la Seconde Guerre mondiale.

Autrefois le département a vécu une période où le réseau des auberges était d'une rare densité, en 1853, il y en avait 1 257. Les villes accaparaient bon nombre de ces auberges, Dole, par exemple, qui en faisait vivre 101. Toutefois, la majorité d'entre elles jalonnait les routes et ser-

•••

•••

vaient de relais aux voyageurs à cheval. Le chemin de fer (les grandes liaisons, mais surtout les petites lignes départementales) porta un coup mortel à ce réseau : en 1901, il n'en subsistait que 404. L'auberge des voyageurs se transforma en cabaret local. Vers 1900, le plus souvent à proximité des gares, on construisit des hôtels dans les principales villes. Ainsi les hôtels de Lyon et de Genève à Dole, les hôtels du Jura et de Genève à Lons-le-Saunier ou encore l'hôtel de France à Saint-Claude. Toutefois, l'accueil tant en quantité qu'en qualité restera longtemps insuffisant.

Ce n'est qu'après 1920 que le tourisme véritable se développa. Avec les progrès de la circulation automobile une demande nouvelle apparut. On construisit alors une douzaine d'hôtels nouveaux, dans la montagne essentiellement (à Morez et aux Rousses).

Vers les années 1950, l'hôtel Ripotot à Champagnole est le type de l'établissement touristique de classe dans le département. En 1952, les syndicats d'initiative de Saint-Claude, de Dole et de Lons-le-Saunier durent répondre à quatre mille lettres de demande. Mais en 1953, l'archiviste départemental, Gustave Duhem est contraint d'écrire : « Le Jura a de grandes possibilités touristiques, mais pour les mettre en valeur et les exploiter, il faudra pendant longtemps encore l'effort persévérant de toutes les bonnes volontés. » (Dans Enquête sur le Jura depuis cent ans, *Société émulation du Jura, 1953.)*

Guerre mondiale. Dans les années qui précédèrent 1914, Lons-le-Saunier et Dole eurent des municipalités radicales. L'affaire des congrégations, la séparation de l'Eglise et de l'Etat mobilisèrent les populations ; anticléricaux et cléricaux se combattirent durement. A cette époque, on dénombre pas moins de dix-sept journaux politiques, parmi lesquels on remarque principalement les feuilles radicales. Par exemple, *La Démocratie jurassienne* à Poligny, dont on voit encore aujourd'hui la bande-annonce délavée sur la façade de l'actuel syndicat d'initiative, autrefois local de l'imprimerie de ce journal.

Cependant, le mouvement ouvrier, au rythme d'une industrialisation modérée, s'organisait sur le plan syndical comme sur le plan politique. A Dole se constituait en 1886 la première chambre syndicale, tandis que Saint-Claude donnait naissance à un courant socialiste original : international, antiparlementaire, laïque et surtout coopératif. Dans cette ville, Henri Ponard (1861-1928) et ses amis de la Maison du peuple mirent en pratique l'idée mutualiste. La coopérative de consommation « La Fraternelle » avait été créée en 1881, mais elle fut rénovée sous l'impulsion des idées de Henri Ponard. Un réseau de succursales alimentaires, de boucheries, de magasins desservit dès lors la ville et les villages.

Dans l'entre-deux-guerres, la vie politique se diversifia de plus en plus, mais elle suivit avec quelques nuances les grands courants nationaux d'opinion : Bloc national (1919), Bloc des gauches (1924), Front populaire qui n'eut dans le département qu'un député sur quatre (1936).

Après la parenthèse de Vichy, des modifications importantes apparurent. La poussée communiste et socialiste de la Libération fit place assez vite à un radicalisme fauriste et à la démocratie chrétienne (M.R.P.) qui semblaient convenir à une opinion jurassienne de tradition modérée. Depuis 1958, sous la Ve République, le gaullisme du temps de De Gaulle, encore plus avec le gaullisme chiraquien, dispute à droite la première place au centrisme. A gauche, surtout après 1971, le Parti socialiste occupe le terrain aux dépens du P.C. ; il campe sur le territoire abandonné par le radicalisme qui a disparu en tant qu'organisation, comme aussi sur une partie du territoire de la démocratie chrétienne partiellement absorbée.

Un patrimoine aux multiples aspects

◄ *Chapelle rurale de Chaussenans.*

Il ne saurait être question, en quelques pages, de donner une vision complète de ce qui constitue à l'heure actuelle le patrimoine jurassien, au sens archéologique, artistique et littéraire du terme. En effet, les témoignages encore tangibles du passé, se présentant sous la forme de documents très inégalement répartis dans le temps et dans l'espace, impliquent un choix, du moins pour les périodes les plus anciennes. Si la préhistoire et la protohistoire peuvent être appréhendées essentiellement à travers les objets disparates exposés dans les musées, il en est sensiblement de même pour l'époque gallo-romaine qui, en dehors du site de Villards-d'Héria, apparaît grâce aux vestiges de *villae* et de sanctuaires difficiles à visiter. Dans de telles conditions, on comprendra que la présentation qui suit privilégie le patrimoine médiéval, moderne et contemporain du département du Jura.

Du millénaire médiéval demeure une série de constructions (militaires et religieuses) qui l'emportent de très loin, par leur importance, sur les autres aspects de l'activité humaine parvenus jusqu'à nous : sculptures, objets sacrés, enluminures... A partir du XVIe siècle et du développement de la Renaissance, l'horizon s'élargit et autorise à montrer comment les arts et les lettres fleurirent avec irrégularité au cours des cinq derniers siècles de notre histoire.

Regards sur l'architecture médiévale

Beaucoup mieux conservée que celle de la Séquanie romaine, l'architecture médiévale souffre d'une criante disparité entre les maisons paysannes et les demeures urbaines, inconnues, les châteaux seigneuriaux et les sanctuaires de Dieu, relativement abondants.

Maisons paysannes et demeures urbaines

Pendant tout le Moyen Age, la population comtoise vécut en immense majorité à la campagne, le développement des bourgs et des villes à partir du XIe siècle n'atténuant que faiblement cette répartition des hommes. Dans l'état actuel de nos connaissances, aucun village médiéval n'ayant été l'objet de fouilles dans le département du Jura, c'est sur les habitations jadis les plus nombreuses que nous sommes le moins bien renseignés. Si, à l'ouest des plateaux du Jura, dans la Bresse comtoise, l'absence de pierre dut justifier une utilisation intense mais pas exclusive du bois, en revanche sur les terres les plus élevées, le recours aisé au calcaire laisse supposer que ce matériau intervint aussi dans la construction des demeures paysannes.

Les destructions multiples que subirent les villes au cours de l'histoire ont d'autant plus frappé les maisons que celles-ci, construites en bois, étaient particulièrement vulnérables. C'est ce que suggère une description de la ville d'Orgelet, en 1455, au moment où deux commissaires vinrent rédiger le terrier de la châtellenie du même nom : « Premierement, la ville et le chastel d'Orgelet, laquelle ville est fermee de murs et plusieurs tours et fosses, et en ycelle a quatre portes... Et laquelle est notablement édiffié de maisons tant de pierre comme de bois et habitee de plusieurs notables gens, lesquelles maisons sont cy apres nommees et declarees en l'article des toises de ce faisant mencion. »

Certes, une exploration détaillée des villes jurassiennes révélerait la surprise d'y découvrir une maison témoignant de la manière de bâtir à la fin de la période médiévale : à Dole, l'hôtel Vurry, du XVe siècle, par exemple. Mais c'est dans le Doubs (Besançon) et en Haute-Saône (Luxeuil) que l'on peut encore admirer les plus beaux témoignages de l'architecture civile et urbaine. Quelques mètres de murs visibles à Poligny, Arbois et Salins-les-Bains rappellent que les agglomérations étaient entourées d'une enceinte de pierre, les remparts de bois ayant disparu. Peu épaisses mais relativement élevées, les murailles urbaines étaient renforcées par des tours disposées à intervalles plus ou moins réguliers. De plan carré ou oblong à l'origine (tour Saint-Laurent à Poligny, de la Gloriette à Arbois, du Perroquet à Salins-les-Bains...), les tours devinrent circulaires ou demi-circulaires par la suite (tour du Prieuré à Arbois). Enfin, point faible par excellence, les portes qui perçaient les courtines ont souvent été détruites pour des raisons de commodité. La porte de Nozeroy, admirablement conservée, peut faire regretter toutes celles dont la sauvegarde aurait permis de préserver un des aspects du cadre urbain aux derniers siècles du Moyen Age.

Du château de bois au château de pierre

Tout autre est le cas des châteaux : dès l'origine, ils allièrent une fonction défensive à leur valeur résidentielle. Mais, contrairement à une idée faussement répandue, le château de pierre ne fit que tardivement son apparition en remplaçant des constructions en terre et en bois.

Au nombre de celles-ci, il convient d'abord de mentionner les enceintes circulaires. Conçues comme un anneau formé par une levée de terre entourée d'un fossé, elles pouvaient être renforcées par une palissade en bois, voire un mur de pierre. A l'intérieur s'élevaient des bâtiments de bois dont les traces montrent qu'ils se trouvaient à la périphérie interne, à proximité du talus. Les recherches sur ce type de structure ayant été conduites exclusivement en Haute-Saône, nous nous contenterons de signaler leur existence et de rappeler que leur apparition et leur diffusion se firent dans le cadre de la décomposition de l'empire carolingien et de la formation de nouvelles structures sociales.

A la différence des enceintes circulaires qui ne faisaient que reproduire un mode de construction remontant à la préhistoire, les mottes castrales sont une véritable création médiévale. Butte de terre artificielle entourée de fossés et surmontée d'une tour en bois, qui a disparu, la motte, longtemps confondue avec le tumulus de la protohistoire, est beaucoup mieux connue que l'enceinte de terre, grâce à ses nombreux vestiges, complétés par la documentation d'archives et une iconographie exceptionnelle (tapisserie de Bayeux). Même si, actuellement, seule la Haute-Saône a fait l'objet d'une étude d'ensemble, le département du Jura ne manque pas de ces tertres, plus ou moins arasés. C'est surtout dans le bas pays qu'ils ont été repérés (val d'Amour, Bresse), mais la motte d'Andelot-en-Montagne, sur le premier plateau, à l'est d'Arbois, démontre qu'une implantation de hauteur pouvait exister. Chronologiquement, les constructions les plus anciennes ont été datées de la seconde moitié du Xe siècle et les plus récentes ne doivent pas dépasser le milieu du XIIIe siècle. Parfois, une basse-cour (espace défendu lui aussi par un fossé et un talus surmonté d'une palissade) complétait la butte. Ainsi conçue, la motte joua un rôle fondamental dans la mise en place des structures politiques, économiques et sociales au moment de la formation et du premier développement du comté de Bourgogne. Véritable centre de peuplement, elle prédomina pendant des siècles avant que progressivement n'apparût et ne s'imposât le château de pierre.

La diffusion de ce dernier ne saurait se détacher de l'essor de la féodalité et des progrès techniques réalisés à partir du XIe siècle. Contrairement à ce que prétendirent jadis certains érudits locaux, le donjon de pierre ne s'éleva que tardivement sur le sol jurassien : au XIIe siècle au plus tôt, au XIIIe siècle sans aucun doute. Comme l'a fait remarquer Jean-Claude Voisin avec justesse : « Les grands donjons quadrangulaires de pierre datent pour la plupart du XIIIe siècle (côte de l'Heute) et les donjons circulaires apparaissent tardivement, au XIVe siècle, voire au XVe, à Vadans. » Par conséquent, il faut en finir avec une chronologie erronée qui attribua à la fin de la période carolingienne et au début du Moyen Age central des réalisations trop précocement datées. Les XIVe et XVe siècles, malgré les difficultés des temps, ne furent pas exempts de constructions : moins nombreuses que celles des XIIe et XIIIe siècles, elles durent s'adapter aux progrès de la balistique et à l'apparition des armes à feu.

Géographiquement, la répartition des châteaux forts reflète en gros celle du peuplement. Une opposition très nette peut être établie entre le bas pays, à l'ouest, et les plateaux et le haut Jura. Si, dans le premier cas, les forteresses médiévales sont nombreuses, en revanche toute la partie montagneuse est caractérisée par la rareté des châteaux existants ou disparus, si l'on met à part le sud des premiers plateaux, la Petite-Montagne qui les prolonge et quelques axes de communication. Entre ces deux ensembles, le Vignoble, au nord de Lons-le-Saunier, et le Revermont, au sud de la même ville, concentrent un nombre important de forteresses.

Sanctuaires romans et gothiques

Les siècles obscurs

L'obscurité qui entoure l'histoire du Jura au haut Moyen Age ne concerne pas que les événements politiques ou l'évolution économique et sociale : elle se retrouve dans la faiblesse de nos connaissances au sujet des premiers lieux de culte chrétiens. Si l'on peut invoquer la rareté des textes et l'absence de fouilles systématiques pour justifier un tel fait, l'on ne saurait oublier aussi que bon nombre des premières églises furent construites en bois et, partant, qu'elles ne parvinrent pas jusqu'à nous.

Le cas le plus illustre et sur lequel nous sommes bien documentés est sans conteste celui du monachisme primitif tel qu'il naquit à Condat au Ve siècle. En s'appuyant sur la *Vie des pères du Jura*, Gérard Moyse a reconstitué l'aspect que revêtait le foyer religieux : « Les bâtiments primitifs étaient en bois et fort anciens, quand ils furent détruits par le feu sous Oyend : s'agissait-il encore des cabanes construites par Romain, Lupicin et les deux clercs de Nyon en prévision des futures arrivées ? Nous ne le croyons pas. En effet, les constructions détruites par le fameux incendie étaient beaucoup plus perfectionnées qu'on ne l'a souvent cru. Non seulement le monastère se composait au moins d'un ample bâtiment, de plusieurs pièces, des cellules particulières, reflet des usages anachorétiques primitifs, mais ce bâtiment était rehaussé d'un étage. Nous avons là un témoignage essentiel de la virtuosité à laquelle pouvaient atteindre ces artisans dans le travail du bois. Mais ces vieux bâtiments n'étaient pas commodes et s'accordaient mal aux intentions communautaires de saint Oyend. L'auteur ne nous dit pas que la reconstruction se fit en pierre, si bien qu'il est impossible de rien affirmer sur les matériaux employés... De l'*oratorium*, de l'église, on ne sait rien, sinon qu'elle avait une sacristie et que peut-être ses titres, dès saint Oyend, étaient André, Pierre et Paul, comme plus tard. »

On le voit : le bois régna en maître à Condat (Saint-Claude) et il n'est pas inutile de rappeler que l'église de la Vieille-Loye, au cœur de la forêt de Chaux, était encore construite avec le même matériau à la veille de la Révolution française.

Dans de telles conditions, pour la première partie du Moyen Age, les certitudes sont rares. Quelques textes, fiables, attestent dès 415 l'inhumation de l'évêque Désiré à Lons-le-Saunier (ce qui suppose l'existence d'un lieu de culte) ou la mort de saint Romain vers 460 dans la communauté dirigée par sa sœur, qui disposait d'une basilique : l'inhumation de Lupicin, quelque vingt ans plus tard, dans le monastère qui prendra son nom, et le décès de saint Oyend, vers 510 à Condat qui, nous l'avons vu, possédait une église.

Seules des découvertes du type de celle de l'église paléochrétienne d'Evans permettront de faire progresser nos connaissances des édifices religieux du haut Moyen Age. Même pour les IXe et Xe siècles, qui nous ont laissé des témoignages écrits plus nombreux, les sanctuaires jurassiens échappent pour l'essentiel aux investigations des historiens. Dans l'état actuel de nos connaissances, rares sont les vestiges antérieurs à l'an mil. Car si le portail et la façade de Saint-Lupicin, manifestement inspirés par des édifices romains, et la crypte de Saint-Lothain ont été attribués au haut

L'église paléochrétienne d'Evans

C'est à l'occasion de travaux de viabilité liés à l'implantation d'un lotissement qu'a été mise au jour en 1986 à Evans (arrondissement de Dole, canton de Dampierre) une église rurale avec sa métropole. Les premières fouilles, ayant pour but l'étude des tombes malencontreusement détruites, ont permis aussi d'apprécier le plan de l'église. Orientée nord-est-sud-ouest, celle-ci possède une nef unique en retour d'angle de 10,5 mètres de long et 6,5 mètres de large. Le transept de 15,9 mètres de long offre deux bras, à la disposition interne symétrique. Un chœur carré de 4,35 mètres de côté présente un chevet plat saillant. La hauteur des murs conservés est d'environ trois assises.

A l'intérieur et à l'extérieur de l'église se trouvent des tombes ordonnées en rangées grossièrement parallèles ou perpendiculaires aux murs de l'édifice. Les sépultures appartiennent à des catégories différentes : inhumation en pleine terre ; tombes maçonnées (simples ou doubles) ; coffres de pierres trapézoïdaux avec une grande dalle en guise de couverture (type le plus fréquent sur le site) ; sarcophages monolithiques trapézoïdaux en calcaire tendre. Si tous les corps ont été inhumés en « decubitus dorsal », les membres supérieurs ne sont pas tous dans la même position. Enfin, un mobilier funéraire a été retrouvé mais en faible quantité.

Les parcelles du site archéologique sont désormais protégées et inconstructibles. Après l'église de Chassey-lès-Montbozon en Haute-Saône, celle d'Evans fournira de précieux renseignements sur les premiers lieux de culte en Franche-Comté et les coutumes funéraires.

Moyen Age finissant, force est de reconnaître que leur chronologie exacte demeure sujette à caution.

L'éclosion romane

A partir des environs de l'an mil, la Franche-Comté fut touchée par le style roman, qui marqua une série d'églises, reflétant aussi bien la poussée démographique que les progrès du christianisme. Même si ces édifices ne nous sont pas tous parvenus, ils forment encore une part importante du patrimoine architectural légué par les XIe et XIIe siècles, avec des traits communs, mais aussi beaucoup de variété. Comparé à la Saône-et-Loire voisine, par exemple, le département du Jura apparaît bien pauvre en sanctuaires romans. Les constructions attestent l'importance des influences extérieures rappelant que « la position de marche frontière » de la région et « son rôle de terre de passage et de plaque tournante déterminèrent l'infiltration de diverses formules architectoniques » (René Tournier). Une analyse détaillée révélerait l'influence de l'axe Saône-Rhône-bassin méditerranéen, de la Bourgogne ducale à l'ouest ainsi que des pays helvétiques à l'est, sans oublier celle des régions germaniques, et qualifiée d'ottonienne.

Pour nous limiter aux témoignages architecturaux les plus remarquables, c'est incontestablement dans le département du Jura que l'on peut admirer les édifices qualifiés par l'abbé Pierre Lacroix de « trésor le plus vénérable de notre patrimoine ». En effet, là fleurit avec prédilection le premier art roman caractérisé par l'austérité de constructions faites de petits moellons cassés au marteau. Beaucoup plus que par leur plan (comportant souvent des collatéraux mais pas toujours un transept, beaucoup d'églises ayant perdu leurs absides d'origine), les édifices se distinguent par les massifs supports de la nef, sans bases ni chapiteaux, de forme carrée, ronde, voire octogonale. Si aucun couvrement initial n'a été conservé (les voûtes en place étant tardives et souvent gothiques), il n'en est pas de même du seul décor originel : des « bandes lombardes » ou lésènes, c'est-à-dire de minces pilastres reliés par des arcatures (double ou plus). A Saint-Hymetière, Gigny, Saint-Désiré de Lons-le-Saunier, Baume-les-Messieurs, Saint-Lothain, Saint-Lupicin, La Loye, on voit encore, plus ou moins bien représentés, les témoins architecturaux d'un style qui allait perdurer.

Car si, juste avant l'apparition de l'art gothique, les maçons continuaient à construire comme l'avaient fait leurs prédécesseurs depuis de nombreuses décennies, la diffusion de la croisée d'ogives, élément déterminant de l'architecture gothique, n'interrompit pas une tradition fortement établie. Des constructions « romanes » continueront de s'élever jusqu'à la fin du XVIIIe siècle (sans parler des ouvrages néoromans du XIXe siècle après le néogothique), belle preuve de l'idée faussement répandue selon laquelle le « gothique » remplaça le « roman ». René Tournier a mis en évidence cette persistance romane qui touche plus de deux cents édifices et dont l'exemple le plus remarquable se rencontre à Saint-Etienne de Coldre avec toutes ses anciennes églises vicariales.

Un nouveau cadre de prière

Alors que le style roman marqua de son empreinte la totalité des églises jusqu'au milieu du XIIe siècle, la voûte sur croisée d'ogives, élément essentiel du style gothique, fit son apparition dans le Jura par deux voies différentes. A Château-Chalon d'abord, dans la seconde moitié du siècle, l'église reçut une voûte aux nervures élémentaires car de section rectangulaire, sans clef ni décor, posée sans finesse sur les supports romans qu'il fallut renforcer pour les recevoir. « Une composition analogue se trouve sous la tribune de Saint-Just d'Arbois, de date imprécise. Ce type d'ogives, désignées comme "lombardes", a été comparé à celles de Saint-Ambroise de Milan et à d'autres de cette région ; rude et lourd, il n'aura pas de postérité. » (Pierre Lacroix.) Tel ne devait pas être le cas de la voûte (sur croisée d'ogives) importée de Bourgogne que les Cisterciens d'Acey utilisèrent, vers la fin du même siècle, pour couvrir leur église commencée par un chœur roman.

En effet, dans le courant du XIIIe siècle, l'église Saint-Anatoile de Salins commença par refléter la simplicité cistercienne dans son chœur et son transept avant de doter sa nef du seul triforium complet qui soit connu en Franche-Comté. Cette dualité interne, que l'on retrouve à Chissey et à Saint-Maurice de Salins, s'accompagne d'arcs-boutants (inconnus à Acey), de fenêtres hautes mais modestes, et d'un chevet plat percé de trois baies égales pour chacun des édifices, doté d'un portail occidental en plein cintre d'influence bourguignonne. Il appartenait, vers 1275, à l'église des Jacobins à Poligny et à celle des Bénédictins à Vaux d'avoir une abside à pans et des supports plus composés. Même si l'on ajoute l'église de Montaigu, l'abside des Cordeliers à Lons et les voûtes d'ogives d'Arbois aux exemples précités, le XIIIe siècle jurassien ne souffre pas la comparaison avec les cathédrales qui, à la même époque, s'élevaient dans le royaume de France.

Après un XIVe siècle où, malgré les difficultés des temps, la construction des édifices religieux ne cessa pas (Notre-Dame d'Arbois, saccagée ; l'église des Cordeliers de Dole ; surtout à partir de la fin du siècle, la future cathédrale de Saint-Claude, achevée seulement au XVIIIe siècle), le XVe siècle fut l'époque des reconstructions et de l'édification de nouvelles églises : Saint-Hippolyte de Poligny, la collégiale de Nozeroy.

La dernière forme gothique (l'art flamboyant) trouva sa meilleure expression à l'église de Saint-Germain de Mièges, construite vers 1430-1460 grâce au mécénat de Louis de Chalon, mais l'époque moderne vécut longtemps sous l'influence d'un style apparu quatre siècles plus tôt.

Du gothique persistant au classique triomphant

Dans les œuvres de la science et la production artistique, le Jura offre richesse et diversité. Cette terre a décidément le génie de la variété.

Au pays du gothique persistant (XVIe-XVIIe siècle)

Le Jura, dans une Franche-Comté ouverte aux influences esthétiques extérieures, notamment flamandes et italiennes, à partir du foyer artistique de Dole reconstruite après la destruction impitoyable de Louis XI, intégra peu à peu les goûts nouveaux de la Renaissance à une solide tradition gothique. Aussi beaucoup d'œuvres de cette époque sont-elles composites, mariage de la tradition et de la nouveauté, qui ne manque pas de charme. Les premiers signes de la Renaissance apparurent vers 1550. Témoin de l'introduction de l'art nouveau, à Dole, le tombeau du chancelier Carondelet, élevé dans la collégiale : colonnes, frises, médaillons attestent de la sensibilité nouvelle qui s'empara du goût (1542). A peu près de la même époque, à Lons-le-Saunier, le tombeau de Philibert de Chalon, tué en Italie, commandé à des artistes italiens et flamands, apporta un autre témoignage de ce courant (1532). Ce monument sera détruit en 1637. A Dole, le portail des Cordeliers, dressé comme un arc de triomphe à la romaine, est un autre morceau de choix qui proclame bien haut l'entrée dans un monde nouveau où surgissent les formes inspirées de l'Antiquité. Toutefois, à l'évidence, dans les édifices civils ou religieux, dans la structure ou dans la décoration, la nouveauté dut composer avec la fidélité au gothique, en dosage plus ou moins variable. L'hôtel Laborey à Dole, avec ses frontons ou ses accolades audessus des fenêtres, est un bel exemple de ce syncrétisme esthétique. Mariage qui ne fut pas feu de paille. Des chantiers interminables expliquent le mélange des goûts. Ainsi, Notre-Dame de Dole est-elle le produit d'un long chantier commencé en 1509 et qui s'éternisa pendant soixante-dix ans. L'architecture persévére dans le gothique, l'Antiquité s'insère dans les éléments annexes : portails, chapelles ou tombeaux.

Signe des temps nouveaux, l'imprimerie fit son apparition pour la première fois à Salins en 1484 (bréviaire) ; elle fut introduite à Dole par Pierre Metlinger en 1490, mais disparut pour ne se réinstaller à demeure qu'en 1588.

Le XVIIe siècle, avec son cortège de malheurs, ne fut pas favorable à l'essor des arts, et cependant, on a beaucoup construit ou reconstruit dans le premier et le dernier tiers de ce siècle. Les ordres monastiques qui s'installèrent en grand nombre dans l'élan de la réforme catholique furent des bâtisseurs infatigables. Ce siècle, à l'instar du précédent, témoigne de la persistance du gothique, que l'on retrouve à l'Hôtel-Dieu de Dole, commencé en 1612, achevé seulement en 1687, ou de la même façon dans les églises des villes et de la campagne : celle des carmélites de Dole, de Notre-Dame-Libératrice (1662) ou encore dans les nefs de l'ermitage de Mièges. La règle fut la fusion entre une ossature gothique et un habillage classique ; exemple le plus parfait de cet art composite : l'église d'Orgelet, commencée en 1612. Ici, l'originalité est la rangée de balustres qui se développe comme une ceinture à hauteur du premier étage ; à intervalles réguliers, de petites niches avec frontons et volutes rythment l'alignement. Dans le même temps, la peinture sacrée dans ses crucifixions ou nativités, représentations de saints ou de saintes et de la Vierge, suivit les modes italianisantes ; les éclairages et perspectives, le traitement de l'anatomie et des vêtements en font foi.

Le XVIIIe siècle : installation et triomphe du style classique

Après l'annexion par la France, le Jura connut une faste période de construction civile et religieuse. Le cœur actuel des villes et de bien des villages date de cette époque. Désormais, les architectes, les peintres et les sculpteurs firent triompher le goût classique, encore que, ici ou là, on puisse trouver des survivances anciennes. Telle cette église de Nogna (1761), ultime prolongement roman, « dernier et parfait exemple ». Exception qui confirme la règle ! D'une façon générale, l'architecture civile, militaire ou religieuse se plient aux mêmes règles : belle pierre appareillée des façades, rythmées par des corniches, décorées de frontons, pilastres ou volutes pour les édifices les plus raffinés. A Dole, on peut admirer par exemple le pavillon des officiers (1764), l'actuel musée, qui tranche visiblement avec l'austérité des casernes.

Partout, l'attention du promeneur est retenue par des fontaines monumentales : fontaine Attiret à Dole (1779), fontaine Michel-Devosges à Salins, place de l'Hôtel-de-Ville (1755) avec sa divinité aquatique on plonge dans la mythologie antique. L'œil attentif s'attardera sur les portiques, sur les portails, aux encadrements monumentaux ornés de frontons et de corniches moulurées, rectilignes ou cintrées ; en ce domaine, l'imagination a été grande, le promeneur en quête de formes classiques, au hasard des rues des villes et des bourgs, fait bien des découvertes. En revanche, les hôtels de ville (Salins, Lons-le-Saunier, etc.), les hôtels-Dieu sont de beaux morceaux d'architecture qui d'emblée s'imposent au regard, et qui, dans leur diversité, présentent cependant un air de famille.

La région doloise, signe de son ancienne splendeur de capitale provinciale, est jalonnée de châteaux : Choisey, Fraisans, Bersaillin, Neublans, etc., anciens ou nouveaux, qui permettent d'imaginer le style de vie de la noblesse et de la bourgeoisie jurassienne d'alors.

De leur côté, les églises, avec leur clocher-porche surmonté du « dôme comtois », firent triompher le style classique. Sur les façades élancées des clochers-porches, en relief plus ou moins accusé, se détachent des frontons appuyés sur des pilastres. L'église de Chamblay (1775) dresse son immense fronton et ses puissantes colonnes ; celle de Chevigny (1775) offre un air classique prononcé avec l'ordre dorique adopté ; toutes les deux, il est vrai, ont été construites sur les plans de l'architecte dolois Anatole Amoudru (1739-1812) ; issu d'une famille de peintres et de sculpteurs, avocat, il deviendra maire de Dole.

A l'intérieur de ces églises, des équipes de peintres et sculpteurs ont travaillé au mobilier sacré et à la décoration. Ont été ainsi multipliées les chaires à prêcher (Arbois, Chamblay, Offlange...), dressés des retables simples ou à étages, compartimentés de colonnes, peuplés de statues et de tableaux (Villers-Farlay, Bletterans, etc.). Chaque ville avait sa propre équipe qui pliait aux goûts du temps la pierre, le bois et les couleurs, qui démultipliait au plus profond des villages, dans ce « palais des merveilles » qu'est l'église villageoise, les beautés classiques ou baroques de la ville. On peut citer à Arbois les Stangue et Lambertoz, à Lons-le-Saunier les Galezot, à Saint-Claude les Rosset, à Dole les Attiret.

La ferronerie accompagne gracieusement l'architecture publique ou domestique, voire religieuse (grilles de communion). Les portiques d'hôtels particuliers ou d'édifices publics offrent les courbes élégantes de leurs grilles, telle la grille de l'hôpital de Lons-le-Saunier (1778). A l'intérieur, les artistes jurassiens ont excellé à installer de magnifiques rampes d'escalier (hôtel Guigue de Maisod à Lons-le-Saunier).

Parmi les sculpteurs, on peut citer Claude François Attiret (1728-1802) qui avait étudié la sculpture à Rome. Il avait un atelier à Dole et à Dijon. Il sculpta notamment la statue de Louis XVI inaugurée en 1783, transformée ensuite en statue de la Liberté ! Le musée de Dole possède de lui une belle Vierge à l'Enfant, sculpture en bois. Vadans, près d'Arbois, a donné naissance à Claude Dejoux (1732-1816). Fils de paysan, il réussit à fréquenter à Paris l'atelier de Pigalle et fit l'inévitable voyage à Rome. Entré à l'Académie royale de peinture et sculpture en 1778, il multiplia les œuvres inspirées de l'Antiquité. A Saint-Claude, le plus célèbre des Rosset fut Jean-François (1706-1786) qui réalisa un buste de Voltaire ; il avait été introduit à Fernay par l'avocat Christin, Sanclaudien, secrétaire du philosophe.

La Saline royale d'Arc-et-Senans, de Claude Nicolas Ledoux. Un des hauts lieux de l'architecture franc-comtoise, à la limite du Jura. ▶

Conservation départementale des antiquités et objets d'art du Jura

Le statut de conservateur A.O.A. (un par département) est celui d'agent bénévole du ministère de la Culture : ayant une autre tâche professionnelle, sans personnel ni moyens, disposant seulement de quelques indemnités qui couvrent une part de ses frais. Ce statut, parmi d'autres raisons, explique l'ignorance du public au sujet de sa fonction.

Dans le Jura, les objets classés sont au nombre d'environ 1 500 ; la liste augmente sans cesse, car nous sommes encore loin d'avoir tout découvert, à plus forte raison tout étudié. Il incombe au conservateur de constituer un dossier pour le classement de chaque pièce (identification, histoire sommaire, photographies) ; de contrôler leur état, veiller à leur sécurité, les proposer si besoin pour une restauration ; dans la mesure du possible, approfondir leur connaissance, les mettre en valeur et les « promouvoir », bref entretenir leur vie... D'où, surtout dans les circonstances actuelles qui s'aggravent : insécurité, populations villageoises et prêtres résidants moins nombreux... de multiples déplacements, courriers et appels téléphoniques.

Quelques accents et temps forts ont marqué l'action récente. En 1972, pour accroître l'intérêt porté à notre patrimoine mobilier, l'exposition « Art sacré dans le Jura » (Poligny, Baume, Saint-Claude). L'attention renouvelée à l'orfèvrerie religieuse, domaine autrefois fécond dans la province mais peu connu de par sa technicité, a révélé des œuvres d'artisans hautement qualifiés de Besançon, Dole, Salins, Arbois, Lons, etc., à l'exposition « Anciens orfèvres comtois » de Saint-Claude (1978). Les nombreuses visites dans les édifices religieux du département ont provoqué l'ouvrage Eglises jurassiennes romanes et gothiques *(Besançon, 1981).*

Depuis l'incendie des stalles de Saint-Claude en septembre 1983, un travail intense (en novembre 1987, 12 000 heures bénévoles), réalisé avec Andrée Renon, a voulu restituer la « mémoire » de l'œuvre amputée, grâce à des photos prêtées ; documenter son histoire presque ignorée, et ses relations avec d'autres monuments d'Europe occidentale : brochure Les Stalles de Jehan de Vitry *(1984) ; expositions « De la cendre à l'espoir » (1986), « Stalles de Saint-Claude », « Vers le renouveau » (1987) ; une dizaine d'articles de revues ; prochain ouvrage de synthèse,* De la cendre à l'espoir. *Ce labeur a permis la décision ministérielle de reconstituer la moitié disparue de ce chef-d'œuvre. La tâche de conservation aboutit alors, au-delà de la mort, à la vie retrouvée, pour autant qu'il est possible...*

(Pierre Lacroix.)

XIXe et XXe siècles : une dominante scientifique et littéraire

La production culturelle jurassienne dans les deux derniers siècles fut incontestablement plus abondante et brillante dans la vie intellectuelle et littéraire que dans les arts. Les noms les plus illustres appartiennent aux sciences et à la littérature.

La recherche érudite diversifiée traduit un attachement profond au passé local ; elle a donné des œuvres nombreuses. Dans l'armée des érudits jurassiens du XIXe siècle, il faut citer Désiré Monnier, lédonien, historien et archéologue, qui s'épuisa à la rédaction de l'*Annuaire du Jura*. Alphonse Rousset (1812-1868), notaire de Bletterans, a laissé avec son *Dictionnaire des communes du Jura* (1853) un monument historique toujours utile à consulter et qui donne une bonne image du département avant l'irruption du chemin de fer. Pierre-André Pidoux de la Maduère (1878-1955), archiviste, a prolongé jusqu'à notre époque cette tradition érudite avec de nombreuses publications. Comment ne pas rappeler que Lucien Febvre, disparu en 1956, à l'origine de l'école historique française, descendait d'une famille de Nozeroy et qu'il eut des attaches durables à Saint-Amour.

La science médicale a souvent souri aux Jurassiens. Le médecin François Xavier Girod (1735-1783) n'a-t-il pas été à Mignovillard l'un des premiers en France à faire adopter l'inoculation contre la variole ? Bouvier, de Dole, devint le médecin particulier de Laetitia Bonaparte, la mère de l'empereur. Le sud du département, Thoirette, donna naissance à Bichat (1771-1802), fondateur de l'histologie et de la connaissance moderne de l'anatomie. Quant à Pasteur, né à Dole, mais arboisien par son enfance, on sait combien ce chimiste, par la découverte des microbes, a su offrir des armes nouvelles à la médecine moderne.

La littérature a donné au département d'autres grands noms. Cette production poétique et romanesque est empreinte de l'amour de la « petite patrie ». Au XIXe siècle, le Jura eut ses poètes à une époque où l'on aimait rimer. Les volumes de la Société d'émulation ont publié quantité de ces pièces grandiloquentes ou charmantes. Les « poètes de clocher » furent nombreux, Alphonse Gaillard (1882-1971) représentant le mieux cet esprit, avec notamment *Autour du clocher* (1906). Dans le roman, le Salinois Max Buchon (1818-1869), ami de Victor Considérant, poète à ses heures, a donné le ton. Il inaugura le roman comtois réaliste et régionaliste avec *Le Matachin* ou encore *Le Gouffre gourmand*. Dans le genre romanesque, au-delà de la personnalité des auteurs et de la diversité des œuvres, un trait commun : le goût du terroir allié au plaisir de raconter. Le Lédonien Auguste Bailly (1878-1967) a partagé sa muse entre l'histoire et la littérature, le Grandvaux est le cadre naturel qu'il adopta pour ses romans. Marcel Aymé (1902-1967) tira de l'enfance villageoise qu'il a passée à Villers-Robert et à Dole un trésor de souvenirs qu'il sème dans certaines de ses œuvres, *La Table aux crevés* (1929), *La Jument verte* (1933). Blanche de Buxy apporta une note féminine dans cette production (1863-1919) ; née à Dole, ayant passé son enfance à Gendrey, cette feuilletoniste féconde (une quarantaine de romans publiés) fait une large place à ses souvenirs jurassiens : légendes, traditions et mœurs, paysages.

Parmi les auteurs récents, Bernard Clavel, lui aussi romancier fécond, imprègne une partie de son œuvre de la réalité jurassienne. L'ancien pâtissier dolois, soucieux de vérité chaleureuse, heureux de conter de belles histoires, met en scène des personnages jurassiens, peint des paysages jurassiens, dans *L'Espagnol* ou le cycle des *Colonnes du ciel*, entre autres. Récemment, il est vrai, le romancier a pris ses distances avec la région, il a découvert d'autres paysages, d'autres compagnons, élargissant considérablement son horizon aux dimensions du Grand Nord canadien. André Besson, lui aussi dolois, un peu dans la même veine, profondément attaché au terroir, conte à sa manière simple des histoires populaires, telle sa trilogie des *Auvernois, le village englouti*, son grand succès. On ne saurait oublier Pierre Gascard, venu d'Aquitaine, jurassien d'adoption, retiré à Baume, qui révèle son attachement à cette terre nouvelle pour lui.

Si la création artistique a été moins brillante, elle a eu tout de même ses œuvres et ses créateurs. Dans la sculpture, le Lédonien Joseph Perraud (1819-1876), né à Monay, sut parfois sortir du pur académisme. Le céramiste Max Claudet (1840-1892) de Salins multiplia des pièces qui ne manquent ni de style ni de fraîcheur. Parmi les graveurs, on peut citer Auguste Lançon (1836-1886) qui a travaillé à Paris ; ce Sanclaudien est un animalier remarquable et il a été aussi l'illustrateur de la guerre de 1870. En peinture, l'œuvre la plus originale est celle de Auguste Pointelin (1839-1933). Cet

Louis Pasteur (1822-1895)

Le père, tanneur de métier, vint s'installer en Arbois alors que l'enfant avait cinq ans. Il fit des études au collège de la ville jusqu'en 1838, les poursuivit à Besançon (1839-1842) et entra à l'Ecole normale. Docteur en sciences, il enseigna à Dijon, puis à Strasbourg (1852), il fut appelé comme directeur des études de l'Ecole normale (1857). Par ses expériences commencées en 1860 sur l'origine des fermentations et des germes de l'atmosphère, il défit les tenants de la génération spontanée, révolutionnant la connaissance des maladies infectieuses. Ses recherches sur la rage aboutirent à un vaccin en 1885. Le 14 octobre de la même année, Jean-Baptiste Jupille, un berger de Villers-Fralay, âgé de quatorze ans, cruellement mordu, subit le traitement de Pasteur qui le sauva. Cette victoire connut un retentissement qui consacra la gloire de Pasteur.

Les lieux qui ont gardé des traces de la présence de Pasteur sont nombreux : Dole, maison de naissance ; Arbois : maison familiale, vigne de Rosières où il fit ses expériences sur la fermentation, statue sur la « foule » ; Villers-Farlay : statue du berger Jupille ; Nozeroy : statue du savant.

Arboisien, fils de vigneron, ami de Pasteur qui l'aida à s'installer à Paris, est surtout un admirable paysagiste. Il sut peindre la solitude des plateaux jurassiens ; ainsi, il exposa au Salon de 1876 une toile intitulée *Plateau du Jura*. Ses paysages dépouillés, fruits d'une méditation, ont connu le succès tant en France qu'à l'étranger (Japon). Jules Grévy, autre ami du peintre, lui obtiendra pendant sa présidence des commandes de l'Etat. Comme le poète l'exprime, il avait l'art d'accrocher « le secret de la vie aux formes d'un buisson » (F. Jantet, 1914).

Quelques peintres contemporains réussissent à atteindre une renommée qui dépasse le cadre régional. Citons Pierre Klemczinski qui, avec une sensibilité exquise, trouve des harmoniques colorées accrochées aux aspérités d'un simple mur ou à l'horizon d'un paysage enneigé. Un rien de préciosité parfois dans les natures mortes. Gilbert Giboudeau, après un long détour par le continent africain, est revenu dans sa patrie d'origine. D'Afrique, il a ramené ce goût des formes rudes et primitives, frotté au désert et à l'inspiration des masques négres. Passionné par sa terre comtoise, retiré à Chamblay, il cultive aussi les beaux textes et pratique également avec bonheur l'art de l'illustration.

Dans les grands talents jurassiens contemporains, on ne saurait oublier la grande renommée internationale du flûtiste Marcel Moyse (1889-1984). Il était apparenté à l'ancien évêque constitutionnel François Xavier Moyse, son arrière-grand-oncle. Cet artiste qui a vécu souvent à l'étranger est toujours resté très attaché à Saint-Amour « sa petite patrie ».

L'idée de la sauvegarde d'un riche patrimoine culturel a largement progressé depuis quelques années : bibliothèques rénovées (Dole, Arbois, Poligny, Champagnole...), phénomène identique pour les musées. Les responsables locaux sont plus soucieux de mettre en valeur leur richesse architecturale, donc d'en assurer par là même la conservation, dans les villes comme dans les villages. Dans les opérations urbaines, il est possible de citer la rénovation de la rue Pasteur à Dole, celle des maisons qui bordent la Cuisance à Arbois ou encore le remodelage de l'ensemble de la Comédie à Lons-le-Saunier.

Les activités économiques : tradition et innovation

Chalet Gaillard. Un exemple de réalisation de l'Association jurassienne pour la diffusion des énergies alternatives (Ajena, Lons-le-Saunier). Ce chalet est équipé de panneaux solaires pour la production d'électricité.

◄ *On tue le cochon.*

Au début de l'année 1987 le département du Jura abritait 246 000 habitants. Sa densité, quarante-neuf habitants au kilomètre carré, la moitié de la moyenne française, le place aux environs de la soixante-dixième place des départements français. De vastes espaces libres s'offriront ainsi au voyageur, d'autant que, le plus souvent il rencontrera un habitat groupé en petits villages assez éloignés les uns des autres. Ici ou là quelques fermes isolées, ou, comme en Bresse, une plus forte dispersion de l'implantation humaine, ne modifieront pas l'impression générale.

Une démographie plutôt terne

Le Jura, en un siècle a perdu près de quarante-cinq mille habitants. Si l'exode rural à longue distance, explique une bonne partie de ce solde négatif, la stagnation relative des dernières années est surtout liée à un taux de natalité particulièrement peu élevé. Le poids moindre du catholicisme, l'absence de très grands centres urbains jouent dans le sens d'une fécondité plus faible qu'ailleurs. Le solde migratoire, pratiquement nul, ne permet pas, comme c'est le cas souvent, de compenser un solde naturel de plus en plus réduit.

Le Jura abrite cependant 13 500 ressortissants étrangers, inégalement répartis dans le département : le bassin d'emploi de Saint-Claude en accueille, à lui seul, plus de cinq mille. Les migrations internes au département sont aujourd'hui stabilisées : départs et arrivées s'annulent dans la plupart des cantons, à l'exception remarquable de la Petite-Montagne qui ne peut, semble-t-il, ni retenir ses habitants ni en attirer de nouveaux.

Cette région particulièrement attachante se prend aujourd'hui résolument en main pour contrer cette fatalité, comme y sont parvenus la Bresse et le Jura central pourtant fortement touchés par l'exode rural.

Les migrations internes ont profité aux centres industriels comme Dole ou Saint-Claude, ou aux villes — marchés du Revermont, comme Lons-le-Saunier ou, dans une moindre mesure, Poligny.

Saint-Claude et Dole connaissent aujourd'hui des migrations d'un type nouveau : le desserrement de la ville-centre au profit de bourgs et villages périphériques. C'est particulièrement net à Dole qui, après avoir perdu 8 % de sa population entre 1975 et 1982, connaît depuis peu une stabilité relative. Ce mouvement de repli ne profite pas à Tavaux ni à Damparis, pourtant satellites industriels de Dole, mais à des bourgs plus éloignés comme Rochefort ou Chaussin dont la croissance de population ne s'est pas démentie. On assiste dans cette partie du département, à une urbanisation diffuse, liée à la présence d'un axe de développement majeur.

Les emplois : images et réalités

Contrairement à l'image que l'on peut s'en faire à l'extérieur, le Jura est un département assez fortement industrialisé. Certes il ne s'y trouve pas de grandes concentrations manufacturières ; le tissu industriel est diffus et ne comprend que très peu d'entreprises de plus de dix salariés (– de 10 %). Mais avec 33 300 emplois industriels, près de 40 % des actifs, le Jura, à l'image de la Franche-Comté tout entière est marqué par le poids de ce secteur. Le petit atelier est un élément

CANTONS	1962	1968	1975	1982
Arinthod	4 203	3 954	3 569	3 536
Orgelet	4 410	4 297	3 983	3 907
Saint-Julien	2 198	1 991	1 836	1 725
Total Petite-Montagne	10 811	10 242	9 388	9 168

Evolution de la population de la Petite-Montagne de 1962 à 1982.

permanent du paysage jurassien et le voyageur fera bien, ici ou là, de pousser la porte de l'un d'entre eux, pour comprendre et connaître, de l'intérieur, cette autre réalité du Jura.

Ainsi l'activité ne manque pas... quand tout va bien. En effet le chômage touche ce département comme les autres, mais, c'est à souligner, plutôt moins.

L'agriculture et la forêt

Le département du Jura est un résumé de la Franche-Comté. Cela vaut tout particulièrement pour l'agriculture.

Le voyageur ne doit pas s'y tromper : derrière la permanence des paysages cultivés une profonde mutation de l'activité agricole est en cours. En 1970, le Jura disposait de dix mille exploitations agricoles ; elles seront moins de six mille à la fin des années quatre-vingt. Or, si jusqu'à présent cette diminution ne s'est pas traduite par une diminution significative de la surface agricole utilisée, il semble bien qu'un processus nouveau apparaisse. Ici ou là des terres sont laissées en friche, manifestation encore marginale, mais révélatrice d'une profonde mutation. Comment en est-on arrivé là ?

Le Jura, cela s'impose à l'œil, est une terre d'herbages : ils couvrent 70 % de la surface agricole. Ils forment soit le fourrage vert des pâturages et des estivages de la haute chaîne, soit le fourrage séché pour l'hiver, le foin, en plaine et sur les plateaux. Grâce à une ventilation puissante installée dans les bâtiments, les montagnons peuvent mettre à l'abri des orages de l'été, un fourrage préfané qui terminera ainsi son assèchement : c'est le séchage en grange. Ce sont là de coûteuses installations qui posent d'emblée un problème crucial pour les agriculteurs : ces gains incontestables de productivité sont obtenus au prix d'un endettement très élevé donc d'un revenu de plus en plus étroit. Or s'ils pouvaient jusqu'ici espérer une augmentation de leur revenu par un développement régulier de leur production laitière, celle-ci est limitée, depuis 1984 à une quantité de référence : les quotas. Cruelle situation pour des hommes et des femmes dont l'énergie et le savoir-faire ont été consacré à améliorer la qualité et la quantité d'un produit par un effort de modernisation sans précédent.

Le comté

La production laitière du Jura, pour sa plus grande part, est transformée en un fromage, le comté, qui, aux yeux de beaucoup, est l'un des fleurons des produits régionaux. Les contraintes de fabrication, jointes à un esprit de solidarité particulièrement marqué, ont poussé les Jurassiens à se doter d'un outil de transformation et de commercialisation : la fruitière. Certes cet outil n'est plus tout à fait adapté à l'évolution des techniques de commercialisation ; mais jusqu'à présent rien ne l'a véritablement remplacé, rien, en tout cas, qui ne soit maîtrisé par les producteurs. Ainsi leur échappe, au profit d'industriels laitiers et d'affineurs souvent extérieurs au département et à la région, la majeure partie des valorisations apportées à leurs productions. Non pas que les industriels ne fassent pas bien leur travail, mais cette évolution prive les agriculteurs d'une partie des moyens pourtant nécessaires à une diversification devenue désormais obligatoire.

Le comté au serrage dans sa toile.

La race montbéliarde

Vache montbéliarde dans un pré de gentianes dans le haut Jura.

Le troupeau bovin du Jura est essentiellement composé d'animaux de race montbéliarde. Elle est issue du lent travail de sélection introduit par des anabaptistes venus s'installer à Montbéliard à l'époque de la Réforme. Dès la fin du XIXe siècle, le nom de la ville du nord de la Franche-Comté fut associé à une régénération en profondeur de tout le cheptel régional. L'inscription au livre généalogique, ouvert en 1889, s'est étendue à la quasi-totalité du troupeau après la Seconde Guerre mondiale. L'insémination artificielle, le testage des taureaux — qui transmettent les qualités laitières — sont dûment controlés dans le Jura par des organismes officiels dont les méthodes ont été longtemps contestées par un éleveur non « orthodoxe », mais efficace et qui a su rallier à ses vues de nombreux agriculteurs du département.

Quoi qu'il en soit, la pie rouge tachetée de blanc est un élément permanent du paysage jurassien. Ses qualités laitières (4 400 kilos de lait par an en moyenne), mais aussi ses aptitudes à la production de viande, lui assurent un bel avenir, sauf si la limitation de la production contraint les éleveurs à une réduction majeure de leur troupeau.

Une petite Beauce : le Finage

A l'ouest de Dole s'étend une plaine fertile, riche des alluvions de la Saône et du Doubs. Orge, blé, maïs, colza y sont récoltés en abondance, grâce à des rendements équivalents à ceux obtenus dans les plaines du Bassin parisien. La majeure partie de cette production est commercialisée, permettant au Jura de posséder un authentique secteur céréalier (10 % des livraisons de l'agriculture du département). Les agriculteurs de cette région ne connaissent pas les mêmes difficultés que leurs collègues producteurs de

Le comté

(*Dessin extrait du Guide vert Michelin,* Jura-Franche-Comté.)

Les techniques de production : un fromage « à pâte pressée cuite »

Pour produire une grosse « meule » de près de cinquante kilos, il faut environ six cents litres de lait. Après un écrémage qui permettra d'obtenir une teneur en graisse de 48 à 50 % de matière sèche après affinage, le lait est versé dans de grandes chaudières en cuivre où il est chauffé une première fois pendant la durée du caillage. Le caillé est ensuite brassé et chauffé une seconde fois jusqu'à 54-56 °C avant d'être recueilli dans une toile de lin, puis placé dans un moule en bois pour le serrage. Après un égouttage de vingt-quatre heures, le fromage est placé pendant quelques jours dans une cave froide où il est salé pour accélérer la formation de la croûte. L'affinage se fait en deux temps : deux mois entre 16 et 18 °C, puis plusieurs mois encore entre 10 et 12 °C. Régulièrement, les meules sont retournées et frottées avec un chiffon imbibé d'eau salée.

Ces conditions de production assurent la fabrication d'un fromage de qualité, riche en matières grasses, fin de pâte, au goût de noisette très recherché. Le comté a très peu de trous, parce que sa flore microbienne est très contrôlée, mais plus de goût que son cousin l'emmenthal qui se présente en très grosses meules. Ce dernier produit tente aujourd'hui une revalorisation à travers une appellation spécifique, « emmenthal grand cru », qui certifie une qualité de la fabrication et de l'affinage.

Les techniques de commercialisation

C'est le point faible de la production du comté. Le système coopératif, avec la fruitière, a longtemps dominé l'ensemble du marché. La coopérative restait propriétaire des meules pendant toute la durée de la fabrication et de l'affinage et partageait les revenus de la vente en fonction des apports laitiers de chaque producteur. Ce système existe encore, surtout dans la montagne jurassienne, mais subit une double remise en cause : par les affineurs eux-mêmes d'une part, dont certains cherchent

•••

•••
à devenir autonomes par rapport aux producteurs ; par les industriels laitiers d'autre part, qui intègrent l'ensemble des phases de la production et de l'affinage et qui, grâce aux économies liées à leur taille et grâce à un bon réseau de commercialisation, prennent une place de plus en plus grande.

Le label de qualité

Le comté bénéficie d'une appellation d'origine contrôlée, ce qui implique un certain nombre de règles : une délimitation stricte de la zone de production ; l'utilisation de lait issu de vaches de races montbéliarde ou pie rouge de l'Est, alimentées uniquement avec de l'herbe, du foin et des farines naturelles, à l'exception de toute matière fermentée comme l'ensilage de maïs par exemple, responsable du gonflement des meules d'emmenthal ; le respect des techniques de production exposées ci-dessus, en particulier la non-pasteurisation du lait.

Contrôle de l'affinage : la « carotte »

Au cours de son vieillissement dans les caves, le comté est goûté pour s'assurer de la qualité de son évolution. Le hasard de la coupe vous permettra peut-être de découvrir au cœur du morceau un petit cylindre dont l'extrémité a été tranchée. Comme une « carotte » de géologue, elle permet à l'affineur de suivre l'évolution de la meule et de choisir la meilleure date de vente.

Le lait est chauffé et brassé dans la cuve de cuivre.

La route du comté

Suivre à la trace un produit tel que le comté, ce grand et bon fromage qui a plus de mille ans d'existence, c'est bien sûr découvrir les secrets de sa fabrication. Cette route est jalonnée de fruitières où l'on peut voir le fromager à l'œuvre, où l'on peut goûter les différents crus de ce grand fromage. Suivre cette route, c'est aussi visiter les caves d'affinage où les meules de comté mûrissent, soigneusement surveillées. Mais d'une pierre on peut faire plusieurs coups ! suivre la route du comté, c'est également admirer les beautés naturelles de paysages qui soudain surgissent au détour du chemin : crêtes, cascades, panoramas... De Dournon à Poligny, de Poligny à Saint-Laurent, de Saint-Laurent à Thoirette, en passant par Thoiria où une fruitière « témoin » vient d'être installée... Au-delà des gens du fromage, suivre cette route, c'est aussi la possibilité de rencontres avec les métiers traditionnels et surtout le contact avec des artisans au travail : tourneurs, horlogers, salaisonniers...

La fruitière

Le mot vient du latin fructus *(fruit), il désigne à la fois la société coopérative et le chalet où l'on fabrique le fromage.*

L'association a été imposée par les dures réalités de la vie montagnarde : faire un fromage de garde à pâte dure l'été, consommable l'hiver et surtout commercialisable au loin. Ce gros fromage nécessitait le groupement du lait des petits producteurs (il faut cinq cents litres pour un fromage). Pendant longtemps, il n'y eut pas de fromagerie, le fromager ou fruitier se déplaçait chez l'habitant avec son chaudron pour faire le fromage chez celui qui avait « le tour ». Le fonctionnement était basé sur un système de prêt de lait : celui qui, grâce à ses apports quotidiens, avait avancé le plus de lait bénéficiait du tour. On faisait le fromage chez lui. C'est au milieu du XVIIIe siècle que l'on commença à construire les premiers chalets, mais le nomadisme se maintint encore longtemps.

Quand la fruitière est-elle apparue ? Peut-être dès le XIIIe siècle, dans l'élan économique de cette période et dans le mouvement d'émancipation des communautés villageoises. Un essor nouveau s'est, semble-t-il, développé à partir du XVIIe siècle dans la reconstruction économique que connut le pays comtois après les terribles épreuves des guerres. A la fin du XVIIIe siècle, les fruitières descendent de la montagne jusque dans le bas pays. Au XIXe siècle, elles représentent la formule d'une économie paysanne moderne.

Le fonctionnement a évolué : au XIXe siècle, on passe de la petite société à la grande, avant l'adoption, au début du siècle suivant, du statut de la coopérative. Le produit lui aussi a évolué à travers le temps. Le mot « vachelin » apparaît dès le XVe siècle, puis l'expression « vachelin façon gruyère » s'impose du XVIIe au XIXe siècle ; ensuite, on parle de « gruyère de comté », et actuellement, seul le terme « comté » est conservé. La création à Poligny, en 1889, de l'école de laiterie marque un tournant dans la qualité de la fabrication. Le gruyère de comté, jusqu'au début du XXe siècle, était considéré comme un produit de « bas de gamme », bon pour l'armée et l'ouvrier. Aujourd'hui, un patient effort d'amélioration en a fait un produit « haut de gamme » : un « produit de luxe de fabrication artisanale ».

lait ou de viande. Comme eux leurs préoccupations sont tournées vers Bruxelles, mais aussi vers Chicago où se fixent les cours des céréales. Soumis parfois à des variations conjoncturelles importantes, leur avenir apparaît toutefois plus serein.

La vigne

La vigne occupe dans le cœur des Jurassiens une place à part. Même si elle s'étend sur moins de 1 % de la surface agricole du département, sa renommée s'étend bien au-delà de ses frontières. D'Arbois à Lons-le-Saunier, entre la plaine et le rebord du plateau, sont plantés deux mille hectares de vigne, qui produisent, en année moyenne, quelque soixante-dix mille hectolitres de vin. En expansion constante depuis 1970, le vignoble du Jura acquiert peu à peu ses lettres de noblesse. Poursuivant une politique de qualité, fondée sur des appellations reconnues, certaines depuis 1934, il parvient peu à peu à se faire une place sur le difficile marché français. Une place encore modeste, il est vrai, comparée à celle de ses prestigieux voisins du Beaujolais et de Bourgogne.

Une partie de ce vignoble est géré par des coopératives de producteurs, qui ont pris le nom de « fruitières » à l'exemple des coopératives laitières. Mais si ces dernières sont d'origine locale, les premières ont été imitées du

La fenaison dans les prés-bois du Grandvaux.

Midi viticole. Leurs différences sont sensibles ; dans certains villages du Vignoble, l'histoire peut témoigner de solides rivalités entre fruitière « rouge » et fruitière « blanche »... A côté de ce secteur coopératif, sans lequel de nombreux petits viticulteurs ne pourraient subsister, il existe un secteur privé bien vivant. La maison Henri Maire, est sans doute la plus connue et a contribué à faire connaître le vignoble d'Arbois sur le marché national.

Le vin nourrit-il aujourd'hui le vigneron ? La réponse doit être nuancée. Pour certains l'expansion récente se traduit sans aucun doute par des revenus assez larges. Mais, pour beaucoup, aux soucis du travail de la vigne et du vin sont venus s'ajouter ceux de la gestion et de la commercialisation. Investir est devenu une nécessité, que l'augmentation conséquente des prix depuis quelques années ne pourra longtemps accompagner.

Autour de la vigne s'est constitué un véritable réseau communautaire : les vendanges forment un moment privilégié pour que se réunisse la famille élargie autour d'une activité fortement identitaire. Dans bien des cas ce groupe fournit, en plus, un premier réseau de commercialisation. Les rites et les fêtes liés à l'activité vinicole n'ont plus les caractères et, peut-être, la saveur d'autrefois. La plupart d'entre eux sont d'ordre privé et ont pour cadre la cave, le caveau, et la maison familiale. D'autres sont publics, comme la fête du « Biou » à Arbois le premier dimanche de septembre.

Le voyageur doit prendre son temps dans le Vignoble, s'il veut apprendre et comprendre. Mais, si le « courant passe » il vivra un réel enchantement. De sa vigne, de son vin, de ses joies, de ses difficultés, le vigneron parlera volontiers. Plus qu'un travail, c'est pour beaucoup un réel art de vivre.

Lait, céréales, vins, autant de productions, autant de paysages. Un élément toutefois fait œuvre d'unité dans cette terre de contraste : la forêt.

La forêt

Couvrant 43 % de la surface départementale, la forêt jurassienne appartient en partie au secteur agricole, même si depuis longtemps elle fournit de la matière première aux activités artisanales.

En plaine comme en montagne elle a toujours assuré le chauffage domestique. Dans le bas pays et sur les plateaux l'affouage est une tradition très ancienne. La répartition de lots de bois aux habitants d'une commune conduit assez souvent à un système d'entraide entre les bénéficiaires qui s'associent pour réaliser le travail en commun : très souvent les agriculteurs complètent leur revenu par le bûcheronnage et le transport de l'affouage, pour les habitants non équipés. C'est, parmi d'autres, un des éléments qui maintiennent une cohésion forte à l'intérieur des petits bourgs et des villages.

Toutefois, la principale richesse de la forêt jurassienne réside dans la production de feuillus et de résineux destinés à l'industrie. Les forêts de l'Etat, les forêts communales, et dans quelques rares cas les forêts privées, sont soumises à la gestion des techniciens forestiers. Des coupes régulières sont réalisées au point optimal de maturation des arbres, favorisant ainsi un type de régénération par semis naturels. Parallèlement, on procède à la substitution des taillis par des futaies, le plus souvent de résineux moins exigeants en surface. Ainsi la capacité de production de la forêt jurassienne s'accroît-elle régulièrement. Ce n'est donc pas à des problèmes d'approvisionnement que la « filière bois » est confrontée mais bien à des difficultés de transformation et de commercialisation. Certes, feuillus et résineux sont pour la plus grande part sciés dans des entreprises jurassiennes. Mais, faute d'une bonne adéquation entre les essences disponibles et les exigences du marché national et international, les ateliers de transformation restent sous-représentés par rapport à la capacité de production de la forêt. L'organisation technique et commerciale d'un véritable secteur de transformation reste à mettre en place. Les bonnes volontés ne manquent pas, tout particulièrement au lycée du bois à Mouchard, dont les préoccupations dépassent largement la seule formation technique des élèves qui lui sont confiés. Malgré cela, la forêt fournit des emplois à un secteur artisanal performant et pour une large part à un authentique secteur industriel. Au total, plus de trois mille cinq cents emplois dans la sylviculture, le sciage, la menuiserie et l'ameublement.

L'industrie

Avec près de trente mille salariés dans l'industrie, le département du Jura

La scierie : une activité ancienne modernisée.

Le lac de l'Abbaye.

apporte une contribution non négligeable à la production de biens manufacturés en Franche-Comté. Ce secteur est original à plus d'un titre. Par sa diversité d'abord : bois, matières plastiques, lunetterie, chimie, agro-alimentaire, autant de domaines d'importance comparable qui forment un réseau relativement serré de petites unités de production. Original aussi par son histoire : sur un fond préindustriel très vivace, lié à l'utilisation des eaux, des forêts et des potentiels minéraux comme le fer ou le sel, la révolution industrielle a pris une forme particulière ; elle est autant le fait de la montagne que celui de la plaine. L'influence de la Suisse s'exerce dans la haute chaîne dès le XVIIIe siècle à travers l'horlogerie, plus précisément à travers la fabrication des horloges. Une main d'œuvre abondante, habituée à compléter son revenu par des travaux saisonniers, s'est peu à peu muée en un authentique monde ouvrier.

Le XIXe siècle transforme certaines vallées du haut pays en véritables « vallées-ateliers » : salaires peu élevés, savoir-faire performant, technologie de pointe. Ainsi s'établissent de réelles spécialisations, comme la lunetterie qui fournit 90 % de la production mondiale de pince-nez à la fin du XIXe siècle, et encore 47 % de la production française de lunettes en 1986. Mais c'est également le cas pour l'industrie de la pipe, la taille du diamant et des pierres précieuses. Très sensibles à la conjoncture économique, à la mobilité des capitaux et aux effets de la mode, ces industries sont toutefois très fragiles. S'adapter ou disparaître, telle est pour beaucoup la dure loi de l'innovation technique et commerciale. Pour l'industrie de la pipe, c'est à la deuxième partie de cette alternative que se rattache son histoire : en 1920, cinq mille ouvriers en ateliers auxquels s'ajoutent deux mille employés à domicile, fabriquent trente millions d'unités exportées à 90 % ; en 1982, quatre cents ouvriers en ont fabriqué deux millions exportées à 40 %... L'industrie du jouet fournit à l'inverse un exemple d'adaptation. Adaptation technique par l'utilisation récente des matières plastiques ; adaptation commerciale par la constitution d'un groupement d'entreprises — Superjouet — chargé d'étendre le marché du jouet jurassien.

Grâce à cette volonté d'adaptation et à la diversité originelle de ses productions, le bassin d'emploi de Saint-Claude est, dans le Jura, celui qui

Saint-Claude vu du mont Chabot.

résiste le mieux au marasme industriel des années quatre-vingt : le taux de chômage reste stable autour de 5,5 % des actifs alors que la moyenne franc-comtoise dépasse 10 %. Il le doit en grande partie à la relative solidité de la lunetterie morezienne, mais plus encore à la vitalité de l'industrie des matières plastiques. Elle concentre ici l'essentiel de ses effectifs jurassiens. Saint-Lupicin et Lavans-les-Saint-Claude abritent deux des trois plus grandes entreprises du bassin, l'une

La pipe, un travail d'art.

et l'autre consacrées à ce type de production. Lavans peut, à ce titre, s'enorgueillir du titre de capitale mondiale du bouton... Mais cette industrie « montagnarde » a peu à peu migré vers l'ouest en direction des marchés urbains de la bordure du plateau et de la plaine.

A mi-chemin, Champagnole a connu un développement décisif dès 1960 : une partie des industries du bois et du jouet y sont venues s'ajouter à une métallurgie préexistante. Mais cette migration a surtout profité à Dole et à Lons-le-Saunier. Ces deux villes ont toutefois des profils industriels différents. Dole accueille un secteur important de constructions électriques et électroniques, essentiellement des composants, ainsi qu'une industrie chimique puissante : l'usine Solvay de Tavaux produit avec deux mille cinq cents ouvriers de la soude et des composants chlorés. Lons-le-Saunier se consacre davantage aux industries du bois et de l'ameublement (25 % des effectifs de ce bassin) et de l'agro-alimentaire.

Le département du Jura ne s'est jamais fermé sur lui-même. L'histoire industrielle a montré l'influence de la Suisse voisine sur ses productions et leur localisation. Aujourd'hui encore une large partie des capitaux est d'origine extérieure. Comtois, bourguignons et surtout lyonnais pour ceux d'origine française. Mais certaines entreprises, et non des moindres sont contrôlées par des capitaux étrangers. C'est le cas de la métallurgie de transformation à laquelle se sont intéressées des sociétés suédoises. C'est aussi le cas de la chimie : Solvay est une société majoritairement belge.

Le Jura exporte largement ses productions, au premier rang desquelles se placent les produits chimiques (34 %), l'agro-alimentaire — pour l'essentiel des produits laitiers — (18 %) et les instruments et matériels de précision — la lunetterie et l'optique — (11 %). La balance commerciale du Jura est ainsi excédentaire, expliquant en partie l'apparition d'un secteur « transport » particulièrement dynamique. Faut-il y voir un héritage lointain des rouliers du Grandvaux ?

Nous avons souligné à plusieurs reprises la dispersion de l'activité industrielle sur l'ensemble du département. Il n'en serait pas ainsi sans un réseau particulièrement dense de petites villes organisatrices de l'espace jurassien.

Combien de carats ?

La hiérarchie des villes, une mosaïque de pays

Le voyageur sera frappé par le nombre relativement élevé de petits centres urbains dans le département du Jura. Au total vingt-quatre villes et bourgs disposant d'un plus ou moins grand nombre de services. A titre de comparaison, ce nombre est à peu près semblable à celui du Doubs, qui dispose, lui, d'une population deux fois supérieure. Cela traduit un découpage de l'espace en de multiples unités, dont la plupart sont calquées sur les aires d'influence des centres principaux.

Afin de faire mentir les règles de la hiérarchie des lieux centraux, le département du Jura s'offre le luxe d'une direction bicéphale. Nous avons vu que le choix de Lons-le-Saunier comme capitale administrative ne devait rien au hasard. Mais, par ce choix, les Constituants ont établi une situation

Morez : pour y voir plus clair.

qui pose plus d'un problème. L'industrialisation, en s'appuyant sur des atouts préexistants a permis à Dole de dépasser constamment sa rivale quant au nombre d'habitants. Disposant d'une bourgeoisie d'affaire, bénéficiant d'une voie navigable, elle a cumulé les rentes de situation. Ce n'est pas un hasard si elle dispose aujourd'hui d'un aéroport régional, si le T.G.V. la dessert, confirmant ainsi sa fonction de nœud ferroviaire... Demain la branche sud du Grand Canal sera à ses portes, en attendant la réalisation de l'ensemble de la liaison Rhin-Rhône...

Peut-être en aurait-il été autrement si, comme certains le souhaitaient au siècle dernier, la ligne ferroviaire vers la Suisse et l'Italie avait utilisé un tracé Lons-le-Saunier-Genève, et non Mouchard-Lausanne comme cela fut finalement décidé.

Mais on ne refait pas l'histoire. Pendant plusieurs décennies, Dole est apparue comme la capitale économique et Lons-le-Saunier comme la capitale administrative. Depuis quelques années un rééquilibrage semble intervenir. Lons-le-Saunier a acquis un poids industriel certain, dans les secteurs agro-alimentaire, du bois et de l'ameublement ; Dole, dans le même temps, davantage touchée par les pertes d'emplois industriels, accueille des services en nombre croissant. Il n'en demeure pas moins une tension permanente entre les deux pôles, aux effets parfois amusants lorsqu'il s'agit d'établir certaines préséances, moins souriants lorsqu'il s'agit, par exemple, de délimiter les territoires d'intervention des Services d'aide médicale d'urgence (S.A.M.U.) de Dole et Lons-le-Saunier...

A l'échelon inférieur, la partition de l'espace jurassien a offert aux anciennes villes-centres des fortunes très diverses. Si Saint-Claude a perdu une partie de son pouvoir religieux, elle a en revanche conservé, grâce à sa fonction de sous-préfecture, un rôle polarisateur pour le haut Jura. Salins, en revanche, voit son influence passée se limiter à présent au territoire de son canton. Trop éloignée de la bordure même du plateau elle n'a pu bénéficier des nœuds ferroviaire et routier installés à Mouchard. La perte de son activité industrielle, liée dans le passé à l'exploitation du sel, la place dans une difficile situation de concurrence à l'égard d'Arbois et de Poligny, ses voisines du Vignoble. Toutes les trois sont des points de passage obligés entre la plaine et les plateaux, ce qui leur a conféré très tôt un rôle de ville-marché. Toutefois, pour les deux dernières nommées, leur aspect urbain vient aussi de leur fonction viticole : le mode de vie, les contraintes architecturales des pays de vignoble déterminent en partie ces caractères urbains, alors que l'agriculture et l'élevage à eux seuls n'auraient créé que de gros villages.

La concurrence que nous avons évoquée n'exclut pas certaines ententes : Arbois, Poligny et Salins ont mis en place une structure adaptée à la promotion touristique de l'ensemble du secteur : le Triangle d'Or. Autour du vin, du fromage de Comté et du thermalisme, une politique de développement touristique au sens large est résolument envisagée.

Champagnole apparaît comme une nouvelle venue dans le réseau des villes jurassiennes. Pourtant, entre 1960 et 1975, sa croissance a dépassé celle de toutes les autres agglomérations du

Le roi des rennes.

Jura. Si ce mouvement s'est beaucoup ralenti depuis lors, sa fonction de pôle dominant des plateaux du nord demeure.

Ce tableau ne serait pas complet si l'on omettait la présence de nombreux centres intermédiaires, chefs-lieux « naturels » d'unités économiques ou administratives fortement individualisées : Nozeroy dont l'influence s'exerce sur le plateau du même nom et le val de Mièges, Saint-Laurent sur

La Pesse et le crêt de Chalam, dans la zone du Parc naturel régional du haut Jura.

le Grandvaux, Bletterans sur la Bresse jurassienne. D'autres acquièrent peu à peu un rôle semblable, grâce, entre autres raisons, au développement touristique : Orgelet, Les Rousses.

Cette cohésion forte d'unités territoriales explique le nombre relativement élevé d'ententes intercommunales. Syndicats intercommunaux à vocations multiples, plans d'aménagements ruraux, contrats de pays, pour les plus anciennes, chartes intercommunales pour les plus récentes. On doit citer : Nozeroy-Les Planches, le sud-Revermont, la Petite-Montagne, la Bresse-Comtoise, le val d'Amour.

Le Parc naturel régional du haut Jura tient, dans ce domaine, une place à part. Il témoigne de la volonté des Jurassiens, de prendre en main le maintien d'une population dans une zone en difficulté, par le maintien des activités, en tenant compte d'une double nécessité : protéger la nature, et assurer une promotion économique, notamment touristique de l'ensemble.

Le vignoble jurassien

Il semble bien que la vigne était déjà cultivée dans le Jura dès la plus haute antiquité. Depuis l'époque gallo-romaine, notamment au Ier siècle par Pline le naturaliste, il est fait mention des vins produits en Séquanie. On sait qu'au Moyen Age la culture de la vigne, grâce à des conditions climatiques légèrement améliorées, se répand dans toute la partie méridionale de la Franche-Comté. Partout où l'on a conservé des documents écrits, Montigny. Le vignoble bisontin a lui aussi une grande importance et, dès le XIIe siècle, le quartier Battant compte de nombreux vignerons.

Si l'extension de cette culture ne fait aucun doute, on est beaucoup plus embarrassé pour définir la qualité des vins à cette époque : il s'agissait vraisemblablement de vins faiblement alcoolisés, ce qui explique une consommation assez forte pouvant aller jusqu'à deux litres par jour et par per-

Tant de promesses dans ces grains gonflés de jus !

c'est-à-dire après l'an 1000, les mentions de vignes se multiplient ; la région viticole coïncide déjà avec ce qu'on appelle aujourd'hui le Vignoble : autour d'Arbois, de Poligny, Salins et Lons-le-Saunier, et jusque dans le Revermont. Les seigneurs ecclésiastiques et laïques se disputent la possession des terres et font de gros investissements en vignes. Les comtes de Bourgogne concentrent leur action autour d'Arbois et de Poligny, tandis que les abbayes cisterciennes établissent leur cellier à

sonne ! Ces vins se conservaient mal et supportaient difficilement le tranport en tonneaux. Ajoutons qu'on ignore quels étaient les cépages utilisés au Moyen Age. Il est certain que la commercialisation à plus ou moins grande distance est un des critères retenus pour définir la notion de cru. Ainsi l'arbois doit une bonne part de sa réputation aux comtes de Bourgogne qui le consommaient volontiers à leur cour. De plus, lorsqu'ils furent devenus ducs

•••

•••

de Bourgogne, cet usage ne semble pas avoir souffert de la comparaison avec les crus de Bourgogne.

Les traces écrites et les documents officiels attestent de l'importance de la vigne dès le XIIe siècle : dans les franchises accordées par Hugues de Vienne en 1293 à la ville de Lons-le Saunier, une dizaine d'articles font référence à la vigne et au vin. En 1463, le duc Philippe le Bon concède aux Arboisiens un droit de franchise pour la circulation de leur vin, franchise qui est confirmée par l'empereur Maximilien en 1493.

Les vins de l'Etoile — ce nom provient des petits fossiles en forme d'étoile répandus sur le sol — sont mentionnés pour la première fois en 1259. Quant au vignoble de Pupillin, on sait qu'il était déjà bien établi quand il fut donné au chapitre de l'église Notre-Dame de Dole par Alix de Méranie en 1277.

Château-Chalon, dont la colline constituait déjà un site de défense à l'époque gallo-romaine, se développa autour d'un château fort qui protégeait une abbaye de bénédictines fondée vers le IXe siècle et réservée aux dames de haut lignage. La sœur de Charles Quint fut l'une des chanoinesses de cette abbaye où la qualité du vin avait peut-être autant de prix que celle des âmes... La tradition prétend d'ailleurs que ce sont les abbesses qui auraient fait venir d'un couvent de Hongrie des plants de tokay qui donnèrent naissance à ce cru au parfum si précieux. Mais bien d'autres légendes ou belles histoires courent sur le château-chalon, vin apprécié sur les meilleures tables royales ou impériales, de Charles Quint au tsar Nicolas II. A Talleyrand qui lui avait servi du château-chalon, Napoléon répondit qu'il lui offrait là le meilleur vin du monde.

On dit que Frédéric Barberousse (XIIe siècle) appréciait fort les vins du Jura. Charles Quint (début du XVIe siècle) avait lui-même un vignoble à Arbois. Quant à Henri IV, bien qu'il eût rencontré une résistance farouche lors d'une expédition militaire en Franche-Comté, il accorda son pardon aux Arboisiens et continua à prôner leur vin.

L'histoire « royale » du vignoble d'Arlay est remarquable. Aujourd'hui propriété de Renaud de la Guiche, gendre du comte R.J. de Vogüé, il fut jadis celle de différentes têtes couronnée : des rois d'Espagne de 1547 à 1648 ; de Guillaume III d'Orange, roi d'Angleterre, de 1697 à 1702 ; enfin, de Louis XIV et de Louis XV de 1713 à 1730 !

Le vignoble

Dans cette région favorisée par la présence de précieuses sources salines, le vin allait devenir un produit d'échange en plus du sel ; jusqu'aux XVIIIe et XIXe siècles, les populations de la montagne et celles de la ville échangèrent leurs produits agricoles et artisanaux contre les vins des coteaux. Ainsi le commerce et les communications se développèrent autour d'un vignoble prospère qui couvrait, en 1816, environ 16 000 hectares, et atteignit en 1888 près de 20 000 hectares, alors que le phylloxéra ravageait les vignes du Midi. Tous les coteaux du « bon pays » étaient plantés de vignes. Malheureusement, la terrible maladie finit par se propager jusque dans le Jura : en 1900, la superficie du vignoble n'était plus que de 7 900 hectares, dont 500 hectares de vignes reconstituées en plants greffés. En 1913, elle remontait à 10 400 hectares, mais la pénurie de main-d'œuvre pendant la Première Guerre mondiale la fit sombrer à 6 270 hectares en 1923. En 1982, il ne restait plus que 2 000 hectares, dont 1 300 en A.O.C. Certes, le Jura n'a pas retrouvé sa gloire d'antan. Cependant, on assiste, depuis 1970, à une extension du vignoble et à un effort soutenu dans le souci de la qualité, dans le respect des cépages traditionnels.

En réalité, l'histoire mouvementée de la Comté a imprimé au vignoble, à travers les grands qui se sont succédé à sa tête, une spécifité indéniable. De tout temps des dispositions furent prises pour protéger vignes, cépages et vins : interdiction d'utiliser « de tres mauvais et tres desloyaulx plants » au XIVe siècle sous Philippe le Hardi, à l'époque « bourguignonne » ; interdiction de planter de nouvelles vignes sous Philippe II, roi d'Espagne et maître de la Comté, au XVIe siècle ; arrachage de près d'un tiers des vignes d'Arbois à la suite d'une ordonnance du roi de France au début du XVIIIe siècle. Toutes ces mesures appliquées au cours des siècles contribuèrent à établir une tradition de qualité et expliquent en grande partie que la première « appellation d'origine contrôlée » ait été attribuée à Arbois, en 1936.

•••

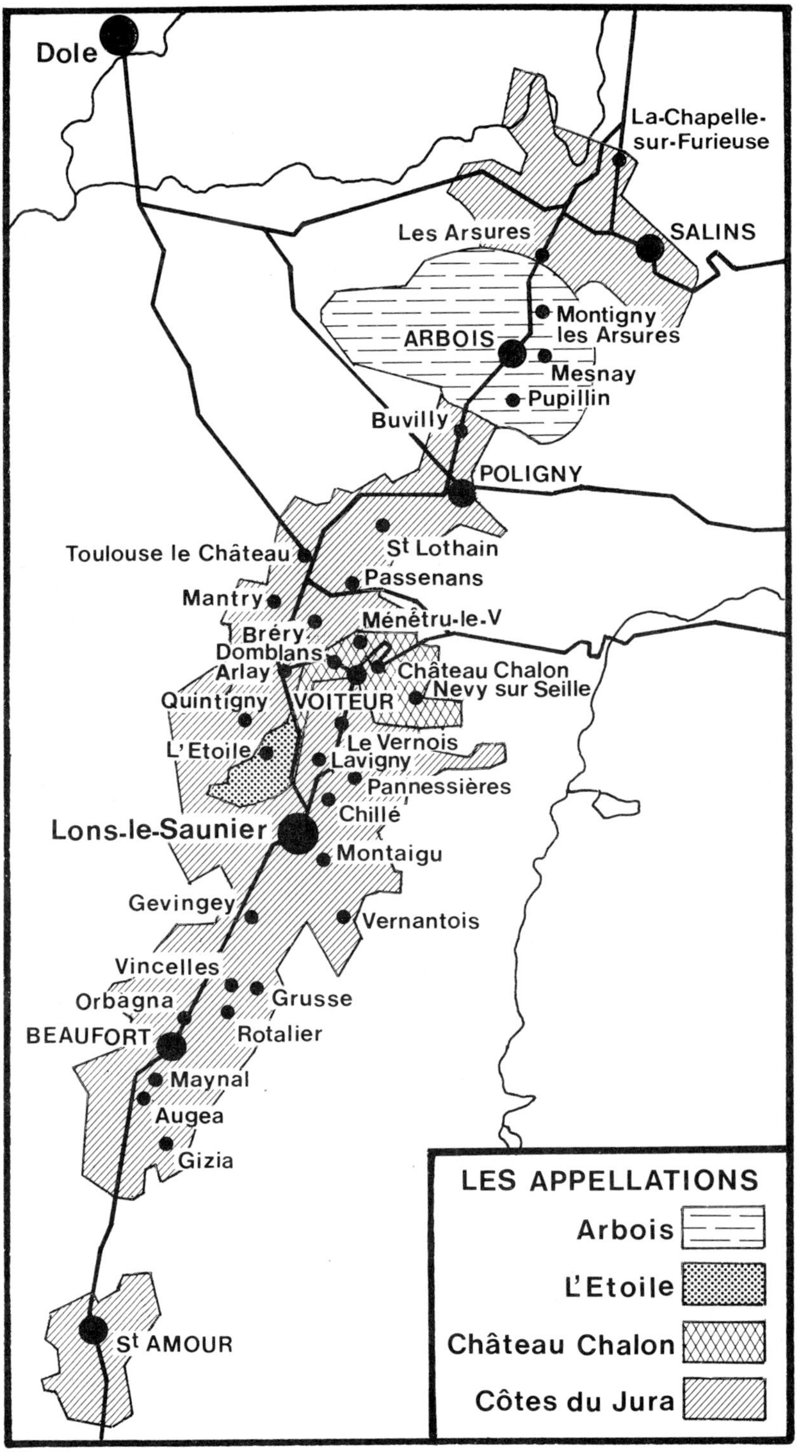
Dole
La-Chapelle-sur-Furieuse
Les Arsures
SALINS
Montigny les Arsures
ARBOIS
Mesnay
Pupillin
Buvilly
POLIGNY
Toulouse le Château
St Lothain
Passenans
Mantry
Ménêtru-le-V
Bréry
Domblans
Arlay
Château Chalon
Nevy sur Seille
Quintigny
VOITEUR
Le Vernois
L'Etoile
Lavigny
Pannessières
Chillé
Lons-le-Saunier
Montaigu
Gevingey
Vernantois
Vincelles
Grusse
Orbagna
Rotalier
BEAUFORT
Maynal
Augea
Gizia
St AMOUR
LES APPELLATIONS
Arbois
L'Etoile
Château Chalon
Côtes du Jura

•••

Les cépages

*Les vins rouges et rosés sont obtenus à partir de trois cépages : le poulsard — que l'on nomme parfois « ploussard », sans que le verlan soit ici répandu —, le trousseau et le pinot noir. Les blancs sont obtenus à partir du chardonnay — qu'on appelle melon dans la région d'Arbois — et le savagnin qui produit le prestigieux vin jaune. Le raisin de savagnin a des grains petits, de forme ovoïde ; les grappes sont plutôt petites. Planté dans ses terrains de prédilection — marnes et schistes du lias en sous-sol recouverts d'éléments calcaires et siliceux plus légers et plus chauds —, ce cépage a une végétation vigoureuse. Le raisin n'atteint sa maturité que tardivement, et il n'est pas rare qu'on le récolte sous les premières neiges ou les premières gelées, sa pellicule dure et épaisse le protégeant de la pourriture. Son origine a donné lieu à de nombreuses supputations et controverses, en raison de la parenté de goût du vin jaune avec le xérès d'Espagne et le tokay de Hongrie. A ce propos, laissons la parole au viticulteur salinois Charles Rouget, qui écrivait en 1897 : « A peu près inconnu, ou du moins peu cultivé dans les vignobles du reste de la France, le savagnin blanc n'est pourtant pas un cépage spécial à la Franche-Comté. Sous les noms allemands d'*Edeltraube *(raisin noble, noble grappe), de* Weiss Frenschen *et surtout de* Traminer, *il était, dès avant le XVI*[e]* siècle, cultivé en Alsace, dans le Palatinat et le Wurtemberg, où il produisait des vins dès lors très recherchés, et où il a gardé et peut-être accru son importance, mais il faut renoncer à la légende qui le faisait venir du village de Tramin, en Tyrol, où il est totalement inconnu ; son origine, comme son point de départ initial, restent donc indéterminés. »*

La taille et les vendanges

La taille de la vigne dans le Jura est originale. Les deux ou trois plus beaux rameaux, les « corgées », sont rabattus de part et d'autre du cep en deux arcs surbaissés. Les raisins sont rapprochés du sol afin de bénéficier de sa chaleur. Les vieux ceps prennent ainsi au fil des années l'allure d'une ancre de marine retournée.

La date de début des vendanges fait l'objet d'une décision officielle qui s'applique à tous : c'est le « ban », que signe l'autorité préfectorale. Elles se déroulent en général de la mi-septembre à la fin octobre. Le raisin est égrappé à la vigne avant d'être transporté dans les « bosses » jusque dans les foudres. Les fermentations successives peuvent alors commencer. Elles varient selon les différents types de vin.

Les vins

Les vins rouges et rosés prennent depuis quelques années une grande place. Les rosés, que l'on trouve surtout en Arbois, sont fruités et très vifs en bouche. Les rouges, aux arômes de fleurs fraîches quand ils sont jeunes, forment d'excellents vins de garde, très charpentés, dont la teinte « pelure d'oignon » réjouit l'œil avant le palais.

Les blancs sont la grande fierté du Jura. Ceux que fournit le Chardonnay donnent des robes or pâle. Ce sont en général des vins solides, secs, très typés, au goût de pierre à fusil. Lorsque du savagnin a été ajouté, ce qui arrive fréquemment, le goût de « jaune » devient vite dominant.

Le « vin jaune » est obtenu uniquement à partir du cépage savagnin. Il doit ses qualités, mais aussi son prix, à sa longue garde — six ans et trois mois — en fûts de chêne, à l'abri d'un voile de fermentation qui ne doit jamais être percé. Toutes les années ne se prêtent pas au vin jaune. Dans ce cas, les viticulteurs l'utilisent après deux ou trois ans, tel quel ou en complément du chardonnay. Ce sont des vins corsés, qu'il faut ouvrir très longtemps à l'avance pour que se dégage au mieux leur incomparable saveur de noisette. A la différence des rouges, les vins jaunes aiment vieillir dans des endroits plutôt secs.

Les « vins de paille » sont des vins naturellement doux, qui titrent entre 14 et 17 degrés d'alcool. Après des vendanges tardives, les grains « surmaturés » sont déposés pendant deux à trois mois sur des lits de paille, où l'aération produit une très forte concentration des sucres. La vinification commence alors et se poursuit pendant deux ou trois années de garde. Au total, cent kilos de raisins produisent seulement dix-huit litres de « vin de paille ».

Le vignoble du Jura produit des vins mousseux d'excellente qualité qui ne trahissent pas les arômes très fruités de leurs cépages d'origine.

Quelle identité pour le Jura ?

Au terme de cette présentation générale, peut-on parler d'identité pour ce territoire dont nous avons souligné, à maintes reprises, la diversité ?

Son nom est déjà tout un problème. Choisi parce que le naturalisme triomphant donnait comme une caution « naturelle » à un découpage administratif, il est aujourd'hui largement assumé, mieux, il est revendiqué. Passé et présent se conjuguent d'ailleurs pour asseoir cette appellation. Le passé, parce que le XIXe siècle a glorifié, comme ailleurs en Franche-Comté, le montagnon par rapport à l'habitant du bas pays.

Par effet d'extension, ces valeurs sont depuis appliquées, avec moins de naïveté, aux habitants de l'ensemble du département. La montagne — plateau et haute chaîne — reste protégée, privilégiée, eu égard à la rigueur du climat, aux difficultés des transports, à l'isolement.

Le présent, quant à lui, reprend cet héritage, et le modèle à son projet : les rigueurs de l'hiver deviennent des vertus et l'image de la montagne enneigée, des espaces vierges, de la nature protégée sont les fers de lance de la promotion touristique jurassienne. Images justifiées au demeurant qui imposent à ce département un rôle prééminent dans la promotion de la montagne jurassienne dans son ensemble. Ainsi la confusion entre le nom du massif et celui de l'entité administrative n'est pas un handicap : autour de la montagne s'est forgé un solide sentiment d'appartenance que ne rejettent pas les habitants des « marges » de la plaine.

Mais où commence et où finit le Jura ?

Etrangement, alors que l'élément physique a imposé le nom, la frontière administrative se joue, quant à elle, des limites naturelles. C'est le cas de la frontière franco-suisse qui échappe bien souvent aux lignes de crêtes ou aux talwegs. Certes, à petite échelle, elle respecte la ligne de faîte de la haute chaîne ; mais, dans le détail, que de détours, que de brusques changements de direction. Par ailleurs nous l'avons vu, cette frontière n'est pas imperméable. L'histoire en a fourni maints exemples, et le présent tout autant. En témoignent tout particulièrement les échanges d'ouvriers frontaliers, et, plus symbolique encore, le pâturage de troupeaux appartenant à des agriculteurs suisses sur les pentes du Jura français. Proches par la distance, et plus encore par le travail, Vaudois et Jurassiens ont de multiples habitudes communes. Nos voisins suisses sont un peu ici chez eux, et respectent ce territoire comme ils respectent le leur.

Les frontières avec les autres départements français sont, la plupart du temps, parfaitement conventionnelles. On a vu plus haut les péripéties qui ont conduit à l'établissement des limites avec le Doubs. Pourtant, si vous interrogez vos hôtes durant votre séjour, la réponse sera claire : le Doubs n'est pas le Jura, et réciproquement.

Méfiance des Jurassiens à l'égard du département dont le chef-lieu est la capitale régionale ? Sans doute, mais cela n'explique pas tout. Beaucoup s'accordent à reconnaître au canton de Nozeroy quelques caractéristiques du Doubs. C'est donc qu'il existe bien des éléments proprement jurassiens.

Deux traits, parmi d'autres, peuvent être mis en avant. L'organisation de l'espace d'une part, que nous avons évoquée à propos du nombre et du rôle des petites villes ; les mentalités d'autre part, en particulier des attitudes différentes à l'égard de la religion.

Au sud, la frontière est très ouverte. L'influence méridionale a d'ailleurs fortement marqué cette partie du territoire. Le voyageur s'en rendra compte de lui-même s'il s'attarde à l'examen des toponymes locaux, ou s'il n'omet pas de lever la tête vers le toit des maisons : la tuile romaine couvre une bonne partie du Jura du Sud. Cette liaison privilégiée n'est pas le seul fait du passé. Saint-Claude et le haut Jura sont largement tournés vers Oyonnax, économiquement et commercialement.

Mais c'est surtout Lyon qui exerce une influence marquée sur une bonne partie du département. Les exemples sont nombreux : l'aire de vente du journal *Le Progrès*, édité à Lyon, couvre l'ensemble du Jura, provoquant une sorte de rattachement invisible à la grande capitale rhodanienne ; la bourse de Lyon voit régulièrement des entreprises jurassiennes rejoindre ses tableaux de cotation, preuve d'une indiscutable influence ; dans un tout autre registre enfin, la « boule lyonnaise » s'est largement répandue dans le département, contestant à l'universelle pétanque la place qu'elle occupe partout ailleurs.

La frontière avec la Saône-et-Loire n'existe pas... Ce pays si attachant qu'est la Bresse jurassienne, à l'écart des grandes voies de communication assume parfaitement les deux appartenances. Marge de la « grande Bresse », la vraie, celle des « ventres jaunes », elle est aussi l'antichambre du Jura, son véritable seuil.

Architecture, agriculture, mode de vie, accent, que l'écrit ne peut rendre, prouvent l'influence de la Bresse voisine sur cette terre jurassienne.

Un nom qui porte à confusion, des frontières perméables, existe-t-il au moins une capitale pour donner une unité à tout cela ? Hélas, nous vivons en Jura une rivalité forte entre deux têtes ; nous l'avons évoquée. Ce bicéphalisme pourrait être un atout ; il n'est pas aujourd'hui un facteur d'unité.

Le Jura n'existerait-il donc pas ? Si ; vous constaterez vous-même un sentiment d'appartenance, certes diffus, mais bien réel, qui unit tous les Jurassiens.

Mais, vous l'aurez compris, la grande richesse de ce département, c'est sa diversité. Si l'identité départementale est encore floue, le sentiment d'appartenance à un « pays », à une petite région est, par contre, particulièrement fort. Vous verrez pourquoi et comment la région de Saint-Claude, le Vignoble d'Arbois, la Petite-Montagne, et toutes les autres que nous vous proposons de découvrir, sont autant de territoires distincts, fortement marqués par une cohérence entre l'activité des hommes, l'histoire, et, bien souvent, certains éléments naturels. Cette mosaïque, non dépourvue d'unité d'ensemble, est d'abord riche de ses composantes.

Bon voyage !

C'est un ouvrage entier qu'il faudrait consacrer à la gastronomie jurassienne car, comme le pays qu'elle reflète, la cuisine régionale est souvent simple, toujours vraie et variée, proche du terroir. Nous ne pouvons que renvoyer le lecteur désireux d'en savoir plus au beau livre d'André Jeunet et de Ginette Hell-Girod, Les Recettes de la table franc-comtoise, *Strasbourg, 1974.*

Les Jurassiens ont toujours aimé les soupes qui ouvrent le repas et calment l'appétit : soupes à l'oseille, au potiron, au pois, au fromage, au vin, mais aussi plus rarement soupes d'écrevisses, de grenouilles et de cerises. Les gaudes (bouillie de maïs arrosée de lait ou de crème) caractérisent la Bresse comtoise.

Pendant une bonne partie de l'année, du printemps à l'automne, la pousse des champignons procure un plaisir gustatif supplémentaire. Là, le choix est grand. Parmi les espèces les plus fréquemment cueillies, les morilles printanières servent à préparer de délicieuses croûtes sur lesquelles vins blancs et vins jaunes font merveille. Les mousserons se préparent en sauce blanche et la chanterelle peut être accommodée avec une persillade au moment de l'automne ; les trompettes de la mort s'imposent par leur forte saveur. Il n'est pas rare de les faire sécher pour les utiliser l'hiver lorsque la nature prive le mycophage de toute cueillette. On ne saurait oublier les bolets qui, certaines années, poussent en abondance dans les forêts de feuillus, la forêt de Chaux étant célèbre à cet égard.

Le goût des Jurassiens pour les légumes et les champignons ne les détourne pas de la viande, bien au contraire. Celle du porc est célèbre depuis l'Antiquité. Le haut Jura (Foncine-le-Haut, Foncine-le-

La gastronomie

Bas, Saint-Laurent) ainsi que le Revermont ont des charcuteries réputées. Les Jurassiens sont passés maîtres dans l'art de fumer les viandes de bœuf et de porc. Avec des légumes variés cuits à la marmite, la potée a son goût rehaussé par un morceau de bœuf séché (le brési), une saucisse fumée et du lard. Les volailles de Bresse ne sont plus à vanter. Le coq au vin jaune demeure une spécialité du répertoire gastronomique. Mais le gibier complète admirablement le choix offert par les animaux d'élevage.

La multiplicité des cours d'eau et des lacs explique l'abondance du poisson. Si les brochets et les truites sont particulièrement prisés, ils ne sauraient faire oublier carpes, perches, tanches, ombres et anguilles. La préparation de certains poissons représente de véritables morceaux d'anthologie culinaire : soufflé de brochet, quenelles de brochet aux écrevisses, truites à la crème, aux amandes, aux morilles, au vin jaune. Plus modeste, mais non moins séduisante, la friture de petits poissons (goujons) ne manque pas de charme. Enfin, quoique moins nombreuses que jadis, les grenouilles et les écrevisses constituent des plats de choix.

Parachevant avec diversité la palette gastronomique évoquée, le fromage mérite une mention particulière. Le comté vient en tête de toutes les variétés fromagères. Ses qualités ont été décrites avec pertinence par Ginette Hell-Girod : « Une pâte souple, d'un beau jaune ivoire, qu'agrémente un léger goût de noisette. Son bouquet fruité s'harmonise à merveille avec les vins du Jura. Il est aisément reconnaissable à sa croûte rugueuse (elle a conservé l'empreinte de la toile qui a servi à son pressage), à ses trous relativement peu nombreux, allant de la grosseur d'une noisette à celle d'une cerise. Parfois on distingue de petites fissures appelées becs de lainure. »

Mais la renommée du comté ne doit pas éclipser d'autres fromages savoureux : le bleu du haut Jura ou bleu de Septmoncel, produit près de Saint-Claude (communes de Septmoncel et des Bouchoux) et le morbier, fabriqué l'hiver dans les régions de Morbier, Saint-Laurent-en-Grandvaux et Morez. Si le premier se présente comme un gros fromage rond à pâte épaisse, blanche et souple veinée de bleu, le second a une pâte striée par une raie de suie, qui provient du chaudron où l'on a fait cuire le fromage. Dans la vallée de Joux, la région de Champagnole et des Planches se fabriquent des vacherins Mont-d'Or. Il s'agit de fromages à la pâte molle contenus dans des boîtes faites de copeaux d'aubier ou d'épicéa. La résine de l'écorce donne au fromage un goût incomparable et lui permet de rivaliser avec les meilleurs comtés. Consommée également dans le Jura, la cancoillotte est un mets particulier. Il s'agit d'une sorte de crème plus ou moins épaisse, obtenue en faisant fondre du méton (ou metton) qui est du lait caillé, écrémé, fermenté et additionné de beurre. On l'agrémente avec du vin blanc ou de l'ail.

Cette variété de production explique que les plats utilisant le fromage soient nombreux : salades de comté, gratinées au fromage, croûtes, ramequins, côtes de porc et poulets au comté, courges en gratin, pommes de terre au comté. Mais la fondue, par sa réputation, réclame une mention à part. Réalisée par fonte du comté dans un caquelon, avec du vin blanc, elle se mange en trempant au bout de longues fourchettes de petits morceaux de pain dans la pâte chaude.

Avec une gamme de vins rarement égalée en France (rouge, rosé, blanc, jaune, mousseux, vin de paille), le Jura s'honore de pouvoir satisfaire les amateurs les plus exigeants. Les appellations contrôlées sont au

•••

•••

nombre de quatre : côtes-du-Jura, arbois, étoile et château-chalon. Produits en petite quantité, les vins rouges, fruités, sont légers ou corsés et peuvent se boire de l'entrée jusqu'au fromage. Les rosés proviennent essentiellement du vignoble d'Arbois (la localité de Pupillin a le droit d'inscrire son nom sous celui d'Arbois). Les vins blancs secs sont très typés. Produits largement sur l'ensemble du vignoble, ils sont souvent assez capiteux. Quant au vin jaune au goût de noix, dont l'appellation de château-chalon est la consécration, il constitue par sa saveur un vin à nul autre pareil. Si la tradition veut que ce soit avec des noix ou du comté que l'on en perçoive le mieux le goût, en fait il s'adapte admirablement à bien d'autres plats. Les vins blancs du Jura (ceux de l'Etoile en particulier) prennent très bien la mousse et, en fonction du vin qui aura servi à leur fabrication, les mousseux refléteront un goût de terroir plus ou moins accentué.

A cet éventail déjà large, il convient d'ajouter les « vins de paille », liquoreux et rares, le macvin, apéritif franc-comtois aromatisé de plantes, les marcs vieillis en fûts de chêne et, mieux encore, les eaux-de-vie issues du savagnin.

A la découverte du Jura

1. Lons-le-Saunier
2. La Petite-Montagne
3. Baume-les-Messieurs et le sud du Vignoble
4. De Poligny à Arbois
5. Salins et la saline d'Arc-et-Senans
6. La Bresse jurassienne
7. Dole
8. La région doloise
9. Champagnole et les plateaux environnants
10. Au pays des lacs et des eaux vives
11. Morez, Les Rousses et le Grandvaux
12. Le haut Jura de Saint-Claude

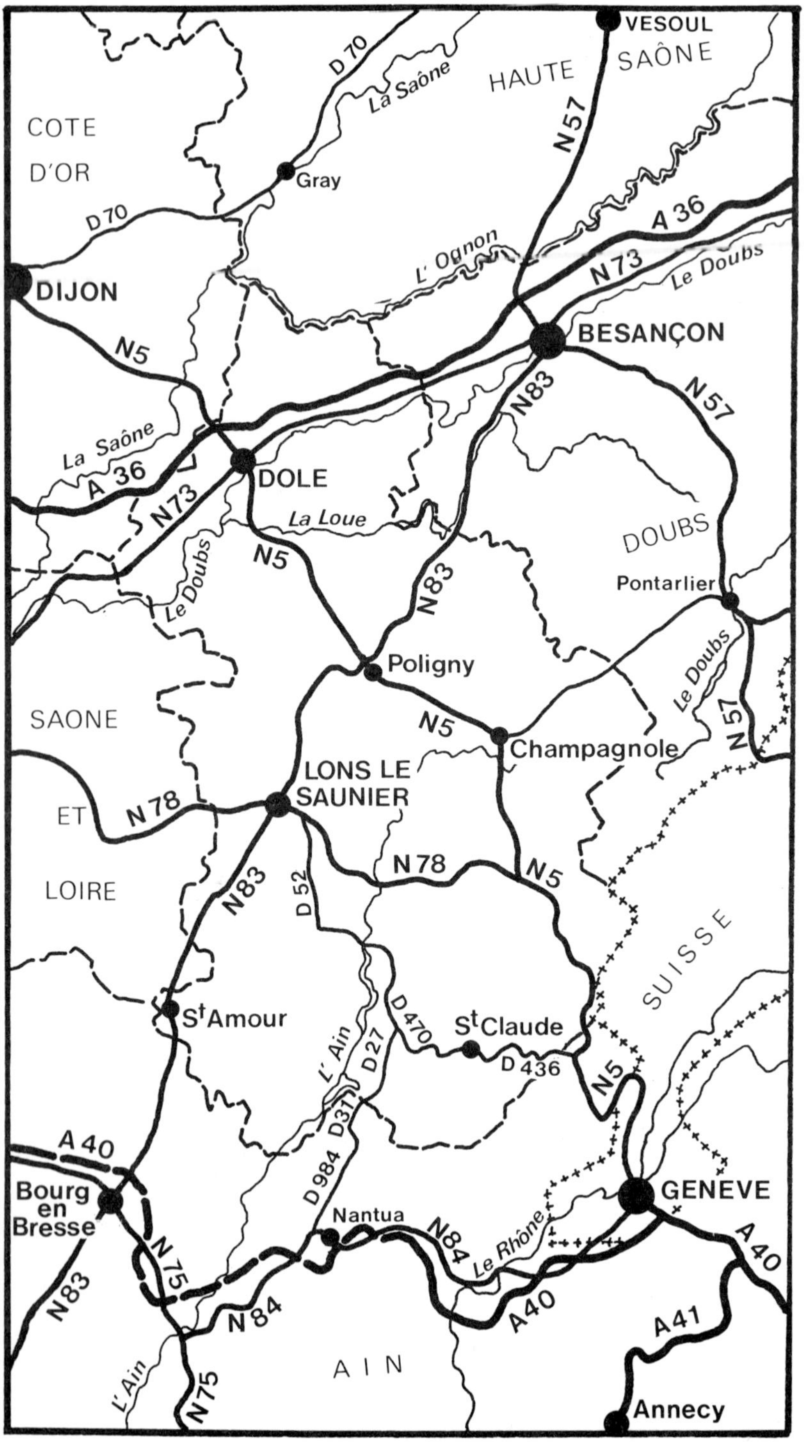
VESOUL
HAUTE
SAÔNE
D 70
La Saône
COTE
D'OR
Gray
N57
D 70
A 36
L' Ognon
N73
Le Doubs
DIJON
BESANÇON
N5
N83
N57
La Saône
A 36
DOLE
N73
La Loue
DOUBS
N5
Le Doubs
N83
Pontarlier
Poligny
Le Doubs
SAONE
N5
Champagnole
N57
LONS LE
SAUNIER
N78
ET
N78
N5
LOIRE
N83
D 52
SUISSE
D470
St Amour
St Claude
L' Ain
D27
D 436
N5
D31
A 40
D984
Bourg
en
Bresse
GENEVE
N75
Nantua
N84
Le Rhône
A40
N83
N84
A40
A41
L' Ain
AIN
N75
Annecy

Lons-le-Saunier

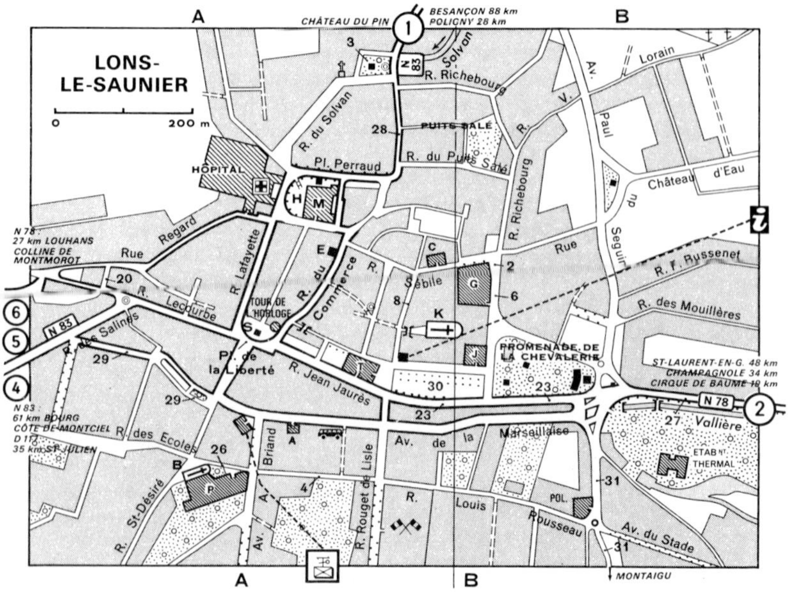

Commerce (R. du) .... A
Jaurès (R. Jean) .... A
Lafayette (R.) .... A
Lecourbe (R.) .... A
Liberté (Pl. de la) .... A
Moulin (Av. Jean) .... AB 23
Ancien-Collège (Pl. de l') ...... B 2
Bichat (Pl.) .... A 3
Chapuis (R. Ed.) .... A 4
Chevalerie (R. de la) .... B 6
Cordeliers (R. des) .... A 8
Guillermet (R. F.) .... A 20
Préfecture (R. de la) .... A 26
Prost (Av. Camille) .... B 27
Trouillot (R. Georges) .... A 28
Vallière (R. de) .... A 29
11-Novembre (Pl. du) .... AB 30
44e-Régt-d'Inf. (Av. du) ...... B 31

Plan extrait du Guide vert Michelin Jura Franche-Comté. *(Les numéros indiqués en bordure du plan renvoient aux cartes Michelin du même secteur).*

◀ *La tour de l'Horloge, à l'entrée de la rue du Commerce.*

Avec une vingtaine de milliers d'habitants (21 886 Lédoniens exactement au dernier recensement de 1982), Lons-le-Saunier est une cité modeste. Certes, son rôle de préfecture du département du Jura lui confère une place à part dans l'ensemble des villes jurassiennes. Mais cette fonction administrative, acquise depuis deux siècles à peine et responsable d'un indubitable essor, est venue compléter une série d'atouts, qui contribuent à rendre l'agglomération et ses environs particulièrement attrayants.

Le charme provient déjà du site dans lequel la cité est née et a grandi, au contact de la plaine de la Bresse et de la montagne jurassienne, représentée ici par ce qu'il est convenu d'appeler le plateau de Lons-le-Saunier. Une demi-douzaine de collines au sud, à l'ouest et au nord forment comme une bordure protectrice et apportent cette touche de verdure si caractéristique de l'espace urbain lédonien.

Mais la nature, façonnée par l'homme, n'est pas la seule source d'attrait. L'histoire a aussi laissé sa marque, qui revêt une allure originale à travers les édifices civils et religieux du passé. Rien de grandiose, certes. Mais il suffit de penser à l'église Saint-Désiré ou à l'hôpital du XVIIIe siècle pour évoquer immédiatement des bâtiments qui enrichissent fortement l'intérêt touristique de la ville. Aux agréments du cadre naturel et à la séduction du passé, il serait injuste de ne pas associer les plaisirs de la vie contemporaine, Lons-le-Saunier offrant une gamme très large d'activités multiples.

Lons-le-Saunier n'est pas seulement un centre de visites ancien et moderne. Autre chance, ses environs immédiats contribuent à rehausser l'agrément de la cité. Il était donc indispensable de joindre à la description de la ville celle de ses alentours, riches en découvertes. De la même façon, les itinéraires suivants ont été conçus à partir du chef-lieu. Tel le centre d'une étoile, celui-ci se prête admirablement à une série de circuits conduisant vers les multiples contrées du département tous ceux qui sont animés du désir de le comprendre et de l'aimer.

Une situation et un site privilégiés

La situation et le site de Lons-le-Saunier annoncent beaucoup les agglomérations de Poligny, Arbois et un peu celle de Salins-les-Bains. Les trois premières sont en effet des petites villes de côte, c'est-à-dire qu'elles appartiennent à cette région géographique si originale, large de quatre à cinq kilomètres, qui assure le contact entre les premiers plateaux du Jura à l'est et la plaine de la bresse, à l'ouest. Par conséquent, par sa position dans l'ensemble jurassien, Lons-le-Saunier ne saurait se confondre avec une ville du plat pays comme Dole ou avec des localités de hauteurs : Champagnole, sur le plateau ; Morez et Saint-Claude dans la montagne jurassienne. Comme l'écrivit avec justesse Jean Brelot, « ses homologues, ce sont Poligny, Arbois et, à un moindre degré, Salins », blottie au fond de la vallée de la Furieuse.

Mais, à cette situation marginale, par rapport au premier plateau ou à la plaine de la Bresse, se surajoute un site très particulier : le débouché de la **reculée de la Vallière**, profonde entaille, fermée à l'est, que l'érosion régressive a sculptée dans le plateau. En outre, entre la sortie de la vallée et la Bresse, une série de hauteurs entourent la ville : au sud, Montaigu (429 mètres), le mont des Tartres (423 mètres), la côte de Mancy (418 mètres) et, à l'ouest, celle de Montciel (373 mètres) ; au nord, les collines de Montmorot (328 mètres), Pymont (390 mètres), Chille (354 mètres) sont moins élevées et plus espacées.

« Cette portion est-ouest de la vallée, mesurant cinq kilomètres de long sur un à deux kilomètres de large, c'est le site de Lons. Cette vallée dissymétrique (versant sud abrupt, versant nord en pente douce), à fond plat, de deux cent cinquante à deux cent soixante mètres d'altitude, tapissé par les alluvions qu'apportèrent les multiples bras primitifs de la Vallière, rien ne la distinguerait essentiellement de la grande reculée de la Seille, dont Voiteur et Domblans gardent le débouché, à dix kilomètres plus au nord. Mais dans la reculée de la Vallière un élément fondamental apparaît comme dans la reculée de la Furieuse, à Salins : la source salée, le sel. » (Jean Brelot.)

En effet, l'évocation du site de Lons ne serait pas complète si l'on ne rappelait pas que dans le sous-sol, au niveau des couches du trias, les sources salées sont nombreuses. L'une d'elles, le **Puits-Salé**, a joué un rôle déterminant dans la fixation de la population et ce n'est pas par hasard si des vestiges, remontant au néolithique, attestent avec régularité la présence humaine dans un lieu privilégié par la nature. De nos jours, certes, le quartier de Richebourg, où se trouve le Puits-Salé, ne forme pas le centre de l'agglomération lédonienne, mais l'on ne saurait le sous-estimer pour autant.

La définition du cadre géographique dans lequel est née et s'est épanouie la ville ne saurait faire oublier le réseau routier que l'homme ne cessa de tisser au cours de son histoire, Lons-le-Saunier étant un véritable carrefour de routes entre le nord et le sud, l'est et l'ouest. Actuellement, la nationale 83, qui relie Lyon à Besançon, passe par la préfecture du Jura. Il en est de même pour la ligne ferroviaire qui, depuis Vintimille, assure la liaison avec Strasbourg. Dans le sens plaine-montagne, c'est-à-dire ouest-est, il s'agit de la nationale 78 qui, depuis les rives de la Saône (Chalon-sur-Saône) traverse la Bresse (Louhans) et Lons-le-Saunier, avant de gagner les plateaux pour atteindre Morez.

Si l'histoire de ces axes de communication reste à écrire, le fait que l'on ait retrouvé une amphore à Conliège et des tessons d'origine étrusque à Montmorot, tendrait à prouver que dès le premier âge du fer au moins (Hallstatt), il existait des relations commerciales entre le monde hellénique et la Gaule celtique.

Jalons d'histoire

Il ne saurait être question de présenter ici une synthèse complète de toute l'histoire lédonienne. Celle-ci a d'ailleurs été rédigée dès 1957 par Jean Brelot et Gustave Duhem dans une *Histoire de Lons-le-Saunier*, qui n'a jamais été remplacée. Tout au plus souhaitons-nous extraire de cet ouvrage quelques jalons du passé lédonien et présenter le résultat des recherches conduites pour l'Antiquité depuis trois décennies.

Dénommé initialement Ledo, hydronyme d'origine gauloise signifiant le flux ou la marée et sans doute en rapport avec le Puits-Salé, la ville de Lons-le-Saunier a une histoire ancienne encore mal connue. Le site fut occupé dès le néolithique, comme le prouve le matériel recueilli autour du Puits-Salé et sur les collines environnantes. Des trouvailles datant de l'âge du bronze et de l'âge du fer attestent la continuité de l'habitat au cours de la protohistoire.

Grâce aux découvertes effectuées dans différents secteurs de la cité (Puits-Salé, quartier de Balerne, en Richebourg, l'îlot du Vieux-Collège, et du couvent des Cordeliers, dépôt de Mendicité, avenue de Montciel, à Montmorot), Jean-Louis Odouze a pu faire la synthèse de nos connaissances pour la période gallo-romaine.

« Les monnaies gauloises recueillies sur le site et surtout la fouille récente du syndicat d'initiative confirment l'existence d'une occupation au Ier siècle avant Jésus-Christ, remontant probablement à l'indépendance. L'habitat permanent et continu du Ier au IVe siècle est attesté très fortement dans toute la zone centrale du territoire de Richebourg à la Vallière. Des indications précises sur les constructions manquent malheureusement. Faut-il penser que les constructions en pierre n'étaient pas les plus nombreuses ? Parmi les signes d'une éventuelle richesse des habitations, ne peuvent être cités que des fragments de colonnes et les restes de mosaïques de Montmorot ; aucun monument public n'est attesté dans le cœur de l'agglomération. Il semble que celle-ci ait atteint sa plus grande extension au cours du IIe siècle, de la rue du Château-d'Eau à Montmorot. On sait que cette période est importante dans nos régions ; c'est le moment où les grandes villas "colonisent" la campagne séquanaise. [...] On ne peut que regretter l'imprécision des mentions relatives aux structures et l'impossibilité de cerner tant soit peu l'organisation de Ledo antique. Néanmoins, la régularité avec laquelle les vestiges sont apparus du début du XIXe siècle à nos jours sur une aire étendue malgré les conditions toujours défavorables, le nombre de mentions de structures et surtout de mobiliers antiques qui jalonnent la bibliographie consacrée à la ville, attestent non seulement la réalité mais aussi l'importance d'une agglomération sur plus de quatre siècles. »

Du haut Moyen Age (V[e] au Xe siècle), si mal connu, émergent deux faits de grande importance. D'une part, c'est à Lons-le-Saunier que mourut et fut inhumé l'évêque Désiré, au début du Ve siècle. Cet événement permet de penser qu'il y avait déjà là une communauté chrétienne qui, dans l'état actuel de nos connaissances, serait la plus ancienne du département du Jura. D'autre part, au IXe siècle, des documents prouvent l'exploitation du sel à Lons. Il s'agit d'abord d'un acte dont nous avons perdu le texte précis mais conservé le sens général : le diplôme du roi Lothaire II donnant le « salarium » ou saline à l'archevêque de Besançon. Dans son testament rédigé en 926, Bernon, abbé de Gigny et de Baume-les-Messieurs et fondateur de Cluny, attribua à la célèbre abbaye bourguignonne « le quart de ses chaudières sises au lieu dit Lons ». Cette activité se trouve confirmée par d'autres mentions, de plus en plus nombreuses, comme celle relevée dans la vie de saint Odon écrite au milieu du Xe siècle : « La Ville de Lons où l'on fabrique du sel . »

La fin de l'époque carolingienne et le début du Moyen Age « central » furent le théâtre de bien des changements. A la faveur des troubles, la famille des Montmorot s'implanta aux dépens du pouvoir comtal naissant. Mais une reprise en main s'opéra sous les comtes Renaud II (†1101) et Renaud III (†1148), les Montmorot n'étant plus cités dans les actes que comme des témoins secondaires. C'est à la fin du XIe siècle qu'apparaît le premier *castrum* (château).

Dans les domaines politiques, économiques et religieux, le XIIe siècle fut déterminant pour l'histoire lédonienne. En effet, c'est l'époque où naquit la coseigneurie qui devait caractériser le statut de la ville pendant une bonne partie du Moyen Age. Créé sans doute par Renaud Ier, l'atelier monétaire prit de l'importance à partir de Renaud III. Enfin, en 1153, un diplôme impérial mentionne pour la première fois l'existence d'un monastère de Saint-Désiré.

Au XIIIe siècle, la coseigneurie devint nettement inégalitaire lorsqu'elle fut dominée par la famille de Chalon, les Vienne ayant moins d'envergure. L'érection du couvent des Cordeliers et l'octroi d'une charte de franchise, à la fin du siècle, précédèrent les heures sombres de la fin du Moyen Age. Aux difficultés traditionnelles des XIVe et XVe siècles (disettes, pestes, guerres) s'ajoutèrent l'arrêt des salines au début du XIVe siècle et la disparition de la monnaie quelques décennies plus tard.

Politiquement, à partir de la fin du XVe siècle, Lons lia son sort pour plus d'un siècle à celui des Habsbourg (1493-1556) et particulièrement ceux d'Espagne (1556-1678). Cette longue période fut d'autant plus décisive que, comme l'ensemble du comté de Bourgogne, elle s'acheva par le rattachement définitif à la France.

L'époque moderne s'ouvrit par la naissance, en 1502, du plus illustre des Chalon : Philibert, futur vice-roi de Naples, qui mourut en 1531 devant Florence. Ses funérailles à Lons donnèrent lieu à une cérémonie éclatante qui se termina par le dépôt du corps dans le caveau des Chalon en l'église de Saint-Désiré. Alors que le XVIe siècle fut marqué par une réelle prospérité, en 1536 un incendie détruisit une partie de la ville depuis le couvent de Saint-Désiré jusqu'à celui des Cordeliers. Pour éviter ce genre de sinistre, le comte de Nassau ordonna de reconstruire la cité en pierre et en brique, avec des toits en lave ou en tuile. Mais, à part ce cataclysme, les Lédoniens vécurent sans problème majeur. C'est ainsi que le protestantisme n'eut presque aucun succès à Lons-le-Saunier et que seul Louis Cornot, originaire de Suisse, fut exécuté pour cause d'hérésie au milieu du siècle. En 1587, en élisant son premier maire (Benoît Charreton), la ville se trouvait dotée d'une mairie grâce à Philippe II, cette création consacrant la victoire de la bourgeoisie sur la noblesse et marquant les débuts d'une ère nouvelle.

De 1595 à 1678, Lons-le-Saunier connut, comme toute la Franche-Comté, la période la plus sombre de son histoire car plusieurs guerres causèrent de nombreuses destructions. L'attaque d'Henri IV, en 1595, se traduisit non seulement par les déprédations de ses mercenaires mais aussi par l'incendie du faubourg de Saint-Désiré par d'Haussonville. En 1636, pour se protéger de l'offensive de Condé, les Lédoniens renforcèrent leurs fortifications en détruisant les maisons du Louvatan (l'actuelle rue Lafayette). La peste, apparue en septembre, entraîna la mort du tiers ou de la moitié de la population et c'est une ville amoindrie que prirent les Français en juin 1637. Un incendie volontaire provoqua la « destruction totale de la ville et son anéantissement pendant trois ans (1637-1641) », ainsi que des « années de grande misère (1638-1644) » (Jean Brelot). A partir du milieu du XVIIe siècle, la cité commença à se relever et c'est une agglomération renaissante qui devint définitivement française après une double soumission (1668 et 1674).

Passé les malheurs du XVIIe siècle, Lons pansa ses plaies. Les fortifications anciennes furent supprimées et un véritable urbanisme vit le jour. En plus de nouvelles rues, la ville s'enrichit d'une série de réalisations architecturales que l'on peut encore admirer : la rue des Arcades (fin du XVIIe siècle-première moitié du XVIIIe siècle) ; l'hôtel de ville (1735-1742) ; l'Hôtel-Dieu (ancien hôpital) en 1735 ; de nombreuses demeures privées. Cette nouvelle prospérité s'appuya sur une économie agricole et commerçante. Après avoir envisagé la réouverture des salines lédoniennes, ce fut finalement à Montmorot que se fit le traitement de la muire.

Lons-le-Saunier ne resta pas en lisière de la Révolution française. C'est grâce à Théodore Vernier, né à Lons en 1731, député de la Constituante, que la ville devint le chef-lieu du département du Jura (1790) ; fonction administrative qui allait expliquer son essor aux XIXe et XXe siècles. Momentanément, les Lédoniens eurent comme maire René-François Dumas, né à Jussey en 1753. Montagnard convaincu, il soutint Robespierre lors des excès de la Terreur. Président du tribunal révolutionnaire, il devait être arrêté après la chute de l'Incorruptible et être guillotiné la même année (1794). Surtout, Lons-le-Saunier vit la naissance de Rouget de Lisle en 1760. Capitaine du génie en 1789, célèbre en 1792 à Strasbourg lorsqu'il composa le *Chant de guerre pour l'armée du Rhin*, appelé peu après *La Marseillaise*.

Le Consulat et l'Empire donnèrent lieu à des événements non négligeables : accueil solennel de Louis XVIII, le 23 octobre 1814 ; ralliement du maréchal Ney à Napoléon, le 14 mars 1815. De même, la suite du XIXe siècle et le XXe siècle furent marqués par les répercussions locales de faits généraux et internationaux : révolutions de 1830 et 1848 ; occupation de la ville en 1871 ; pénétration des troupes allemandes le 18 juin 1940. Occupée jusqu'au 25 août 1944, Lons-le-Saunier se libéra grâce à l'action des maquisards. Le départ des nazis se traduisit par la destruction partielle de la rue des Ecoles, les occupants jetant dans le brasier les habitants qui voulaient s'enfuir. Ce sinistre marqua la fin d'une période sombre et le début d'une ère de paix et de prospérité dont l'urbanisme contemporain est le vivant témoignage.

Progressivement, l'époque contemporaine vit l'économie lédonienne se modifier. Le commerce de plus en plus actif l'emporta sur l'agriculture traditionnelle : foire aux bestiaux, vente du bois sur la place du Marché-au-Bois-Blanc, pendant tout le XIXe siècle. Lentement, l'industrie se développa et se diversifia. Entre 1947 et 1957, des recherches minières faillirent bouleverser le destin lédonien : la découverte de charbon dans le sous-sol fit naître bien des espoirs. Des nappes de gaz naturel furent exploitées jusqu'en 1969, date à laquelle on préféra le gaz de Lacq. Quant à la fontion administrative, elle explique en partie la croissance démographique qui passa de 12 600 habitants en 1926 à 15 000 en 1954 pour se maintenir à plus de 20 000 ces dernières années.

Le dynamisme contemporain

Préfecture de taille modeste, Lons-le-Saunier a connu, en un siècle, un accroissement non négligeable : la population de la commune a été multiplié par deux, celle de l'agglomération par trois. Cet essor s'est effectué principalement après la Seconde Guerre mondiale, provoquant ainsi l'apparition de nombreux quartiers neufs en périphérie. Les nouveaux venus, pour une bonne part issus des campagnes jurassiennes touchées par l'exode rural, ont contribué au renforcement de l'augmentation démographique de la commune.

Le rôle administratif de Lons-le-Saunier a longtemps fait de la cité une ville de fonctionnaires. Mais si, actuellement, 60 % des emplois sont bien d'origine tertiaire, ils ne recouvrent pas uniquement des fonctions administratives. Outre le commerce de détail qu'elle offre à ses habitants, Lons-le-Saunier assure aussi un rôle de redistribution pour une partie du département du Jura : coopératives agricoles, négoce de vins... Les transports sont fortement représentés et l'entreprise Jura-Transport, avec deux cent quarante emplois, arrive au premier rang de ce type d'activité en Franche-Comté, en affirmant de plus en plus sa vocation nationale et internationale.

Le développement industriel de Lons-le-Saunier a été tardif et les richesses du sous-sol n'ont pas assuré à la préfecture du Jura une base économique solide. Le sel, longtemps une richesse de l'agglomération, a perdu à peu près toute valeur économique : les exploitations ont cessé les unes après les autres à Lons et à Montmorot, et les activités qu'il avait induites ont presque totalement disparu. La houille, dont la découverte dans les couches géologiques sous la ville, avait fait naître l'espoir d'une ère nouvelle, n'a pas été exploitée.

C'est après la Première Guerre mondiale, et plus encore après la seconde, que Lons-le-Saunier a joué le rôle de centre d'accueil pour des entreprises à la recherche d'une diversification de leurs implantations. Elles ont trouvé dans le chef-lieu des conditions favorables à leur installation, comme la présence de services et une plate-forme de communications : route-rail.

Les entreprises traditionnelles du Jura sont bien représentées : groupes agro-alimentaires ; travail du bois ; lunetterie. Parmi les maisons qui se sont spécialisées dans les produits dérivés du lait, la plus importante demeure les fromageries Bel dont l'emblème « La vache qui rit » et ses spécialités ont fait la renommée internationale. Mais l'on doit également citer Rivoire-Jacquemin et Claudel-Roustang. Sous leurs différentes formes (ébénisterie, menuiserie, fabrique de meubles), les entreprises du bois sont en général de petite taille, mais elles occupent près du quart des effectifs ouvriers. Parmi elles, Monneret-Jouets donne une bonne image d'une adaptation aux exigences du marché contemporain. La firme fabrique des baby-foot et des billards (70 % du marché français et 55 % du marché européen), des jeux à la poupée, des jeux de plein-air et du matériel pédagogique pour les classes enfantines et maternelles. Avec deux cent cinquante-trois salariés, Monneret-Jouets maîtrise quatre techniques : le bois, le métal (tube), le plastique (injection, rotomoulage) et le textile (pour la couture) et envisage de créer une filiale aux Etats-Unis. Quant à la lunetterie, la firme la plus récemment implantée est la maison Charles Bourgeois, qui emploie à Lons-le-Saunier les deux tiers de ses effectifs.

Dans les autres domaines, plusieurs entreprises donnent une idée de la variété industrielle lédonienne. La chaudronnerie Pecquet-Tesson est la première firme à s'être installée en zone industrielle (1962). S.K.F. produit de la mécanique de précision, Oréga du matériel électronique et Moreau des matières plastiques.

Longtemps perçue comme un poids, la présence d'un fort secteur administratif s'est révélé être un atout pendant les années difficiles. Il semble que l'on assiste à un rééquilibrage entre les fonctions traditionnelles et celles qui sont plus novatrices. L'insertion de Lons-le-Saunier dans le réseau autoroutier, si le rattachement à Dijon par Dole se réalise, contribuera sans aucun doute à un élément de dynamisme. Enfin, n'oublions pas que la préfecture du Jura, par sa situation, demeure une porte d'entrée pour les touristes soucieux de connaître les terres jurassiennes, malgré la concurrence de villes comme Dole, Poligny, Arbois ou Salins.

Le ralliement du maréchal Ney à l'Empereur

Mais bientôt de graves nouvelles arrivaient en mars 1815 : Napoléon venait de débarquer en France et c'est à Lons qu'allait se produire un événement décisif, le ralliement du maréchal Ney à l'Empereur. Le maréchal était descendu le 12 mars, rue Saint-Désiré, à l'auberge de la Pomme-d'Or, établie sur l'emplacement de l'ancienne maison Prost-Meubles (actuellement magasin Standing-Cuirs). Les 12 et 13 mars, sa fidélité au roi ne semble pas ébranlée, mais dans la nuit du 13 au 14, un changement soudain s'opère en lui et il rédige sa proclamation célèbre : « La cause des Bourbons est à jamais perdue. » Le 14 vers midi, devant toutes les troupes rassemblées place de la Chevalerie, il donne lecture de sa proclamation ; les soldats acclament l'Empereur dans un grand mouvement d'enthousiasme, alors que le comte de Grivel s'enfuit en brisant son épée et en criant : « Vive le roi ! » Peu après, sur la place de la Liberté, la foule saccageait le « Café Bourbon » (ancien hôtel Balland) qui était tenu par des royalistes notoires ; le maréchal donnait ses derniers ordres et partait dans la nuit pour Dole, Dijon et Auxerre, où il rejoignit Napoléon le 19 mars.

(Jean Brelot, Histoire de Lons-le-Saunier.*)*

La découverte de la ville

Implantée dans le site dont nous avons évoqué les particularités, la ville de Lons-le-Saunier offre bien des joies au visiteur soucieux d'en découvrir les multiples aspects. Afin de révéler ceux-ci en tenant compte de leur implantation, nous avons conçu trois circuits, qui regroupent l'essentiel de ce qui mérite d'être vu : témoignages du passé mais aussi visage actuel d'une cité sans cesse embellie.

Le centre-ville

Pour visiter le centre-ville, le plus simple est de partir à pied de la place de la Liberté occupant l'emplacement des fossés de la ville, bordée de maisons en partie du XVIIIᵉ siècle et marquée par la statue du général Lecourbe (né en 1759 à Besançon, mort en 1815 à Belfort et enterré à Ruffey-sur-Seille, village des environs de Lons).

L'on commencera par « remonter » les **Arcades** ou **rue du Commerce**, dont le début correspond à une tour de l'Horloge, l'ancien beffroi de la ville. Après le grand incendie de 1637, les Lédoniens s'adonnèrent à la reconstruction. Celle-ci allait être prolongée par le vent d'urbanisme qui souffla sur tout le XVIIIᵉ siècle. Aussi le visiteur ne verra-t-il pas, sauf rares exceptions, de vestiges antérieurs à la date fatidique de 1637. Mais, pour apprécier les arcades lédoniennes, un des ensembles urbains les plus pittoresques de Franche-Comté, il ne faut pas hésiter à pousser les portes pour découvrir, dans les cours intérieures, de beaux escaliers si caractéristiques des villes comtoises (Poligny, Arbois, Dole, Ornans, Besançon, Gray...). Plusieurs portes d'accès à ces cours sont remarquables par la finesse de leurs sculptures. Malgré la grande diversité qui règne d'un immeuble à l'autre, la rue du Commerce présente une unité qui

La rue du Commerce : les arcades avec la maison de Rouget de Lisle.

lui donne tout son caractère : « C'est d'ailleurs cette liberté laissée à chacun des propriétaires, qui est à l'origine de la fantaisie architecturale, qui est le charme principal des arcades de la rue du Commerce. Elles sont, ces arcades, presque toutes différentes les unes des autres et il en est qui sont de véritables petits chefs-d'œuvre. Voyez par exemple, celle du numéro 30 où s'insère entre deux grandes une toute petite arcade que l'on aurait pu croire spécialement faite pour laisser passer des enfants. » (Gustave Duhem.)

De l'ensemble évoqué, retenons quelques numéros qui permettent d'apprécier en détail la plus belle rue de la ville. Au numéro 24 s'élève la maison natale de Rouget de Lisle, construite en 1727, où l'on verra un superbe escalier à double volée. Le numéro 30 cache dans sa cour deux fenêtres à meneaux remontant sans doute au début du XVIe siècle et au numéro 41, l'arcade moulurée a une facture de la fin du même siècle, ces deux adresses correspondant aux rares vestiges antérieurs à l'incendie de 1637. Au numéro 44 existe un « traige », avec une large cour pour deux escaliers à magnifique rampe en fer forgé alors qu'au numéro 48, se trouve un pilier daté de 1634 et portant la signature d'un dénommé Veytison, vraisemblablement maçon. « La façade du numéro 55 en fait le plus bel immeuble de la rue. Les baies de l'arcade, en anse de panier, en encadrent une plus petite en plein cintre. Toutes les

L'hôpital : belles grilles de fer forgé du XVIIIe siècle.

ouvertures cintrées sont ornées de clefs dans la meilleure tradition Louis XV. Le balcon et les appuis des fenêtres comptent parmi les meilleures pièces de la ferronnerie lédonienne et, sur le tout, les baies mansardés des combles rappellent strictement celles de la préfecture ou de l'hôpital. » (Gustave Duhem.)

Dans le haut de la rue du Commerce, dans l'ancienne rue de la Boucherie, remarquer d'anciens étals sous lesquels s'ouvrent des trappes d'accès aux caves car, jusqu'à la fin du XVIIIe siècle, les Lédoniens étaient restés des vignerons, quelle que fût leur profession. Enfin, la maison qui fait l'angle des arcades et de la place Philibert de Chalon se caractérise par deux tourelles qu'Emile Monot a interprétées comme « des colombiers ». A partir de là, le visiteur accordera son attention à l'hôtel de ville, dont une aile abrite le musée des Beaux-Arts.

L'hôtel de ville fut commencé en 1735, terminé en 1742 sur l'emplacement de l'ancien château de la famille de Chalon où naquit Philibert en 1502. Une inscription latine précise d'ailleurs : « Là où était jadis un palais, s'élève un temple dédié à la justice, Louis XV régnant l'an 1742, Barthélemy de Vanolles étant intendant royal chez les Séquanes. » « L'aspect de l'hôtel de ville dans sa simplicité ne manque pas de caractère : il comprend essentiellement une façade principale à un étage dont la partie centrale en légère saillie est couronnée d'un fronton à cintres surbaissés. Les deux ailes forment un léger avant-corps aussi bien sur la façade principale que sur les façades latérales. L'escalier monumental, sous le porche, a perdu sa rampe primitive, mais par contre on y a adapté la porte d'entrée, grille en fer forgé, de l'ancien jeu de l'Arquebuse : elle est datée de 1744 et a été mise à l'hôtel de ville en 1788... A l'intérieur on peut admirer les boiseries et les parquets de la salle des délibérations et surtout ceux du cabinet particulier du maire. » (Gustave Duhem.)

Construite au XIXe siècle, la partie septentrionale de l'hôtel de ville renferme la bibliothèque et le **musée des Beaux-Arts**. Ceux qui souhaitent approfondir le lointain passé jurassien, ont la possibilité de le faire au nouveau musée archéologique implanté rue Richebourg.

En sortant du musée des Beaux-Arts, on pourra se rendre place Perraud où se trouvent, à l'angle de la place et de la rue Georges-Trouillot, la façade d'une demeure comportant un harmonieux portail daté de 1700 et, un peu plus loin, la belle maison des Lezay-Marnézia, avec un des balcons les plus beaux de la ville, malheureusement écrasé par une marquise du siècle dernier. Mais surtout, de la place Perraud, il est aisé de gagner **l'hôpital**, qui reste le plus bel édifice lédonien du XVIIIe siècle.

Initialement implanté entre l'église Saint-Désiré et la ville proprement dite, l'hôpital fut victime, comme tant d'autres bâtiments, de l'incendie de 1637. D'abord reconstruit là où il était, ce nouvel édifice se révéla bientôt insuffisant. C'est pourquoi il fut décidé, en 1734, d'élever un autre établissement à proximité de l'ancien château. L'architecte lédonien Galezot en conçut le plan, en reprenant celui de l'hôpital Saint-Jacques de Besançon. Gustave Duhem en donna jadis cette description précise :

« Il y avait et il y a encore un premier bâtiment, englobant une cour d'honneur sur laquelle s'ouvrent trois galeries de cloître, voûtées d'arêtes et ajourées d'arcades en plein cintre portées sur des piliers rectangulaires ; c'est la même conception que celle du cloître des Bénédictins de Saint-Désiré, la partie du cloître donnant sur la rue devait être postérieurement close par une grille dont il sera question plus loin. Ce corps central de bâtiment était complété par deux ailes nord et sud. Au droit de la façade prévue, des murs pleins percés de portes à frontons triangulaires contribuaient à l'ensemble architectural de l'édifice. Aux étages, les fenêtres à cintres surbaissés étaient décorées d'appuis en fer forgé très délicatement dessinés et les combles s'agrémentaient de mansardes accostées de volutes de même type que celles du cloître des Bénédictins. L'escalier principal, qui se trouve à l'angle sud-ouest de la cour d'honneur est un chef-d'œuvre de composition de l'art du début du XVIIIe siècle. Dans une cage carrée il comporte trois remparts qui s'accrochent à un pendentif d'une élégance rarement

L'établissement thermal.

égalée et qui rappelle les conceptions de l'Italien Intara, qui avait travaillé dans cette première moitié du XVIIIe siècle en Savoie et en Lyonnais. La hardiesse de cette composition n'a pas d'exemple dans toute la région car les rampants, autrement dit les marches, s'accrochent directement aux murs latéraux qui sont largement ouverts sur la face sud. Quant à la rampe en fer forgé, elle est d'une exécution merveilleuse, de même que tous les appuis de fenêtres et les petits balcons de la construction du XVIIIe siècle.

« Comme dans tous les hôpitaux de cette époque, l'on avait prévu une chapelle dans celui de Lons-le-Saunier ; l'architecte Galezot eut une idée originale : la chapelle se trouve au point de jonction de trois salles principales des malades ; elle est donc de forme circulaire et comporte trois grandes baies ouvrant chacune sur une salle. »

Mais l'hôpital du XVIIIe siècle ne mérite pas de retenir l'attention uniquement pour sa conception architecturale. La grille qui le ferme à l'est est un chef-d'œuvre de ferronnerie due à deux artisans jurassiens : François Mareschal, de Lons-le-Saunier, et François Cordelier, de Sellières, qui la posèrent en 1778. De même, il faut voir également la pharmacie qui se composait de trois pièces (l'office, le laboratoire et le salon). Toutes sont ornées de boiseries et renferment des meubles du XVIIIe siècle. La collection des pots de pharmacie et des étains ne décevra pas ceux qui s'intéressent aux arts mineurs du dernier siècle de l'époque moderne. Enrichie récemment par un don d'une pharmacie du XVIIIe siècle, la collection de l'hôpital de Lons-le-Saunier se révèle comme l'un des plus beaux ensembles publics du genre.

La visite de l'hôpital achevée, regagner la place de la Liberté en empruntant la rue Lafayette, autre artère commerçante de la ville.

Revenu sur la place de la Liberté, le touriste qui ne souhaite pas trop s'attarder gagnera directement **l'église Saint-Désiré** pour y admirer une des manifestations les plus remarquables de l'art roman sur le sol jurassien. Celui qui, en revanche, désire approfondir sa connaissance de la réalité lédonienne poursuivra son circuit et se rendra rue des Cordeliers, rue Richebourg, place de la Comédie pour rejoindre la rue du Commerce (les Arcades) et revenir au point de départ.

Séparant la place de la Liberté, à l'ouest, de celle du 11 novembre, à l'est, et donnant au sud sur la principale artère commerçante de la ville (la rue Jean-Jaurès, communément appelée rue du Jura), **le théâtre** impose sa masse disgracieuse. Erigé de 1845 à 1847 sur l'emplacement d'un calvaire dressé à la suite de la mission de 1821, le bâtiment fut l'objet de restaurations en 1890 et 1891. L'édifice avait alors une apparence différente avec une toiture plate mais comportait plusieurs magasins ouverts sous les galeries à colonnades. Le café du Théâtre et celui de Strasbourg étaient des lieux de rencontres particulièrement prisés. A la suite d'un terrible incendie en 1901, une reconstruction fut entreprise en 1902-1903 avec la création, à l'est, d'une salle des fêtes qui n'existait pas dans l'ancien bâtiment. Celle-ci, partie intégrante de l'édifice, fut également victime du feu en 1983 et transformée ensuite en « Carrefour de la communication » c'est-à-dire en un complexe aux fonctions multiples : centre de ressources ouvert au public, équipement pour conférences et congrès, lieu de formation professionnelle, outil de promotion économique. La conception architecturale sur plusieurs niveaux est tout à l'honneur de la municipalité qui en a décidé la réalisation. Détail bien significatif de la ville natale de Rouget de Lisle, l'horloge du théâtre égrène à chaque heure six notes de musique de *La Marseillaise* : *ré, ré, ré, si, sol, la* : « Aux armes citoyens ! »

Devant la face est du théâtre (dit « Carrefour de la communication ») commence la place du 11-Novembre, qui sera le point de départ pour visiter la partie orientale de la ville. Signalons, à l'angle de la place et de la rue des Cordeliers, l'office du tourisme.

Petite artère d'orientation nord-sud, la **rue des Cordeliers** donne accès à l'église du même nom et comporte quelques belles demeures. On accède

Place de l'Agriculture.

à l'église monastique du couvent des Cordeliers par un portail, datant de la fin du XVᵉ siècle ou du début du XVIᵉ siècle. Il s'intègre dans un mur rectangulaire, coupé par un fronton en plein cintre, qui devait sans doute comporter une statue de la Vierge (celle qui existe actuellement étant de facture récente). Ce mur contenait un passage qui assurait la communication entre la porterie et le couvent proprement dit.

« Ce dernier a été reconstruit entre 1737 et 1747, dans un style classique, plus somptueux que celui des Bénédictins. Les locaux transformés d'abord en grand séminaire, sont aujourd'hui occupés par des administrations et des logements particuliers ; on peut cependant reconnaître des vestiaires du cloître, dont les arcades en plein cintre étaient posées sur des piliers carrés à simples tailloirs ; il était couvert de voûtes d'arêtes sans doubleaux. Dans les [anciens] locaux de la Trésorerie Générale, une voûte en parapluie d'une excellente facture, est tout ce qui reste de l'ancien réfectoire. Tant sur l'avenue Pasteur que sur la cour du "Rex", on peut voir encore quelques fenêtres rectangulaires ornées de chutes de feuilles et de fleurs finement sculptées. » (Gustave Duhem.)

Après avoir franchi le portail, on accède à une cour d'où l'on voit la façade, reconstruite en 1731, de l'église monastique. De celle-ci, édifiée à la fin du XIIIᵉ siècle, il ne reste d'origine que l'abside à cinq pans (seul l'extérieur présente de l'intérêt car l'intérieur a été dénaturé au XIXᵉ siècle) et une crypte appelée caveau des Chalon, actuellement sous le maître-autel et, partant, inaccessible. Le reste de la construction remonte au XVIᵉ siècle. Un incendie ayant dévasté le couvent en 1536, dès 1540 les religieux entreprirent de réparer les dégâts causés par le feu. La nef fut entièrement reconstruite entre 1560 et 1590.

L'intérieur de l'édifice s'ordonne selon un plan simple : une nef de six travées sans transept avec des bas-côtés très étroits, un chœur de deux travées et une abside du XIIIe siècle. La nef communique avec les bas-côtés par l'intermédiaire de grandes arcades en plein cintre. Si la grande nef est aveugle, le bas-côté sud, qui était adossé au cloître, reçoit la lumière par de grandes fenêtres en plein cintre, alors que le bas-côté nord donne accès à plusieurs chapelles, antérieures à la nef car elles avaient partiellement résisté à l'incendie de 1536 (la seconde contient la chasse de saint Désiré). Le voûtement central de l'église date du XIXe siècle.

Jadis très riche, le mobilier s'est considérablement appauvri. En 1531 Philiberte de Luxembourg avait fait réaliser un mausolée pour son fils et, jusqu'en 1835, une chapelle du bas-côté nord appelée la chapelle des Vienne abrita les tombeaux à gisants des membres de cette famille. Aujourd'hui retenons néanmoins : cinq pierres tombales, ornées d'armoiries très finement sculptées et portant des inscriptions en caractères gothiques, du mausolée des Chalon ; la chaire à prêcher, des environs de 1740, due aux frères Lamberthoz ; les boiseries du chœur (XIXe siècle) ; les grandes orgues du milieu du XIXe siècle, récemment restaurées.

Il serait dommage de quitter la rue des Cordeliers sans jeter un coup d'œil à la façade de la maison au numéro 22, aux baies surbaissées, celle du premier étage étant complétée par un remarquable balcon en fer forgé.

A partir de la rue des Cordeliers, on pourra, par une toute petite ruelle en face du portail de l'église, gagner la rue Perrin où se trouve sans doute la plus caractéristique et la plus ancienne des fontaines lédoniennes. Elle fut placée là en 1727 mais sa réalisation est certainement antérieure à cette date.

Le plus simple est ensuite de revenir sur ses pas pour se rendre rue Richebourg où se trouve le **musée archéologique**. Avant d'y parvenir, on croise la rue Sebile où s'élève l'ancien hôtel Abriot de Grusse, acheté en 1928 par la Chambre de commerce et d'industrie. Datant de la fin du XVIIIe siècle, la demeure s'impose par sa sobriété. A l'intérieur, deux pièces se distinguent par la richesse de leur décoration. Les parquets réalisés à partir d'essences de bois variées ont fait l'objet d'un assemblage savant et séduisent par leurs teintes contrastées.

Après la visite du musée il est aisé d'atteindre la **place de la Comédie** qui, contrairement à ce que son nom suggère, était une ancienne place vigneronne. Le linteau de certaines portes contient encore la représentation d'une serpette de vigneron. Après avoir été un des quartiers les plus déshérités de Lons-le-Saunier, la place a fait l'objet d'une véritable rénovation. Ceux qui ont connu l'état des lieux avant et juste après la Seconde Guerre mondiale seront sensibles à la métamorphose urbaine. Désormais, autour d'une place rectangulaire, une série de petites maisons toutes différentes, aux façades légèrement colorées et aux toitures semblables, crée un espace aéré, lumineux, gai, qui contraste avec l'insalubrité de jadis. La place de la Comédie représente un bel exemple de l'effort entrepris pour revitaliser le centre ancien de la ville et le doter d'un habitat confortable. Cette réussite ne devrait pas être unique car peu à peu s'étend la zone de telles réalisations.

La rue Richebourg peut être considérée comme le point ultime de la promenade entreprise à partir de la place de la Liberté. On retournera à celle-ci, soit en prenant les rues Sébile et des Cordeliers, soit en gagnant la rue du Commerce (les Arcades) par la rue Georges-Trouilot. Le parcours de la rue Richebourg permet d'accéder au Puits-Salé, lieu d'origine de la ville.

L'église Saint-Désiré et la préfecture

Depuis la place de la Liberté, l'accès à l'église Saint-Désiré se fait sans difficulté en remontant, en direction du sud, la rue du même nom. Au numéro 20, il y a quelques années, on voyait encore les vestiges de la chapelle de l'hôpital qui précéda celui du XVIIIe siè-

La nef et le chœur de Saint-Désiré.

cle : une vaste baie en plein cintre accostée de deux niches surmontées d'un oculus. N'oublions pas non plus la façade du numéro 21, dont l'agrément se trouve malheureusement gâché par un magasin.

C'est en arrivant au carrefour de la rue Saint-Désiré avec la rue de la Préfecture et celle des Ecoles que l'on découvre le flanc nord de l'édifice religieux le plus ancien de Lons-le-Saunier. Son histoire se trouve liée à l'énigmatique saint Désiré qui, évêque au début du Ve siècle, serait mort à Lons et y aurait été enterré. La tradition a beaucoup fabulé et si nous retenons l'hypothèse de l'inhumation lédonienne, force est de reconnaître que nous ignorons tout de la construction du haut Moyen Age (V^{e} au Xe siècle), qui abritait le sarcophage du prélat. Ce n'est qu'à partir du XIe siècle que s'éclaire l'histoire du bâtiment, lorsqu'en 1083 l'archevêque Hugues II de Besançon confirme à l'abbaye de Baume-les-Messieurs treize églises acquises par son abbé Bernard, dont celle de Saint-Désiré. S'agissait-il de l'église actuelle ? Ce n'est pas impossible, mais il est certain qu'en ayant été édifiée au XIe siècle (la crypte, antérieure au reste de la construction, daterait peut-être de la première moitié du siècle), l'église Saint-Désiré demeure un des fleurons de l'art roman en Franche-Comté, même si elle peut décevoir de prime abord par les mutilations successives qui l'ont défigurée.

La suite du Moyen Age est un contraste de lumière et de nuit opaque. Lumière sur le prieuré adjoint par Baume à Saint-Désiré au milieu du XIIe siècle et sur la familiarité de prêtres dont les statuts furent approuvés en 1471. Nuit totale sur les transformations architecturales opérées jusqu'au XVIe siècle.

L'époque moderne modifia considérablement l'édifice du XIe siècle. Au début du XVIe siècle, deux prieurs auraient ajouté deux chapelles encadrant le portail occidental. Surtout, plusieurs incendies endommagèrent l'édifice : en 1510, 1536, et 1595. Ce dernier aurait détruit toute la partie orientale de l'église, entraîné le voûtement en pierre de la nef jusqu'alors couverte d'une charpente en bois, et nécessité la reconstruction en 1604 du clocher sur le bras nord du transept. Mais tous ces maux n'eurent pas la gravité de l'incendie déclenché par les Français le 25 juin 1637, et responsable de l'abandon des lieux. Malgré des travaux importants (reconstruction du chœur et de l'abside ; flèche à huit pans au clocher), le XVIIe siècle se termina sans que l'édifice fût entièrement restauré.

Au XVIIIe siècle, des projets de construction d'une nouvelle église, heureusement pour l'édifice roman, ne reçurent qu'un début d'exécution. Si la Révolution française n'endommagea pas trop la construction médiévale et moderne (démolition de la flèche du clocher en 1795), en revanche elle fut responsable de l'incinération d'une grande partie du corps du saint (1794) et surtout du choix des Cordeliers comme unique paroisse de Lons, cette décision (1806) entraînant l'abandon momentané de Saint-Désiré.

Passé les événements révolutionnaires, le XIXe siècle n'épargna pas l'église. « Elle subit les incertitudes du XIXe siècle, amputations suivies de restaurations discutables. Le beau couvent des Bénédictins étant devenu la préfecture, le préfet Poncet, en 1809, aménage l'entrée de sa résidence en raccourcissant l'église d'une dizaine de mètres à l'ouest. C'est le père Agathange qui la sauve, en la faisant rendre au culte en 1822. L'entrée sud est alors très incommode, avec un escalier droit et raide ; en 1825, il suggère la construction d'un escalier à double volée, qui sera réalisé par l'architecte Pourchot vingt ans plus tard, et nécessitera le déplacement d'une fontaine, D'autres problèmes se posent : la sacristie souterraine (au niveau de la crypte) et humide sera remplacée par l'actuelle qui la surmonte, de plain-pied avec le chœur ; dès 1839, le conseil de fabrique sollicite la réparation du clocher. En 1863, le curé Lebeau offre sept mille francs pour cette œuvre ; dans cette perspective la tour de l'Horloge devient inutile, et l'abbé demande seulement, comme participation de la ville, le produit de la vente de cette tour. Le travail sera réalisé, par l'architecte Achille Paillot. » (Pierre Lacroix.) Ces modifications extérieures s'accompagnèrent d'aménagements intérieurs dont les plus importants furent l'abaissement du sol de quinze centimètres et le revêtement des piles et des murs de plâtre.

A part l'adjonction d'un portail néoroman à l'entrée ouest en 1900, le XXe siècle réhabilitera l'édifice. En 1931 on procéda au décapage de l'intérieur pour faire apparaître son appareil, alors que celui-ci devait supporter un enduit à l'origine, et en 1935 la crypte fut restaurée.

Aujourd'hui l'église comporte une nef de six travées, encadrée par des collatéraux, un transept qui n'apparaît plus débordant à cause des chapelles, une croisée, un chœur et une abside, ces trois derniers éléments étant surélevés car situés au-dessus de la crypte. L'angle nord-ouest a été coupé par l'entrée de la préfecture et, à partir de la troisième travée, des chapelles, postérieures à la construction originelle, ouvrent sur les collatéraux.

La nef constitue une des expressions les plus remarquables du premier art roman dans le Jura. Les piles frappent par leur relative élévation, leur plan différent (carré, rond, octogonal trois fois) et leur appareil en petits moellons irréguliers. Elles reçoivent directement les grandes arcades en plein cintre sans l'intermédiaire de chapiteaux. Au-dessus des arcades un mur, actuellement aveugle, était ajouré par trois petites fenêtres romanes qui se devinent encore : deux au nord et une au sud. Si primitivement la nef centrale était vraisemblablement couverte d'une charpente apparente, les divers incendies des XVIe et XVIIe siècles ont poussé à la remplacer par la voûte d'ogives actuelle, quadripartite. En revanche, les collatéraux ont gardé leurs voûtes d'arêtes d'origine, séparées par des arcs doubleaux appareillés comme les grandes arcades et retombant sur des pilastres adossés aux murs latéraux. Au nord la lumière pénètre encore par des fenêtres romanes, au sud par l'intermédiaire de grandes baies en tiers-point. Postérieures de plusieurs siècles à l'église romane, les chapelles modernes (XVIe-XVIIe siècles) en ont modifié le plan d'origine.

Délimitée par quatre gros piliers, la croisée du transept supportait jadis le clocher. Les bras du transept ont perdu les absidioles d'origine, qui s'ouvraient dans l'axe des collatéraux. Sur le croisillon nord et la croisée, les voûtes d'arêtes sont récentes, comme le berceau plein cintre du croisillon sud.

On accède au chœur et à l'abside en passant sous un arc doubleau. L'ensemble est couvert de voûtes d'ogives et sept baies en tiers-point dispensent la lumière naturelle dans cette partie orientale de l'église.

Sous elle, la crypte est divisée en trois nefs de six travées, séparées par deux rangées de colonnes monolithiques, toutes différentes les unes des autres. Ces remplois anciens sont surmontés de chapiteaux cubiques qui, comme leurs supports, frappent par leur archaïsme. Les trois nefs sont couvertes de voûtes d'arêtes sans doubleaux. La lumière provient de l'extérieur par l'intermédiaire de trois fenêtres en meurtrières. Un sarcophage vide se trouve dans l'abside et chaque paroi a été percée d'une arcade reposant sur une colonnette centrale à chapiteau triangulaire, pour apercevoir depuis les absidioles le cercueil de pierre. Sur ces chapiteaux ont été gravés un aigle et peut-être un poisson.

Avant de quitter l'église, le visiteur sera sensible à une pietà due à l'école bourguignonne du XVe siècle. Autour de la Vierge soutenant le Christ crucifié, sont regroupés les personnages qui assistèrent à la Passion.

Malgré la rénovation du quartier et la mise en valeur de l'abside, l'extérieur de Saint-Désiré ne suggère pas l'ancienneté de l'église, qui s'impose surtout par son flanc nord de peu d'intérêt et son clocher refait. Pourtant, les multiples remaniements gothiques et modernes n'empêchent pas l'édifice de demeurer un témoin des origines lointaines du christianisme et de l'éclosion de l'art roman sur le sol jurassien. Comme l'a remarquablement souligné l'abbé Lacroix : « Du Ve siècle aux maçons du XIe, puis à la chaîne tenace des reconstructeurs après les catastrophes réitérées, cette église, tel un corps chargé d'années et de cicatrices, résume pour sa ville presque seize siècles d'histoire et d'espérance. »

Jouxtant l'église Saint-Désiré, les locaux de la préfecture méritent plus qu'une mention si l'on rappelle qu'ils correspondent à l'ancien couvent des Bénédictins transformé en préfecture du Jura en 1801. Réalisé entre 1711 et 1715, le monastère comporte un cloître rectangulaire encadré par des bâtiments surélevés d'un étage, reposant sur la galerie même du cloître. « Les galeries sont couvertes de voûtes d'ogives, sans doubleaux. Les arcades en plein cintre sont portées par des piliers carrés, à bases et tailloirs classiques ; les toits rampants assez aigus sont ajourés de mansardes à cintres surbaissés, accostées de volutes classiques, soulignant les piédroits. C'était une ornementation facile et agréable qui fut très imitée à Lons-le-Saunier pendant tout le XVIIIe siècle. » (Gustave Dulhem.)

Les façades ouest et sud forment un bel ensemble architectural et la partie donnant sur le jardin a fait l'objet d'un soin particulier. A l'intérieur, les deux escaliers construits par dom Duchesne au XVIIIe siècle doivent être signalés pour leur conception architecturale et leurs rampes en fer forgé.

Enfin, la préfecture recèle un monument énigmatique, qui a fait couler beaucoup d'encre et énoncer bien des hypothèses erronées. Laissons l'abbé Pierre Lacroix nous le décrire avec l'esprit critique qui s'impose : « Au sud de l'église, dans une cave de l'actuelle préfecture, à peu près au niveau de la crypte [de saint Désiré], se voit un bassin de maçonnerie soignée mais difficile à dater, sans doute postérieure à l'époque où mourut Désiré. Constitué d'un cylindre que surmonte une margelle de pierre, puis d'un tronc de cône évasé vers le haut (profond de 1,60 mètre et de 3 mètres environ avec la partie inférieure ; diamètre supérieur, 2,50 mètres), il recueillait l'eau d'une source. D'autres détails encore compliquent son interprétation ; il a parfois été pris pour un baptistère, utilisation que rien ne justifie (absence de marches pour descendre, profondeur excessive) ; l'idée d'un évêque à Lons paraît également fragile. Il pourrait s'agir ici d'une source vénérée, mise ensuite en relation avec le culte du saint tout proche. »

Espaces verts et urbanisme contemporain

Il suffit de découvrir Lons-le-Saunier de l'une des collines qui l'encerclent pour s'apercevoir que la ville est entourée par la nature verdoyante. Certes celle-ci est parfois soumise aux assauts inévitables du développement urbain d'autant que les constructions des dernières années, refusant l'élévation, sont grosses consommatrices d'espace au sol. Néanmoins, malgré la proximité de la campagne, la ville offre, dans sa partie orientale, de magnifiques espaces verts de plus en plus denses au fur et à mesure que l'on se dirige vers l'est.

Pour apprécier cet autre aspect de la cité lédonienne, une promenade à pied s'impose. Elle peut être facilement conçue à partir de la place du 11-Novembre, où il est possible de laisser la voiture. Si ce premier ensemble n'offre rien de particulier, en

Le théâtre en feu ! (23 janvier 1983.)

dehors de la façade du palais de justice, il est prolongé par la place de la Chevalerie où trois monuments retiendront l'attention. D'abord, au début de la place, pour qui se dirige vers l'est, se dresse la **statue de Rouget de Lisle**. Sur le socle est reproduit, sur une plaque en bronze, le texte de *La Marseillaise* alors que son auteur est représenté debout, tenant un étendard dans la main gauche et levant le bras droit en signe d'exhortation. L'œuvre, érigée en 1882, fut réalisée par le célèbre sculpteur Frédéric Bartholdi (1834-1904), auquel on doit aussi le Lion de Belfort et la statue de la Liberté, à l'entrée du port de New York. A l'autre extrémité de la place de la Chevalerie, deux monuments rappellent les sacrifices humains consentis pour défendre la patrie. Le premier, tourné vers l'intérieur de la place, commémore ceux qui succombèrent lors des deux guerres mondiales. Le second, orienté à l'est et donnant sur le grand carrefour, qui sépare la place du parc, est voué aux héros de la résistance jurassienne.

Au-delà du carrefour commence un parc dont les Lédoniens peuvent être fiers. S'étendant sur sept hectares, ce vaste espace de verdure est bordé au nord par le cours (endigué) de la Vallière. Chacun s'y promènera selon sa fantaisie. Mais, en longeant la rivière et en suivant l'allée de marronniers, il est possible de faire un tour complet de cet havre de tranquillité. Au hasard de la promenade, le visiteur découvrira **l'établissement thermal**, le grand étang, des cours de tennis en terre battue, un étang de plus petite dimension. Tout au long de son cheminement, il sera sensible à la beauté des essence végétales. L'été, il fait bon flâner sous les frondaisons qui dispensent leur fraîcheur. L'automne, lorsque les feuilles se colorent, le parc devient un lieu de choix pour s'adonner à la rêverie.

Au sud du parc et accessible depuis une avenue au toponyme significatif (l'avenue du Stade) se trouve le stade municipal constitué de deux ensembles distincts : le premier, ovale, comporte deux pistes (cyclable et pour la course à pied) et un terrain de jeu ; le second, rectangulaire ne peut être utilisé que pour le football et le rugby.

Mais Lons-le-Saunier n'est pas uniquement le centre traditionnel que nous avons évoqué et qui, malgré ces transformations, perpétue le poids d'un passé plus ou moins lointain. C'est aussi une agglomération qui s'est dilatée depuis la fin de la Seconde Guerre mondiale. Il serait vain d'inciter le visiteur à se rendre dans les nouveaux quartiers qui, escaladant les collines, se caractérisent par leurs immeubles récents, leurs nombreuses maisons individuelles s'enfouissant dans la verdure. Au sud de l'agglomération, nous pourrions citer Les Toupes, établies sur les pentes de Montciel, La Fontaine-aux-Daims à l'est de la route de Macornay et proche de la côte de Mancy, la route de Montaigu bordée, dans sa partie inférieure, par de belles villas, Les Rochettes, blotties au pied du vieux village de Montaigu. De ces manifestations récentes de l'expansion urbaine, nous ne retiendrons que celles de la partie est et nord de la ville.

En effet, c'est d'abord à l'est que la ville s'est agrandie en réalisant, après 1939-1945, un nouveau quartier : **Les Mouillères**. Situé au nord du parc et de l'avenue Camille-Prost, là où existaient des jardins, cet ensemble est facilement reconnaissable par le style de ses H.L.M. caractéristiques des années d'après-guerre. Puis l'extension se poursuivit avec la construction du quartier de La Marjorie, d'une zone industrielle et, au nord de l'agglomération, du lotissement des Pendants. Le boulevard de ceinture, qui contourne la ville par l'est et le sud, et sépare les entreprises des secteurs habités, permet d'avoir une bonne idée de ces réalisations récentes.

A **La Marjorie**, non seulement le type des maisons est plus moderne qu'aux Mouillères, mais un effort a été tenté pour donner du caractère à ce qui aurait pu devenir uniquement une cité dortoir. Signalons, à cet égard, la sculpture de Jobin qui s'intègre parfaitement dans le cadre architectural où elle est placée, et la fresque qui couvre un mur de l'immeuble H.L.M., 940, rue des Gentianes, face à la maison commune de La Marjorie. L'artiste (Alain Bouvier) a représenté une cascade, élément typique du Jura, au pied de laquelle deux enfants, en maillots de bain, se tiennent par la main et profitent de la fraîcheur de l'eau. En introduisant de la couleur, du mouvement, dans un univers de béton, une œuvre comme celle-ci contribue à l'évidence à l'humanisation du quartier. En fait, il ne s'agit pas d'un cas unique et une visite très approfondie des Mouillères révélerait d'autres peintures murales : la maison des jeunes et de la culture (rue des Mouillères) ; le bâtiment et la cheminée de la chaufferie des Mouillères (face au centre commercial).

Entre La Marjorie et Les Pendants, en pleine nature, proche de la route de Besançon (R.N. 83), un terrain de camping présente l'avantage d'être situé juste en face d'un complexe sportif : une piscine couverte, un bassin d'été extérieur, une fosse à plonger, une pataugeoire pour enfants, multiplient les possibilités de s'adonner aux plaisirs de l'eau... salée provenant du sous-sol lédonien. Un stade d'athlétisme parachève l'ensemble et contribue à faire de ce secteur excentré un pôle sportif.

Lons-le-Saunier : un musée en pleine évolution

A l'initiative de la Société d'émulation du Jura, le musée municipal de Lons-le-Saunier a été créé en 1811 puis installé dans les locaux de l'hôtel de ville en 1851. L'importance des collections archéologiques et leur accroissement considérable ces dernières années ont conduit la Ville de Lons-le-Saunier à envisager une restructuration complète du musée.

Place Perraud, le musée des Beaux-Arts, encore installé dans le bâtiment de l'hôtel de ville, renferme des collections de peintures et de sculptures. Parmi les pièces remarquables, il convient de signaler : Le Massacre des innocents, *attribué à Pieter Brueghel le Jeune (1593) ; quelques toiles représentatives du XVII*e *siècle français (J. Forest, Simon Vouet) ;* Le Château de Chillon *et* La Mort du cerf *de Gustave Courbet et* L'Orage *d'Horace Vernet pour le XIX*e *siècle ; une* Baigneuse *de Falconet et l'œuvre du sculpteur jurassien Jean-Joseph Perraud sont des sculptures de belle qualité.*

Rue Richebourg, près du Puits-Salé, cœur historique — voire préhistorique — de la cité, la Ville a acquis en 1979 les locaux désaffectés d'une ancienne fromagerie. Rénovés en 1985, ces locaux constituent l'embryon du futur musée de Lons-le-Saunier dont la construction est prévue dans un avenir proche. Ils abritent des collections archéologiques d'un très grand intérêt scientifique et didactique, actuellement en cours d'étude. Plusieurs de celles-ci proviennent d'ailleurs de sites clés pour la compréhension de la préhistoire et de la protohistoire de l'Europe occidentale : grotte de la Baume à Gigny-sur-Suran, sites lacustres néolithiques de Clairvaux-les-Lacs et de Chalain, grotte des Planches près d'Arbois, entre autres.

Le fonds du musée d'Archéologie est suffisamment étoffé pour permettre d'envisager une présentation sans hiatus de l'histoire de l'homme dans son environnement depuis la plus haute préhistoire jusqu'à l'époque moderne.

*Parmi les ensembles les plus significatifs, on peut relever : la faune quaternaire du Revermont (*elephas trogontherii, elephas primigenius*) ; d'intéressantes séries préhistoriques (grottes d'Arlay et de Gigny-sur-Suran) ; des collections néolithiques bien connues (Clairvaux-les-Lacs et Chalain) ; des ensembles très complets provenant aussi bien d'habitats en grotte (Les Planches) que de cachettes de fondeurs (Larnaud, Briod) pour l'âge du bronze ; le mobilier funéraire des tombes sous tumulus (Chavéria, Conliège) et celui d'habitats de hauteur (Montmorot, camp du Château près de Salins) pour l'âge du fer ; de remarquables collections gallo-romaines (petits bronzes, verrerie, objets de la vie quotidienne) issues des fouilles* de vici *ou de complexes culturels (Saint-Germain-en-Montagne, Villards-d'Héria) ; d'intéressantes séries mérovingiennes découvertes dans les cimetières du Jura ; des ensembles récemment mis au jour et de première importance pour la connaissance de l'occupation humaine médiévale (château de l'Aigle à La Chaux-du-Dombief, Villeneuve-sous-Pymont).*

En attendant l'édification du bâtiment qui abritera toutes les collections lédoniennes, le musée d'Archéologie mène une politique particulièrement dynamique autour de trois axes de travail : recherche, création, pédagogie. Déjà très bien inséré dans la communauté scientifique, le musée d'Archéologie présente des expositions temporaires de qualité, propose aux scolaires des ateliers d'initiation aux techniques particulièrement appréciés et mène, avec la collaboration de nombreux spécialistes, une étude aussi systématique que possible de ses collections. Déjà la présentation de la pirogue de Chalain, dans une mise en scène de l'artiste jurassienne Josette Coras, préfigure ce que sera le nouveau musée de Lons-le-Saunier : un outil performant au service d'une vision du passé particulièrement vivante et sous-tendue par une recherche scientifique de haut niveau.

(Marie-Jeanne Roulière-Lambert, conservateur du musée d'Archéologie.)

Le thermalisme lédonien

L'utilisation des eaux du sous-sol lédonien à des fins thérapeutiques est relativement récente. C'est vers 1850 que Jean-Marie de Grimaldi, propriétaire des salines de Salins et de celles de Lons-Montmorot, proposa des bains d'eau saline au Puits-Salé. Après la vente du Puits-Salé à un particulier et la perte d'influence locale de Grimaldi, Camille Prost, maire de la ville à deux reprises (1874-1884 et 1888-1900), créa une structure thermale fondée sur la qualité exceptionnelle des eaux lédoniennes. En 1892 était bâti l'établissement thermal, au milieu d'un parc ouvert au public à cette occasion.

Pendant le XXe siècle, le succès de l'utilisation de la station hydrominérale de Lons-le-Saunier à des fins médicales évolua en fonction de conditions variables : modernisation de la ville et de son hygiène, existence ou absence d'une hôtellerie adaptée, deux guerres mondiales. C'est ainsi que Lons accueillit après 1914-1918 les enfants alsaciens qui abandonnèrent les cures dans des stations allemandes et que les troupes d'occupation découvrirent les effets bénéfiques des bains à partir de 1943.

Actuellement, les eaux lédoniennes sont de deux sortes :

— Les eaux chlorurées sodiques fortes. Il s'agit des eaux de salines ou « eaux vierges » telles qu'elles émanent d'un forage pratiqué pour alimenter les salines. Ces eaux sont saturées en chlorure de sodium (305 grammes par litre), elles contiennent aussi des sulfates de soude et de magnésie, des iodures et des bromures. Leurs aspect est celui d'une saumure, leur formidable hypertonie les rend impropres à la consommation et, même en bains, on les emploie diluées, à concentration progressive.

— L'eau « Lédonia », source du Puit-Salé est chlorurée sodique moyenne (10 grammes par litre), magnésienne avec présence dosable de fer et de manganèse, bicarbonatée avec proportion importante de gaz carbonique dissous. Sa température est constante à 16°C. Sa saveur est salée et légèrement acidulée. On l'utilise en boisson, instillations, goutte à goutte rectal, et beaucoup en aérosols.

Les propriétés des eaux permettent de soigner des troubles du développement (troubles de la croissance ; énurésie ; affection O.R.L.), et des rhumatismes. Outre la cure individuelle classique de vingt et un jours, il existe, pour les enfants, un système original de thermalisme social, avec prise en charge de quarante-deux jours en maison d'enfants à caractère sanitaire : vingt et un jours de cure thermale à Lons-le-Saunier, suivis de vingt et un jours de post-cure climatique à la campagne, en moyenne altitude. Ce séjour se déroule sous la surveillance attentive de médecins, de psychologues et de professeurs d'éducation physique.

Nous pourrions poursuivre l'évocation des nouveaux quartiers de la périphérie lédonienne en citant, au nord, Les Pendants, le secteur développé de part et d'autre de la rue du Docteur-Jean-Michel (où a été construit le nouveau lycée d'Etat mixte remplaçant l'ancien lycée Rouget-de-Lisle transformé en collège) prolongée par la route de Villeneuve. De même, à l'ouest, la poussée urbaine est telle que les agglomérations de Lons-le-Saunier et de Montmorot tendent à se rejoindre pour se confondre en un tout, bien révélateur de la croissance des dernières décennies.

Mais à cette promenade qui n'apporterait pas au visiteur de découvertes originales, nous préférons le charme et la beauté des environs lédoniens, qui méritent vraiment une description détaillée.

Les environs lédoniens

A l'évidence, par sa situation, Lons-le-Saunier constitue un point de départ très pratique pour effectuer une série d'excursions. C'est ainsi qu'en direction du sud le visiteur pourra découvrir la Petite-Montagne et le Revermont, régions trop méconnues du Jura. A l'ouest, c'est un tout autre milieu qui s'offre au voyageur avec la Bresse comtoise. Au nord s'étend le Vignoble, si caractéristique par ses reculées et l'importance de ses édifices civils et religieux, témoins d'un riche passé. Enfin, le Jura montagneux, du moins dans sa forme tabulaire, est aux portes de la ville et assure une transition avec la haute chaîne.

Nous nous limitons ici à une exploration des alentours de la ville. Si le nombre de kilomètres à parcourir est réduit, le charme de certaines découvertes n'en sera que plus grand.

Par monts...

La description du site de Lons-le-Saunier a fait ressortir l'existence de collines qui ceinturent littéralement la ville au sud, à l'ouest et au nord : Montaigu, Mancy, Montciel, Montmorot, Pymont. Chacune d'entre elles a son originalité et il faut disposer de beaucoup de temps pour les parcourir toutes.

Si une seule devait retenir l'attention, celle de **Montaigu** pourrait être l'objet de notre choix : non seulement parce que, depuis son sommet, le regard embrasse de vastes étendues, mais aussi parce que son village, tout en longueur, fut le lieu d'origine de Rouget de Lisle, né pourtant, par hasard, à Lons-le-Saunier.

Pour atteindre Montaigu depuis la ville, on délaissera la nouvelle route qui conduit à Orgelet et dont le tracé forme une véritable balafre dans le paysage. On préférera l'ancienne départementale 52 qui, grâce à sa pente raide, ménage la joie d'une découverte progressive de l'agglomération lédonienne. Avant d'arriver dans le village, au nord, en face d'une ancienne petite carrière, un point de vue permet de dominer Lons-le-Saunier et ses environs : le rebord occidental du premier plateau, le Vignoble et ses collines, la Bresse comtoise. Mais pour qui viendrait d'Orgelet, un paysage fort semblable peut être découvert depuis un belvédère aménagé au bord de la route, avant le village.

Le nom de ce dernier apparaît pour la première fois dans un texte de 1208 où il est question de *Mons acutus*, Mont aigu. A cette époque, un château était déjà en construction et dans la première moitié du XIIIe siècle allait être érigée une église. « Comme en plusieurs places fortes des Chalon, l'église est un élément du rempart, qu'elle surplombe à l'est ; elle constitue aussi l'une des extrémités du Grand Bourg, que ferme à l'opposé le château. Plus au levant s'étend le Petit Bourg ; un terrier de 1623 signale, à l'alignement et au sud du chevet de l'église, "une porte fermant à clé, appelée la porte d'entre les deux bourgs". Ce lien avec la fortification allait occasionner bientôt quelques ennuis. Défenseur glorieux de Montaigu en 1640, Lacuzon en prenait à son aise : il démolit le pan sud du clocher (alors dressé sur le chœur) et disposa des pierres. Malgré ses dénégations, les habitants lui intentèrent un procès, terminé en 1665 par une transaction : le capitaine versa deux cents francs, qui seraient employés à construire le clocher actuel. » (Pierre Lacroix.)

Avec son beffroi, une toiture modifiée au XIXe siècle, un intérieur restauré en 1942, puis en 1968-1970, l'église Saint-Blaise ne manque pas d'intérêt. On pénètre dans l'édifice par un clocher (1685) abritant un porche, ouvert sur trois côtés et voûté d'ogives sur culots. Remarquer une tourelle qui, prenant naissance dans l'église, sort à l'angle sud-est de l'édifice et se prolonge jusqu'à la base de la flèche, à huit pans, cantonnée de clochetons.

A l'intérieur, une voûte gothique peu dégrossie repose sur des murs compacts. Certains détails (voûtement primitif, sculpture des chapiteaux) ont permis à l'abbé Lacroix de préciser la date de la construction et d'interdire « un moment trop avancé dans le XIIIe siècle ».

En plus de son église et de ses maisons diposées le long d'une unique rue centrale, le village de Montaigu s'honore d'avoir été le berceau de la famille Rouget de Lisle. Deux plaques commémoratives signalent la modeste demeure de l'auteur de *La Marseillaise* (numéro 15) : l'une, précisant « maison de Rouget de Lisle, 1760 », pourrait laisser croire qu'il est né là, alors que c'est au 24 de la rue du Commerce, à Lons-le-Saunier, que sa mère lui donna le jour, le 10 mai de cette année-là ; l'autre rappelle que le général de Gaulle, président de la République, fut reçu devant cette maison par les habitants de Montaigu, le 16 juin 1962.

Signalons, pour terminer, une petite promenade qui peut être faite à pied à partir de la sortie du village, quand on redescend sur Lons-le-Saunier par l'ancienne route (D. 52). Elle consiste à prendre, immédiatement sur la gauche, un petit chemin de terre qui conduit à un vieux chêne (le solitaire). Sa situation de hauteur constitue un des plus beaux points de vue que l'on puisse avoir sur le site de Lons-le-Saunier et le Vignoble.

C'est par un chemin parallèle à la route de Macornay que l'on accède à la **côte de Mancy**. Les visiteurs soucieux de ne rien omettre se rendront sur cette hauteur, qui a conservé un certain caractère sauvage. Tout au bout de la colline, là où existe une carrière qui n'est plus exploitée, on domine le village de Macornay et l'on a une belle vue sur les monts qui annoncent la Petite-Montagne. Mais le panorama est beaucoup plus séduisant si l'on monte sur la partie supérieure de la côte. En effet, le regard embrasse un vaste territoire qui s'étend de Montaigu jusqu'à la plaine de la Bresse. Méconnue, cette promenade de la côte de Mancy mérite plus qu'une mention, pour apprécier la beauté des environs de Lons-le-Saunier.

Autre colline entourant la ville : **Montciel**, au toponyme significatif. Deux routes permettent d'y accéder : l'ancienne, qui prend naissance en bas du boulevard Jules-Ferry ; la voie récente, que l'on joint depuis la route de Macornay (D. 117). Le visiteur peu avare de ses pas préférera la première : elle lui réserve la joie d'aboutir, dans un virage, à un belvédère depuis lequel la vue s'étend sur toute l'agglomération lédonienne et le site dans lequel elle se trouve implantée. Au nord se développe le rebord occidental du premier plateau, la zone de contact qui le sépare de la Bresse comtoise et dont le charme réside dans l'alignement de petites collines oblongues d'orientation nord-sud. Sur certaines d'entre elles, l'homme n'a pas hésité à s'y fixer et à y élever de redoutables forteresses : Le Pin, par exemple.

Si l'urbanisation contemporaine gagne progressivement les pentes de Montciel, celles-ci furent longtemps dominées uniquement par le grand séminaire. Fermé depuis 1977 et transformé en maison diocésaine d'accueil, il reçoit désormais tout groupe (de mutualités, de tourisme, de sports...) à la recherche d'une salle de travail.

Actuellement, le site de Montciel offre bien des attraits. A celui de ses ombrages et des promenades, il faut ajouter l'existence d'un centre aéré pour les enfants, d'un stand de tir et, depuis peu, de la Compagnie des archers de Montciel. Un parcours de jogging appelé Vita souligne la bouffée d'oxygène offerte aux Lédoniens désireux de s'adonner à la course dans un cadre agréable, à proximité de leur lieu de résidence.

Pour qui vient de l'ouest, par la nationale 78, l'entrée en ville implique un passage entre deux collines qui semblent monter la garde de l'agglomération lédonienne. Au sud, Montciel ; au nord la butte de Montmorot, qui forme une sorte de réplique de sa semblable. Mais là s'arrête la comparaison car, alors que Montciel n'offre pas de témoignages visibles de la présence ancienne de l'homme, **Montmorot** possède encore les ruines de son château médiéval.

Le site sur lequel fut construite la forteresse a fourni des traces d'occupation humaine bien antérieure au Moyen Age. Une seigneurie se développa à partir du XIe siècle et les différents seigneurs des lieux construisirent un château dont on a de bonnes raisons de penser qu'il était déjà fortement endommagé en 1456 lors de la rédaction du terrier de la châtellenie. Les guerres des XVIe et XVIIe siècles allaient avoir raison des vestiges du passé et expliquent pourquoi de nos jours il ne reste plus qu'un pan de mur et le donjon.

Blotti au pied du château médiéval, le village de Montmorot correspond à un haut lieu de l'économie comtoise. A une date qui n'est toujours pas précisée, l'homme exploita l'eau salée du sous-sol pour en extraire le sel tant recherché au Moyen Age. En 1456, le terrier de la châtellenie décrit la source située au centre du village comme abandonnée, ce qui n'empêcha pas les habitants du lieu à venir y chercher de la muire. En 1606, devant les protestations des fermiers de la grande saunerie de Salins, les archiducs Albert et Isabelle mirent fin à cette pratique et firent clore et recouvrir le puits d'une grille.

En 1734, des fouilles exécutées au nord-est de la colline qui domine le village, au lieu dit « l'étang du Saloir », déclenchèrent l'apparition de plusieurs sources salées et furent à l'origine de l'implantation de salines. Inaugurées en 1735, elles connurent une activité éphémère. En 1744, une nouvelle entreprise fut construite. Une conduite fut aménagée spécialement pour transporter l'eau à partir du Puits-Salé et prit le nom de « canal des Suisses » pour rappeler la nationalité de son réalisateur (Chaillet). Les Suisses étaient fort demandeurs en sel (il existe encore sur le premier plateau à Crançot, sur la route conduisant outre-Jura, un lieu-dit révélateur : L'Entrepôt).

La commune de Montmorot allait encore faire parler d'elle lorsque, dans la première moitié du XIXe siècle, on multiplia les sondages en Franche-Comté pour rechercher des bancs de sel gemme. Ils furent réalisés par les salines déjà existantes soucieuses de ne pas succomber à la concurrence lorraine. C'est à Montmorot qu'en 1831 cette politique fut inaugurée et couronnée de succès : le 25 janvier, à 129 mètres de profondeur, le sel gemme était atteint après plusieurs années d'exploration. Cette découverte contribua à renforcer l'approvisionnement en muire de l'entreprise créée au milieu du XVIIIe siècle.

Les salines de Montmorot fonctionnèrent jusqu'en 1966. De cette brillante activité économique ne subsiste plus qu'un derrick dans la vallée de la Vallière, rappelant l'existence des stations de pompage. On peut encore voir, juste avant la bifurcation pour Lyon et Chalon-sur-Saône, l'entrée des salines du XVIIIe siècle. A l'intérieur de l'enceinte se sont implantées les archives départementales du Jura. Jouxtant ces dernières, les grands bâtiments industriels ont été transformés pour abriter des courts de tennis et un magasin de meubles.

... et par vaux

Comme nous avons eu l'occasion de le souligner dans la présentation de l'implantation de Lons-le-Saunier, la préfecture du Jura est née et s'est développée au débouché d'une des fameuses reculées qui entaillent le premier plateau jurassien. Résultat d'une érosion régressive, la reculée de la Vallière, du nom du petit cours d'eau qui coule en son fond, se présente sous la forme d'une vallée fermée au sud par un véritable cul-de-sac. Orientée en direction du sud-est jusqu'à Conliège, elle prend ensuite franchement une direction méridienne.

C'est en prenant à l'est de la ville la route conduisant à Clairvaux-les-Lacs, Saint-Laurent-en-Grandvaux (R.N. 78) que l'on peut parcourir le fond de la reculée et atteindre le premier plateau. Immédiatement à la sortie de Lons-le-Saunier, le voyageur a l'impression de pénétrer dans l'ensemble tabulaire qui se présente en face de lui. Il découvre progressivement des corniches calcaires plus ou moins abruptes et un paysage de plus en plus sauvage, mais il pourra, s'il le désire, ponctuer son parcours de courtes haltes dans trois villages aux sites caractéristiques : Perrigny, Conliège et Revigny.

Situé sur le rebord du versant du premier plateau, juste à l'entrée de la reculée, le village de **Perrigny** est en dehors de la départementale 78 mais peut être atteint facilement à partir d'elle. A en croire le toponyme (suffixe en y), il s'agirait d'une localité ayant une origine gallo-romaine. Perrigny se trouve en tout cas mentionné depuis le XIIe siècle parmi les possessions de l'abbaye de Baume-les-Messieurs. En dehors de quelques maisons paysannes restaurées par ceux qui, de plus en plus nombreux, travaillent à Lons-le-Saunier mais résident en dehors de la commune, signalons l'ancienne église Saint-Jean-Baptiste, implantée à la lisière du village et tout en haut de ce dernier. Elevé sur l'emplacement d'une chapelle médiévale, doté d'une nef du XVe siècle (?) et d'un chœur du XVIe siècle, précédé par un porche voûté d'ogives du XVIIe siècle, le bâtiment est, en dehors du clocher, entièrement couvert de laves. Au XIXe siècle, la construction au centre du village d'une église néoclassique a relégué l'ancienne au rôle de chapelle de cimetière. Actuellement fermé, « cet édifice de proportions heureuses — la nef, en coupe, s'inscrit dans un carré —, à la fois simple et soigné, varié et unifié, est à coup sûr l'un des meilleurs de cette famille d'églises ; il mériterait de trouver une utilisation à sa mesure » (Pierre Lacroix).

A partir de Perrigny, deux promenades (à pied de préférence) méritent d'être soulignées. L'une consiste à emprunter le chemin qui conduit sur le premier plateau, dans le bois de Perrigny ; l'ascension ménage une belle vue sur l'agglomération lédonienne et la plaine de la Bresse. L'autre permet de rejoindre Conliège par un chemin qui domine le fond de la reculée et passe à flanc de coteaux.

Entre Lons-le-Saunier et Conliège, la route n'a plus le charme d'antan puisqu'une série de maisons disposées de part et d'autre de la départementale constitue une sorte d'excroissance de la préfecture du Jura. En revanche, **Conliège** a conservé son charme, bien visible au centre du village, près de l'église remontant à la fin du XVe siècle pour sa partie la plus ancienne. Mais pour l'essentiel, l'édifice date de la première moitié du XVIIe siècle. Le chœur mérite une mention particulière, avec son retable (1646), ses stalles du XVIIe siècle et les belles grilles du XVIIIe siècle. A partir de la place du village il est possible de faire une excursion pleine de charme et qui consiste à traverser le « vieux » Conliège et ensuite de se rendre sur le premier plateau.

Enfin, au fond de la vallée, **Revigny** est établi, comme Conliège, à un endroit où la reculée ramifiée s'élargit légèrement. Parmi le paysage et les habitations qui l'entourent, mentionnons l'église Notre-Dame qui succéda sans doute à une chapelle médiévale. De l'extérieur, l'édifice s'impose par sa toiture en laves et aussi son porche ouvert sur trois côtés, voûté en berceau brisé, abritant deux pupitres de pierre utilisés pour les rites qui précèdent l'entrée dans l'église. A l'intérieur, l'ensemble du vaisseau, de persistance romane, date peut-être du XVIe siècle.

En sortant de Revigny, la route s'enfonce dans le cul-de-sac de la reculée pour atteindre le plateau. Le caractère sauvage de la vallée s'impose rapidement, même s'il n'atteint pas celui que l'on peut voir dans la reculée de la Seille, à Blois-sur-Seille, à Ladoye-sur-Seille et dans la vallée du Dard, entre Baume-les-Messieurs et les grottes du même nom. A plusieurs reprises apparaissent les vestiges des travaux effectués (tunnels, viaducs) pour réaliser la voie de chemin de fer qui reliait Lons-le-Saunier aux Rousses. Des amoureux du passé et de cette belle région souhaiteraient redonner vie à cette ligne désaffectée.

A signaler enfin : en prenant la route de Macornay (D. 117) et en gagnant par la D. 41 Vernantois ou par la D. 156 Vaux-sous-Bornay, on pourra découvrir, à proximité de l'agglomération lédonienne, deux petites vallées où il fait bon se promener.

Les monts de Revigny en train ?

Depuis quelque temps, des nostalgiques du passé s'efforcent de créer un circuit touristique, avec une locomotive à vapeur, sur la ligne désaffectée de la reculée de Revigny. C'est ainsi qu'est né Lédo-Rail dont le but consiste à rouvrir un tronçon d'environ sept kilomètres entre la vallée de la Vallière et le premier plateau.

Selon le projet de Lédo-Rail, un écartement des rails de soixante-quinze centimètres serait choisi pour la remise en service de l'ancienne ligne, car une machine de ce type serait disponible. Le coût du matériel nécessaire pour reconstituer la voie s'élèverait à un million de francs. La maçonnerie, le ballast, les aiguillages, éventuellement un passage à niveau à Publy, ont fait l'objet d'une étude. De même, une inspection des deux ouvrages d'art (le tunnel et un viaduc) a révélé l'état satisfaisant des constructions.

Si un tel projet voit le jour, il dotera la Franche-Comté de son premier train touristique. Au printemps 1987, la France totalisait quarante-neuf lignes de chemins de fer touristiques, vingt-six d'entre eux correspondant à des trains à vapeur. Ces quarante-neuf lignes couvrent 691 kilomètres, 388 ayant un écartement normal (S.N.C.F.). Le record de longueur est détenu par le chemin de fer de la Puisage près de Montargis (77 kilomètres de voie normale). Le circuit le plus court, à Is-sur-Tille, comporte soixante mètres de voie avec un écartement de cinquante centimètres.

La Petite-Montagne

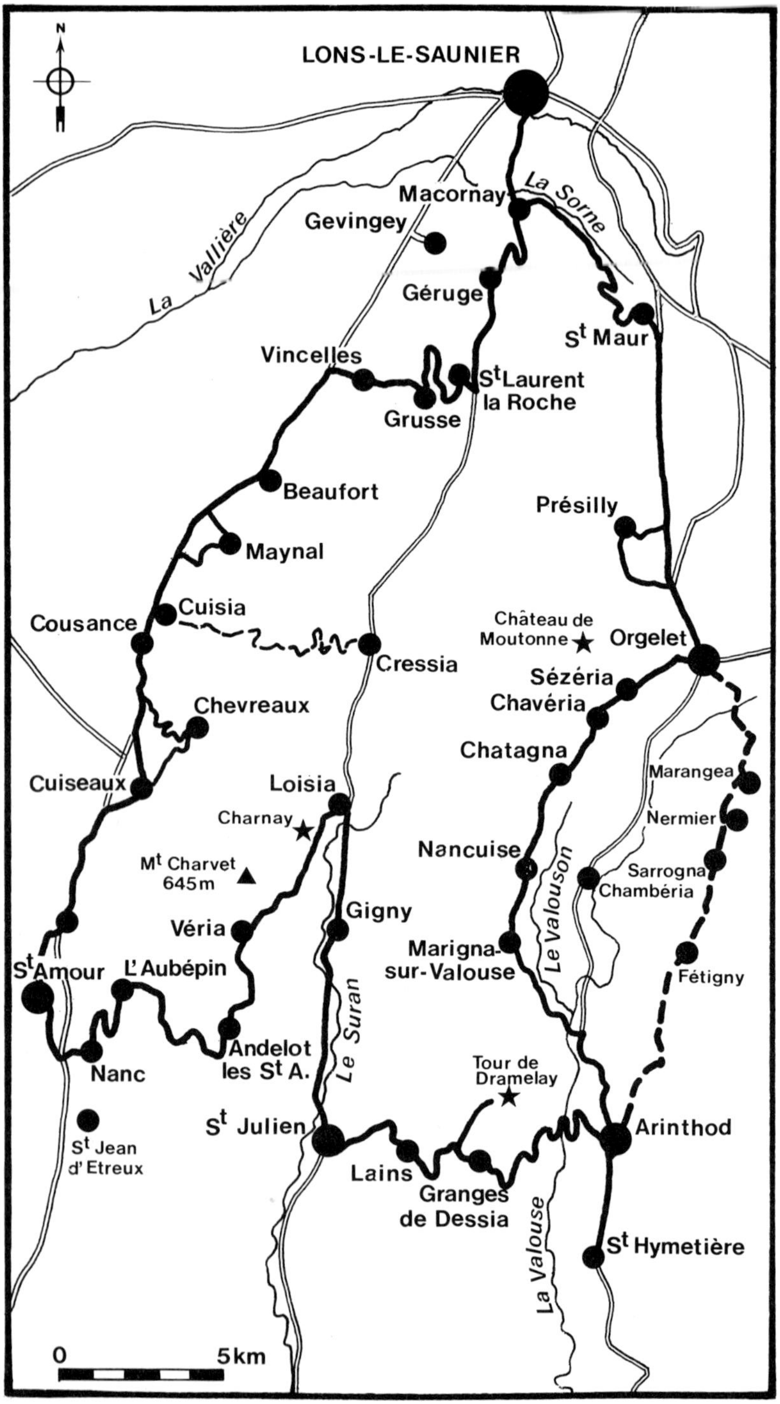
N
LONS-LE-SAUNIER
Macornay
La Sorne
Gevingey
La Vallière
Géruge
St Maur
Vincelles
St Laurent la Roche
Grusse
Beaufort
Présilly
Maynal
Cuisia
Cousance
Château de Moutonne
Orgelet
Cressia
Sézéria
Chavéria
Chevreaux
Chatagna
Cuiseaux
Loisia
Marangea
Charnay
Nermier
Nancuise
Mt Charvet 645m
Sarrogna
Chambéria
Le Valouson
Gigny
Véria
Marigna-sur-Valouse
Fétigny
St Amour
L'Aubépin
Le Suran
Andelot les St A.
Nanc
Tour de Dramelay
St Julien
Arinthod
St Jean d'Etreux
Lains
Granges de Dessia
La Valouse
St Hymetière
0
5km

◄ *Gigny.*

Dans cette partie méridionale du département, le visiteur s'aperçoit vite qu'il pénètre dans un monde bien typé, un « pays », avec son originalité et aussi avec ses problèmes. La Petite-Montagne a gardé le charme d'une région rurale à l'écart des grands axes routiers et des fureurs de la ville, mais derrière cette rudesse paisible se cachent les difficultés de l'une des régions les plus déshéritées de Franche-Comté, qui a perdu 70 % de sa population en deux siècles.

L'œil en été se repaît de la verdure des prairies lovées au fond de combes dont l'horizon est immédiatement borné de tous côtés par les masses sombres de monts boisés. Ici règne un calme sauvage sans solitude excessive, car si les hommes semblent absents, ils ne sont jamais bien loin, rassemblés dans des villages ou des bourgs adossés aux pentes, en adret, hors de portée de l'humidité qui traîne dans les fonds. Qui ignore les grandes lignes directrices d'un relief aux plis orientés nord-sud peut avoir l'impression de se perdre en passant « d'un bout du monde » à l'autre, tellement le pays est compartimenté en petites cellules si semblables et pourtant si différentes.

L'essentiel de cette région est rassemblé dans trois cantons ; Orgelet, Saint-Julien, Arinthod, auxquels il convient d'ajouter la partie orientale de celui de Saint-Amour. L'altitude n'y est jamais élevée (357 à 700 mètres) et cependant les amateurs de grands espaces, du haut des monts, peuvent respirer l'air des crêtes et déployer leur regard à l'infini. Du rocher de Saint-Laurent-la-Roche, du mont Charvet (645 mètres) ou encore du signal de Nivigne (767 mètres), à perte de vue au couchant se déroule le tapis bocager de la Bresse où scintille parfois l'éclat fugitif d'un étang. Au levant, par temps clair, pointe le triangle blanc du mont Blanc. En vérité, la Petite-Montagne est le pays des panoramas. Aime-t-on au contraire le secret des vallons ombragés, les sentiers mystérieux, qui conduisent à des chapelles cachées, à des grottes profondes, à des ruisseaux aux eaux fraîches ou encore au moulin abandonné ? Cela est aussi offert à profusion.

Partout la pierre affleure. Les rippes (rochers) se dressent telle la roche de Bouan près d'Arinthod ; la main de l'homme, avec opiniâtreté, a dû épierrer les champs (murgers) ; les grottes et les baumes (Gigny, Essia, Marnézia...), les gouffres révèlent toute une vie souterraine du calcaire. L'eau est là qui sourd de toutes parts. Le Suran et la Valouse serpentent dans les deux grandes vallées qui ordonnent le pays, l'une et l'autre rassemblent les eaux de multiples ruisseaux dont les forces animaient autrefois d'innombrables moulins, alignés en véritables batteries. Abondent dans les fonds les « doyes » et les « isles ».

Les hauteurs des monts ont offert dans les temps féodaux des positions stratégiques remarquables. Des ruines vénérables (Dramelay, Présilly...), des silhouettes fortifiées attestent que d'autres murailles ont su mieux résister au temps (Cressia, Andelot, Marigna, Cornod...). Les unes et les autres témoignent d'un passé féodal riche. L'habitat a conservé son originalité. Ici, la ferme paysanne est une maison basse allongée avec le cintre de la grange et, juste à côté, la porte de la cuisine flanquée d'une petite fenêtre à encadrement de pierre, le tout est couvert de tuiles canal (dites aussi tuiles rondes) à la romaine, exemple entre autres des influences méridionales qui se sont exercées au fil du temps sur cette région. De fait, l'attraction lyonnaise, au moins depuis le XVIe siècle, est là bien présente. L'exode rural a drainé vers Bourg et l'agglomération lyonnaise une grande partie de la substance humaine du pays. Aujourd'hui, la Petite-Montagne s'efforce de retrouver un dynamisme qui l'a abandonné au siècle dernier, avec l'entêtement de populations qui savent que leur terre a toujours exigé d'elles un travail considérable et un effort sans lequel rien n'est possible.

Que l'on parte de Lons-le-Saunier ou de Saint-Amour, les deux portes d'entrée principales quand on vient de la plaine, il faut escalader le rebord du Revermont pour accéder à la Petite-Montagne. Notre circuit (environ cent vingt kilomètres) partira de Lons-le-Saunier.

Au départ, direction Macornay par la D. 117. Avant de franchir la marche d'escalier, nous suivons dans la reculée la vallée de la Sorne (D. 41), ensuite une série de virages nous hissent après Vernantois progressivement à la hauteur du plateau où nous débouchons sur **Saint-Maur**. Ce village est campé sur un sommet d'où une vue splendide s'étend vers la plaine (table d'orientation de la Rochette, 631 mètres). L'église, témoin du premier art roman (XIe siècle), vaut une petite halte. Puis, en droite ligne sur le plateau, par la D. 52 nous filons sur Orgelet. A quatre kilomètres de la ville, sur notre droite, se dressent les ruines du donjon carré du château de Présilly (XIIIe siècle). Abandonné au XVIIe siècle, il s'écroulait lentement sous la végétation jusqu'à l'action de sauvegarde lancée par l'abbé Perthuis (1949-1975). Depuis, une restauration persévérante met en valeur l'un des plus beaux témoins du passé féodal jurassien. Après cette visite, on gagne ensuite **Orgelet** par la plaine en traversant la zone industrielle. On peut arrêter la voiture au pied de l'église.

Cette ancienne capitale bailliagère qui a aujourd'hui 1 700 habitants, a conservé de nombreux vestiges épars de son ancienne splendeur. Au sommet de la ville, sur un promontoire rocheux détaché en avant du mont Ogier, se trouve l'emplacement du château. La rampe pour y accéder est rude, mais du donjon (XIIIe siècle) la vue s'étend à toute la vallée de la Valouse vers la tour de Dramelay, puis au-delà jusqu'au mont Oliferne ; à l'est, on aperçoit le mont Blanc et la chaîne du Jura ; à l'ouest, se développe la plaine du Vernois où campe le château de Moutonne qui date du XVIIIe siècle. Des anciens remparts de la ville subsistent deux tours. Les rues tortueuses rappellent celles des cités médiévales. L'église Notre-Dame a été reconstruite après 1612 sur les plans d'un maître maçon de Dole. Ses dimensions de cathédrale, la puissance de son clocher impressionnent. La balustrade qui court tout autour de la tribune comme une ceinture donne une forte unité à l'ensemble. L'orgue, qui vient d'être restauré (1987), est l'un des plus anciens du Jura, puisqu'il date de 1630 environ. Dans la grande rue, les religieuses bernardines venues d'Annecy en 1652 ont fait construire leur couvent. Celui-ci fut édifié à partir de 1708 ; c'est actuellement un collège. On remarquera le magnifique portail classique et surtout le porche de la chapelle traité à l'italienne, véritable curiosité. A noter encore la maison commune, l'actuelle mairie, solidement plantée sur des arcades (fin XVIIIe siècle). En flânant dans la ville, on découvre au hasard des rues et ruelles quelques hôtels particuliers, des inscriptions anciennes, des grilles de fer forgé, des portails avec frontons. Sur la route de Moirans, en contrebas dans l'ancien quartier des tanneries, l'ancien hospice, beau bâtiment du XVIIIe siècle, devenu une maison de retraite depuis 1985.

La vallée du Valouson

En quittant Orgelet, prendre la D. 2, puis à gauche la D. 165 qui traverse la plaine du Vernois avant de s'enfoncer progressivement dans la combe où coule le Valouson. Nous traversons une série de villages dont les fermes ont gardé leur allure traditionnelle. Sézéria tout d'abord. Autrefois le village a abandonné son église dans la plaine pour s'installer plus loin, au pied de la côte. Ce qui reste de cette église en ruine (la nef s'est effondrée en 1965) vaut le détour. A Chavéria, une curiosité : le *soupitail*, grande cavité creusée dans le roc de la montagne. Un peu plus loin à Chatagna, une découverte gastronomique à ne pas manquer : du foie gras fabriqué sur place. Un couple installé précisément au moulin de Vaux, situé dans une reculée, s'est spécialisé depuis 1983-1984 dans la fabrication du foie gras, lequel n'a rien à envier à celui du Sud-Ouest. Ensuite la route s'enfonce peu à peu en direction de Nancuise, dominé par les rochers. Ce village a connu, du XIVe au XVIe siècle, une activité intense. Situé sur l'ancienne route romaine de Lyon à Orgelet, il possédait alors des fabriques de draps, des teintureries, des tourneries

Arcades et fontaine à Arinthod.

et des tanneries. Aujourd'hui, seul demeure le souvenir. Les eaux claires de la rivière expliquent la présence à proximité d'un élevage de truites. Plus loin encore, à Marigna, de la vallée on aperçoit les toitures du château avec ses deux tours. Ici, l'église plantée sur une motte est bâtie sur l'ancienne tour du Rozay (début du XVIIIe siècle). Nous abandonnons la vallée pour rejoindre la D. 109 et rallier Arinthod.

Pour rejoindre Arinthod depuis Orgelet, il existe deux autres itinéraires possibles. On peut prendre, pour aller plus vite, la D. 109, qui suit la vallée de la Valouse. Sur cet itinéraire, l'église de Chambéria (chœur du XIIIe siècle) et sa chapelle gothique flamboyant méritent une visite. L'autre itinéraire, par la D. 80 (en fait l'ancienne route d'Orgelet à Arinthod), plus tortueuse, longe un alignement de villages qui, tous, ont une longue histoire et leur originalité. Ces villages ont nom : Marangea, Nermier (l'âge du fer y a laissé des tumulus des porteurs d'épées), Sarrogna dont le clocher-porche du XVIIIe siècle s'élève en quatre étages (le chœur est du XIVe siècle), Fétigny enfin qui a connu son heure de gloire au Moyen Age avec son industrie drapière. L'église Saint-Aubin, coiffée d'un dôme comtois, était desservie par une familiarité de prêtres.

Arinthod, 1 200 habitants environ, s'organise autour d'une place centrale ornée d'une belle fontaine (1750). Des arcades puissantes, qui rappellent celles de la rue du Commerce de Lons-le-Saunier, bordent deux côtés de cette place triangulaire. A l'un des angles se dresse le clocher-porche. Le bourg, autrefois clos de murs, était dominé par un château détruit en 1477, sur l'emplacement duquel ne subsiste que l'ancienne chapelle. Le clocher-porche, terminé par une flèche octogonale donne accès à la nef par huit marches demi-circulaires. Le chœur reconstruit au XVIIIe siècle tranche avec la nef d'inspiration romane. Signe d'une grande continuité religieuse, des fouilles effectuées au XVIIIe siècle ont fait surgir dans le chœur l'autel du dieu gaulois Mars Segomon.

Cet ancien bourg fortifié est aujourd'hui un petit centre commercial et artisanal avec foires et marchés. L'implantation d'un collège neuf est un pari pour l'avenir. Dans l'été 1987, l'Adapemont, Association pour le développement et l'aménagement de la Petite-Montagne, a ouvert une boutique pour la promotion des produits de l'artisanat du pays.

De Saint-Hymetière à Saint-Julien

Après la visite d'Arinthod, poursuivre la route jusqu'à **Saint-Hymetière** par la D. 109. A la sortie du bourg sur la droite, on remarquera la coopérative laitière. Ce détour est indispensable pour découvrir l'un des monuments les plus célèbres de la Petite-Montagne : une église romane. Celle-ci est située un peu à l'écart du village (suivre le fléchage). Entourée de son cimetière, elle allie l'élégance des lignes à la robustesse. Le clocher octogonal, coiffé d'un dôme à la croisée du transept, domine des volumes harmonieusement réunis (bras du transept, abside, nef). L'ensemble est comme tapi au sol. Sur l'abside, les bandes lombardes révèlent l'influence d'un art roman méditerranéen : autre témoignage de l'influence méridionale sur la région. A l'intérieur, la nef centrale, flanquée de bas-côtés, est rythmée par des piliers ronds et carrés. L'abside en cul-de-four avec ses cinq arcades, ferme puissamment l'édifice à cette extrémité. Cette église « à la silhouette attachante est la plus complète de nos édifices du premier art roman » (abbé Pierre Lacroix).

Revenir ensuite sur Arinthod. Nous entraînons à présent le voyageur sur la D. 3 en direction de Saint-Julien. Désormais la route coupe à la perpendiculaire les rides nord-sud du relief, ce qui explique la succession alternée de bosses et de creux. La route monte et redescend, descend pour remonter. Belle et pittoresque, elle offre un raccourci des paysages si caractéristiques de la Petite-Montagne.

Aux Granges de Dessia, prendre sur la droite une petite route qui permet d'approcher de la tour de Dramelay qui s'annonce de loin, reste d'un château construit au IXe siècle. C'était l'un des plus anciens et des plus importants de la région. Les pans qui subsistent du donjon, évoquent suffisamment la puissance de cet édifice militaire redoutable. Dès le XIIe siècle, un hameau s'était installé au pied du château, il devint au XIVe siècle un bourg important ceinturé de murailles, mais l'ensemble sera détruit par les troupes de Louis XI en 1479. Actuellement, outre les ruines du donjon, ne subsiste que la chapelle, datée de 1190 et qui est en restauration. On atteint le site en s'engageant sur un beau sentier de forêt qui longe la ligne de crête. Du donjon, on domine de la vue tout le pays d'Orgelet à Arinthod, avec en face de soi la chaîne jurassienne.

Après cette escapade pédestre, revenir sur la D. 3 pour gagner **Saint-Julien**. Au passage, saluons une survivance : le minuscule vignoble de Lains.

L'arrivée à Saint-Julien se fait par « l'arrière », car le village est essentiellement tourné au couchant sur la belle vallée verte du Suran qu'il domine. Si l'installation humaine semble avoir dans un premier temps hésité à trouver l'emplacement idéal, la construction d'un château fort en 1191 au sommet de la crête qui s'étire le long de la vallée, paraît bien avoir fixé définitivement le lieu d'implantation. Le village a été un bourg protégé de murailles, en dépit d'un éclatement récent des constructions il a conservé l'allure groupée si caractéristique des bourgs fortifiés. Actuellement, la population est d'environ cinq cents habitants (le canton a quinze habitants au kilomètre carré). Au cœur de la Petite-Montagne, Saint-Julien est le siège de l'Adapemont. L'église abrite deux magnifiques verrières qui font penser à celles de l'église de Brou. Cet ensemble de vitraux est le plus important du Jura. L'édifice date d'époques différentes (le chœur est du XVIIIe siècle). A remarquer la chapelle d'Albert de Lezay Marnésia, évêque d'Evreux. Cette chapelle, construite en 1786, est couverte d'une coupole à caissons. De l'extérieur, elle se remarque à son clocheton en écailles de cuivre qui flanque curieusement l'abside de l'église.

Les rues du village offrent de beaux exemples de maisons paysannes traditionnelles.

Gigny : son abbaye, sa grotte préhistorique...

A la sortie de Saint-Julien, prendre la D. 117, direction Lons-le-Saunier. Notre itinéraire nous fait à présent remonter la très plate et très verte vallée du Suran pour gagner Gigny, haut lieu chargé d'histoire. De la route, le village de 220 habitants apparaît groupé autour du clocher de l'ancienne stricte observance de la règle bénédictine. Il imagina de placer la nouvelle communauté sous la protection directe du Saint-Siège pour la soustraire à toute tentative de contrôle local. Idée qui fit son chemin, car après l'avoir expérimenté à Gigny, l'abbé Bernon en fera bénéficier Cluny, sa nouvelle fondation (909). Gigny est donc un jalon expérimental de ce vaste mouvement monastique clunisien qui rayonnera sur toute la chrétienté. En 1095, Gigny l'aînée devient simple prieuré de sa fille Cluny. Aux XIIe et

L'église de Saint-Hymetière, joyau de l'art roman.

abbatiale. Une place spacieuse et calme agrémentée d'une belle fontaine accueille le visiteur. L'ordonnancement des maisons, leur allure attestent que nous sommes dans un village pas tout à fait comme les autres. Le passé est inscrit ici dans les vieilles pierres. Vers 888, l'abbé Bernon de Baume vint fonder une communauté sur des terres qui lui appartenaient, et dont l'isolement lui parut sans aucun doute favorable à la pratique d'une XIVe siècles, le prieuré est peuplé de vingt-cinq à trente-cinq moines. Sécularisée en 1760, la communauté disparaît en 1789. L'église monastique, qui servit un temps de forge pendant la Révolution, devint paroissiale. Ajoutons qu'un moment important dans la vie de l'abbaye fut l'arrivée en 914 des reliques de saint Taurin, apportées d'Evreux par des fidèles qui fuyaient l'invasion normande. Des processions en l'honneur du saint patron de la paroisse avaient lieu dans les rues et attiraient une grande affluence.

L'église dans l'état actuel donne une impression de puissance et de robustesse. L'ensemble est un complexe dont la datation des différents éléments va du Xe au XVIIIe siècle. Le chœur semble dater des années 900 ; la nef est postérieure (à situer vers 1030). Le portail ouest richement nervuré, aux armoiries du futur pape Jules II, est de 1495. Quant au clocher, qui se terminait autrefois par une flèche, il a été pourvu au XVIIIe siècle d'un dôme comtois qui repose sur un beffroi octogonal.

Mais Gigny mérite l'attention à un autre titre. Son territoire recèle en effet le gisement préhistorique le plus important du Jura. L'occupation humaine a été précoce dans la vallée du Suran. La grotte de Gigny a offert aux fouilles une épaisse couche stratigraphique de douze mètres, accumulée dans la vaste cavité calcaire. Les couches inférieures ont donné des objets vieux de 70 000 à 80 000 ans (époque moustérienne). Des visites commentées ont parfois lieu ; se renseigner sur place.

En arrivant de Saint-Julien par la D. 117, on voit émerger au loin, en arrière du village, dans la crête boisée, le front calcaire gris bleu dans lequel la grotte a été creusée par l'érosion. Par un chemin qui prend en haut du village, il est possible de gagner un point de vue remarquable qui domine la vallée du Suran : le belvédère du Fays (suivre le fléchage) ; celui-ci est situé juste au-dessus de la grotte. Au cours d'une battue pacifique en mars 1987, dix-neuf chamois et dix-sept chevreuils ont été aperçus aux alentours du Fays.

En reprenant la D. 117 (direction Lons-le-Saunier), à quatre kilomètres, nous atteignons **Loisia**, village très typique de la Petite-Montagne, qui s'étire au flanc d'une côte. C'est là, à proximité du village, que le Suran prend sa source, au pied d'une couche calcaire, à 379 mètres.

Au pied du Revermont

De Loisia, prendre la D. 51 (direction Saint-Amour). Un peu plus loin, au passage, remarquons l'église de Graye-Charnay posée tout au sommet d'une colline isolée. A Véria (ancienne église paroissiale de Gigny), dominé par la croupe du mont Charvet (645 mètres), nous conseillons de prendre la direction d'**Andelot**. Pour cela, au centre du village, s'engager à gauche de l'ancienne école sur une route étroite qui plonge vers l'ancien moulin et continuer tout droit en direction du château que l'on voit de loin. Le château d'Andelot ne se visite pas, mais situé à l'aplomb du village il a fière allure et vaut le coup d'œil. Pour l'approcher, il faut traverser le village, continuer sur la D. 3 que l'on a rejointe et, à la sortie d'un virage, au niveau d'un calvaire, prendre à droite une allée forestière.

Revenir ensuite sur la départementale et poursuivre en direction de Saint-Amour. La route franchit alors les der-

Le buis et le genévrier

Dans les forêts de la Petite-Montagne, on rencontre assez fréquemment le buis, cet arbuste au feuillage sombre et à l'odeur âcre de verdure. Il se plaît sur ses sols caillouteux. Il fournit une matière première appréciée de la tournerie, activité artisanale pratiquée depuis des siècles ici, mais aussi de la tabletterie, voire de la sculpture. Le bois patiné prend une belle couleur ivoire. Le buis était autrefois utilisé également comme plante médicinale — écorce ou feuillage — pour guérir fièvres et infections.

Le genévrier est un autre arbuste qui entre habituellement dans les paysages de la Petite-Montagne, compagnon traditionnel des pentes arides et dénudées, où il dresse ses formes pointues de petit conifère aux couleurs d'acier. Les baies en sont utilisées pour fabriquer des boissons diverses : alcool par distillation, liqueurs ou vin par macération. Ces petites baies noires sont très parfumées, elles entrent dans de nombreuses marinades et autres choucroutes.

Le château de Valfin.

nières combes et les derniers monts de l'arrière-côte du sud-Revermont, avant de nous rapidement dans la plaine par la corniche. Il est cependant indispensable d'interrompre un instant la descente, au niveau de L'Aubépin, pour admirer la vue immense sur la Bresse. Au village même, une forteresse du XIe siècle et la chapelle Saint-Garadoz sont à visiter. De la corniche, on aperçoit en contrebas les toits bruns de Saint-Amour groupés autour de leur clocher. Lorsqu'on vient de Lyon, cette charmante et accueillante petite ville (2 700 habitants) est la véritable porte de la Franche-Comté.

Presque au bas de la descente, faire encore une halte à **Nanc** pour admirer une petite église d'allure ramassée, partiellement couverte en « laves », qui possède un riche mobilier intérieur.

A **Saint-Amour**, le mieux est de garer la voiture sur la place ombragée de la Chevalerie derrière le chevet de l'église. Cette place se termine en terrasse et offre une belle vue. Cette ville fortifiée dès les XIIe et XIIIe siècles, a connu l'histoire très mouvementée de multiples sièges : la tour Guillaume est le vestige le plus important des anciennes murailles (XVIe siècle). Au cours de la visite, sont à voir la promenade des Capucins, la fontaine des Dauphins (XVIIe siècle), les deux passages qui permettent de traverser l'ancien couvent des Visitandines, le porche Sainte-Marie. Le fléchage facilite le repérage. Quant à l'église, elle impressionne par son caractère imposant de tous côtés. Le clocher (1611), dont la ressemblance avec celui d'Orgelet est frappante, est formé d'un donjon trapu sur lequel a été posé un étage octogonal coiffé d'un double dôme comtois et il est flanqué d'une tourelle où monte l'escalier. A l'extrémité nord de la ville, l'hôpital-hospice, ancien couvent des Capucins, possède, outre sa promenade, une admirable apothicairerie (boiserie et faïences). On vient d'inaugurer un nouvel hôpital.

La ville a connu une période de splendeur au XVIe siècle grâce à l'impulsion donnée par Philibert de la Baume, premier maître d'hôtel de Charles Quint, serviteur de l'empereur dans ses guerres et ambassades, qui fut fait bailli de

Le château de Cressia.

Bresse par François Ier. Au XVIIIe siècle, elle est le siège d'une subdélégation. Outre Philibert de la Baume, plusieurs célébrités ont traversé l'histoire de cette ville : Guillaume de Saint-Amour, savant théologien, recteur de l'université de Paris (1202-1272). Beaucoup plus récemment Lucien Febvre, le grand historien français (1878-1956), aimait à y séjourner et travailler. Saint-Amour a été aussi la petite patrie du grand flûtiste international Marcel Moyse, mort en 1984.

Pour celui qui a le temps, les pays alentour ne manquent pas d'attrait. Citons entre autres Allonal avec sa chapelle (XVe siècle), Saint-Jean d'Etreux avec sa grande « fête aux jonquilles » et son église au clocher original.

Au long du Revermont

Notre chemin de retour sera la R.N. 83, grand axe qui longe constamment les hauteurs de Revermont. La route au contact de la plaine bressanne et de la montagne suit à main droite tout un alignement de villages peu distants les uns des autres. Cette implantation humaine serrée atteste de l'ancienne richesse du pays. Sur toutes les pentes, avant la crise du XIXe siècle, la vigne était bien présente. La plupart de ces villages pittoresques sont de petites portes d'entrée de la côte, ils surveillent et commandent depuis des siècles l'escalade toujours rude du rebord jurassien en direction de l'arrière-côte. Tous ont leur charme et leur intérêt. Tel est par exemple, à la sortie de Saint-Amour, Balanod avec sa marbrerie, mais aussi **Cuiseaux**, petit centre historique sans aucun doute plus connu par les établissements Morey (charcuterie) et son équipe de football, fusionnée depuis peu avec celle de Louhans, que par ses belles et vieilles pierres ocres. En réalité, Cuiseaux est une sorte de petite enclave de Saône-et-Loire dans le département du Jura : le tracé des limites a hérité d'une vieille frontière historique entre le royaume de France et la Comté. De Cuiseaux, il est aisé de gagner Louhans par la D. 972 (dix-neuf kilomètres), capitale de la Bresse Louhannaise célèbre pour ses marchés et ses foires aux volailles. Les échanges, hommes et produits, entre le Revermont jurassien et le Louhannais ont toujours été intenses (la contrebande du sel y fut particulièrement active avant 1789). A proximité de Cuiseaux, Chevreaux, « joyau du Revermont jurassien », mérite également un détour, on y découvrira les ruines d'un château au sommet d'une montagne escarpée.

En poursuivant sur la R.N. 83, à la sortie de Cousance, nous rencontrons Cuisia, qui commande l'accès par une route très sinueuse à **Cressia**, village de l'arrière-côte dominé par un beau château (XIIIe et XVIIe siècles) juché au

La foire aux domestiques à Fétigny

Au lendemain de la Saint-Aubin (1er mars), à Fétigny avait lieu la foire aux domestiques. Les maîtres y venaient engager leurs valets et autres serviteurs. Cette ancienne coutume s'est perpétuée jusqu'au milieu du XIXe siècle. Le contrat était scellé de façon originale par la consommation d'un gâteau : le carquelin *(craquelin). Cette pâtisserie représentait en effet un nœud qui symbolisait les liens du contrat. Cette coutume a inspiré le sculpteur qui a représenté le gâteau à la clé de voûte de l'église.*

haut d'un promontoire rocheux à pic de trois côtés.

Sur le chemin de retour par la nationale, nous recommandons un arrêt à **Maynal** : belle vue et beau clocher. Celui-ci, particulièrement massif, comme décapité, se termine brutalement en terrasse, mais une tourelle qui flanque ce carré de maçonnerie en pierre ocre et qui se termine par une flèche, allège de belle façon un ensemble qui s'aperçoit de loin. Le portail gothique est entouré d'un encadrement à pilastres cannelés d'allure Renaissance.

De retour sur la R.N. 83, il est possible de rentrer directement à Lons-le-Saunier en effectuant un dernier arrêt à **Gevingey**, « village pittoresque », ou, au contraire, de flâner une dernière fois. Si tel est le parti retenu, quitter la nationale à Vincelles (étymologiquement : la cave à vin) pour **Saint-Laurent-la-Roche**. L'ascension tortueuse à travers le vignoble de Grusse vaut l'effort. Au fur et à mesure que nous nous élevons, derrière nous, se développe une immense et splendide vue sur la Bresse. Arrivés au sommet on débouche sur Saint-Laurent-la-Roche bien nommé, car le village est dominé par un promontoire rocheux, où une Vierge a été installée à l'emplacement du château de Lacuzon. Le site est remarquable et mérite le détour que nous recommandons. L'église est un édifice intéressant, qui date de la deuxième moitié du XVe siècle et de la première moitié du XVIe siècle, riche d'un décor mural peint, partiellement dissimulé.

Du village, prendre la D.117, qui nous ramène à Lons-le-Saunier par Géruge et Macornay. C'est la route du « dessus » par opposition à celle du « bas », c'est-à-dire la R.N. 83. Avant d'entamer la descente sur Macornay, une ultime halte au niveau du premier virage. Le coup d'œil permet de découvrir le site de ce village et, de l'autre côté de la reculée de Lons-le-Saunier, en face de nous, là-bas, Montaigu, patrie de Rouget de Lisle, en à-pic sur la ville.

Invitation au séjour

L'itinéraire que nous avons suivi ne pouvait être qu'un premier contact avec la Petite-Montagne, il a laissé de côté de nombreuses curiosités, des monuments et des sites qui sont dignes d'être découverts par une exploration plus longue. En particulier, la partie la plus méridionale qui est restée à l'écart de l'itinéraire proposé, est également pleine de ressources. Telle est la montagne d'Oliferne, avec son histoire et sa légende, qui domine la vallée de l'Ain, tels sont les sites de Valfin-sur-Valouse et de Vosbles, ou encore de Thoirette. Tous les villages situés à la limite départementale (Montfleur, Germagnat, Aromas...), ont leur charme et leur caractère ; d'ailleurs ils se situent sur une frontière chargée d'une histoire vieille de plus de dix siècles.

La Petite-Montagne est véritablement le royaume de la promenade. La randonnée pédestre d'abord, improvisée ou au contraire sur des circuits jalonnés (des dizaines et des dizaines de kilomètres, une trentaine d'itinéraires proposés). Des marches guidées et accompagnées sont aussi organisées. La randonnée à vélo ensuite : l'alternance des côtes et des descentes, de l'effort et du contre-effort donc, sur de petites routes à l'écart de la grande circulation, offre les plaisirs inépuisables de la découverte nez au vent. Ceux qui aiment la promenade à cheval peuvent s'adonner à leur passion.

On peut s'adresser à la ferme équestre de Rothonay. Tél. : 84.35.53.98.

Le circuit du grand huit passe par la Petite-Montagne, et offre huit relais. Mais il y en a pour tous les goûts ; il est possible de pratiquer la spéléologie et la pêche (le réseau des rivières s'étend sur cent cinq kilomètres avec en plus l'Ain, toute proche).

L'animation locale bat son plein en été : fête de la Petite-Montagne, fête des vins du Revermont, mais aussi innombrables fêtes patronales villageoises. Le calendrier des manifestations est bien rempli, autant d'occasions de rencontrer les gens du pays.

Le gîte et le couvert, quelle que soit la formule adoptée, camping, gîtes ruraux, ferme-auberge, centre d'hébergement ou restauration et hôtellerie classique, sont assurés la plupart du temps à des prix familiaux.

Depuis plusieurs années, le pays s'efforce de développer de façon originale un tourisme intégré au milieu et à ses habitants.

Deux associations à connaître :

L'Adapemont, pour la Petite-Montagne, a vu le jour en 1980. Son siège se trouve à Saint-Julien, au cœur du pays. L'Adapemont est à contacter pour tous renseignements précis : hébergement, activités, calendrier des manifestations... L'association publie une revue : *L'Echo de la Petite-Montagne*.

L'Adasur regroupe les deux cantons de Saint-Amour et de Beaufort. Dès 1977, une association de développement avait été créée, et en 1983 était signé le contrat de pays.

Adapemont (Association pour le développement et l'aménagement de la Petite-Montagne), 39320 Saint-Julien. Tél. : 84.85.47.91.

Adasur (Association pour le développement et l'aménagement du sud-Revermont), B.P. 19, 39190 Cousance. En juin 1987, l'association s'est dotée, par concours, d'un nouveau logo.

Les noms de lieux en -a dans la Petite-Montagne

Le nom de nombreux lieux habités (chefs-lieux de commune ou hameaux) se termine en -a dans les trois cantons de la Petite-Montagne : ainsi Broissia, Savigna, Chemilla. Cet a *(ou* ia*) s'explique par le suffixe gaulois* (i)acum, *qui s'est développé à l'époque gallo-romaine et au Moyen Age pour désigner le « domaine de... » ou un « lieu caractérisé par... ». Le radical peut en effet représenter soit un nom propre d'homme (comme dans le cas de Savigna, « domaine de Sabinius »), soit un appellatif (dans Broissia, on peut voir un dérivé du roman* bruscia, *brousse, broussaille : Broissia serait alors un lieu couvert de buissons). Cette finale* -a *ne se limite pas à nos trois cantons ; elle apparaît dès les abords de Lons, avec Messia, et déborde sur l'Ain. Le même suffixe* (i)acum *a donné plus au nord* -ey *(Germigney) ; se trouvent aussi dans le Jura les suffixes* -y *(Perrigny) — qui couvre par ailleurs une grande partie de la France du nord — et, dans la région de Lyon,* ieu(x) *(Ambérieu[x]). On constate que le méridional* -ac *(Aurillac), prononcé localement* a, *est le plus proche du suffixe originel, ce qui est normal pour le pays d'oc, et que le -a du Jura constitue un îlot conservateur au milieu des formes évoluées* -ey, -y, -ieu.

D'autre part, si le Jura compte environ quatre-vingt-dix noms de communes pourvus du suffixe -(i)acum, *il faut noter que dans nos trois cantons on en relève presque trente, le quart sud-ouest du département en fournissant à lui seul les deux tiers. Une densité aussi remarquable s'explique par le fait que ce secteur représente l'extrémité nord de la région lyonnaise, qui connut une latinisation intense, accompagnée d'un développement économique et intellectuel important.*

Pour le détail des étymologies, on se reportera à G. Taverdet, Les Noms de lieux du Jura, *C.R.D.P. Dijon, 1986.*

Baume-les-Messieurs et le sud du Vignoble

Château-Chalon, L'Etoile, Voiteur

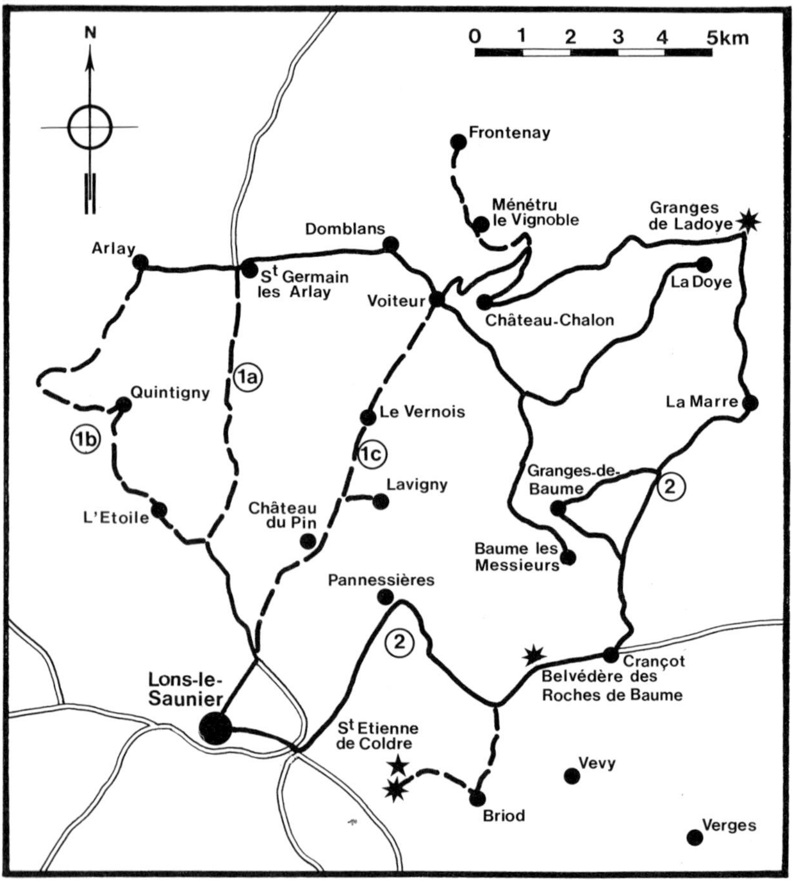

◄ *Sur son promontoire : Château-Chalon.*

De Lons-le-Saunier à Salins-les-Bains s'étend une petite région très particulière du département du Jura : le Vignoble, souvent dénommé improprement le Revermont. Là, sur une quarantaine de kilomètres se situe une zone de contact, entre le premier plateau jurassien et la Bresse comtoise, aux caractères originaux. Le relief présente une série de reculées, qui font la spécificité de cette contrée.

En effet, au niveau de Lons-le-Saunier, Voiteur, Poligny, Arbois, le plateau est profondément échancré par de courtes vallées qui se terminent par un cirque rocheux aux parois escarpées : le bout du monde. Si toutes les reculées ne sont pas identiques, chacune formant une unité à part entière, celle de Baume-les-Messieurs se révèle de loin la plus grandiose. Par conséquent, il n'est pas excessif de lui consacrer un itinéraire, surtout si l'on se souvient que l'homme a laissé au fond de la célèbre vallée un des témoignages illustres du monachisme médiéval avec une abbaye, fortement protégée par le cadre rocheux qui l'entoure. De plus, la vallée de la Seille, ou reculée de Baume, ne saurait être détachée du Vignoble traditionnellement considéré comme « le bon pays ». Aussi les routes qui conduisent au but de l'excursion sont-elles riches en découvertes multiples et renforcent-elles l'intérêt du circuit que nous proposons.

Une double approche

Pour qui vient de Lons-le-Saunier, la reculée de Baume-les-Messieurs peut être atteinte par deux itinéraires très différents. L'un conduit le visiteur au nord jusqu'à Voiteur et, à partir de là, lui fait progressivement découvrir le plus grandiose paysage du Vignoble. L'autre consiste à gagner le premier plateau et ensuite, à descendre au fond de la célèbre vallée. Chaque route a son charme. Si la première est chargée d'histoire comme en témoignent les nombreux édifices médiévaux qui la jalonnent, la seconde offre exclusivement la beauté des paysages. Par conséquent, l'idéal consiste à pratiquer une sorte de boucle à partir du chef-lieu du Jura, afin d'avoir une vision complète d'un des hauts lieux du tourisme jurassien.

En parcourant le Vignoble

L'itinéraire qui parcourt le Vignoble présente l'avantage d'allier le charme de la région à la richesse de ses monuments historiques. Deux routes se dirigeant vers le nord à la sortie de Lons-le-Saunier, le visiteur peut prendre soit la R.N. 83 jusqu'à Saint-Germain-lès-Arlay pour rejoindre ensuite Voiteur, par Domblans (D. 120), soit la D. 70 qui atteint directement cette dernière localité. Chaque route offre des centres d'intérêt importants et l'on peut très bien concevoir un circuit qui, excluant la visite de la reculée de Baume-les-Messieurs, conduirait à L'Etoile, Quintigny, Arlay, Saint-Germain-lès-Arlay, Domblans, Voiteur pour revenir dans la préfecture par Le Vernois, Lavigny, Le Pin.

La R.N. 83, qui file au nord en direction de Besançon, laisse à quatre kilomètres de Lons-le-Saunier sur la gauche, une petite route (D. 38) conduisant à **L'Etoile**, toponyme rappelant que le sol où poussent les vignes contient des petits fossiles en forme d'étoiles. Là, point d'édifice marquant, mais une petite région productrice de vin ayant droit à une appellation d'origine contrôlée noble. Le vignoble, méconnu du grand public mais apprécié des connaisseurs, donne un vin blanc (fait avec un mélange de poulsard vinifié en blanc, de chardonnay et de savagnin), sec et nerveux, qui se prête très bien à la champagnisation. Comme le disent les viticulteurs eux-mêmes, ce vin « prend très bien la mousse » et c'est la raison pour laquelle on y fait les meilleurs mousseux du Jura. Mais ces derniers ne sont pas la seule finalité de la viticulture de L'Etoile et les vins blancs, jaunes et de paille méritent également une mention.

Depuis L'Etoile, le village d'**Arlay** peut être atteint par Montbourgeau, Quintigny (église du XVIe siècle avec une nef de persistance romane prolongée par un chœur gothique flamboyant). Mais il est évident qu'au charme inat-

Le château du Pin

S'inscrivant dans le système défensif de Lons-le-Saunier, dont les Vienne étaient coseigneurs avec les Chalon, le château du Pin fut construit au XIIIe siècle par Jean de Chalon. Il devait rester aux mains de la puissante famille jusqu'au début du XIVe siècle, avant de passer aux Vienne (jusqu'en 1445). A partir de cette date les propriétaires se succédèrent jusqu'au moment où (vers 1920) Carolos de Watteville, oncle de l'actuel propriétaire, acquit la forteresse.

L'édifice prit sa forme actuelle entre la fin du XVe siècle et le début du XVIe. Encore l'histoire n'épargna-t-elle pas la construction. En 1674, la conquête de la Franche-Comté par la France entraîna la démolition d'une partie de la courtine (à l'est, à l'ouest entre le donjon et la tour de la grande salle) et des murailles nord-ouest autour du puits. Si l'on ignore le détail des travaux qui furent effectués aux XVIIIe et XIXe siècles, les restaurations réalisées entre 1923 et 1930 sont bien connues et responsables de l'aspect que la forteresse a gardé jusqu'à nos jours. Il y a une vingtaine d'années des travaux acccomplis par les Monuments historiques portèrent sur le donjon où était apparue une lézarde.

Aujourd'hui, certains éléments de la protection du château ont disparu (défenses avancées et maison forte au sud ; bourg fortifié et seconde enceinte parallèle à la première). L'édifice correspond à un bâtiment de pierre qui forme une enceinte polygonale déterminée par la plate-forme sur laquelle il est élevé, et un donjon massif plaqué à l'angle sud-ouest de celle-ci. L'enceinte est flanquée de cinq tours semi-circulaires (celles de l'est étant ouvertes à la gorge alors que les trois autres sont accolées à des bâtiments), reliées entre elles par une courtine élevée. La partie supérieure à l'est se trouve protégée par une galerie de bois récente. On pénétrait dans le château en franchissant un fossé (aujourd'hui comblé) grâce à un pont-levis : son existence est attestée par les rainures au-dessus de la porte. Dans la cour, l'édifice le plus notable demeure le corps du logis, à l'ouest, qui comprend deux étages au-dessus d'un sous-sol en partie enterré. Chaque étage est percé de quatre fenêtres à meneaux. Entre le corps de logis et le donjon, la conciergerie est un bâtiment entièrement refait lors de la restauration dans un style pseudo-médiéval. Enfin, par ses dimensions (20 × 16 mètres à la base), le donjon est de loin la construction la plus spectaculaire. Haute de 22 mètres sous les mâchicoulis, de plan rectangulaire avec des angles arrondis, la tour a des murs dont l'épaisseur varie entre 2 et 2,72 mètres. Chaque face est percée d'un nombre variable d'ouvertures reflétant des remaniements successifs. La partie supérieure comporte, à chaque angle, des échauguettes sans doute postérieures à la construction du donjon. Le tout est coiffé d'un toit en forme de pavillon. L'intérieur s'ordonne en quatre étages au-dessus d'une cave, jadis aveugle. C'est au second niveau que se situe la salle qui était réservée à la famille seigneuriale. On peut encore y voir une cheminée monumentale avec les armoiries de la famille Charreton (XVIIe siècle) et une chapelle voûtée de croisées d'ogives.

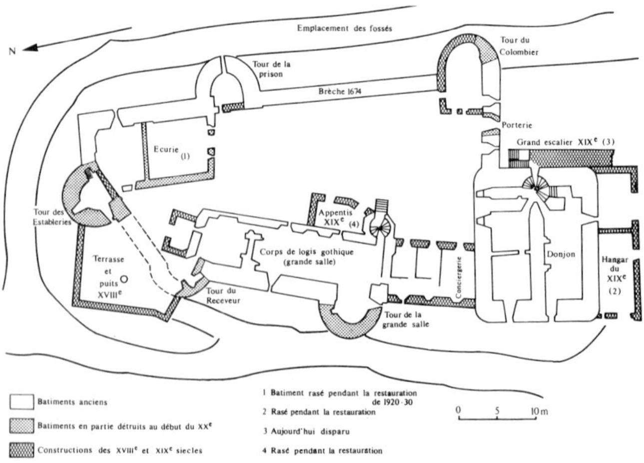

Plan du château du Pin d'après un relevé de G. Martin daté de 1936 (d'après A. Bouvard).

Le château du Pin.

tendu de cette petite route, le retour sur la R.N. 83 opposera le mérite de la rapidité.

Les travaux réalisés depuis quelques années ont considérablement amélioré la nationale qui, désormais, ne traverse plus Plainoiseau et Saint-Germain-lès-Arlay. Pourtant c'est à la hauteur de ce village qu'il faudra bifurquer (D. 120) si l'on veut visiter **Arlay**, célèbre par son vignoble et ses deux châteaux.

Au sud du village, le château médiéval domine une colline, qui commande la vallée de la Seille et la route du Vignoble longeant le rebord du premier plateau. Siège d'une des plus importantes baronnies comtoises dès le XIIIe siècle, Arlay demeura aux mains de la famille de Chalon et de ses héritiers. Saccagée en 1479 par les troupes de Louis XI, la forteresse fut abandonnée au XVIIe siècle, malgré des réparations de 1537 à 1566. Les ruines comprennent les vestiges du château et surtout les restes bien conservés d'une partie de l'enceinte de la basse-cour (cour comprise entre la première et la seconde enceinte renfermant les écuries et les dépendances). Cette muraille, flanquée de tours et de bastions, suggère bien la puissance de la forteresse et de ses seigneurs au Moyen Age. Quant au château proprement dit, situé au point culminant de la butte, il apparaît surtout par son donjon rectangulaire débordant à peine sur la courtine. De l'autre côté de la cour intérieure, un bâtiment adossé aussi aux remparts abritait la chapelle.

En 1774, un nouveau château fut construit par la comtesse de Lauragais, qui aménagea aussi un parc préromantique en tirant parti des ruines médiévales. Au XIXe siècle le prince

Pierre d'Aremberg réalisa une série d'aménagements intérieurs. Actuellement l'édifice comporte un corps principal avec deux ailes en retour d'équerre à deux étages et un étage de combles sous des toits brisés. Il est complété par deux pavillons symétriques en retrait.

Situé principalement au pied de l'enceinte médiévale, exposé à l'est, ce qui le différencie d'une grande partie des vignes jurassiennes tournées vers l'ouest, un petit vignoble bénéficie de l'appellation d'origine contrôlée côtes-du-jura et produit des vins blancs, rosés et rouges. On peut en avoir un bon aperçu en visitant le château, depuis le sommet de la muraille.

Depuis Arlay, le touriste gagnera **Voiteur** en empruntant la D. 120 qui passe par Saint-Germain-lès-Arlay. S'il dispose de temps, il pourra agrémenter son parcours d'une double visite en se rendant à La Muire et en s'arrêtant à Domblans voir le château qui domine le cours de la Seille. A La Muire se trouve implantée une usine de vernis pour parquet (marque V33) et l'on peut y admirer les restes d'un château « médiéval », considérablement restauré, qui abrite un négoce de vins du Jura. On remarquera une galerie à arcades provenant de la chartreuse de Vaucluse, détruite lors de la construction du barrage de Vouglans. Quant au château de Domblans, les remaniements des XIXe et XXe siècles ont déformé l'aspect originel de la construction dont les parties les plus anciennes remontent à la fin du Moyen Age.

Très différent de l'itinéraire que nous venons de décrire se révèle celui qui, depuis Lons-le-Saunier, délaisse la R.N. 83 pour gagner directement Voiteur par la D. 70.

Entre les deux localités, la route passe entre le rebord occidental du premier plateau du Jura, à l'est, et une série de petites collines oblongues, à l'ouest, qui séparent la montagne de la Bresse comtoise. Là, sur une huitaine de kilomètres, le voyageur se laissera séduire par le relief montueux, les pentes couvertes de vignes et une série de petits villages dont les vieilles maisons paysannes font l'objet de restauration depuis quelques années. Mais de cet ensemble, densément peuplé, émergent quelques édifices : le château du Pin et, à un moindre titre, celui de Lavigny .

C'est sur une faible hauteur au pied de laquelle passe la route, que s'élève le **château du Pin**, remarquable par la grosseur de son donjon et son état de conservation. Un petit sentier gravissant la colline permet d'accéder jusqu'à la porte d'entrée et d'admirer la cour intérieure. Par son allure générale, l'édifice s'impose comme l'une des plus belles constructions seigneuriales du Moyen Age jurassien. Quelques kilomètres plus loin, en quittant la D. 70, on peut joindre **Lavigny**, au milieu des vignes, où l'on remarquera un château construit par l'architecte Roy en 1876, à l'emplacement d'une ancienne maison de maître. Puis, reprenant la D. 70, le voyageur sera sensible, à l'est, aux vignes dominant le village du Vernois. En effet, créant un précédent unique en France, les viticulteurs de Voiteur, de Courbeau, du Vernois, de Lavigny et même un vigneron d'Arbois ont remembré tout un coteau et aménagé un réseau de chemins en béton (vingt-trois kilomètres), qui encadrent les parcelles de vignes. Une telle réalisation, bien visible dans le paysage, présente l'avantage de rendre aisée l'utilisation du matériel agricole et d'assurer l'écoulement des eaux grâce à des canalisations. Pour qui n'est pas pressé par le temps, un arrêt à Courbeau et une promenade à pied à travers le vignoble procure bien du plaisir, surtout au moment de l'automne.

En passant par le plateau

C'est en sortant de Lons-le-Saunier par l'est et en empruntant la route de Champagnole (D. 471) que l'on gagne progressivement le plateau d'où l'on peut découvrir la reculée de Baume-les-Messieurs, comme depuis un balcon. La départementale gravit des pentes qui permettent d'apprécier certaines caractéristiques géographiques du Vignoble. A l'est, la retombée du premier plateau est dominée par une surface plane entièrement boisée. A l'ouest, la vue s'étend sur une série de petites collines d'orientation nord-sud, rappelant que toute cette région correspond à une zone de contact entre la plaine de la Bresse et le plateau jurassien. Au-delà de ces petits reliefs, la Bresse comtoise développe son apparente monotonie. Au loin, les monts de la Bourgogne ferment l'horizon. Au-dessus du village de Pannessières, avant le grand virage qui conduit à Crançot, un point de vue permet de jouir de la beauté du paysage et d'embrasser de vastes étendues. En contrebas de la route, autour de son église fondée au XVe siècle et agrandie au début du XVIIIe siècle le village de Pannessières correspond à un site de peuplement ancien : c'est à proximité qu'a été mise au jour une villa gallo-romaine digne de retenir l'attention du spécialiste.

Le belvédère de Crançot et la reculée de la Seille.

Entre deux bois, celui de Rosnay au nord et celui de Perrigny au sud, la route poursuit son parcours. Dans le bois de Perrigny, près de la route, une tombe en pierre rappelle le lieu où le docteur Jean Michel fut exécuté par les nazis, le 27 avril 1944, pour avoir soigné à l'hôpital un résistant blessé. A une bifurcation, la D. 39 se dirige vers Vevy d'où l'on peut joindre les villages caractéristiques de cette zone tabulaire : Briod, Verges. Si ces localités n'impliquent pas un détour, elles se signalent par leur aspect très regroupé, au milieu d'un bocage particulier, fait de parcelles closes par des murs de pierre. C'est à partir de Briod que l'on gagnera par un chemin vicinal le site de Saint-Etienne-de-Coldre, célèbre par son implantation audessus de la reculée de la Vallière et par son église

En effet, sur une pointe méridionale du plateau, dominant de près de deux cents mètres le fond de la vallée, l'homme s'implanta dès la préhistoire. Formant un éperon barré, un rempart antique de deux cent cinquante mètres protège un espace de trente-deux hectares. Hors de lui existe un cimetière burgonde. Proche de la nécropole, une église a dû exister très tôt, elle-même entourée de tombes, mais sa première mention dans un texte n'apparaît qu'en 1133. Comme l'a noté justement Pierre Lacroix : « L'édifice de 1133, qui n'était sans doute pas le premier, n'est pas non plus l'ensemble que nous voyons ; en subsiste-t-il des éléments ? De toute manière, il faut dénoncer l'erreur tenace qui fait passer cette église pour "la plus ancienne du diocèse, après celle de Besançon" ; cette "tradition" simpliste, [...] survit jusque sur le panneau indicateur [...] L'importance historique réelle de cette chapelle — la précédente puis l'actuelle — lui vient d'avoir été la paroisse mère d'au moins sept localités environnantes. » Aux XVIe et XVIIe siècles, le bourg de Coldre disparut, passant d'une quinzaine de maisons à une seule ferme. De plus, la croissance des filiales entraîna le délaissement de l'église mère. A la fin du XVIIe siècle, l'édifice était en partie ruiné. Si la nef paraît datée du XIVe siècle, en revanche le chœur résulte peut-être de travaux postérieurs à 1613. De même, la façade fut sans doute reconstruite au XVIIe siècle.

Le voyageur qui souhaite aller à l'essentiel ne quittera pas la D. 471 conduisant à Crançot, centre d'élevage et d'insémination artificielle (pie rouge de l'Est). Avant cette agglomération une pancarte signale le « belvédère des roches de Baume » encore dénommé « belvédère de Crançot».

Le spectacle qui s'offre au visiteur pour la première fois s'impose par son caractère grandiose. Maintes fois reproduite dans les ouvrages illustrés sur le Jura, la reculée apparaît dans toute sa majesté. L'entaille est surprenante : découverte au dernier moment, elle donne une impression d'effroi. De part et d'autre, deux parois de calcaire abruptes dominent des talus d'éboulis. Tout au fond, la petite rivière du Dard serpente au milieu d'étroites prairies. Le « bout du monde » que l'on surplombe est marqué par une cascade qui sourd des roches et par des établissements touristiques. Pour ceux qui ne manquent pas de courage, près du point de vue le plus à droite, un sentier coupé de marches taillées dans le roc (les Echelles de Crançot) conduit au fond du cirque.

Pour gagner le bas de la vallée en voiture, il est nécessaire d'aller à Crançot et là, de quitter la D. 471 pour prendre à gauche la D. 4 en direction de la Marre. A deux kilomètres, sur la gauche, une petite route (D. 70) rejoint le village de Baume-les-Messieurs en ménageant des vues superbes sur l'abbaye, l'agglomération qui s'est développée autour du monastère et les multiples aspects de la reculée. Mais, pour le voyageur qui ne serait pas pressé de quitter les hauteurs, la D. 210 permet d'atteindre Granges-sur-Baume et son belvédère, qui domine littéralement Baume-les-Messieurs.

Un itinéraire plus long, mais non moins intéressant, consiste à se rendre à **La Marre** par la D. 4 et à plus de trois kilomètres au nord du village, au croisement de la D. 94 et de la D. 5, de s'arrêter au belvédère aménagé au-dessus de la reculée de la Seille. Beaucoup moins connu que celui de Crançot, ce point de vue est tout aussi remarquable, sinon plus, car il offre un aspect moins géométrique de la vallée taillée dans le plateau calcaire. La vue sur le cirque de Ladoye est impressionnante. Au fond du bout du monde, sourd la Seille, qui coule dans un cadre sauvage, ponctué par deux villages : Ladoye-sur-Seille et Blois-sur-Seille. Une petite route (D. 204) assure la liaison entre le plateau et la vallée, et un petit téléphérique a été aménagé pour transporter le lait au sommet du plateau.

Enfin, point ultime de l'itinéraire de hauteur, le village de Château-Chalon peut être atteint en reprenant la voiture

Vieux pont sur la Seille.

Un vin prestigieux

Qui ne connaît la célèbre anecdote de Napoléon III, buvant du vin de Johannisberg chez le prince de Metternich et, alors qu'il faisait l'éloge de ce qu'on lui servait, s'entendant préciser : « Sire, le premier vin du monde n'est pas le johannisberg, mais il se récolte dans un petit canton de votre empire, à Château-Chalon ! » Et l'on n'en finirait pas de citer les grands de ce monde qui s'extasièrent en dégustant le nectar dont la tradition fait remonter l'origine à la nuit des temps.

Au-delà des traditions, qui demanderaient à être vérifiées, une réalité : les influences conjuguées du sol marneux gris-bleu (les marnes du lias), de l'altitude du vignoble, de l'orientation des pentes exposées au soleil et protégées de la bise permettant le plein mûrissement du raisin, du plant (le savagnin), produisent un des plus grands vins « blancs » du monde. En fait, c'est le plus rare, le plus extraordinaire des vins jaunes. Seules cinq communes ont droit à l'appellation noble de château-chalon : la commune éponyme, bien sûr, mais aussi Voiteur, Domblans, Ménetru-le-Vignoble et Nevy-sur-Seille. Le rendement maximum ne doit pas dépasser trente hectolitres à l'hectare. Surtout, et ceci est unique en France, le château-chalon est le seul vin qui n'ait pas son appellation à la naissance. Bénéficiant au départ de l'appellation côtes-du-jura, le précieux liquide ne peut porter l'appellation noble de château-chalon qu'après avoir obtenu l'accord d'une commission mixte (viticulteurs et représentants des pouvoirs publics) qui décide, chaque année, de son éventuel vieillissement en fûts de chêne. C'est ainsi que l'on ne saurait trouver une suite régulière de millésimes, certaines années (les mauvaises) n'ayant pas eu droit à la prestigieuse appellation.

De nos jours, on cueille le raisin lorsqu'il est bien mûr. Le vin est alors vinifié selon les méthodes courantes, puis déposé dans des fûts de chêne ayant déjà contenu du vin jaune pour connaître six années de vieillissement. Progressivement, une pellicule blanche se développe à la surface du liquide, semblable à la fleur du vin. Ce voile protège le vin de l'oxydation, bien qu'une partie de son alcool s'oxyde et se transforme en aldéhyde éthylique. Afin de ne pas altérer la fine couche de protection, l'ouillage (procédé qui consiste à refaire le plein du tonneau pour compenser l'évaporation) est interdit et la « guillette » (cheville sur le devant du fût) permet de goûter le vin jaune en formation.

Ajoutons que le château-chalon est vendu dans une bouteille à nulle autre pareille, dénommée « clavelin ». A en croire la tradition, sa contenance de soixante-cinq centilitres correspondrait à ce qui reste d'un litre de vin jaune après six années de vieillissement, sans ouillage. Ce sera la seule bouteille européenne admise hors des normes communautaires.

Afin de promouvoir le vin jaune produit par les vignes qui poussent à leurs pieds, les Castel-Chalonnais ont renoué en 1982 avec la très ancienne tradition de la Saint-Vernier. Ainsi, le dimanche 26 avril 1987, une procession partit de l'oratoire de Saint-Vernier et les viticulteurs portèrent la statue à travers le village avant de la déposer à l'église. Les vignerons de Château-Chalon étaient vêtus du costume traditionnel et munis de leurs outils, du baril et de quelques sarments bourgeonnants. De même, en juillet et en août, une exposition consacrée aux « vins de garde » a été réalisée par le syndicat d'initiative et le foyer rural de Château-Chalon, dans les locaux du second. De telles opérations complètent celle qui fut entreprise par l'association « Noblesse, prestige, terroir », organisation groupant des producteurs de Château-Chalon, Domblans, Ménétru-le-Vignoble, Voiteur, Nevy-sur-Seille, Le Vernois et Lavigny. Des journées « dégustation, promotion, diffusion » se tinrent à l'abbaye de Baume-les-Messieurs pendant l'été pour défendre le prestige des vins de la région de Voiteur, dont le château-chalon constitue le plus beau fleuron.

depuis le belvédère du cirque de Ladoye et en suivant la D. 5. De toutes les localités citées jusqu'à présent, celle qui a donné son nom au vin le plus prestigieux de Franche-Comté mérite une visite vouée au site et aux vestiges médiévaux.

Château-Chalon

« Dressé comme une vigie » (Pierre Lacroix) sur un éperon dominant Voiteur, le bourg de Château-Chalon est un des sites les plus célèbres du Jura et cela à plus d'un titre. C'est d'abord un lieu d'où l'on a une vue exception-

Le site de Château-Chalon.

nelle sur le début de la reculée de la Seille et la plaine de la Bresse. Deux belvédères permettent de jouir d'un paysage particulièrement imposant par l'étendue qu'il recouvre : l'un a été aménagé juste à l'entrée du village, pour qui vient de Voiteur par la D. 5, dans un virage en épingle à cheveux, et donne surtout sur la partie septentrionale du Vignoble ; l'autre est situé au-dessus de l'escarpement rocheux, derrière l'église, et offre un panorama plus vaste que le précédent. Par temps clair, il ménage une vue qui s'étend jusqu'aux monts de Bourgogne et laisse bien apparaître les éléments essentiels du relief : le plateau jurassien ; la plaine de la Saône ; la zone de contact, entre les deux unités géographiques, soulignée par les petites collines d'orientation nord-sud.

Mais Château-Chalon n'est pas seulement un village pittoresque qui émerge au-dessus de pentes couvertes de vignes : c'est aussi un lieu chargé d'histoire. Le site, occupé au moins depuis l'âge des métaux, fut le lieu d'un illustre monastère de femmes dont la légende attribua la fondation à un dénommé Norbert, qualifié de « patrice » et à sa femme Eusebia, vers 670. En fait, c'est en 869 qu'un texte mentionne pour la première fois une petite communauté monastique sous le nom d'*abbatiola* : petite abbaye. Depuis quand existait-elle et s'agissait-il déjà d'une abbaye de femmes ? Nous l'ignorons. En revanche, au milieu du Xe siècle, il semble bien que l'établissement ait été féminin et lorsque le nom de la première abbesse apparaît dans l'histoire (Berlaïde, en 1031), le doute n'est plus possible. De cette abbaye, vendue au moment de la Révolution française comme bien national, il ne reste actuellement que de rares vestiges évanides qui « se réduisent au mieux à quelques maisons de religieuses » (Pierre Lacroix). On ne peut que regretter amèrement la disparition de l'église abbatiale Notre-Dame-et-Saint-Pierre dont le portail, couronné par un tympan, est connu grâce à un dessin de Dunod daté de 1735.

Il ne reste pas à Château-Chalon que des souvenirs. Le village possède une église qui, par certains de ses éléments constitutifs, remonte à l'âge du premier art roman comtois. C'est par le nord que l'on aborde l'**église paroissiale Saint-Pierre**, bien mise en évidence par une petite place qui correspond à l'ancien cimetière. La belle toiture en laves s'impose avec force ainsi que son clocher du XIIe siècle, plusieurs fois remanié, et la tourelle abritant l'escalier à vis. Sur la façade ouest se greffe la chapelle Saint-Thiébaud du XVIe siècle. Une fois la porte en plein cintre franchie, l'on pénètre dans une nef de quatre travées, sans transept. L'austérité de l'ensemble provient aussi bien des supports dissemblables et des grandes arcades en plein cintre, qui assurent la communication avec les collatéraux (XIe siècle), que des croisées d'ogives archaïques, les premières de Franche-Comté (seconde moitié du XIIe siècle). Dans le chœur, on remarquera quatre arcades en plein cintre reposant sur des demi colonnettes à chapiteaux cubiques. L'ensemble se termine par une abside à trois pans arrondis, rythmés par des pilastres. Comme l'a noté avec beaucoup de justesse l'abbé Pierre Lacroix, l'église Saint-Pierre, « quoi qu'il en soit de ses énigmes — elle est dans le Jura l'une des plus chargées de mystère —, s'impose par son architecture sans concessions. Les gaucheries techniques n'enlèvent rien à l'atmosphère créée par l'alliance du premier roman et du premier gothique ; ils sont assez robustes pour faire oublier les affadissements ultérieurs ». Ajoutons que dans l'église on peut voir un Christ crucifié du XVe siècle et une très belle statue de la Trinité.

En dehors des édifices religieux, Château-Chalon présente encore les vestiges d'un château médiéval : à partir du XIIIe siècle, la forteresse fut le centre d'une châtellenie appartenant aux comtes de Bourgogne. De nos jours, en haut du village et proches du cimetière, s'élèvent une tourelle d'angle du donjon ainsi que quelques parements des courtines. Aux niveaux inférieurs, la tour est percée de deux archères à étrier d'un type unique en Franche-Comté.

La visite de Château-Chalon procure bien d'autres plaisirs. Près des vestiges du château médiéval, on remarquera une jolie maison du XVIe siècle avec une tourelle d'escalier et une porte à accolade surmontée de deux écussons. Il y a ainsi dans la bourgade d'autres vieilles demeures, qui appartinrent parfois aux dames chanoinesses, recrutées exclusivement dans la noblesse. Les toits de « laves », les bancs de pierre devant les habitations contribuent à donner à l'agglomération vigneronne un charme indiscutable. On comprend pourquoi, dans de telles conditions, Bernard Clavel y résida pendant plusieurs années et y rédigea certains de ses romans. De même, afin de renouer avec son glorieux passé, Château-Chalon organise chaque année un spectacle son et lumière à la fin juillet et au début du mois d'août.

De Voiteur aux grottes de Baume

Voiteur et ses environs

Que ce soit en venant par une des routes du Vignoble ou en descendant de Château-Chalon, la visite de la reculée commence à Voiteur.

De cette petite localité, sise juste à l'entrée de la vallée, le visiteur retiendra déjà le charme de sa situation. Au pied de Château-Chalon, Voiteur, situé au croisement des routes en provenance de Lons-le-Saunier (D. 70), des vallées du Dard et de la Seille (D. 70), du plateau (D. 5), de Saint-Germain-lès-Arlay (D. 120), n'est pas un bourg comme les autres. D'autre part, deux châteaux mériteraient que l'on y jetât un coup d'œil, si leur visite était autorisée.

Le château Charrin, propriété des missionnaires de Notre-Dame de la Salette, remonte au Moyen-Age (XIVe et XVe siècles vraisemblablement). La construction se compose de trois corps de bâtiments principaux en U autour d'une cour ouverte au nord. Chaque angle extérieur de la forteresse est flanqué d'une tour, celles de l'est étant les plus impressionnantes. Entre les tours d'angles existent des tours semi-circulaires de plus petites dimensions, la tourelle de l'est renfermant une petite chapelle gothique, les deux tourelles de l'ouest, au centre de la façade, encadrant l'entrée principale. Tours et tourelles sont percées de nombreuses meurtrières et canonnières. Mais de multiples modifications

Le château de Frontenay.

ont altéré l'aspect originel du château et les fenêtres à meneaux rappellent l'existence de remaniements au XVe ou au XVIe siècle.

Quant au château de Saint-Martin, au sud-ouest de Voiteur, sur une légère éminence, il est en partie visible depuis la route (D. 70). L'édifice est formé de deux corps de bâtiments rectangulaires, d'époques différentes, accolés l'un à l'autre dans le même alignement. Dans ses parties les plus anciennes, le château semble remonter à la fin du Moyen Age (XVe siècle).

A partir de Voiteur, plusieurs petites excursions peuvent être envisagées, recoupant parfois les autres itinéraires décrits dans ce guide. En les classant géographiquement, il est possible de concevoir les circuits suivants :

1. A l'est, la reculée de Baume-les-Messieurs.

2. Au sud, une boucle reliant Voiteur, Le Vernois, Lavigny, Le Pin, Lons-le-Saunier, L'Etoile, Quintigny, Arlay, Saint-Germain-lès-Arlay, Domblans, Voiteur.

3. Au nord, la visite de Château-Chalon. A partir du célèbre village, on peut pousser jusqu'à Menétru-le-Vignoble, Frontenay, pour gagner Domblans, la Muire, Saint-Germain-lès-Arlay, Arlay et revenir à Voiteur. De de cet itinéraire, le point d'intérêt le plus au nord, est le village de **Frontenay**, dominé par son église et son château. En effet, il y a là un lieu chargé d'histoire si l'on se souvient que dès le XIIe siècle une église existait sur le plateau. « Avant 1109 un petit prieuré de deux moines, dédié à sainte Madeleine et relevant de Cluny, avait été fondé auprès du château ; il peut durer jusque vers la fin du XVe siècle, puis une enquête de 1663 le montre en ruine. Surtout, il semble avéré que ce château, tenu en 1403-1420 par Blanche de Genève, veuve de Hugues II de Chalon-Arlay (et sœur du pape d'Avignon Clément VII), est le lieu où sainte Colette a rassemblé ses premières compagnes, avant de réformer le couvent des Clarisses de Besançon, puis de fonder ceux d'Auxonne et de Poligny (respectivement : 1410, 1412, 1415). » (Pierre Lacroix.) On ignore pour l'édifice du plateau s'il fut abandonné et comment celui que nous voyons (ancienne chapelle castrale) devint paroissial. Chœur, nef et clocher, construits sans doute dans cet ordre datent du XVe siècle.

Quant au château, ses origines remontent sans doute au XIIe siècle mais de nombreux remaniements ont modifié l'aspect qu'il pouvait avoir à la fin du Moyen Age. Les murs du donjon ne semblent pas antérieurs au XIVe siècle et c'est sans doute au XVIIe siècle que les communs, par lesquels on aborde l'édifice, ont été construits sur l'emplacement d'un fossé. En 1873, le corps de bâtiment situé en face des communs fut surélevé d'un étage et surmonté d'une terrasse crénelée. Enfin, en 1946, à la suite de l'effondrement du second corps de bâtiment qui fermait la cour intérieure, on construisit un simple mur de soutènement, qui dégagea la vue en direction de Voiteur, de Château-Chalon et de la vallée de la Saône, jusqu'aux monts de Bourgogne.

Baume-les-Messieurs

Après Voiteur, une seule route (D. 70) permet de suivre le fond de la vallée jusqu'au moment où une bifurcation laisse le choix au voyageur de se diriger soit en direction de Blois-sur-Seille et Ladoye-sur-Seille, soit vers Baume-les-Messieurs et le fond de la reculée du Dard. Si nous signalons tout particulièrement l'intérêt de la vallée de la Seille avec son tracé en baïonnette, ses deux villages si caractéristiques de ce fond de vallée, le triple cirque qui entoure Ladoye, nous invitons cependant le visiteur qui n'aurait pas le temps de parcourir l'ensemble du circuit à se diriger vers la reculée de Baume-les-Messieurs.

Contrairement à ce que l'on pourrait penser, le paysage n'est jamais uniforme. « Le contraste entre les plateaux au relief monotone et horizontal et ces profondes entailles au tracé sinueux, entre les falaises décharnées et abruptes qui se prolongent par de longs talus appuyés à leurs pieds et le fond verdoyant de la vallée, constitue l'originalité du paysage ; tantôt étroite ou élargie, tantôt rectiligne ou échancrée, la reculée de la Seille ne

A l'entrée de la reculée, falaise dans les calcaires et éboulis au pied.

présente aucune monotonie au long de son parcours. La végétation elle-même concourt à souligner les oppositions du relief : les corniches de calcaire blanchâtre tranchent sur les sombres lambeaux de forêt ou sur les talus tachetés de buissons ou d'arbustes, tandis que de vertes prairies s'étalent paisiblement à leurs pieds. » (René Locatelli.)

En effet, après le village viticole de Nevy-sur-Seille, la vallée s'étire vers le sud-est en un parcours sinueux avant de se subdiviser à nouveau en plusieurs branches. D'abord très large (plus d'un kilomètre), elle se prolonge vers le sud par la reculée très évasée de Rougebief, puis fait un coude brusque vers l'est et se rétrécit entre les corniches calcaires hautes d'une centaine de mètres. Le touriste qui arrive à Lapeyrouse (petit hameau précédant Baume) voit devant lui deux énormes parois calcaires qui se dressent de chaque côté de la vallée et qui forment comme une entrée monumentale. Un peu plus loin (au niveau du village même de Baume), la convergence de plusieurs ravins crée un élargissement et un évasement de la vallée bien propice à l'établissement d'une abbaye, puis d'un village. Dès le XVIe siècle, l'humaniste Gilbert Cousin, précepteur d'Erasme, notait déjà : « On peut admirer à Baume un merveilleux ouvrage de la nature : la ville est entourée de toutes parts, sauf dans la direction de Château-Chalon, par une muraille de hauts rochers, d'où jaillit la Seille qui coule ensuite vers Arlay. »

Apparue à la fin du IXe siècle, l'abbaye fut d'abord un petit établissement monastique qui, pendant deux siècles, eut un développement relativement lent. En 909, sous la direction de Bernon, douze moines de Baume et de Gigny partirent en Bourgogne fonder Cluny. A partir de 1075 et jusqu'en 1150, le monastère bénédictin connut son apogée, comme en témoigne encore la remarquable église abbatiale. Le milieu du XIIe siècle ouvrit une période de difficultés, qui allait se poursuivre jusqu'à la fin du Moyen Age. En effet, au rattachement de l'ordre clunisien en 1147 et aux efforts développés pour se dégager de la tutelle de Cluny s'ajoutèrent les turbulences des

XIVe et XVe siècles, auxquelles le couvent ne put échapper.

De la fin du Moyen Age à la Révolution française, les principaux événements politiques de l'histoire comtoise ne semblent pas avoir touché profondément l'abbaye. C'est ainsi que le passage de la Comté aux mains des rois d'Espagne, en 1556, ne laissa aucune trace dans l'évolution du monastère et les faits les plus marquants du XVIe siècle furent sans doute les incendies qui, vers 1520 et 1560, détériorèrent une partie des bâtiments du couvent. En revanche, la guerre de Dix Ans (1635-1644) fit subir ses effets néfastes sur la communauté et la gestion du temporel. C'est vraisemblablement aux opérations militaires qu'il faut attribuer la présence de huit religieux seulement de 1630 à 1660.

La célèbre conquête française de la seconde moitié du XVIIe siècle plaça Baume dans le royaume de France, sans entraîner de modification dans la vie des moines ou le statut de leur maison. Le seul fait notable fut l'exil et la confiscation des biens de l'abbé commendataire, Jean de Watteville (1659-1702), trop tôt rallié à la cause française. La Révolution française, en nationalisant les biens ecclésiastiques (1789) et en supprimant les ordres religieux (1790), mit un point final à neuf siècles d'histoire. Désormais, seuls les bâtiments de l'ancienne abbaye allaient faire parler d'eux et, en particulier, l'église dédiée à saint Pierre, dont l'état nécessitait d'importants travaux de restauration pour être sauvée de la ruine.

Si, dans l'ensemble, les événements de l'époque moderne n'affectèrent pas le monastère, en revanche, du XVIe au XVIIIe siècle, la vie religieuse connut de profonds changements, qui attestent son indubitable dégradation. Dès la fin du XVe siècle, l'abbaye fut soumise au régime de la commende. Cette pratique consistait à nommer pour abbé un personnage qui, toujours noble mais rarement religieux, n'appartenait pas à la communauté des moines, n'était pas désigné par elle, et ne voyait souvent dans la dignité abbatiale qu'une source de revenus. Les abbés commendataires se mirent à résider dans un quartier particulier : le quartier abbatial. Dès le XVIe siècle, certains religieux eurent des chambres ou des maisons individuelles. Le dortoir et le réfectoire furent progressivement abandonnés au profit de logements particuliers, voire de véritables maisons que l'on peut encore remarquer dans le quartier des chanoines, à l'est du couvent. C'est entre 1618 et 1659 que se produisit la fin de la vie communautaire, les seules manifestations collectives restant les célébrations liturgiques. En 1759, le pape signa la bulle qui sécularisait le couvent et érigeait l'église abbatiale en collégiale sous le titre de saint Pierre. A partir de cette date, pour montrer le changement que représentait la sécularisation, se développa l'habitude d'appeler l'abbaye et le village non plus Baume-les-Moines, mais Baume-les-Messieurs, toponyme qui s'est conservé jusqu'à nos jours.

La première moitié du XIXe siècle fut marquée par une série d'expertises, afin d'établir le coût des travaux à effectuer pour sauver les bâtiments de la ruine. Incapable de rassembler les crédits nécessaires, le maire ordonna, en 1806, la démolition du cloître. Il fallut le voyage de Prosper Mérimée, inspecteur général des monuments historiques, pour que l'Etat prît vraiment conscience, en 1844, de la gravité de la situation. Mais ce n'est que cinq ans plus tard que l'église fut classée parmi les monuments historiques. Avant la fin du siècle, la toiture fut refaite, la restauration des tombeaux réalisée, les piliers et la nef débarrassés de l'enduit de plâtre qui les recouvrait. Jusqu'à la Seconde Guerre mondiale, personne ne se soucia des divers bâtiments de l'ancien monastère, qui ne furent inscrits à l'inventaire supplémentaire qu'en 1939 et 1969.

Actuellement, le visiteur aborde le monastère par une allée encadrée de tilleuls. Avant de pénétrer dans l'abbaye, on peut s'attarder à découvrir les premiers vestiges du couvent : l'ancienne maison du jardinier à la bifurcation de l'allée bordée de tilleuls et du chemin descendant au fond de la vallée ; les jardins jadis cultivés par les moines, en contrebas de la route ; la façade occidentale du monastère composée de deux ensembles distincts. D'une part, à gauche, le donjon (XIVe-XVe siècle) ; d'autre part, à droite, l'ancienne porterie. Un porche voûté avec des arcs surbaissés en anse de panier, donne accès à la première cour ou grande cour.

Une fois dans la grande cour, deux visites sont possibles : soit la découverte de l'ancienne église abbatiale seule, soit l'ensemble des constructions qui formaient jadis le monastère.

La grande cour dessert à la fois le quartier abbatial, l'église et divers annexes. Plusieurs bâtiments l'encadrent : à l'ouest la façade orientale du donjon, l'ancien bâtiment d'accueil occupé par l'hôtellerie et la porterie, adossé au donjon et se prolongeant au-delà du porche d'entrée ; au sud la tour de justice, où l'abbé tenait certaines séances judiciaires en tant que seigneur, un pavillon à la façade austère où logeait le concierge ; à l'est la façade occidentale du logis abbatial avec son escalier monumental et la suite harmonieuse de fenêtres à meneaux du XVIe siècle.

Pour accéder au cloître, emprunter, sous l'escalier monumental, un passage voûté conduisant à la seconde cour du monastère. C'est autour d'elle qu'au Moyen Age se déroulait la vie communautaire des moines. Sous le porche, une porte, au nord, permet d'accéder à une pièce récemment aménagée en chapelle, avec une colonne centrale et de grossières croisées d'ogives attestant les débuts du gothique comtois (XIIIe siècle). La seconde cour de l'abbaye, avec sa fontaine centrale et les murs austères qui l'entourent, ne donne qu'une idée décevante de ce que pouvait être le cloître médiéval. La nudité des lieux n'incite plus au recueillement car les éléments architecturaux des galeries ont disparu depuis plus d'un siècle et demi. Seuls quelques vestiges des arcs sur les murs montrent que ceux-ci différaient dans leur écartement et leur forme. Planté dans l'angle nord-est du cloître, le clocher surprend par sa localisation et son allure. Romane à la base, la tour se termine par un étage avec des baies géminées, surmontées d'un oculus, et par une pyramide octogonale ayant des festons sur chaque arête (1563). Le cloître desservait les bâtiments qui les jouxtaient et qui constituaient le centre de la vie communautaire : chapitre, dortoir, réfectoire, infirmerie, etc. Par suite de l'abandon de la régularité, ces édifices ont été affectés à d'autres fins et ont subi bien des modifications : une partie d'entre eux est désormais privée.

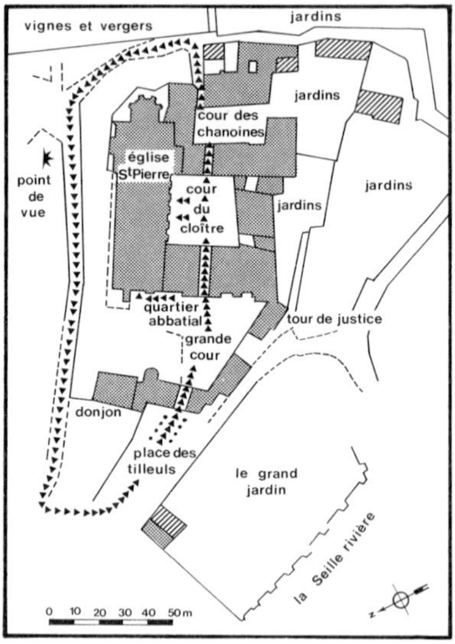

Après le cloître, la visite du monastère se poursuit par une promenade dans la partie orientale composée d'une cour entourée d'édifices divers (le quartier des chanoines) et de jardins étagés. On peut voir l'extérieur de l'abside de l'église, avec ses trois grandes baies en arc brisé encadrées par des contreforts disgracieux. A partir de ce point de la visite, il faut soit rebrousser chemin pour se rendre à l'église, soit contourner cette dernière par le nord et retourner au point de départ. Cette seconde possibilité offre l'avantage d'avoir une vue remarquable sur le site de Baume-les-Messieurs et d'apprécier la longue toiture de l'église Saint-Pierre ainsi que son clocher.

A elle seule, l'église, dédiée à saint Pierre, peut retenir longuement l'attention car elle constitue un des plus beaux joyaux de l'architecture médiévale en Franche-Comté. Par sa situation au pied d'un talus d'éboulis et son imbrication dans les bâtiments de l'abbaye, l'édifice est difficile à percevoir de l'extérieur. La seule approche donnant une idée d'ensemble consiste à en faire le tour en passant par la petite route (D. 70) qui gagne le plateau.

Dans l'angle nord-est de la grande cour, cachée en partie par le mur de soutènement du terre-plein, apparaît

L'église de l'abbaye de Baume-les-Messieurs.

la façade occidentale de l'église composée d'un portail datant des XIVe et XVe siècles, surmonté d'une baie vitrée. Sur la console du trumeau, une belle statue de Christ bénissant le monde date du début du XVe siècle et, comme les anges latéraux, témoigne de l'influence bourguignonne. L'accès à l'intérieur de l'abbatiale se fait en franchissant le portail occidental ou l'une des portes ouvrant sur le cloître.

L'intérieur de l'église surprend par ses dimensions (soixante et onze mètres de longueur) et sa beauté alliant la vigueur du style roman à une architecture gothique pleine de mesure. En effet, si la partie inférieure de la nef centrale rythmée par des piles massives (carrées, rondes, octogonales, carrées, rondes et trois fois carrées), les collatéraux, le transept, la base du clocher, la chapelle des tombeaux et l'emplacement de l'escalier, qui jouxtent le chœur au nord et au sud, sont romans, la voûte de la nef centrale, de la croisée du transept et du chœur, le chœur, la sacristie et la salle des archives, l'abside sont gothiques. Mais, l'importance en surface des éléments gothiques n'empêche pas l'église d'être représentative du premier art roman jurassien, caractérisé par l'austérité de constructions faites de petits moellons cassés au marteau.

De plus, l'église renferme un mobilier dont certains éléments présentent un grand intérêt historique et artistique. Pour faciliter la visite, mentionnons les œuvres principales en fonction des lieux où elles se trouvent.

1. Dans le collatéral sud, on remarquera surtout la colonne sur laquelle se trouvaient gravées deux inscriptions (l'une a disparu). D'après l'opinion la plus courante, il s'agit du trumeau qui se trouvait au portail de l'église romane. Dans la sixième travée, un bloc de pierre gravé correspond au plus ancien monument funéraire de l'église, vestige du tombeau qui abritait les restes du saint ermite Renaud, mort au début du XIIe siècle.

2. Le chœur et l'abside. Il faut franchir la grille du chœur, en fer forgé (XVIIIe siècle), pour accéder au maître-autel et apprécier son retable, donné vers 1525 par la ville de Gand à l'abbé Guillaume de Poupet (1524-1583), réalisé par un artiste inconnu. Le retable se compose d'un soubassement (la prédelle), d'une caisse en bois divisée en compartiments garnis de personnages en plein relief et de deux panneaux peints sur chaque face, qui jouent le rôle de volets se rabattant sur la partie sculptée et qui se plient chacun en deux vantaux à charnières. Lorsqu'il est fermé le retable n'offre au visiteur que l'extérieur des volets partagés en plusieurs compartiments et, quand il est ouvert, apparaît alors le contraste entre la partie centrale sculptée et les surfaces latérales (volets et prédelle) peintes. Les thèmes décoratifs sont tirés de l'Ancien et du Nouveau Testament.

3. Le musée lapidaire et les tombeaux. La partie nord de l'église offre des témoignages sculpturaux importants : la dernière travée du collatéral nord a été transformé en musée lapidaire ; une travée du bras nord du transept est devenue une chapelle du sépulcre et l'ancienne absidiole romane, remaniée, renferme les plus beaux tombeaux conservés dans le sanctuaire. Le musée lapidaire abrite divers chapiteaux romans et fragments de sculptures conservés dans le sanctuaire. La chapelle du sépulcre contient un Christ étendu sur son suaire, bordé par trois statues dont l'emplacement n'est pas d'origine ; la Vierge, un ange, saint Jean. Dans l'ancienne absidiole ont été rassemblés quatre tombeaux remarquables : ceux d'Alix de Villars (XVe siècle), de Mahaut de Chalon (XIVe siècle), de Renaud de Bourgogne, comte de Montbéliard (1322), d'Aimé de Chalon, abbé de 1389 à 1432. Indépendantes des tombeaux, des sculptures retiennent l'attention : chapiteau roman sur le tombeau d'Aimé de Chalon et, de part et d'autre de l'intrados, sur deux consoles oblongues, sainte Catherine et saint Paul ou saint Pierre ; proche de la grille fermant la chapelle des tombeaux, une statue de saint Paul (XVe siècle) et une Vierge à l'Enfant ; contre deux piliers se faisant face et proches de la chapelle du sépulcre, saint Michel terrassant le dragon et une statue de sainte Anne, ou de la Foi.

Le retable de l'abbaye.

4. Dans le collatéral nord, remarquer le tombeau de Jean de Watteville, abbé de 1669 à 1702, avec son énigmatique épitaphe en latin et sept dalles funéraires dressées contre le mur et provenant du pavage de l'église.

5. La nef de l'église est pavée d'un grand nombre de pierres tombales plus ou moins bien conservées et qui, chronologiquement, embrassent les années 1403-1789. A noter, au début de la nef, près du portail d'entrée, un bénitier surmonté d'une croix, avec deux écussons portant les armes de la famille de Chassal : deux de ses membres se succédèrent sur le siège abbatial au XVe siècle.

Musée des Arts et Traditions populaires, abbaye de Beaume. Ouvert du 1er juillet au 15 septembre.
Tél. 84.47.26.93.

Les grottes de Baume

Après la visite de Baume-les-Messieurs, on gagnera naturellement le fond de la reculée pour atteindre le « bout du monde » le plus célèbre du Jura. La vallée, plus étroite qu'auparavant et sans aucune construction sur un bon kilomètre, est imposante par sa majesté ; profondément encaissée dans le plateau, elle est bordée de versants caractéristiques faits de hautes parois calcaires pouvant dépasser cent mètres et aboutissant à des talus marneux en forte pente, souvent masqués par des éboulis.

Après avoir laissé la voiture près du chalet, on poursuivra la visite à pied, les centres d'intérêt étant tous le fruit de la nature : contemplation des hautes parois rocheuses qui donnent une impression d'écrasement, fraîcheur de la cascade du Dard, visite des grottes. Celles-ci correspondent à une ancienne source du Dard. Après une période de fortes pluies, ce dernier peut encore emprunter ce passage, qui sert de trop-plein, et donner naissance à une cascade.

La visite, guidée, conduit à travers une galerie et une série de salles étroites (celle du Catafalque ayant une voûte de quatre-vingts mètres). Les stalactiques et stalagmites contribuent aux joies de la découverte, agrémentée par des effets lumineux.

Le charme des grottes n'est pas récent. Déjà, à la fin du XVIe siècle, Jean d'Oncieux, qui fut grand prieur à l'abbaye de Baume de 1576 à 1578, nous a laissé ses impressions pleines de fraîcheur et d'observations pittores-

De l'effroi à l'attrait

Si la reculée de Baume-les-Messieurs attire de plus en plus de touristes chaque année, l'attrait qu'elle constitue de nos jours ne correspond pas à l'impression qu'elle fit sur certains de nos prédécesseurs. C'est ainsi qu'au début du XVIIIe siècle, deux bénédictins, qui ont parcouru l'Europe pour rassembler des documents en vue d'écrire une histoire de leur ordre, sont passés à Baume et en ont conservé une impression d'effroi :

« La situation est des plus affreuses qu'on puisse voir, on n'y arrive que par une gorge serrée de deux rochers escarpez d'une hauteur prodigieuse. Le lieu même où elle est bâtie est fort étroit et de tous costez on ne voit rien que des rochers stériles et élevez à perte de vüe, ce qui me fait croire que les premiers religieux de cette maison ne travaillaient point des mains, car le terrain n'y est pas suffisant pour cultiver la terre... » (D. Martene et D. Durand, Voyage littéraire de deux religieux bénédictins de la congrégation de Saint-Maur, *Paris, 1714-1724, 2 vol.)*

*La même aversion pour les lieux apparaît sous la plume de J.-M. Lequinio, agent forestier de l'époque révolutionnaire (*Voyage pittoresque et physico-économique dans le Jura, *Paris, an IX, 2 vol.) :*

« Beaume est dans un précipice, au fond d'une fosse, étroite, entre des montagnes immenses, entre des rochers arides, qui ne laissent appercevoir aucun point de la surface du globe ; la voûte des cieux est exactement dans ce site barbare, le seul objet auquel on puisse avec plaisir attacher les yeux ; les rochers s'élèvent de plus de cent toises audessus de votre tête ; ils sont, pour ainsi dire, plus qu'à plomb ; ils ont l'air de faire saillie par leur partie supérieure et leur buste hideux, qui paraît s'avancer ainsi pour menacer le vallon, n'a pas moins de trois cents pieds de haut.

« On arrive en cet endroit sauvage et dégoûtant, par la vallée charmante que la Seille arrose et qui développe toute sa richesse à l'orient, sous Château-Chalon. Cette vallée, quoique profonde, est un vignoble et ce vignoble est fertile et de bonne qualité. Le grand village de Névi, qui se trouve au tiers de sa longueur, lui conserve un air de vie ; mais la solitude commence ensuite à naître , à mesure qu'on avance dans les sinuosités ; et bientôt l'âme serait accablée de son isolement, si la mémoire ne lui retraçait puissamment l'injustice et la fausseté des hommes, si l'on ne se rappelait combien il est difficile d'exister en paix au milieu d'eux et combien ils rendent nécessaire de les fuir, puisque ce n'est que loin de la plupart d'entre eux, qu'on peut compter sur quelques momens de tranquillité, sur quelques instants de bonheur. »

Au XIXe siècle, progressivement les auteurs découvrirent l'amour de la nature. Mais, parmi ceux qui contribuèrent à décrire la reculée en des termes complaisants, on retrouve toujours une notion d'effroi. Ainsi, Charles Nodier, en 1825, écrivit-il : « Mais, quand, parvenu au bord de l'abîme, on contemple les profondeurs où il faut descendre par des degrés assez grossiers taillés dans le roc, on ne peut se défendre d'un sentiment mêlé d'admiration, d'étonnement et de terreur. »

Vingt-cinq ans plus tard, Désiré Monnier considérait que « l'œil, auquel un tel spectacle est étranger, ne contemple qu'avec une sorte d'horreur le surplomb de ces roches menaçantes, qu'un œil habitué ne mesure plus qu'avec indifférence ». Enfin, à la fin du siècle dernier, Henri Bouchot, dans un style ampoulé, mettait encore l'accent sur le caractère peu accueillant de la vallée : « Une sensation de tristesse ensemble et de repos infini vous surprend à la vue de ces clôtures effrayantes, de ce manque de ciel ; le mot de saint Bernard monte aux lèvres : Hic locus monachorum *; c'est ici un lieu de moines, un enclos de monastère, la prison lourdement fermée, où, par un soupirail d'en-haut, les frères jetaient un œil d'espérance sur le paradis. »*

ques. « Et d'aultre part sort à groz bouillons d'une large fente en la roche un torrent [la source du Dard], lequel, murmurant furieusement saulte de précipices en précipices et va attaquer le moulin qui est en bas de luy. Et pendant un temps de sécheresse , il est loisible d'entrer en cette fente ou marche [grottes de Baume] où par dedans, avec flambeaux, environ [sur] deux lieues se voyent plusieurs cabinets [salles] faits par la seule industrie de la nature, lesquels touchés d'une pierre ou aultre instrument craisonnent ainsi que l'airains. Au parti de là, l'on ouyt les cris des oiseaux de proies et le ramage des petits oysellons qui nichent par toutes ces roches en telle multitude qu'il n'y a crevasses où n'habitent quelques uns de ces musiciens, chantant incessament les louanges de celuy qui les a créés et les nourrit. »

La visite des grottes dites de Baume prouve l'intérêt de la reculée pour tous les amateurs de spéléologie. Dans ce milieu calcaire l'eau a multiplié dans le sous-sol les formes dues à l'érosion karstique. Aussi la célèbre vallée peut-elle offrir bien des satisfactions aux adeptes de l'exploration souterraine. Il ne saurait être question d'énumérer ici la dizaine de cavités qui ont été repérées. Mais, aujourd'hui comme jadis, les vallées du bord de la Seille forment un lieu privilégié de l'exploration et de l'étude scientifique de toutes les cavernes, gouffres et grottes.

De Poligny
à Arbois

La statue du vigneron

La statue du vigneron est particulièrement chère au cœur des Polinois.

Marguerite Gagneur (1857-1945), de son nom d'artiste Syamour, fille du député républicain et fouriériste Wladimir Gagneur, en a fixé les traits dans le bronze. La représentation est un mélange de réalisme et d'idéalisme. Jeune homme au visage énergique, le vigneron est saisi au moment de la pause et du repos, au pied le « fossou », mais il utilise l'instant de répit pour une lecture instructive, puisqu'il a sur les genoux un livre ouvert. C'est le 11 août 1890, au cours d'une grande fête que cette statue fut inaugurée, en l'honneur de Wladimir Gagneur. Elle faillit disparaître avec d'autres au cours de la Seconde Guerre mondiale. Le 17 mars 1942, les Allemands s'emparèrent des statues de Poligny pour en récupérer les métaux. Ils ne purent enlever immédiatement celle du vigneron, laissée à terre. Dans la nuit, quelques hommes soulevèrent la statue et la cachèrent dans la cave d'une maison voisine. Le lendemain, les Allemands eurent beau chercher, ils ne réussirent pas à la trouver. Les Polinois malicieusement déclarèrent qu'« il [était] parti aux paissiaux », c'est-à-dire qu'il s'en était allé loin dans la forêt chercher des échalas. Le 15 juillet 1945, la statue fut réinstallée et depuis lors, le vigneron médite au fond de la promenade Piquet.

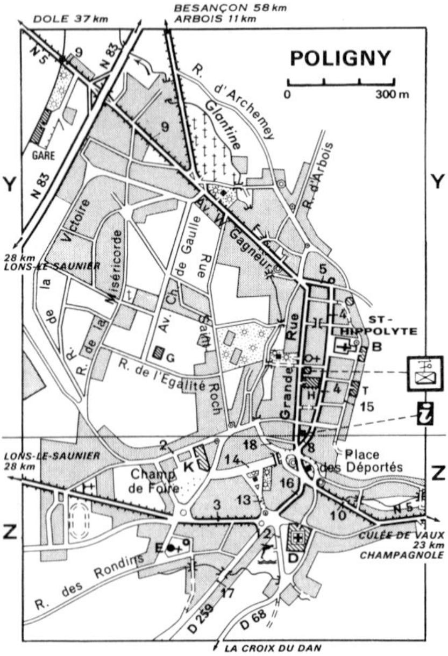

Briand (R. A.)	Z	2	Plasne (Rte de)	Z	12
Coitier (R. J.)	Z	3	République (Av. de la)	Z	13
Collège (R. du)	Y	4	Résistance (Av. de la)	Z	14
Doye (R. de la)	Y	5	Théâtre (R. du)	Y	15
Friant (R.)	Z	8	Travot (Bd)	Z	16
Gare (Av. de la)	Y	9	Verdun (R. de)	Z	17
Genève (Rte de)	Z	10	4-Septembre (R. du)	Z	18

Plan extrait du Guide vert Michelin Jura Franche-Comté.

◄ *La croix du Dan.*

La partie nord du Vignoble offre cette très forte particularité d'un réseau urbain très serré. A quelques kilomètres de distance trois villes, du sud au nord : Poligny, Arbois et Salins, ont su trouver les conditions nécessaires à leur implantation et grandir. Elles ont acquis au cours d'une riche histoire aujourd'hui encore inscrite dans la pierre et les mentalités, chacune à sa manière, une très forte personnalité. La concurrence fut vive, ici, l'esprit de clocher n'a pas été un vain mot, chacune d'elles au siècle dernier par exemple, a obtenu son « lycée Grévy ». Placées toutes les trois sur la grande voie nord-sud qui longe la montagne, elles donnent accès au plateau par des routes qui s'insinuent dans les entailles profondes de reculées et de vallées, à l'endroit exact où le rebord calcaire est justement le plus abrupt.

Dans l'histoire comtoise, chacune a joué son rôle et trouvé sa spécialisation : Poligny, le gruyère de comté ; Arbois, les vins ; Salins, « l'or blanc ».

Petites capitales locales, dont les ambitions ont été et restent grandes, elles ont conservé un patrimoine architectural de la plus grande richesse. Elles se sont efforcées avec des bonheurs divers, avec plus ou moins de retard, pendant les « trente glorieuses » comme dans la crise actuelle, de s'adapter au monde moderne. Toutes trois présentent une autre particularité commune : leurs populations actuelles sont très nettement inférieures à celles des siècles précédents : Poligny (5 100 habitants), Arbois (4 100 habitants), Salins (4 100 habitants).

Les trois villes ont constitué un groupement touristique dont l'objectif est d'assurer la promotion d'une région au potentiel étonnamment riche : le triangle d'or. N'offrent-elles pas tout à la fois les grands espaces de la plaine et les beautés plus secrètes du plateau jurassien ?

Poligny, « une des jolies et plaisantes villes du comté de Bourgogne »

Tel est déjà le jugement enthousiaste d'un connaisseur éminent du XVIIe siècle le père Fodéré, lequel ajoute encore : cette ville a « un air fort salubre, elle est compartie en belles rues longues, droictes et fort larges ». Le visiteur d'aujourd'hui y rencontre d'abord de multiples clochers et couvents, de très beaux hôtels particuliers du XVIIIe siècle avec leurs grands portails de bois sculpté qui gardent le secret des cours intérieures.

Pour découvrir la ville ancienne, le mieux est de partir de la place centrale : la place des Déportés. Si on pense à lever la tête, on aperçoit, au-dessus des toits, dans le ciel, la croix du Dan montant la garde au haut d'un rocher qui s'avance comme une proue et qui paraît, au surplomb de la ville, étonnamment proche. Un regard circulaire autour de la place révèle vite que nous sommes là au centre de la capitale fromagère du comté, deux maisons d'affinage (Juraflore et Juramonts) y ont pignon sur rue et, de plus, un fléchage indique l'existence d'un musée du Comté. Poligny est la capitale du comté, mais elle ajoute à cette réputation celle de ses vins. Groupés en coopérative ou indépendants, les vignerons ont dans leurs caves des vins de haute tenue. Mais laissons, pour l'instant, cet aspect des activités de la ville et plongeons dans le passé architectural polinois.

Eglises, couvents, hôtels particuliers

De la place des Déportés, en descendant par la rue du Collège, on pénètre dans le quadrilatère allongé que forme la vieille ville rassemblée au pied du château de Grimont. Les habitations de l'époque classique s'ordonnent autour de deux rues parallèles : la rue du Collège et la Grande-Rue. Nous empruntons la première et reviendrons par la seconde.

A notre droite, tout en haut, se dresse le lycée d'Etat technique H. Friant : c'est l'école hôtelière, qui jouit d'une grande réputation et qui possède, sur la place que nous quittons, son restaurant (hôtel de Genève). Face à nous, le syndicat d'initiative. Plus loin, au débouché d'une ruelle, un vieux pressoir annonce le caveau des Jacobins, la cave de la coopérative vinicole logée dans l'ancienne église des Jacobins. Celle-ci est un beau monument de caractère ogival, l'une des belles églises à visiter. Elle fut commencée au XIIIe siècle. En 1715, la façade, qui surgit au fond de la ruelle, a été refaite. Elle est ornée d'un beau portail à la corniche cintrée reposant sur un entablement avec triglyphes, encadré latéralement de pilastres. Du même côté, coupant en biseau l'angle formé par la rue Jules-Grévy et la rue du Collège, se dresse la monumentale fontaine à la sirène (1677) avec son décor classique (fronton, colonnes et pilastres...). Dès le XVIIe siècle, le père Fodéré, déjà cité, avec étonnement note : « Il y a quantité et belles fontaines d'eau vive en tous endroicts. » De fait, nous aurons l'occasion au cours de notre promenade d'en dénombrer six ou sept. En poursuivant toujours du même côté, à la hauteur du numéro 40, est solidement installée la grande façade de l'ancien collège de l'Oratoire, dont on remarque en coin le porche de l'ancienne chapelle. Ces bâtiments datent des années 1670-1690. Ils logent actuellement le lycée professionnel. Au numéro 14, la bibliothèque municipale a été intérieurement restaurée.

A droite, un peu en retrait de la rue, se plante soudain devant nous l'imposante silhouette de la collégiale Saint-Hippolyte. La fondation en remonte à 1420, la construction en est due aux libéralités d'un riche bourgeois, Jean Chousat. D'abord collégiale, l'église devint également paroissiale en 1441. Désormais, Poligny eut son église intra-muros, ce qui n'était pas le cas jusque là. Le clocher, terminé vers 1450, est décentré, placé à l'extrémité d'une nef latérale. Le beau porche carré date du XVIIe siècle, il abrite actuellement une Vierge polychrome du XVe siècle. On pénètre dans l'église par un portail latéral orné d'une belle pietà (XVe siècle). Intérieurement, l'église est riche d'une statuaire du XVe siècle. Au fond du chœur, quatre statues sont à noter et surtout celle de Jean Chousat, le fondateur, belle œuvre de style bourguignon. Les stalles sont du XVIIe siècle.

Face à Saint-Hippolyte, de l'autre côté de la rue du Collège, « l'hôtel du doyenné » c'est-à-dire le presbytère (numéro 10). Contourner la collégiale de façon à prendre un peu de recul, pour admirer la masse architecturale de l'ensemble et notamment celle de l'imposant clocher carré, dont le dôme comtois repose sur un octogone ramassé autour duquel court une tribune. Face au chevet de la collégiale, s'étire la façade du couvent des Clarisses. Le monastère est adossé au rocher ; il fut fondé au début du XVe siècle par sainte Claire.

Descendre ensuite la rue Sainte-Colette en laissant derrière la rue du Théâtre. C'est la partie la plus ancienne de la ville. La rue du Collège et la Grande-Rue desservent la ville « classique », celle des XVIIe et XVIIIe siècles. Depuis l'étroite ruelle, nous voyons bientôt se dresser devant nous la tour de la Sergenterie : témoin vénérable de l'enceinte qui dès le XIIIe siècle clôtura la ville jusqu'à la destruction des murailles au XVIIe siècle. Le système défensif était alors dominé par le redoutable château de Grimont qui s'élevait au-dessus de la ville (il fut rasé par les troupes françaises en 1643). Du pied de la tour, prendre la rue du même nom, traverser la rue du Collège pour atteindre la Grande-Rue que nous allons remonter en laissant derrière nous le quartier de Charcigny, aux allures de village vigneron.

Cette rue est bordée dans toute sa longueur, des deux côtés, par les belles façades d'hôtels particuliers des XVIIe et XVIIIe siècles. Tous, ou à peu près, présentent la même disposition : un grand porche avec porte en bois sculpté donne accès à une cour intérieure fermée ou s'ouvre sur un jardin ; les volées d'escalier avec balustrade en fer forgé ou en bois, s'élèvent vers les étages. Parmi les édifices remarquables, signalons, au numéro 25, l'hôtel de François Félix Chevalier, construit au XVIIe siècle, pourvu d'un grand escalier orné de ferronnerie. Né dans cette maison en 1705, François Félix Chevalier, conseiller-maître à la cour des comptes de Dole, historien de Poligny, a fait paraître ses *Mémoires historiques sur la ville et seigneurie de Poligny* en 1767-1769. De l'autre côté de la rue, remarquer la fontaine du cheval marin (œuvre d'Attiret ?). Au numéro 33, l'hôtel d'Astorg s'individualise dans cet alignement de façades par une cour qui donne sur la rue. Une belle grille en ferronnerie sert d'entrée prestigieuse. En face, au numéro 34, l'hôtel Monnier, du nom d'une famille polinoise dont un membre, Marie Etienne (1764-1849), avocat, lieutenant général du bailliage de Poligny, fit une carrière politique départementale sous la Révolution.

Plus haut, nous arrivons devant l'ancienne chapelle de la Congrégation, construite de 1726 à 1732. La confrérie des vignerons et artisans s'y réunissait pour des services religieux et y entendre des sermons. Elle eut au XVIIIe siècle jusqu'à quatre cents membres. Actuellement, cette ancienne chapelle sert de lieu d'exposition ; elle a conservé son grand retable.

De ce même côté de la rue, on reconnaît aisément la façade de l'hôtel de ville avec son porche profond qui donne sur une vaste cour intérieure : au fond, un beau bâtiment du XVIIe siècle précédé par un perron enferme l'ancienne salle d'audience de la justice de paix, pourvue des stalles qui avaient été sculptées pour la chapelle du collège. L'ensemble a été construit de 1684 à 1780. En remontant la rue, au numéro 53, on remarquera un portail gothique.

En haut de la Grande-Rue, à droite, prendre la rue des Ursulines pour admirer le cloître de cet ordre religieux. Il faut franchir un immense porche pour avoir accès à la cour intérieure encadrée de magnifiques arcades. L'ancienne galerie conventuelle qui se développe sur trois côtés est devenue une galerie marchande avec boutiques et expositions. En traversant le cloître, nous débouchons sur la rue Victor-Hugo, et de là, nous revenons à notre point de départ : la place des Déportés.

Collégiale Sainte-Hippolyte : sainte Anne et l'initiation de la Vierge.

Cave d'affinage.

Hommage au comté

Le comté a assuré sa domination sur toutes les autres activités : le vin, le bois, les peaux... Poligny est en effet la capitale incontestée du fromage de comté à la clochette verte, marque distinctive apposée au talon des meules dorées. Nul étonnement donc si la ville est le siège du C.I.G.C. (Comité interprofessionnel du gruyère de comté), organisme qui réunit toutes les professions de la filière (producteurs, affineurs...), qui a été créé en 1968. Au rez-de-chaussée du bâtiment où est logé le comité, un **musée du Comté** a été récemment constitué. Sa visite permet de s'initier agréablement à la connaissance des opérations complexes que nécessite la fabrication de ce fromage, produit artisanal et de longue tradition séculaire. Mais il est également possible de visiter des chalets (fruitières), installés dans les villages voisins.

Au-delà des bâtiments du C.I.G.C., à proximité, s'élève l'école de laiterie. Celle-ci fut ouverte le 27 août 1888 grâce à un contrat passé entre le département, la ville de Poligny et la société fromagère locale. H. Friant (1865-1934), une des grandes figures de la fromagerie comtoise, en fut le premier directeur.

Comment Poligny est-elle devenue la capitale du comté ? Un texte de 1264, il est vrai d'interprétation très difficile, a pu faire dire que dès cette époque la ville connaissait le système des fruitières. Des documents de 1790, irréfutables, montrent que le bailliage de Poligny était déjà grand producteur de « vachelin façon gruyère ». Mais c'est surtout au XIXe siècle que s'établit définitivement la réputation fromagère de Poligny. Résultat d'une tradition ; mais aussi de l'action vigoureuse et éclairée d'hommes comme Wladimir Gagneur, fouriériste, député, ardent promoteur de l'idée de la création d'une école de laiterie : sa vie durant, il se préoccupa de la modernisation des fruitières et de l'amélioration de la qualité de la fabrication. Citons encore le docteur Bousson, qui créa à Vaux une école de laiterie (1878-1879), préfiguration de l'école qui sera créée en 1888. Cette réputation est entretenue par la fête du comté, par les colloques internationaux organisés par l'E.N.I.L. (Ecole nationale d'industrie laitière).

Il est possible de visiter les caves d'affinage, où mûrissent les meules de fromage dans des alignements superbes pendant un minimum de trois mois. Il convient de se renseigner sur place. La visite fromagère peut d'ailleurs s'achever par la visite très complémentaire de quelques bonnes caves ; outre la coopérative, il existe des viticulteurs indépendants.

Musée du Comté,
avenue de la Résistance
Tél. 84.37.23.51.
Ouvert de la fin juin à la mi-septembre.

Retour au passé : Mouthier-Vieillard

Traverser la grande place ombragée qui se trouve devant l'E.N.I.L., puis la route de Lons-le-Saunier, pour atteindre la vieille église de Mouthier-Vieillard, dont la flèche en pierre (1228) se dresse devant nous. Nous débouchons sur une place aux allures calmes de place de village, cœur d'un quartier à l'écart du centre-ville. Cette église rappelle que nous nous trouvons au centre du noyau primitif de la cité polinoise. Jusqu'à la construction de la collégiale de Saint-Hippolyte, cette église fut paroissiale. Au XIVe siècle, elle comptait quinze ou seize chapelles desservies par une trentaine de prêtres. Eglise mère, elle fut déchue de sa fonction paroissiale en 1449. Elle a beaucoup souffert du temps, mais actuellement des personnes dévouées surveillent jalousement sa conservation.

Vierge polychrome à Mouthier-Vieillard.

Revenir ensuite sur la place des Déportés par la rue Travot. Au passage, remarquer une plaque apposée sur la façade d'une modeste maison, ancienne demeure de Jean-Pierre Travot (1767-1836), baron d'Empire, qui avait commencé sa carrière militaire comme volontaire en 1791.

Les environs

Les environs de Poligny méritent quelques excursions. On ne peut oublier de monter à la croix du Dan (450 mètres) : pour ce faire, emprunter la route de Plasne (D.68), vue superbe sur la ville ; ne pas manquer de visiter la culée de Vaux, ni de s'arrêter au belvédère des monts de Vaux (560 mètres) en prenant la R.N. 5. Subsistent là des traces d'une « voie romaine » qui, d'après Yves Jeannin, serait, comme ses semblables comtoises, une route médiévale. La route de **Miéry** qui s'élève progressivement nous donne un aperçu sur le vignoble polinois et, plus loin, un belle vue sur la plaine. Le village lui-même est un bout du monde où les maisons se lézardent et « craquent » par suite d'effondrements dus au pompage du sel par la société Solvay installée à Tavaux. De là, il faut absolument pousser jusqu'à Saint-Lothaire. Ce superbe village vigneron, aux belles maisons en pierre ocre, est dominé par une église qui s'aperçoit de loin. Elle est installée sur un très ancien lieu de culte. La crypte date sans doute de l'an mil, le chœur du XIe siècle. A l'extérieur, le chevet est orné de bandes et de petites arcades lombardes. Le clocher en pierre ocre est plus récent (1716). Il dresse son dôme comtois tronqué et surmonté d'une lanterne octogonale coiffée d'un petit dôme. La crypte est l'une des plus anciennes du Jura. Du côté de la plaine, par la route de Dole, on gagne Tourmont, après avoir traversé la zone industrielle. On y remarque immédiatement la fromagerie dont les bâtiments actuels donnent l'image parfaite de la « fruitière modèle » du début du siècle. De là, il est possible de pousser jusqu'à **Grozon**, vieille localité où l'on a trouvé d'importants vestiges gallo-romains et qui, pendant des siècles, a fourni au pays jurassien le plâtre dont il avait besoin, grâce à l'exploitation du gypse. Signalons enfin que Besain, sur le plateau, est un haut lieu de la spéléologie.

Arbois : son clocher, son vin, sa douceur de vivre

De Poligny, il est aisé de joindre au plus vite Arbois par la R.N.83, mais nous conseillons de quitter celle-ci à

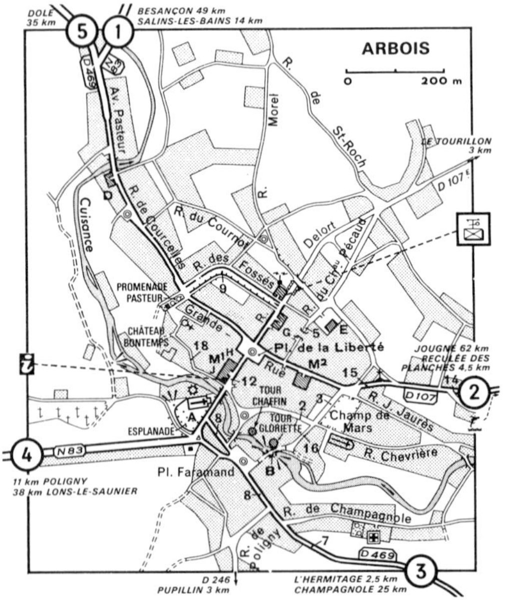

Grande-Rue
Hôtel-de-Ville (R. de l') 12
Liberté (Pl. de la)

Bourgogne (R. de) 2
Bousson-de-Mairet (R.) 3
Collège (R. du) 5

Ermitage (R. de l') 7
Faramand (R. de) 8
Foule (Promenade de la) 9
Leclerc (Av. du Gén.) 14
Résistance (R. de) 15
Tour (R. de la) 16
Vieux-Château (R. du) 18

Plan extrait du Guide vert Michelin Jura Franche-Comté. *(Les numéros indiqués en bordure du plan renvoient aux cartes Michelin du même secteur).*

Au cœur des vignes : Arbois.

Buvilly pour suivre la route du vignoble (D.246). Il faut traverser le village. En fait nous suivons l'ancienne route de Poligny à Arbois par Pupillin. Elle s'élève rapidement au-dessus de la plaine et offre une vue large et étendue. **Pupillin** (500 mètres) est un beau village vigneron. Ne dit-on pas ici, non sans fierté : « Pupillin le bon, Arbois le nom » ou encore « Monte si tu veux, descends si tu peux » et, en effet, la descente sur Arbois est fort tortueuse. Ce village de deux cents habitants est ancien, comme le révèle un fanum gallo-romain tout proche du G.R 59, daté du deuxième siècle de notre ère. A la fruitière viticole ou encore chez les vignerons indépendants, on sera heureux de vous faire apprécier l'originalité et la qualité des vins de ce terroir. A l'autre extrémité du village, se dresse l'église construite vers 1850 (style néogothique).

La descente sur Arbois offre un large panorama. La ville aux toits bruns à la comtoise est nichée à la sortie de la reculée, serrée autour de son célèbre clocher, véritable jaillissement de pierre ocre, tout cela en contraste sur le fond de verdure du vignoble. Les vignes tournées au soleil levant montent à l'assaut de pentes rudes. Cette vue est l'une des plus belles offertes par le vignoble jurassien.

Sur le pourtour de la cité

L'arrivée sur Arbois se fait par Faramand, quartier hors les murs autrefois, quartier populaire et vigneron, séparé de la cité par la Cuisance. Ce faubourg villageois juxtaposé à la ville est centré sur une place où se dresse une fontaine ancienne, lieu de rencontre et de sociabilité jusqu'au début du siècle. Admirer sur la place la maison vigneronne (numéro 50) aux allures déjà bourgeoises ; la descente de cave est placée sous la fenêtre. A signaler une curiosité : la place du Parlement, petit espace de quatre mètres sur quatre ! (face au stop de la route de Pupillin).

Il est possible de garer la voiture, à l'ombre, au pied du célèbre clocher haut de soixante-quatre mètres. De là, il faut lever très haut le regard pour apercevoir le dôme comtois qui le coiffe. Vu de près, ce clocher prend des allures de forteresse dont la base repose sur d'immenses blocs de pierre ocre. La tour, elle, a été édifiée de 1528 à 1551, le dôme, lui, date de 1715 ; il est placé sur un carré dont la section est en retrait par rapport à la tour, ce qui laisse courir tout autour une galerie, telle que l'on en voit fréquemment dans les clochers comtois (Saint-Amour, Poligny, Orgelet ou Dole...). A l'intérieur de cette église dédiée à saint Just, la nef, qui daterait du XIIe siècle, frappe par la puissance de ses piles rondes et carrées. La voûte gothique est soutenue par d'assez lourdes ogives dont les croisées retombent sur des colonnettes qui descendent le long des piliers. Le chœur remonte au XIIIe siècle. Le mobilier est d'une grande richesse (chaire, buffets d'orgue, statues dont une belle Vierge à l'Enfant du XIVe siècle).

A la sortie de l'édifice, descendre les quelques marches en direction de la rue de l'Hôtel-de-Ville. On franchit le pont qui enjambe la Cuisance, laquelle est bordée en aval par des maisons très typées qu'viennent d'être restaurées, et qui sont depuis des siècles suspendues en débordement au-dessus de la rivière. De l'autre côté, en amont s'étale la cascade dite « des boucheries ». Du pont, en se retournant, on voit se déployer le chevet plat de l'église avec sa large verrière flamboyante. A ce point du parcours, descendre à gauche la rue du Vieux-Château, qui longe en ses débuts un des côtés de l'hôtel de ville (ancien couvent des Ursulines). Sous ce bâtiment, les anciennes caves ont été aménagées pour présenter un riche et très intéressant **musée de la Vigne et du Vin**. Plus bas dans la rue, à l'endroit exact où celle-ci s'infléchit, s'ouvre un porche qui permet d'accéder à l'arrière-cour du château Bontemps. C'est dans cet édifice que l'empereur Frédéric Barberousse séjourna en 1157. Ce magnifique bâtiment, dont la plus grande partie remonte, semble-t-il, au XVIe siècle, domine de toute sa taille la Cuisance qui coule à ses pieds. En continuant la rue, à quelques pas seulement, le visiteur se trouve au pied de la collégiale Notre-Dame. La nef en a été malencontreusement coupée en deux par un plancher pour en faire une salle des fêtes depuis 1912. Toutefois le clocher en belle pierre grise, de style classique datant de

Gatronomie ancienne

Menu du festin de la confrérie Saint-Vernier (1594)

« La fricassée de foie de veau : un plat pour quatre.
Le miolet d'œuf et trois clous de girofle dedans.
La pièce de bœuf avec la moutarde.
La gelée de couchon.
(Ici se place le Veni Creator.*)*
La tarte aux choux sucrés.
A chaque confrère une écuelle de riz, une pomme et un quartier de fromage. »

Henri IV en Arbois (1595)

Du 4 au 7 août, la ville fut assiégée par les troupes françaises et subit le feu de l'artillerie ennemie. C'est le mercredi 9 août que le roi de France fit son entrée dans la ville qui venait de capituler. Les Arboisiens à l'esprit frondeur pour le recevoir, connaissant les goûts féminins du Vert Galant, lui envoyèrent une délégation de femmes choisies parmi les plus laides, sur quoi le roi affirma : « Si toutes vous ressemblent, leur sauvegarde est sur leur figure. » Henri IV, félicitant les vignerons pour la qualité des vins qu'on lui versait, s'entendit répondre effrontément : « Sire, nous en avons encore du meilleur. »

1716, a encore belle allure. Au-delà de la place qui s'étend devant le porche : la promenade Pasteur plantée de tilleuls, à une extrémité de laquelle le savant dans une attitude simple et familière, est assis et médite. Telle est la représentation figée à jamais dans le bronze qu'en donne une statue inaugurée en 1901 (œuvre d'Horace Daillon).

De la promenade Pasteur, poursuivre en descendant la rue de Courcelles jusqu'au numéro 81 ; on se trouve alors devant la maison Pasteur qui se visite. Ce quartier était autrefois situé hors des murs de la ville.

A la sortie de la maison Pasteur, remonter la rue de Courcelles après avoir donné un coup d'œil sur la chute de la Cuisance du haut du pont Pasteur. Arrivé à la promenade de la Foule (rue des Fossés), bordée d'arbres, on peut cheminer le long du tracé des anciennes murailles de la ville. En effet, cette promenade a été créée sur les anciens fossés comblés au XVIIIe siècle. Tout en haut, après la gendarmerie logée dans des bâtiments récents, se dresse la silhouette du collège Pasteur, ancien couvent des Minimes jusqu'en 1789. Un médaillon de bronze rappelle que le savant a fait ses premières études dans cet établissement scolaire. Dans la cour du collège, le cadran scolaire a été construit par Pasteur alors qu'il était jeune collégien. L'arche qui enjambe la rue du Lycée est l'ancienne porte Picardet. Actuellement, elle supporte une pièce qui n'est autre que la salle des professeurs du collège.

A côté du collège : le château Pécauld, un des éléments importants des anciennes fortifications. Il est flanqué de la tour Velfaux haute de douze mètres et saillante en angle. L'autre extrémité du quadrilatère est terminée par une seconde tour : celle-ci de forme carrée. Ce château était installé sur une hauteur qui se présente sous la forme d'un replat où est actuellement campée la cantine scolaire.

Plus loin, on trouve la fruitière : en Arbois, on fabrique également de l'excellent comté et du morbier. A proximité de la fruitière fromagère, la fruitière vinicole. L'accueil se fait dans les bâtiments anciens, les travaux de vinification et le stockage dans des bâtiments récents et aménagés à cet

La maison Pasteur

En bordure de la Cuisance, cette ancienne tannerie a été transformée à partir de 1879 par le savant lui-même qui y installa un laboratoire. Il a fait de cette demeure paternelle une maison de vacances dans laquelle il se plaisait à revenir. Dans son état actuel, la maison tapissée de vigne vierge est le résultat des travaux effectués alors. A la mort du savant, la famille conserva pieusement l'ensemble. En 1935, Pasteur Vallery-Radot fit don de la propriété à la Société de la maison natale de Pasteur, devenue ensuite Société des amis des maisons de Pasteur. Cette demeure se visite depuis 1936. On y verra notamment la simplicité du laboratoire dans lequel travaillait le savant, l'équipement n'ayant rien à voir avec la complexité des appareils utilisés dans les laboratoires contemporains.

Musée de la maison Pasteur
83, rue de Courcelles
Tél. 84.66.11.72.

La statue de Pasteur devant le clocher de la collégiale Notre-Dame.

Quelques dates grappillées dans l'histoire de la vigne en Arbois

1053. *— Première mention de la vigne dans un document municipal.*

1285. *— Un poète cite le vin d'Arbois, signe d'une renommée déjà acquise.*

1552. *— En rédigeant le cinquième livre* Des faicts et dicts du bon Pantagruel, *Rabelais n'oublie pas de citer le vin d'Arbois.*

1627. *— Création de la confrérie de Saint-Vernier, au lendemain d'une récolte particulièrement désastreuse. Depuis lors, le saint fut honoré le 25 avril.*

1834. *— Révolte vigneronne en raison de la crise (fermeture du marché suisse par des tarifs protectionnistes, concurrence des vins du Midi).*

1838. *— Le maire d'Arbois déclare que la culture de la vigne en Arbois a besoin annuellement de six millions d'échalas : « Les paissiaux » qui maintiennent droit le cep et ses courgés. La forêt toute proche fournit les échalas. On comprend pourquoi les questions forestières sont si présentes tout au long de la vie de la cité. La vigne avait besoin de la forêt.*

1906. *— Vingt-six petits vignerons fondent la Coopérative fruitière vinicole d'Arbois, celle de Pupillin étant un peu postérieure. Les vignerons arboisiens s'inspirent de l'action des vignerons des coopératives viticoles du Languedoc-Roussillon.*

Tant de promesses dans ces grains gonflés de jus !

1936 (15 mai). *— Arbois obtient l'appellation d'origine contrôlée sur les territoires de treize communes du canton. A signaler que dès la fin du XIXe siècle, la société de viticulture et d'horticulture d'Arbois avait créé un « certificat d'origine », qui anticipait sur la loi. Le cinquantenaire de l'A.O.C. a été dignement commémoré en 1986.*

effet. La crise viticole de la fin du XIXe siècle et du début de ce siècle, due au phylloxéra, mais aussi à l'arrivée des vins du Midi par suite de l'essor du chemin de fer, est à l'origine de la création de cette association de petits vignerons qu'est la fruitière vinicole (1906).

Après une visite à ces hauts lieux du fromage et du vin, descendre la pente en direction du champ de Mars, vaste place transformée partiellement en parking, espace autrefois situé en dehors des murs, où évoluèrent les milices et les militaires de tous les temps. Longer la place en direction de la tour Gloriette qui plante massivement sa silhouette carrée surgie tout droit du XIIIe siècle. C'est là une autre pièce maîtresse des anciennes fortifications. Cette tour en pierre ocre domine la Cuisance. Du côté de la ville, elle a plus de quinze mètres de hauteur. A la base, l'épaisseur des murs atteint plus de deux mètres. Actuellement, la salle du rez-de-chaussée est transformée en salle d'exposition.

Cave en Arbois.

Il nous faut à présent traverser la Cuisance. Dans un passé très lointain, cela s'effectuait au moyen d'une simple « planche » jetée sur la rivière et que l'on retirait quand l'ennemi approchait. De nos jours, il suffit d'emprunter le charmant « pont des Capucins » construit en 1717, dont l'étroitesse n'ouvre le chemin qu'aux piétons et rappelle les anciennes planches. Situé au pied de la tour Gloriette, ce pont par la beauté de sa forme et de ses volumes a suscité l'inspiration de nombreuses générations de peintres et de photographes. Au-delà de la Cuisance, nous sommes de retour en Faramand que nous connaissons déjà. Il nous faut à présent découvrir le cœur de la ville.

Au cœur de la ville

Le plus aisé est de traverser à nouveau la place de Faramand, puis de prendre à droite la rue Mercière qui débouche sur « la petite place » ornée d'une belle fontaine. De là on aperçoit devant soi l'hôtel de ville, ancien couvent des Ursulines (1764) ; le syndicat d'initiative est d'ailleurs logé dans l'ancienne chapelle de cette maison religieuse. De la mairie s'ouvre devant nous la place carrée de la Liberté, de tout temps cœur de la cité. De belles arcades, sur un des côtés, développent leurs jambages et protègent une galerie sous laquelle donnent des boutiques marchandes. Le centre de la place est occupé par une fontaine de la première moitié du XIXe siècle qui vient d'être récemment restaurée. Elle n'offre plus aujourd'hui que sa corbeille de fleurs.

De part et d'autre de la place s'en va la Grande-Rue, artère principale de la ville. Nous prendrons la partie haute, celle qui mène à la route de Mesnay. De beaux hôtels particuliers jalonnent les deux côtés de la rue. L'un est occupé par la M.J.C. ; un grand porche donne accès à une cour intérieure, et aussi à la bibliothèque municipale, entièrement rénovée ces dernières années, qui est riche d'un fonds sur la vigne et le vin. Plus haut, toujours du même côté de la rue, le **musée Sarret-de-Grozon** ; si l'entrée et la façade sont austères, la maison est attachante, avec son intérieur typique de l'époque romantique. On y trouve des collections d'art décoratif : mobilier, peintures, faïences, argenteries (du XVIIe au XIXe siècle). Cette présentation d'une demeure ancienne, noble et bourgeoise, avait été inaugurée en 1935. Après un assez long sommeil, ce musée de dimension familiale a été rouvert au public en 1975, rénovation effectuée.

***

Musée Sarret-de-Grozon
7, Grande-Rue
Tél. 84.66.07.45.
Ouvert les samedis et dimanches en juin, et tous les jours du 1er juillet au 15 septembre.

***

Le Biou

Le grand défilé du Biou, en Arbois, le premier dimanche de septembre, jour de la fête patronale, perpétue une très longue tradition. Le dimanche matin, vignerons et personnalités, se retrouvent tous devant la maison Vercel (face à la maison Pasteur), là où a été préparée l'immense grappe de Canaan formée de la réunion de dizaines de grappes. Celle-ci est portée par les vignerons jusqu'à l'église Saint-Just, le cortège remonte la ville accompagné par les accents d'un violon. Le Biou est hissé et accroché dans la nef, l'immense grappe, promesse de la récolte future, est bénie et exposée. Chaque année, cette tradition attire un grand nombre de curieux.

Dans le canton d'Arbois, Vadans a aussi son Biou le jour de la Saint-Maurice.

Un beau croquis, qui date du milieu du XIXe siècle, représente le Biou porté en cortège et encadré par les gardes-fruits ; il est exposé au musée de la Vigne et du Vin.

Outre le Biou, la vigne et le vin ont inspiré en Arbois bien d'autres manifestations traditionnelles. Il y a tout d'abord la fête des vins organisée pendant l'été (en juillet). Ensuite, traditionnellement, on fêtait la fin des vendanges par un joyeux repas appelé le « Tue-Chat ». Celui-ci tranchait par son importance sur les repas qui réunissaient les vendangeurs dans une atmosphère joyeuse, chaque soir, après la longue journée de travail.

***

Musée de la Vigne et du vin
Hôtel de ville
Tél. 84.66.04.19
Ouvert en juillet et en août.

Dans la rue du Vieil-Hôpital, remarquer le bâtiment commencé vers 1780 sur les plans du père de Charles Nodier pour servir de collège. Le projet est resté inachevé.

Plus loin, la rue donne sur le champ de Mars et la route de Mesnay qui conduit au complexe sportif (stade, gymnase couvert, piscine) jouxtant le camping ombragé.

Des visites commentées de la ville et du circuit des remparts, d'ailleurs jalonné, sont organisées. Se renseigner au syndicat d'initiative, proche de la mairie. Des visites du domaine Henri-Maire sont également organisées. Renseignements sur place au Tonneau, place de la Liberté.

Enfin, l'ascension du clocher permet de jouir d'une très belle vue sur la ville.

Des environs d'eaux vives et de verdure

Les alentours ne manquent ni de charme ni de variété. En premier lieu, le plateau avec la forêt des Moidons, refuge de tous les temps de vicissitudes : les populations du XVIIe siècle pendant la guerre de Dix Ans, les déserteurs de l'Ancien Régime, les hommes de la Résistance y ont trouvé les profondeurs d'un asile sûr. Les visiteurs contemporains, eux, y trouveront le calme et la paix, un large espace pour de belles promenades. Pour accéder à ce plateau on peut emprunter soit la route de Champagnole (D. 469), soit « l'escalade » du fond de la reculée. C'est cette dernière voie que nous conseillons. Prendre alors la route de **Mesnay**. Elle nous fait traverser ce beau village vigneron. Remarquer le clocher du début du XIXe siècle, qui penche à la façon de la tour de Pise. La traversée de la rue Basse, en direction des Planches, permet de rencontrer une architecture rurale intéressante. A la sortie du village : l'usine Hétier, dernier témoignage de l'industrie papetière qui fut active le long des eaux claires de la Cuisance. Au fond de la reculée, Les Planches. Dans un site pittoresque de bout du monde, c'était autrefois le passage obligé vers la montagne, la dernière halte avant l'escalade par des pentes bordées de précipices. Le voyageur y trouvait la table et le couvert avant de partir à l'assaut de la montée.

La grotte des Planches est un haut lieu spéléologique et préhistorique, dont l'ouverture se dissimule au pied d'une épaisse couche de calcaire tranchée à la verticale (245 mètres). Tout un monde souterrain, avec son gigantesque réseau, sa rivière souterraine, ses phénomènes d'érosion, y révèle son étrangeté. On appréciera particulièrement le calme de ce site grandiose, ombragé et baigné de fraîcheur.

Pour gagner le plateau, prendre la route au pied de l'église ; par quelques lacets serrés on rejoint la D. 469, direction Champagnole. On s'élève progressivement en bordure de falaise, la route en haut est taillée à vif dans le roc. Finalement on accède au plateau. S'arrêter au « Fer à cheval » ; la forme arrondie de la tête de la reculée vaut cette appellation à ce point de vue remarquable qui dévoile, au pied, en contrebas, successivement Les Planches, Mesnay, et plus loin Arbois. L'ensemble de la reculée, encadrée par ses falaises de calcaire se présente en enfilade au regard. A proximité subsistent les ruines du château de la Châtelaine ; peut-être aurez-vous la chance de découvrir le jeu de quilles en or qui — selon la légende — y serait enfoui.

Le val d'Arbois, avec ses villages, offre d'autres lieux d'excursions. La route de Dole suit la vallée de la Cuisance à la sortie de la ville. Dans la plaine se détachent des collines au pied desquelles les villages ont trouvé un site avantageux. C'est **Vadans** avec sa tour, vestige d'un château détruit par les Français au XVIIe siècle, puis **Saint-Cyr** ou encore **Molamboz**, villages également installés au pied d'une butte. A Saint-Cyr, les amoureux de la promenade équestre trouveront de quoi satisfaire leur passion du cheval.

Ranch de Saint-Cyr, tél. 84.66.21.60.

Sur les pentes des collines qui pointent dans la plaine, la vigne s'étalait autrefois largement. Quelques lambeaux avaient subsisté, et, fait nouveau, on replante. Plus loin, La Ferté est déjà fortement avancée dans la plaine, et la rue qui traverse le village comme une large avenue témoigne d'horizons nouveaux : on s'éloigne du Vignoble. Ce village a eu sur son territoire l'antique abbaye cistercienne de Rosières, détruite pendant la Révolution. La forêt d'Ounans offre d'autres promenades oxygénantes.

Notons que la plupart des villages du pays arboisien, qui avaient perdu leur substance humaine depuis le siècle dernier, connaissent depuis une dizaine d'années une animation nouvelle par l'arrivée d'une population citadine, jeune ou retraitée, qui bâtit et restaure ce qui menaçait ruine.

Un jeu de quilles particulier : le « vaut-deux »

Dans un périmètre qui englobe une partie du Vignoble, entre Voiteur, Arbois et le premier plateau, s'est établi un jeu de quilles très original et de tradition très ancienne, qui réunit les passionnés à chaque fin de semaine de la belle saison.

Le quiller est semblable à ceux que nous connaissons : neuf quilles en carré, espacées de cinquante à soixante centimètres. L'originalité vient de l'absence de piste de lancement : tout point situé dans un périmètre d'environ dix mètres peut être un lieu de lancer. Chacun des deux concurrents, ou des deux équipes, l'impose successivement à son adversaire. Afin d'obtenir la meilleure trajectoire pour leurs boules, les joueurs doivent souvent adopter des positions très difficiles, le pied sur le point fixé. La boule est ensuite lancée une seconde fois depuis le point qu'elle a atteint lors du premier jet. Il convient donc de doser son effort pour qu'elle ne s'éloigne pas trop du quiller, ce qui assure de meilleurs résultats.

L'objectif est de renverser plus de quilles que l'équipe adverse. Chaque tour gagné rapporte un point sauf, si au cours du jeu, une équipe a parié sur sa victoire en annonçant : « Vaut-deux », ce qui doublera le gain en cas de réussite.

Ce jeu se pratique dans la cour de nombreuses fermes. Mais la présence de quilliers près de maisons récentes atteste la vitalité de cette activité.

Un championnat est organisé par une fédération dynamique. Chaque année, la saison culmine lors de la coupe du Jura.

Salins et la saline d'Arc-et-Senans

Les débuts du thermalisme au XIXe siècle à Salins

Dès le XVIIIe siècle, le thermalisme est à la mode, la bonne société aime « aller aux eaux ». Toutefois, ce n'est qu'après 1850 que Salins s'efforcera d'utiliser à son profit ce goût nouveau. Jean-Marie de Grimaldi, propriétaire des salines, fut le promoteur de l'idée, le premier à imaginer l'arrivée de la foule des curistes convergeant vers Salins grâce au chemin de fer récemment installé. Il fallait attirer la clientèle potentielle, mondaine et aisée, par des installations et un accueil dignes d'elle. Aussi un établissement thermal fut-il créé en 1854. On installa une piscine d'eau salée avec des cabines luxueuses. Le Grand Hôtel des Bains date de 1864. Le tout fut complété par des salles de bals et de concerts. Autour des soins médicaux s'organisaient les plaisirs d'une vie mondaine. Grimaldi laissa la gestion de l'établissement thermal en 1870. L'ensemble balnéaire fut complété par la création du casino en 1890.

Cependant, à cette époque, les résultats ne furent pas à la hauteur des efforts et des espoirs. La foule des curistes attendue ne vint pas. Certains arrivèrent pourtant d'Amérique ou d'Australie.

La céramique à Salins

Salins est également la ville de la céramique. Les productions des Faïenceries de Salins ont une renommée ancienne. Les bâtiments de l'usine s'étirent le long de l'avenue A.-Briand, à l'entrée nord-ouest de la ville. Par ailleurs, le long de la vallée encaissée de la Furieuse, à la sortie de la ville en direction de Mouchard (D. 47), plusieurs ateliers de céramique sont actuellement installés.

Mais c'est Max Claudet (1840-1893) qui a donné à la céramique salinoise ses lettres de noblesse. Elle atteint avec lui au grand art. Son œuvre est diverse : grandes statues, médaillons de terre cuite, bustes d'hommes célèbres, plats émaillés... Des grands morceaux aux petites pièces charmantes, cette œuvre est d'une grande variété, laquelle ne contredit pas une certaine unité de style et d'inspiration. Le fils Georges-Max a continué l'œuvre du père en utilisant les moules conservés. Il est l'auteur d'une production originale de grès flammés.

Il existe une salle d'exposition permanente où le visiteur pourra admirer quelques-unes de ces œuvres. Ce musée de la céramique est d'ailleurs actuellement en réaménagement (place des Salines).

◀ *Saline royale d'Arc-et-Senans, construite par Claude Nicolas Ledoux.*

D'Arbois, pour accéder à Salins, outre la R.N. 83, il est possible d'emprunter deux itinéraires très différents. Le premier nous fait passer de nouveau à Mesnay. A la hauteur de l'église, il faut prendre la route d'Andelot-en-Montagne (D. 555), laquelle s'élève très rapidement pour déboucher sur le plateau. A la dernière courbe, bifurquer à gauche (D. 94). La descente sur Salins par Bracon est de toute beauté : la vue dévoile la ville longuement étirée au fond de l'étroite vallée de la Furieuse. Salins apparaît comme une ville-rue qui s'allonge sur plusieurs kilomètres. Devant nous, de l'autre côté de la gorge, se dresse sur une pointe rocheuse le fort Belin (584 mètres).

Le second itinéraire nous fait arriver en longeant le Vignoble. D'Arbois, monter à Montigny par Vauxelle (D. 107). Avant d'accéder au village, on suit le Vignoble en corniche. **Montigny**, beau village desserré au milieu d'un excellent vignoble, mérite un arrêt. On gagne ensuite les Arsures pour y rejoindre la D. 105. Progressivement, la vigne disparaît et la forêt se rapproche. A partir de Marnoz, les monts encadrent plus fermement l'horizon ; sur notre droite, s'allongent les hauteurs du mont Bégon (631 mètres) ; en face de nous, un peu sur notre gauche, se dresse la crête rocheuse du mont Poupet (843 mètres), le plus haut sommet des montagnes qui dominent Salins. Insensiblement, nous nous insinuons dans le défilé où la ville s'est installée très anciennement.

Elle a été une des plus importantes villes de Franche-Comté. Elle fut en effet la seule véritable ville industrielle médiévale de la province avec ses salines qui fonctionnèrent jusqu'au milieu du XIXe siècle à plein rendement (elles furent fermées en 1962). Aujourd'hui subsiste seulement une partie de ces installations millénaires, qui se visite et qui constitue un des beaux maillons de la chaîne des musées de l'économie et du travail comtois. Si l'industrie salicole a disparu, les eaux salines sont toujours là, et ce sont ces mêmes eaux, avec leur pureté naturelle, qui sont à l'origine d'un thermalisme en plein essor. Salins possédait un autre avantage historique. Situé sur la grande route gallo-romaine et médiévale de Dijon à la Suisse par Pontarlier, c'était le lieu de passage obligé de tous les trafics, mais aussi de toutes les invasions.

Un site farouche et escarpé

Lorsque l'on arrive d'Arbois ou de Besançon, c'est à dire par la plaine, nous conseillons, pour avoir une vue d'ensemble du site et de la ville, de traverser toute la longueur du ruban urbain (quatre kilomètres). A l'autre extrémité, suivre la route de Pontarlier qui nous fait rapidement pénétrer dans un paysage de montagne verdoyant et accidenté. Abandonner cette route pour aller à Clucy (D. 264) où les grosses maisons montrent que nous ne sommes plus du tout dans le Vignoble. Tourner à gauche dans le village pour gagner le fort Belin. De là-haut, le mince filet arqué de la ville suit avec fidélité le tracé de la rivière. Des toits bruns, se détachent les silhouettes des quatre clochers. En 1789, Salins était divisée en quatre paroisses. Jusqu'au milieu du XVIIIe siècle, seuls l'hôpital et le couvent des Cordeliers étaient situés sur la rive gauche. En face, de l'autre côté de la gorge, se dresse sur une autre hauteur rocheuse le fort Saint-André (604 mètres) avec sa chapelle, sentinelle également dressée à la Vauban pour surveiller cette grande voie de passage, que les moines empruntèrent après les Romains pour aller de Saint-Bénigne de Dijon à Saint-Maurice d'Agaune dans l'actuel Valais suisse. Après cette vue panoramique indispensable pour bien saisir la véritable originalité de ce site et de ce lieu, revenir au centre-ville par le même chemin.

De Saint-Anatoile à Saint-Maurice

Puisque la ville est toute en longueur, il faut, pour la visiter, la prendre très logiquement à l'une de ses extrémités. Nous conseillons de revenir jusqu'au bout de la rue Gambetta et là de suivre la direction d'Ornans (D. 492) ; au grand virage, à droite, en suivant le flé-

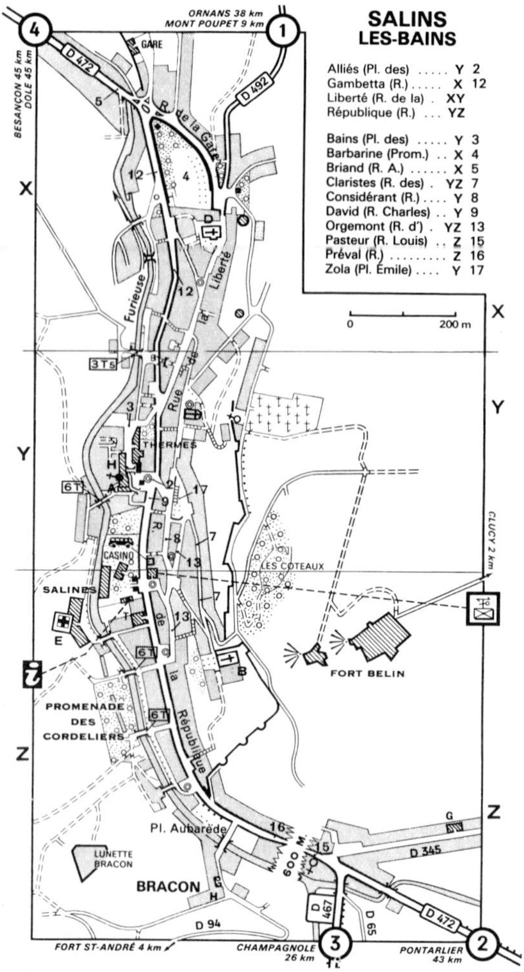

Plan extrait du Guide vert Michelin Jura Franche-Comté. *(Les numéros indiqués en bordure du plan renvoient aux cartes Michelin du même secteur).*

chage, s'engager dans le chemin des coteaux, lequel est jalonné par deux tours, la tour ronde d'abord, la tour carrée ensuite (XVe siècle), qui marquent l'une et l'autre l'avancée des anciennes fortifications. A Salins, le système de défense était particulièrement complexe. En effet, il y eut deux ensembles de fortifications juxtaposés, deux murailles enfermant deux villes placées côte à côte : au sud, Le Bourg-Dessus avec la Grande Saunerie, au nord, Le Bourg-Dessous avec le puitsà muire. La distinction est déjà réalisée au XIe siècle. Le Bourg-Dessus fut le premier fortifié dès le XIIIe siècle ; ce n'est qu'au siècle suivant que l'autre ville, Le Bourg-Dessous, sera close de murs. Toutefois, dès le XVe siècle, le système tendra à s'unifier. La *Cosmographie de Münster*, ouvrage imprimé en 1614 à Bâle, offre une belle image de la structure à la fois une et double de la ville à cette époque.

Du chemin des coteaux que nous suivons longuement, au bas des pentes plus ou moins abruptes qui descendent du fort Belin, nous voyons les toits de la ville se développer en contrebas en un bel enchevêtrement. Et puis soudain, on débouche sur l'**église Saint-Anatoile**, un des plus beaux monuments de Salins, placé dans un site admirable, puissamment installé

Clocher de Notre-Dame-Libératrice.

sur une plate-forme à mi-pente qui se termine en terrasse. Une première église en ce lieu, dominé aujourd'hui par le fort Belin, fut érigée par les parents d'un des grands personnages historiques de la ville : l'archevêque Hugues de Salins. Elle fut reconstruite au XIIIe siècle. La nef est rythmée par des piliers ronds et carrés qui délimitent six travées. Chacune, de façon remarquable, comprend trois étages qui sont parfaitement individualisés : les grandes arcades en bas, ensuite un triforium avec quatre arcades en

L'hôtel de ville et la place d'Armes, à l'arrière-plan le fort Saint-André.

plein cintre, étage bien souligné par un cordon inférieur et supérieur, enfin tout en haut, l'étage des fenêtres hautes toutes simples. L'ensemble offre une très belle harmonie. L'intérieur était autrefois orné de très riches tapisseries. La chaire et les stalles méritent une attention particulière. Au-dehors, sur la façade, le portail mouluré (gothique) fait contraste avec les portes de bois sculptées de style flamboyant (1516) ; ce portail est également encadré de deux chapelles, elles aussi, flamboyantes. Ne pas manquer de jeter, à travers le feuillage, un regard sur les toits de la ville, du rebord de la terrasse.

Amorcer la descente par la très pittoresque ruelle des Clarisses qui plonge sur la large esplanade de la place Emile-Zola. Là, s'élèvent les puissantes façades de l'ancien collège de l'Oratoire, puis lycée Victor-Considérant, avant qu'un nouveau lycée soit construit hors de la ville. On reconnaît à une extrémité, en légère avancée, la façade de l'ancienne chapelle. Les bâtiments libérés, ont été rénovés : une partie est occupée actuellement par la M.J.C. et la bibliothèque qui renferme un des plus importants fonds anciens du département. Au passage, signalons que Salins a sans doute eu une des plus anciennes bibliothèques publiques de France. En effet, un chanoine de Saint-Anatoile, Pierre Moreau, légua ses livres et le magistrat (conseil de ville) ouvrit cette bibliothèque, établie dans le couvent des Capucins, le 30 décembre 1593.

Au-delà de la place, un peu plus haut, se dresse le clocher de Notre-Dame, l'un des quatre clochers de la ville. Il fut reconstruit en 1828, après la destruction due à l'incendie de 1825. Remonter ensuite la rue Charles Magnin, puis la rue de la Liberté, remarquons au passage les belles arcades de l'ancien couvent de la Visitation, occupées aujourd'hui par des boutiques marchandes.

Devant nous, à présent, la construction massive de l'église Saint-Maurice, dont le nom rappelle que Salins est située sur la route de Saint-Maurice d'Agaune. Cet édifice a connu bien des vicissitudes, l'essentiel remonte au XIIIe siècle et rappelle Saint-Anatoile. Le bâtiment a subi des remaniements, amputation du chœur pour l'élargissement d'une rue par exemple. A l'intérieur, on remarquera les chapiteaux à crochets et à décor floral. Le clocher avec sa tour carrée surmontée d'une pyramide au sommet tronqué, sur lequel repose un petit dôme aplati, n'est pas sans originalité.

Redescendre ensuite au centre-ville sur la place de l'Hôtel-de-Ville.

Au cœur de la ville

L'hôtel de ville et la place d'Armes ont été installés à l'emplacement de l'Entre-deux-Bourgs, les fortifications internes qui séparaient les deux bourgs ont été définitivement éliminées en 1754. Le beau bâtiment de l'hôtel de ville a été construit en 1718-1719. La première pierre fut solennellement posée le 26 septembre 1718 par l'intendant de la province. La façade centrale, à un étage centré sur un fronton avec balcon, se termine aux deux extrémités par des ailes en retour ; elle laisse voir à l'arrière-plan les pentes rocheuses et boisées du fort Saint-André.

Le bâtiment des salines, les portes cachent l'entrée des fours.

Les salines et le sel

Le premier texte qui atteste l'activité des salines de Salins remonte au VIe siècle (Vie de saint Oyend)*, mais ce n'est qu'à partir du XIIIe siècle que l'on connaît avec précision la gestion des salines. A cette époque, trois salines fonctionnaient avec chacune un mode de gestion propre. La Grande Saunerie, située dans Le Bourg-Dessus, avait parmi ses propriétaires le comte de Bourgogne ; au XVe siècle, celui-ci possédait la moitié des recettes. Il existait dans Le Bourg-Dessus une deuxième entreprise, la chaudrette de Rosières, qui exploitait une partie de la saumure rétrocédée par la Grande Saunerie. Les salines du Bourg-Dessous fonctionnaient comme une société par actions qui groupait les rentiers du puits à muire, parmi lesquels le comte de Bourgogne n'était qu'un petit propriétaire. Elle exploitait directement la saumure ou l'affermait à des « moutiers », plus tard appelés « vendeurs ». La production totale des salines à la fin du XVe siècle s'élevait à 7 400 tonnes, ce qui est considérable.*

Au XVIe siècle, il y avait deux bourgs, deux puits et trois salines, dont le fonctionnement fut décrit avec précision par Gollut (1592). Les techniques de fabrication évoluèrent peu jusqu'au XVIIIe siècle. L'eau salée (muire) était recueillie dans une vaste cuve, élevée du puits par une perche à balancier ou un système de noria ; déversée dans une cuve en surface, la muire était ensuite dirigée vers les bernes, dont le nombre a varié dans le temps ; celles-ci abritaient chacune un poêle ou chaudière (cuve ovale peu profonde) placée au-dessus d'un fourneau. Le feu, qui exigeait une grande quantité de bois (douze à dix-huit heures de chauffe), provoquait l'évaporation. Ensuite, le sel était recueilli en grains, puis mis en pains. Vers 1750, on fabriquait environ 158 000 quintaux « de sel blanc comme la neige et agréable au goût ».

Les salines de Salins furent concurrencées par celles de Montmorot et de La Chaux. Elles connurent un nouveau dynamisme au XIXe siècle grâce à de Grimaldi, acquéreur des salines comtoises en 1843. La production tripla pour atteindre 60 000 quintaux en 1864. La technique fut renouvelée par le procédé du sondage et du pompage, consistant à envoyer de l'eau par des tubes pour dissoudre le sel gemme, eau qui était ensuite pompée avec un grand degré de saturation. Après 1914, la production, poursuivie sans interruption jusque-là, devint insignifiante.

L'ensemble est un bel exemple de l'architecture publique du XVIIIe siècle. La place est également ornée d'une monumentale fontaine de Michel Devosge (1754) qui témoigne des soucis édilitaires du siècle. Au centre de la place, se dresse la statue du général Clerc, qui participa aux campagnes d'Afrique et à la guerre de Crimée ; c'est une œuvre de Jean Perraud. Il est aisé de circuler sous les élégantes arcades qui soutiennent l'hôtel de ville, elles donnent accès à la chapelle de Notre-Dame-Libératrice construite de 1642 à 1662, dans cette période si troublée du milieu du XVIIe siècle où les populations ont cherché à obtenir la protection de la Vierge contre la guerre, la famine et les épidémies. La partie supérieure du magnifique dôme, surmontée d'une imposante lanterne s'aperçoit de la place. Toujours en passant sous les arcades, il est possible d'approcher la Furieuse, de la longer pour visiter un des plus pittoresques quartiers de la ville.

De la fabrication du sel au thermalisme

A proximité de la place d'Armes : le casino et, plus loin, les bâtiments de la **Grande Saunerie**, du moins ce qu'il en reste ; les immenses toits, avec les deux hautes cheminées qui marquent les bâtiments des chaudières, rappellent et permettent d'imaginer l'importance de ce foyer industriel de l'ancienne ville. Depuis 1966, la saline est devenue un musée où il est possible de s'initier aux techniques de la fabrication du sel. La visite se poursuit par la découverte des grandes galeries souterraines du XIIIe siècle construites pour protéger les sources salées. On y présente encore un bel et ingénieux mécanisme de pompage hydraulique qui élevait l'eau salée jusqu'aux chaudières, autour desquelles un personnel spécialisé s'activait. En surface, à l'entrée de la place des Salines justement, se dresse encore l'ancien portail avec fronton de l'usine. En face, de l'autre côté de la rue, une petite place où la « statue du Vigneron », de Max Claudet rappelle que Salins fut aussi une ville qui avait son vignoble.

A proximité du musée du Sel, le syndicat d'initiative, où l'on trouvera les horaires de visites ; la saline est ouverte toute l'année et, parallèlement, il est possible d'avoir accès à une exposition sur le sel.

Musée des Salines, place des Salins.
Tél. 84.73.01.34.
Musée municipal (même adresse) : ouvert du 19 juin au 31 août.

La présence d'eaux de qualité, alors que la fabrication du sel s'essouflait, a donné l'idée de développer le thermalisme. C'est d'ailleurs le propriétaire des salines, M. de Grimaldi qui installa sur l'ancien puits à muire, en 1853-1855, un établissement thermal. Il lançait un pari en même temps sur la liaison ferroviaire Dole-Salins qui allait être achevée en 1857, ouvrant le thermalisme salinois à une clientèle parisienne. Ainsi est née la tradition thermale.

Actuellement, les thermes utilisent deux catégories d'eau : des eaux vierges qui proviennent de grandes profondeurs (240 mètres), les eaux des sources salées (l'établissement thermal est situé sur le puits à muire) dont les eaux sont à vingt-deux mètres de profondeur.

Depuis plusieurs années, la ville a engagé un pari de développement fondé sur le tourisme et le thermalisme. La modernisation et la rénovation de ses hôtels pour atteindre une nouvelle clientèle (hôtel des Bains, hôtel de l'Ermitage...) sont un des signes de ce choix. Les atouts ne manquent pas : site pittoresque, climat vivifiant, qualités des eaux, le tout à deux heures de Paris. Salins s'affirme comme l'une des trois villes thermales de Franche-Comté. Un complexe se développe et se met en place où la restauration, l'hôtellerie, l'établissement thermal, la piscine d'eau salée, s'harmonisent et se complètent.

Sur la rive gauche de la Furieuse

De la saline, en traversant la place en retrait, on peut franchir la rivière par le pont en face de l'hôpital. Ce dernier fut construit de 1683 à 1690 sur l'emplacement de l'infirmerie de l'hôpital du Saint-Sépulcre. Il connut des agrandissements au milieu du XVIIIe siècle. A proximité : la maison de retraite.

Nous conseillons de poursuivre jusqu'à la promenade des Cordeliers, elle aussi située sur la rive gauche. Ce magnifique parc est un jardin public agrémenté de futaies et de belles pelouses. On y jouit d'une belle vue

L'école du bois à Mouchard

Cette école technique nationalisée s'est installée dans une région où la tradition forestière est ancienne. A proximité de Mouchard, à Chamblay et à Cramans, existait au milieu du XIXe siècle une activité de flottage particulièrement dynamique. Les grumes de sapin, d'épicéa ou de chêne arrivaient de la forêt de la Joux, de Levier ou de Pontarlier, elles étaient exportées par flottage. Vers 1850, environ quatre cents radeaux de sapins, qui venaient de Salins et de Levier, circulaient au cours d'une année sur la Loue et le Doubs. Le chemin de fer porta un coup mortel à cette activité. Sur la Loue et le Doubs, le flottage disparut vers 1898.

C'est en 1934 que Louis Javel, exploitant-scieur, créa à Mouchard l'école régionale du bois, laquelle devint le collège technique du bois, puis le lycée technique nationalisé qui formèrent des générations de professionnels du bois. « Cette création unique en France et qui répondait à un besoin a été imitée à l'étranger, notamment en Suisse. » (Lachaussée, conservateur des Eaux et Forêts du Jura, 1953.)

Le pont sur la Furieuse.

Port-Lesney dont le président Edgar Faure fut le maire.

sur le fort Belin. Au milieu des pelouses, se dresse le kiosque à musique. On remarquera la présence du buste de Victor Considérant, inauguré au début du siècle.

Au-delà des monuments principaux que nous avons mentionnés ici, nous laissons le visiteur vagabonder dans les ruelles, les escaliers, les sentiers qui constituent autant d'itinéraires multiples et pittoresques à découvrir au gré du temps et de l'humeur du moment. Au hasard de la promenade, on découvrira quantité de façades antiques, de frontons et de portails, toute une richesse architecturale qui a subsisté en dépit de l'incendie de 1825.

Des excursions à ne pas manquer

Les plaisirs de la découverte là encore sont très variés. Il est possible par la route de Blégny de monter jusqu'à la cascade de Gouaille, où la Gouaillette, petit affluent de la Furieuse, prend sa source. A **Clucy** a été conservé le chêne de la Liberté et l'on peut jouir d'un beau panorama.

En empruntant un autre itinéraire, par la D. 492, on se hisse progressivement sur le plateau par une succession de lacets. Après les premiers virages, sur la gauche, apparaît en pleine nature le lycée climatique Victor-Considérant. Un peu plus haut, à la sortie d'une autre grande courbe, on peut atteindre le village de **Saint-Thiébaud**, isolé et dominé par le mont Poupet. Il est ensuite possible d'accéder à ce plus haut sommet de la région soit à pied par le chemin de l'Ane, soit en voiture à partir de la départementale (fléchage).

Poursuivre en direction d'Ornans. On peut s'arrêter un instant à Saizenay, village un peu à l'écart de la départementale, pour acheter un morceau de comté à la fromagerie. La route nous conduit ensuite à Nans-sous-Sainte-Anne, nous laissons les grands virages du début de l'itinéraire derrière nous. Les paysages verts et boisés, de part et d'autre, nous invitent à respirer largement et profondément.

A **Nans-sous-Sainte-Anne**, on est déjà dans le Doubs ; s'impose ici la

La Loue entre Champagne et Chissey.

visite de la taillanderie, fabrique de faux et d'outils agricoles (taillants) qui utilisait la force hydraulique locale. Entre 1900 et 1914, on y fabriquait annuellement vingt mille faux et dix mille outils taillants. Fermée désormais, elle a été transformée en un ensemble muséographique de l'artisanat comtois tout à fait remarquable. « Cet établissement est très caractéristique des premières formes de l'industrialisation, qui se sont largement épanouies en Franche-Comté. » On y lit « le passage de l'atelier artisanal à l'usine proto-industrielle » (Claude-Isabelle Brelot et Jean-Luc Mayaud). Des visites guidées ont lieu à la belle saison, sur demande en d'autres périodes. Ne pas oublier, à proximité, les **sources du Lison**.

Ornans (Doubs) est l'avancée extrême et indispensable de ce circuit. Outre la beauté du site, le musée Courbet, qui vient d'être rénové, mérite à lui seul le déplacement depuis Salins.

Un ensemble monumental unique : la Saline royale d'Arc-et-Senans

La visite de Salins ne peut faire l'économie de ce prolongement : la saline Nouvelle de La Chaux ; et vice-versa d'ailleurs. Salins et Arc-et-Senans forment le maillon central de la route du sel en Franche-Comté.

La Saline royale, construite de 1775 à 1779 à proximité du bois de la forêt de Chaux, est une usine neuve édifiée de toutes pièces, pour pallier la vétusté des salines séculaires de Salins. Elle était alimentée en eaux salées par les sources mêmes de Salins ; une canalisation en bois (un saumoduc), d'environ vingt-cinq kilomètres, véritable cordon ombilical, reliait l'ancienne et la nouvelle usine. Celle-ci prit les allures d'une usine modèle, construite en plein espace ouvert. La conception en fut confiée à Claude Nicolas Ledoux (1736-1806). Celui qui visite le département du Jura ne peut manquer d'admirer cette construction étrange, de renommée internationale, située dans le département du Doubs à la lisière du Jura. Depuis Salins prendre la D. 472 et suivre un instant les gorges de la Furieuse pour atteindre Pagnoz, puis **Mouchard**. Ce bourg en plein développement doit son nom au fait d'avoir été un relais de chasse des Ducs de Bourgogne (moucher est un terme de chasse). Depuis le milieu du XIXe siècle, ce bourg est devenu un nœud ferroviaire où se croisent les lignes Lyon-Strasbourg et Paris vers la Suisse et le nord de l'Italie. Le T.G.V. met Mouchard à deux heures de Paris. Il s'agit d'une porte vers le val d'Amour. A la sortie de Mouchard, prendre à droite la D. 121. Nous pénétrons peu après dans la plaine aux larges horizons. **Cramans** est un beau village de plaine, aux rues droites et spacieuses. Ses grosses maisons et sa fontaine-lavoir méritent un arrêt.

La saline royale : son enceinte en demi-cercle.

Après avoir traversé la Loue, apparaît la façade d'entrée de la saline, tout au bout d'une longue ligne droite, véritable allée royale. On pénètre à l'intérieur par un portail monumental et étrange ; les lignes architecturales classiques, avec colonnes et fronton, se mêlent ici aux concrétions baroques d'une voûte artificielle en forme de grotte. L'inattendu et l'imaginaire saisissent d'entrée le visiteur. L'ensemble est le fruit inachevé d'une utopie urbaine et industrielle. En effet, l'usine qui devait être inscrite dans un immense cercle n'a été réalisée qu'à moitié d'où la disposition en demi-cercle des bâtiments actuels. Quant à la « citée radieuse » qui devait l'environner, elle est restée à l'état de projet.

Au cœur, l'œil géant de l'imposant bâtiment directorial, à partir duquel il était possible de surveiller toute l'activité de la saline. De nombreux édifices spécialisés : ailes des ateliers de cuisson dont l'une a été transformée en salle de spectacle (plus de deux mille places), pavillons des ouvriers, des maréchaux-ferrants ou encore des gardes ferment majestueusement le demi-cercle. Ce lieu de production industrielle inscrit dans toute son organisation un système hiérarchisé de type monarchique. La pierre blanche en gros blocs appareillés se moule dans des formes et des lignes harmonieuses et élégantes, en contraste

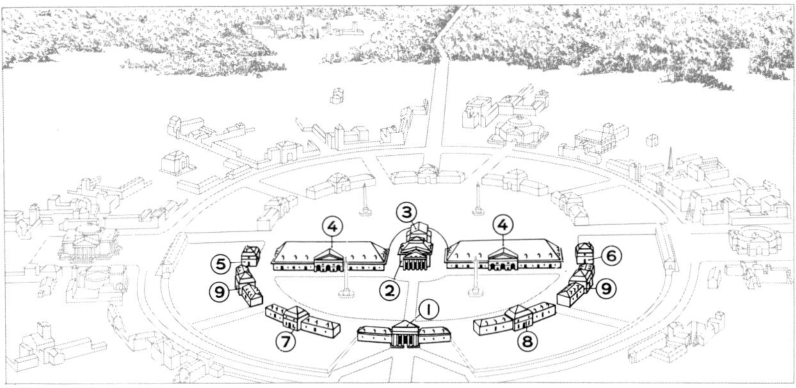

① Bâtiment des gardes (entrée).
② Maison du Directeur.
③ Écuries du Directeur.
④ Bâtiments des sels.
⑤ Bâtiment des commis.
⑥ Bâtiment de la gabelle.
⑦ Bâtiment des tonneliers.
⑧ Bâtiment des maréchaux.
⑨ Bâtiments des valets de chiens.

La Saline, projet de Claude-Nicolas Ledoux.
Seuls ont été réalisés les bâtiments de la saline, représentés en noir.

avec les immenses toits de tuiles brunes aux volumes amples et aplatis qui respectent les rythmes de l'horizon ouvert de la plaine de la Chaux. On retient particulièrement l'image de ces colonnes, hauts fûts segmentés de carrés puissants comme empilés sur des rondelles géantes de pierre. Sous la neige, sous le soleil éclatant de l'été ou sous la pâle lumière de l'automne, cette architecture exerce une sorte de séduction étrange où se mêlent tout à la fois le calme de la paix et une sourde inquiétude.

La saline a cessé de fonctionner en 1895. Elle connut ensuite des fortunes diverses. Elle allait à la ruine quand le département du Doubs la racheta. Elle est actuellement inscrite sur la liste du patrimoine mondial de l'Unesco. Elle est devenue un lieu d'animation culturelle aux multiples manifestations. Centre d'exposition, centre de colloques, lieu de concerts et de spectacles. Le visiteur, outre cette belle architecture, a beaucoup à y découvrir. Une belle librairie, spécialisée sur Claude Nicolas Ledoux, l'architecture, le sel, offre également quantité d'ouvrages sur le XVIIIe siècle.

Les abords de la saline sont parfois égayés par d'immenses montgolfières, des U.L.M., des ailes delta qui partent à l'assaut du ciel au cours d'une vraie fête du ciel. C'est en 1973 que la première montgolfière se posa à Arc-et-Senans. A signaler, à proximité de la saline, édifié au bord de la Loue dans une boucle de la rivière, le château de Roche. L'édifice actuel, posé sans doute sur une base plus ancienne, date du milieu du XVIIIe siècle. Racheté en même temps que les terrains nécessaires à la saline, il fut des-

La route du sel

En 1987 a été inaugurée la route du sel. En fait, il s'agit de quatre itinéraires qui convergent vers Salins. La concentration est prévue en juillet. Les quatre voies sont balisées, on peut les suivre à pied ou à cheval. Cette initiative de l'Union régionale des foyers ruraux est l'occasion de découvrir des villages secrets et, en bout de course, de participer à des festivités prévues à Salins.

Pour en savoir plus, prendre contact par téléphone, au 84.44.22.24.

Un prélat jurassien hors pair : Hugues de Salins, archevêque de Besançon (1031-1066)

Grâce aux travaux du père Bernard de Vregille, la personnalité et l'œuvre d'Hugues de Salins sont désormais connues avec précision.

Alors que sa famille à Salins était proche de la cour de Rodolphe III à l'est du Jura, Hugues fit son éducation à Autun, dans le royaume capétien. Chapelain de Rodolphe III vers 1027, il fut élu archevêque en 1031 et joua un rôle de tout premier plan sous les comtes Renaud Ier (1026-1057) et Guillaume le Grand (1057-1087). Dans les premières années de son épiscopat, il demeura fidèle aux engagements contractés par son souverain à l'égard des empereurs germaniques Henri II et Conrad II, tout en étant tourné vers ses amis de la Bourgogne ducale.

La fin de l'année 1041 et le début de 1042 resserrèrent les liens entre Henri III et le prélat. Leur entretien de Strasbourg, le 25 décembre, fut suivi d'une expédition à travers le nord et l'est du royaume de Bourgogne, de la diète de Besançon en janvier et février, de l'organisation d'une chancellerie confiée à l'archevêque et de la confirmation de la seigneurie sur la cité, avec la monnaie et le tonlieu. Désormais, la ville fut placée sous la dépendance du prélat, vassal direct de l'empereur.

L'étroite collaboration avec Henri ne détourna pas Hugues de Salins de ses relations françaises, car il joua certainement un rôle important dans le rapprochement entre l'Empire et les grands féodaux français. C'est ainsi qu'en 1043 eurent lieu à Besançon les fiançailles d'Henri III avec Agnès, fille d'Agnès, sœur du comte de Bourgogne Renaud, et de Guillaume V, duc d'Aquitaine. Après une entrevue avec Henri III, le roi de France Henri Ier (1031-1060) se rallia à une telle alliance, qui pouvait être un puissant atout pour la paix entre le royaume de France et l'Empire.

A partir de Léon IX (1049-1054), les grands intérêts de l'Eglise passèrent au premier plan de l'action épiscopale, qui embrassa aussi bien la France que l'Empire. En octobre 1049, Hugues tint une place déterminante dans les conciles de Reims et de Mayence. Vers la fin du pontificat de Léon IX, il est chargé, auprès du pape, de plusieurs missions touchant les évêques de France, d'une affaire aussi entre Saint-Bénigne de Dijon et Henri III. Sous Victor II (1055-1057), il intervint au concile de Florence de 1055, et pendant le pontificat de Nicolas II (1059-1061), qui était sujet du roi de France, Hugues fut, en compagnie d'Ermenfrois, légat pontifical à Reims au sacre de Philippe Ier en présence d'Henri Ier (1059).

A ce moment, Hugues perd son autorité et son rôle auprès des empereurs germaniques (Henri III est mort depuis trois ans et Agnès assure la régence pendant la minorité d'Henri IV). L'archevêque ne parut plus en Germanie et la chancellerie bourguignonne fut supprimée. Par conséquent, dans ses dernières années, Hugues de Salins privilégia ses relations avec la France : en 1062 il était à Angers ; en 1063, à Chalon-sur-Saône, il plaidait les libertés de Cluny face à ses collègues français. Peu avant sa mort, il défendit les droits de l'évêque d'Autun et des moines de Saint-Bénigne contre les empiétements du duc Robert. Mais le rôle d'Hugues de Salins dépasse cette seule évocation : il fut surtout un grand réformateur dont le rayonnement se manifesta bien au-delà des limites de son diocèse de Besançon.

tiné dès lors à recevoir des visiteurs de marque. Le parc se termine en terrasse sur la Loue. Les nouveaux acquéreurs entendent en faire un lieu d'accueil, y ouvrir des expositions historiques et de produits régionaux.

La Bresse jurassienne

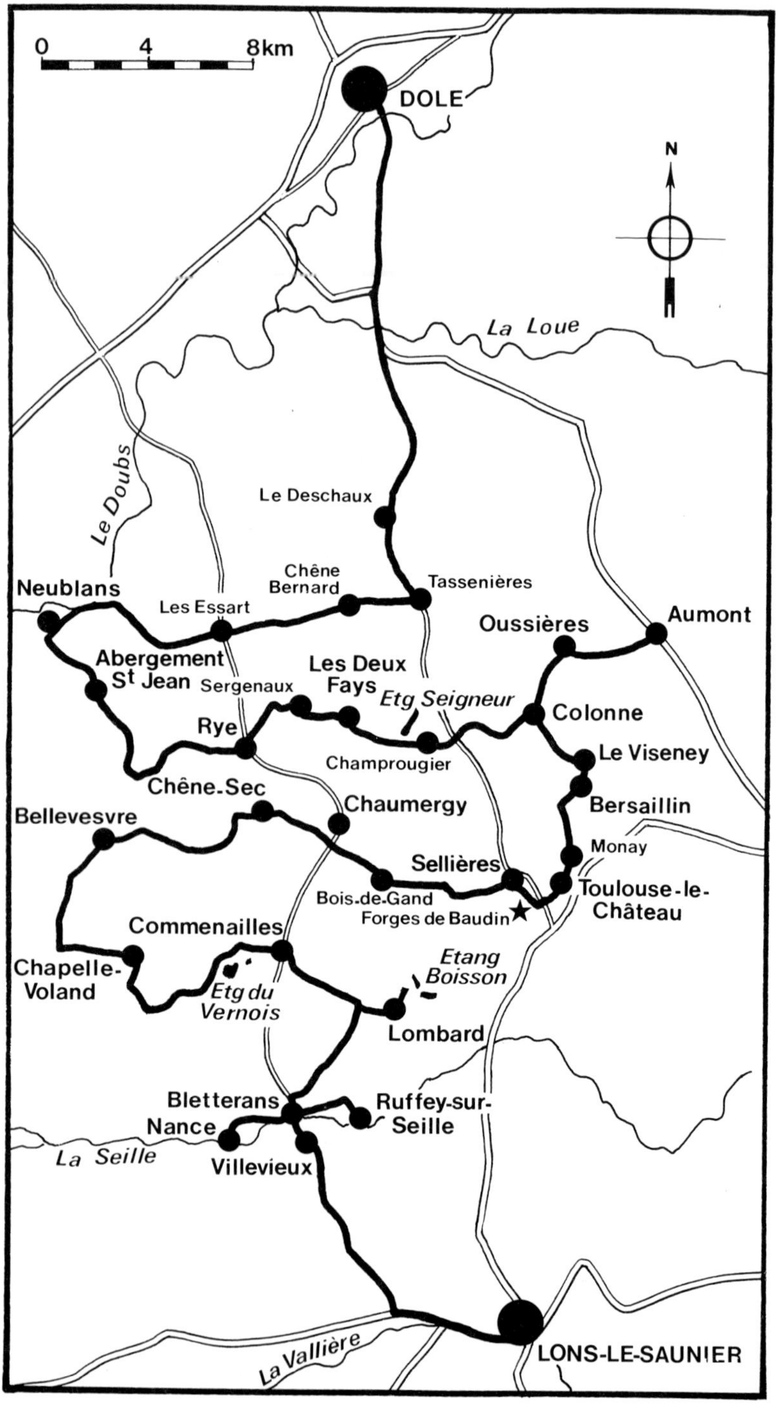

◀ *Maison bressanne rénovée.*

Une cinquantaine de kilomètres séparent Dole de Lons-le-Saunier et une heure de voiture suffit pour se rendre d'une ville à l'autre. Mais c'est par un chemin moins direct et plus paresseux que nous conseillons au voyageur d'accomplir ce trajet, afin de découvrir un territoire original, nettement individualisé par rapport aux autres paysages du Jura. La Bresse jurassienne, sorte de « marche » comtoise à la limite des terres bourguignonnes, s'est enrichie d'une double influence : celle de la Grande Bresse, dont elle a emprunté le nom — et l'accent — mais aussi celle, ancienne et vivace, des plateaux du Jura et, plus encore, du Vignoble, le « Bon Pays ».

La Bresse, tardivement mise en valeur en raison de conditions naturelles peu propices, s'est aussi très vite engagée dans un processus de déprise humaine, que la volonté de quelques-uns tente aujourd'hui d'endiguer. Une association — « La Bresse veut vivre » — s'est constituée, afin de lui éviter le sort, pas forcément enviable, de vaste zone protégée, mais en déclin, qui la figerait dans sa nature et son passé.

Pour bien découvrir la Bresse, il faudrait s'y perdre... Afin de répondre aux besoins de ceux qui désirent l'approcher de très près, une association a préparé une série d'itinéraires autorisant la découverte à pied, à cheval ou à vélo.

Association Pi.che.vel.
Tél. 84.85.58.27.

De Lons-le-Saunier à Sellières

Quittant Lons-le-Saunier par l'ouest avec la D. 470, nous devons très vite nous familiariser avec de nouveaux paysages. Du haut des rebords du plateau, nous avons plusieurs fois découvert cette vaste étendue sombre, souvent brumeuse et bleutée. Mais, loin d'être une plaine uniforme et monotone, la Bresse est faite de douces ondulations plus ou moins accentuées, séparées par un réseau dense de petites rivières bordées de prairies. De vastes forêts, où dominent le chêne et le hêtre, et de nombreux étangs couvrent une large part de la surface. Dans cette diversité, l'eau forme toutefois un indéniable facteur d'unité : eaux dormantes des plans d'eau, eaux vives des ruisseaux. En toute saison, la brume du soir renforce l'impression de fraîcheur, qu'elle s'étire en longs rubans diaphanes sur les étangs ou qu'elle enveloppe d'un écrin ouaté les masses sombres des forêts.

Dans la plaine de la Seille, aux allures de petit grenier céréalier (champs allongés, habitat groupé), nous traversons Villevieux, qui constitue, d'après les textes anciens, la « vieille-ville » de Bletterans. Quelques demeures ainsi que l'église valent un arrêt. Elle date de 1703 et a joué longtemps le rôle d'église-mère, c'est-à-dire paroissiale, de Bletterans. Le clocher a été restauré en 1755.

Bletterans (1 350 habitants) est un gros bourg-marché qui défend aujourd'hui son rang de « capitale » de la Bresse jurassienne. Chaque mardi s'y tient un marché — prêtez l'oreille, on y converse encore souvent en patois — et, une fois par an, la « Mi'stembre » réunit les professionnels de l'agriculture et du commerce. L'église mérite une visite. La nef a été reconstruite au début du XVIIIe siècle, quelques années après Villevieux, non sans esprit de concurrence... L'intérieur recèle des éléments dignes d'attention. Une Vierge à l'Enfant en bois polychrome du XVe siècle a longtemps fait l'objet d'une vénération populaire. Au fond du chevet plat, le retable, datant de 1717, est dû à un artiste italien, Antoine Marca, qui a taillé dans le stuc de nombreux détails : balustrades, entablements, colonnes... Dans deux niches latérales figurent les statues de saint Pierre et saint Paul. Les stalles, récemment restaurées, ainsi que l'orgue, forment un « bel ensemble méconnu » (la formule est de l'abbé Lacroix, qui a prodigué ses conseils lors de leur restauration). Elles datent du XVIe siècle (1520-1530 ?), soit un siècle après celles de Saint-Claude auxquelles leurs traits gothiques permettent de les comparer. Leur présence est due à l'existence d'une familiarité de prêtres vivant de messes de fondations créées par les fidèles,

La tuilerie de Commenailles

La première tuilerie Emile Jacob fut créée en 1854 en Saône-et-Loire. L'un des fils du fondateur se tourna vers la céramique, pour le sanitaire, en utilisant l'argile cuite à haute température. Une grande marque française porte toujours son nom. Cette technique fut ensuite appliquée à la fabrication des tuiles et lorsqu'on s'aperçut des grandes qualités de l'argile de Commenailles, l'entreprise y fut implantée. C'était en 1912.

Irrégulièrement répartie dans la région de Commenailles, l'argile est soigneusement sélectionnée ; la « qualité Commenailles » nécessite le mélange de trois couches sédimentaires bien distinctes : une argile très siliceuse contenant des oxydes de fer, de manganèse et de titane ; une glaise très plastique et colorée composée presque uniquement de silicate d'alumine (produit très réfractaire) ; un sable de quartz très fin. La forte teneur en oxydes métalliques du mélange procure à la terre une coloration naturelle qui, après cuisson à haute température (1 200 °C), assure à la tuile une stabilité de la teinte dans le temps.

Cette cuisson à très haute température, permise par la qualité exceptionnelle de l'argile de Commenailles, donne un produit s'apparentant plus aux céramiques (grès, etc.) qu'à la simple terre cuite, et présentant une très forte résistance mécanique et une très faible porosité. Ces deux éléments permettent aux tuiles d'affronter les climats les plus rudes.

et distincte de la paroisse située à Villevieux, chargée, elle, de dispenser des sacrements.

Les amateurs d'architecture religieuse peuvent effectuer depuis Bletterans deux déplacements : l'un à Nance (deux kilomètres à l'ouest), l'autre à Ruffey-sur-Seille (trois kilomètres à l'est).

A **Nance**, une église est mentionnée dès le XIIe siècle, dépendant de l'abbaye de Baume. Mais l'édifice que nous avons sous les yeux est plus récent (XVe siècle). Il nous permet de découvrir le matériau bressan par excellence, la brique. Ici, la pierre est rare. Il n'est donc pas surprenant que les éléments les plus travaillés de l'église soient les culots en pierre qui supportent une voûte d'ogives : ils fournissent la seule possibilité de décors sculptés. Ils sont ornés de blasons ou de têtes humaines. L'une de celles-ci, agrémentée d'un chien, est enturbannée à la mode bourguignonne du XVe siècle.

Ruffey-sur-Seille, que ses pignons à redents rapprochent du Vignoble, est un ancien bourg fortifié dont l'église vaut surtout par son clocher octogonal en pierre et par la continuité des styles architecturaux. La nef date du XVe siècle, comme le clocher qui rappelle celui de Mouthier-Vieillard à Poligny. Certains éléments, comme le bas-côté nord, ont été ajoutés au XVIIIe siècle pour faire face à l'augmentation de la population.

La prochaine étape nous conduit vers le nord à Commenailles. Mais, plutôt que d'emprunter la route directe, le voyageur peut effectuer une boucle par l'est vers Desnes, Vincent et Lombard. A proximité de ce dernier village, vous pourrez apercevoir, sous l'étang Boisson, un pittoresque petit moulin.

A Commenailles, le passé et le présent s'unissent harmonieusement. Venant de Vincent ou de Desnes, on découvre à l'entrée du village une grande tuilerie industrielle.

Plus loin, sur la gauche, le **Grand-Etang** offre son étendue d'eau calme. Il est parfois loué par des sociétés de pêche qui, après l'avoir empoissonné, organisent sur son pourtour des concours animés. Dans le cadre de loisirs modernes, c'est un exemple d'utilisation de la vocation piscicole de ces étangs. Dans le parc qui le jouxte se dresse un château qu'on ne visite pas, mais qui est visible de la route. Il s'agit en fait d'une grosse maison construite à la fin du XVIIe siècle. De plan rectan-

Le château de Commenailles.

gulaire, elle est complétée, à l'est, d'un avant-corps. Au milieu du XIXe siècle, des transformations intérieures modifièrent les dispositions originelles de l'édifice, avant qu'il ne soit acquis en 1860 par la famille Monnier, propriétaires alors des forges de Baudin, près de Sellières.

Quittant Commenailles par la D. 38, nous conseillons de rallier Chapelle-Voland — « La Ch'pale » en patois local — par le chemin des écoliers. Il faut contourner l'étang du Vernois par le nord-ouest — peut-être aurez-vous la chance d'y surprendre quelques hérons cendrés — puis traverser la D. 122 et rejoindre Chapelle-Voland par le hameau des Piotelats. Ici, le défrichement, ailleurs limité aux abords des rivières, s'est étendu à l'ensemble de l'interfluve. Un authentique bocage s'y est développé, dont le maillage de haies vives enserre de nombreux hameaux dispersés. Mais ce paysage évolue : la modernisation des techniques agricoles provoque la suppression des haies et des drainages de grande envergure. L'avenir dira peut-être les limites écologiques de ces opérations.

L'élément le plus singulier de ce paysage est sans conteste l'habitat. Influencée par le Vignoble, la ferme de la partie orientale de la Bresse est généralement constituée d'un seul bâtiment allongé et bas qui abrite l'habitation, la grange et l'étable. Mais, plus à l'ouest, comme ici à Chapelle-Voland, se rencontre un autre type d'organisation : autour d'une cour rectangulaire ouverte sur un côté et munie d'un puits, sont disposés trois bâtiments. Un abri pour le matériel et le bétail (les « hébergeages ») fait face à la maison d'habitation tandis qu'au fond de la cour apparaissent le poulailler et le four à pain, précédé de son fournil. Mais, plus encore que la disposition des bâtiments, c'est le mode

Le four à pain de Chemenot.

de construction à pans de bois qui caractérise l'habitat bressan. Autrefois, les espaces libres du colombage étaient comblés d'argile, moulée sur des claies. Son remplacement par la brique fut progressif. Plusieurs de ces maisons ont été habilement restaurées, sauvegardant un patrimoine largement entamé depuis une centaine d'années. A la fin du XIXe siècle en effet, l'ouverture de chemins carrossables a permis l'introduction de la pierre. Cette innovation marqua davantage les villages proches du Vignoble dont les carrières fournissaient la pierre. D'autre part, avec le développement de l'élevage, il convenait de disposer de plus vastes fenils. Aussi, beaucoup de maisons furent-elles rehaussées au début du XXe siècle, et les vieux toits à quatre pans parfois remplacés par deux pans, éventuellement flanqués de fausses croupes. Enfin, troisième conversion, les chaumes cédèrent devant la tuile ; les derniers ont disparu après la Seconde Guerre mondiale... Ainsi, ces diverses mutations font que le patrimoine bâti très ancien est en Bresse moins fourni qu'ailleurs.

Chapelle-Voland constitue une communauté villageoise d'une quinzaine de hameaux, sur une surface de plus de trois mille hectares, ce qui est vaste dans une zone où la moyenne est de l'ordre de cinq cents à six cents hectares. On y dénombre sept cents habitants en 1982, alors qu'ils étaient plus de mille huit cents en 1846. Le hameau principal, en position plus élevée, abrite une église dont le chœur voûté d'ogives vaut un arrêt. La grande place, que l'on a substituée à l'ancien cimetière, accueille chaque année, le troisième dimanche d'août, une kermesse très vivante.

Chapelle-Voland forme une « avancée » du département du Jura au sein de la Saône-et-Loire. Il n'est pas interdit de franchir l'invisible frontière pour découvrir la Grande Bresse. Il n'en fut pas toujours ainsi. Difficilement contrôlable, la limite entre le royaume de France et la Franche-Comté fut propice aux contrebandiers, dans ces zones où les marais, les étangs et les haies favorisaient la circulation clandestine. Malheur à ceux qui étaient pris ! Les faux-saulniers (fabricants ou seulement porteurs frauduleux de sel) étaient sévèrement punis lorsqu'ils étaient pris en flagrant délit : le marquage au fer, les galères étaient le lot de ceux qui tentaient de contourner le monopole royal. L'attrait, pourtant, était grand : le prix doublait entre la Franche-Comté, zone de forte production, et le royaume de France.

A Bellevesvre (800 habitants), petite bourgade de Saône-et-Loire, une belle église de brique domine de ses formes élancées l'ensemble serré des maisons villageoises.

On rejoint ensuite Sellières, soit directement par la D. 1, soit flânant davantage, par le village de Chêne-Sec, Chaumergy et Bois-de-Gand. Chêne-Sec, entièrement enclavé en Saône-et-Loire, est la plus petite commune du département du Jura (soixante-seize hectares). Chaumergy (380 habitants) est chef-lieu de canton, mais ne semble pas profiter, malgré les énergies dépensées, de sa position centrale en Bresse jurassienne. Bois-de-Gand est un « village sans village » entièrement constitué de hameaux. Au XVIIe siècle, le peuplement a taillé dans la forêt des clairières de défrichement réunissant chacune quelques feux.

Le village de **Sellières** doit son nom au seigneur de Sellières, comte de Gand, et rappelle les liens privilégiés de la Franche-Comté d'autrefois avec les Flandres. Sellières, malgré sa modeste taille (850 habitants), a des allures de petite ville. Son patrimoine justifie qu'on s'y arrête. Comme Bletterans supplanta Villevieux, Sellières supplanta sa paroisse mère, Vers, village proche, à la suite de l'établissement d'un château fort et d'une enceinte urbaine. Sa position, sur l'ancienne route de Lons à Dole et à la jonction de la Plaine et du Vignoble, son activité industrielle enfin assurèrent son essor jusqu'au milieu du XXe siècle.

Le haut bourg conserve les témoignages d'un passé médiéval : le château a laissé peu de vestiges — situés sur un domaine privé — mais l'on retrouve facilement le tracé des anciens remparts. Dominant une petite place, un

Les toits de Sellières. Au premier plan : clocher sans église ; au second plan : église sans clocher.

clocher solitaire atteste de la présence d'une ancienne église ; clocher sans église auquel répond l'église reconstruite... sans clocher, dans le nouveau quartier au XIXe siècle. La porte de Poligny, au sommet d'une courte rampe, marque la limite de la ville. Elle a récemment été surcreusée dans le

La porte de Poligny à Sellières.

roc, comme le laisse à penser la hauteur des bornes chasse-roues, surélevées par rapport à la route actuelle. Quelques gentilhommières et hôtels particuliers complètent ce patrimoine, malheureusement en partie dégradé. Il faut souhaiter, grâce au dynamisme de la population de Sellières, des opérations de rénovation-restauration. Cette volonté semble se manifester dans le cadre du développement général de la Bresse. Autour d'une production locale, le cidre et le jus de pomme, c'est toute une ville qui cherche sa voie : fête de la pomme, Confrérie de la pomme, mise en valeur des variétés anciennes en liaison avec l'Association régionale des « croqueurs de pommes »...

De Sellières à Dole

Après avoir quitté Sellières par la porte de Poligny, on ne peut manquer de s'arrêter en bordure des **forges de Baudin**. De ce qui fut un exemple de développement industriel des XIXe et XXe siècles, il ne reste aujourd'hui qu'une partie des ateliers et des logements ouvriers. Le château, qui ne se

Les forges de Baudin : logements des ouvriers.

visite pas, forme l'ancienne demeure du maître de forges.

Un moulin s'était établi là au Moyen Age ; il fut vendu en 1794 comme bien national. Le maître de forges, Claude Jobez, y installa un haut fourneau dont la fonte était soit moulée sur place, soit affinée (c'est-à-dire transformée en fer) dans diverses usines de la région : Bourg-de-Sirod, Syam... Son développement fut tel qu'en 1849, la forge de Baudin employait deux cents ouvriers environ, ce qui la plaçait au troisième rang des entreprises jurassiennes. Jusqu'en 1866, le haut fourneau produisit de la fonte à partir du minerai de fer provenant pour une part de Monay, un village proche, et pour une autre part de la Bresse.

Après cette date, l'usine s'orienta vers la fonderie de seconde fusion, produisant, par moulage à la main, divers objets : fourneaux réputés, ornements, statues, pièces de mécanique... L'un des maîtres de forges tenta une diversification vers les émaux d'art, dont certains ornèrent le prestigieux paquebot *Normandie*. L'ensemble des activités prit fin en 1958.

Les forges de Baudin sont doublement intéressantes. D'une part, elles fournissent un exemple d'implantation d'une activité industrielle au cœur d'une région agricole et viticole. D'autre part, elles présentent une organisation sociale particulière : dès le milieu du XIXe siècle, Edmond Monnier, propriétaire des forges, philanthrophe influencé par le fouriérisme et le catholicisme social, avait eu le souci de ne pas confiner les ouvriers dans leurs seules tâches professionnelles. C'est ainsi qu'il créa toute une série d'associations (compagnie de pompiers, musique, société de secours) pour les communes environnantes, et qu'il se préoccupa de l'instruction de son personnel : des frères de Marie et des sœurs de l'ordre de la Providence y dispensaient un enseignement aux enfants ; les jeunes filles avaient la possibilité d'apprendre à travailler. Du berceau à la tombe, tout était prévu : une chapelle néogothique fut édifiée entre le château et l'usine et un prêtre s'y installa à demeure ; un cimetière fut aménagé.

La prochaine étape conduit le voyageur à **Toulouse-le-Château**. Du haut de la colline, le point de vue offert sur la Bresse est saisissant. Un pan de muraille a été récemment consolidé, vestige de l'ancien château détruit, comme beaucoup d'autres, par les troupes de Louis XI lors de la conquête des terres comtoises en 1477-1479, après la mort de Charles le Téméraire en 1477. Mais, sur ce site privilégié, une petite église retient l'attention. Elle est le témoin encore vivant de ce lieu stratégique que les comtes de Bourgogne avaient, au XVe siècle, rattaché à leur domaine direct. Elle est dédiée aux saints « trijumeaux », aux noms presque musicaux : saints Speusippe,

Publicité pour les cuisinières Baudin.

Toulouse-le-Château, église et tour médiévales en bordure du vignoble.

Eleusippe et Méleusippe, dont les statues sont remarquables. Dans son ouvrage consacré aux *Eglises jurassiennes romaines et gothiques*, l'abbé Lacroix nous propose une véritable enquête : la chapelle côté nord, qui comporte la dalle funéraire de Gilles Jourdain, datée de 1436 et munie d'une inscription lui en attribuant la construction, ne peut être que postérieure à l'édifice lui-même ; en effet des contreforts ont été supprimés au moment de la construction de la chapelle. Ainsi est autorisée une datation précise de cet ensemble qui vaut surtout par son volume intérieur très homogène. La nef à trois travées frappe par sa faible hauteur. Tout ici est simple, presque à l'état brut.

Le village de Toulouse est toujours très coloré ; depuis plusieurs années, il est « hors concours » parmi les villages fleuris. Ce sera bientôt le cas de Monay, lui aussi remarquable de ce point de vue. Nous le traversons pour rejoindre **Bersaillin**, célèbre par son château, serré dans un vallon, à l'abri de hauts murs. Ce site a été vraisemblablement choisi au XVe siècle après la destruction d'un précédent ouvrage sur la colline qui porte l'église. L'intérieur ne se visite pas, mais les agriculteurs qui exploitent le parc et habitent dans les anciens communs vous autoriseront à en apprécier les volumes extérieurs. Un crépi malheureux masque la belle pierre ocre qui le compose. Deux ailes en équerre forment un ensemble ouvert sur une cour intérieure, bordée sur l'une des branches de quatre arcades surbaissées. A droite de l'entrée, une jolie chapelle castrale offre une intéressante complémentarité de styles : la façade évoque le style gothique final, alors que le clocher-mur présente des formes Renaissance. Sous la chapelle est creusée la crypte familiale des Froissard de Bersaillin dont l'un des descendants est à l'origine, au XIXe siècle, de la mise en place des Caisses d'agriculture, le Crédit agricole mutuel d'aujourd'hui. Dans le parc se déroulent les principales fêtes du village qui disposent ainsi d'un cadre prestigieux, éclatant au grand soleil de juillet, presque inquiétant et propre à la rêverie romantique dans les brumes de novembre.

L'église du village renferme un petit joyau : les gisants d'Adrien de Vaudrey et d'Anne de Vuillafans, seigneurs de Bersaillin dans le second quart du XVIe siècle. Selon l'abbé Lacroix, les sculpteurs qui ont travaillé ici étaient « tout pénétrés de la Renaissance et de l'influence de Brou ».

Passant par **Le Viseney**, où le parc et le château méritent un arrêt, nous atteignons **Colonne**. Vers le nord-ouest, une belle perspective embrasse la vallée de l'Orain. L'église au clocher comtois, à dôme et flèche octogonale, se voit de loin. Sa reconstruction date

L'étang Seigneur.

de 1700. De l'ancien château, il ne reste guère qu'une porte monumentale munie de canonnières bien visibles.

De Colonne, le visiteur peu pressé peut se rendre à Oussières pour admirer les chênes tricentenaires (suivre le fléchage) et poursuivre jusqu'à Aumont. L'église, sur une ancienne motte castrale, frappe par son imposant clocher et son porche du XVIIIe siècle.

Nous rallions ensuite le village de **Champrougier**, au cœur d'une vaste clairière ouverte dans l'interfluve boisé. Ici, les terrains sont lourds, peu propices aux labours. L'occupation fut surtout liée à l'élevage, à la pisciculture et à l'exploitation de la forêt.

La route qui conduit aux Deux-Fays passe, à environ un kilomètre de Champrougier, sur la levée d'un des plus beaux étangs de Bresse, l'**étang Seigneur**, qui appartenait aux XIVe et XVe siècles aux comtes de Bourgogne. Les comptes de gruerie, office spécialisé dans l'administration des eaux et forêts comtales, décrivent son exploitation rationnelle au bas Moyen Age :

alevinage, pêche et vente du poisson. Une première phase de régression a touché cette activité à la fin du XVIIIe siècle. La croissance démographique et la diffusion de l'élevage ont provoqué l'assèchement d'un certain nombre d'étangs. Un renouveau de la pisciculture s'est produit au XXe siècle, sous l'impulsion de propriétaires soucieux d'améliorer les rendements ; c'est le cas du docteur Lecullier, propriétaire de dizaines d'étangs, dont l'étang Seigneur, dans les années vingt et qui a laissé une description fidèle de l'exploitation des étangs de la Bresse jurassienne, complétée de conseils pour l'amélioration technique de la gestion des étangs. Député et sénateur, il était issu d'une vieille famille paysanne de Champrougier, qui avait cherché à diversifier ses activités.

L'exploitation s'est poursuivie au-delà de la Seconde Guerre mondiale, mais connaît depuis les années soixante un recul important. On peut assister à la pêche des étangs de la fin du mois d'août au début de novembre, et se

Les milieux humides bressans

L'humidité sous toutes ses formes, joue un rôle de premier plan dans la spécificité des milieux bressans ; ce caractère s'explique avant tout par la structure géologique de cet ensemble. La Bresse, partie nord des bassins d'effondrement du Rhône et de la Saône, fut occupée par un lac à la fin de l'ère tertiaire. La zone qui intéresse le département du Jura formait alors un vaste delta servant d'embouchure au fleuve qui regroupait les eaux des actuels Rhin et Doubs.

Des alluvions se sont ainsi déposées sur de grandes épaisseurs, en alternance avec des bancs plus sableux, liés à des positions plus élevées du niveau du lac. Ce processus rapproche donc la Bresse jurassienne de la Dombe, plus méridionale.

Le retrait progressif du lac bressan a laissé place à de vastes marécages, dont la végétation, parfois enfouie sans être décomposée, forme des horizons de lignite.

A la différence des marécages, les étangs sont le plus souvent d'origine humaine. Sur leur pourtour s'installent des marais différents, dits « de queue d'étang », qui maintiennent dans la zone la présence de ce biotope, après la généralisation des assèchements, dès le haut Moyen Age.

Ainsi se crée une « ceinture végétale » nettement différenciée : au cœur de l'étang s'épanouissent les nénuphars jaunes et blancs, puis, en se rapprochant du bord, les châtaignes d'eau ou macres, dont on faisait autrefois de la farine. Considérées comme une gêne par les pêcheurs, elles sont peu à peu éliminées. C'est pourtant une plante assez rare. Ensuite viennent les renoncules flottantes, puis le cresson (comestible, mais support du redoutable parasite de la douve). Le butome en ombrelle et les scirpes (joncs) vivent les pieds dans l'eau, dans la vase de la rive, comme les phragmites (roseaux), plantes des marais. Sur le bord s'épanouissent les iris, le grand carex (les laîches, autrefois utilisées comme litière), et les gros boutons d'or, sans oublier la menthe qui frappe l'odorat. Enfin se déroule la ceinture des grands arbres : ceux qui aiment l'eau d'abord, aulnes (ou vernes), saules (dont l'osier), bouleaux et peupliers. Ces derniers se retrouvent en plantation dans les prairies humides difficilement exploitables.

Les forêts, sur les interfluves plus secs, sont le résultat de l'association du chêne et du charme (la chênaie-charmaie), plus rarement du chêne et du hêtre. Leur exploitation en « taillis sous futaie » prévoit la coupe régulière du taillis, par cycles de trente ans environ.

La faune de ces milieux, originale sans être particulièrement riche, doit sa valeur à l'absence d'intervention humaine de grande envergure, agricole ou industrielle.

Sangliers et chevreuils sont présents, ainsi que certains petits mammifères. La martre fait son nid dans les arbres ; elle est carnivore, comme la fouine, sa cousine, qui s'approche davantage de l'homme. Le rat musqué et le ragondin, venus d'Amérique, n'ont pas de prédateur et se multiplient rapidement ; le premier provoque d'ailleurs des dégâts aux digues des étangs. Même si elle n'a pu être observée, il n'est pas impossible que la loutre soit présente.

Couleuvres et grenouilles trouvent au bord des étangs un milieu de vie favorable. Rivières et plans d'eau accueillent carpes, brochets, perches, tanches et gardons, sans oublier le poisson-chat, d'origine américaine lui aussi, redoutable consommateur d'alevins.

Les oiseaux forment en Bresse une véritable richesse écologique. Il est arrivé qu'en une journée soient identifiées cinquante-trois espèces différentes, dont la moitié liées à la pré-

•••

sence de l'eau. Leur observation permet de se familiariser avec leur « vie privée » : repas, éducation des jeunes, parades d'amour, chant... On peut, pour simplifier, les classer en trois catégories.

Parmi les nicheurs permanents, très nombreux, retenons : la foulque macroule, cousine de la poule d'eau ; les grèbes huppés, au nid flottant plus ou moins amarré sur l'étang ; le grand héron cendré (plus de 1,20 mètre de hauteur), qui niche dans les arbres ; le héron pourpre qui habite dans les phragmites est mieux adapté ; le héron bihoreau, qui vit la nuit ; les rapaces enfin, pas forcément liés au milieu aquatique : le milan noir, qui effectue, ici comme ailleurs, son travail d'« éboueur », les busards, dont le magnifique busard Saint-Martin (le mâle est gris, avec le bout des ailes noir), et surtout le busard des roseaux (le mâle en a la couleur), qui trouve ici l'un des trois ou quatre sites qu'il occupe en Franche-Comté. Enfin, dans ce secteur, a récemment niché la cigogne noire, qui avait disparu depuis plus de cent ans.

Parmi les migrants, beaucoup doivent être observés en vol ; ils ne font que de courtes haltes : oies sauvages, cormorans, cigognes... Le balbusard-pêcheur fait en revanche des séjours plus longs, sur la route qui le mène de l'Europe du Nord à l'Afrique en septembre, dans l'autre sens en mars. Il plonge de façon spectaculaire quelques secondes dans l'eau, pour en ressortir avec un poisson parfois de belle taille ; source de débats entre pêcheurs et écologistes... Le courlis, qui a pris le nom de son chant, et le vanneau sont observés chaque annèes. Ce n'est pas le cas de la blanche aigrette garzette, dont l'observation est exceptionnelle. Certains, enfin, s'arrêtent en Bresse durant l'hiver, comme les harles, sortes de canards plongeurs, les outardes et les plongeurs.

La pêche sous la levée dans l'étang Seigneur.

procurer du poisson frais de qualité directement sur la levée. La pêche donne encore lieu à l'organisation d'un système d'entraide. Les habitants apportent leur concours aux propriétaires ou aux gérants des étangs, en échange d'une rétribution en nature : quatre carpes, une collation, et le « droit de glanage » sur l'étang asséché.

Carpes des étangs.

Un projet de relance de l'activité piscicole est en cours, grâce à la création d'une unité de traitement du poisson frais, sur le point de s'installer (en 1988) à Darbonnay.

Notre itinéraire nous conduit à présent au village des **Deux-Fays** (Fay vient de *fagus*, le hêtre, qui a donné aussi fayard et foyard, encore utilisés aujourd'hui). Au Moyen Age, deux hameaux existaient : Petit-Fay, dépeuplé au XIXe siècle et jamais reconstruit, et Grand-Fay, autour d'une église et d'un prieuré. A sa place s'est installé un presbytère, sur une motte bien visible depuis la route, bordée d'un côté par un large fossé et de l'autre par un ancien étang asséché.

Sur la route de Sergenaux, le voyageur doit faire une halte à l'ancienne gare de Sergenaux-Les-Deux-Fays, devenue aujourd'hui Maison de la nature. Antenne du Centre permanent d'initiation à l'environnement de Franche-Comté, elle est gérée grâce à l'appui de la Fédération de défense de l'environnement du Jura. Créée par l'Association intercommunale « Brenne et Dormes », elle représente le cœur des actions de développement de la Bresse jurassienne. Des spécialistes du milieu naturel et humain y sont à la disposition du voyageur désireux de s'informer.

Information sur journées et stages de découvertes : Maison de la nature, tél. 84.48.62.49.

Il s'y déroule également, chaque année, de grandes fêtes populaires. Un jeu de quilles « en fer à cheval » vaut à lui seul le déplacement...

Enfin, un circuit court tracé à proximité de la maison permet de saisir aisément les composantes essentielles du milieu naturel bressan.

Par Rye et Abergement-Saint-Jean, on prend la direction de Neublans. A **Rye**, l'église de 1775 possède un clocher avec dôme aux tuiles vernissées. Le lutrin et la chaire du XVIIe siècle, ainsi que la table de communion, méritent qu'on s'y arrête. Abergement-Saint-Jean doit son nom à ses seigneurs, les chevaliers de Saint-Jean de Jérusalem.

On peut, lorsqu'une ouverture vers l'est ou le sud-est le permet, jouir d'un spectacle grandiose. Au-delà de la Bresse, qui forme le parterre, apparaît au deuxième plan la bordure des plateaux. Rectiligne par endroits, brisée par l'échancrure des reculées à d'autres, elle offre une multitude de formes et de couleurs.

Plus loin encore, par temps clair, on peut apercevoir les hauts sommets du Jura et, exceptionnellement, le dôme du mont Blanc !

A **Neublans**, sur l'emplacement d'un ancien château fort détruit sous Louis XI, se dresse un imposant édifice de briques roses. Ce château, qu'on ne visite pas, est la propriété des Froissard de Broissia ; il fut construit au XVIIIe siècle en plusieurs étapes, sur des plans plus ambitieux qui auraient dû doubler l'aile existante afin de conférer au bâtiment une parfaite symétrie. L'ensemble serait un peu lourd si des pilastres aux chapiteaux corinthiens ne lui donnaient rythme et élévation. Les ouvertures, nombreuses, couvertes d'arcs segmentaux, à l'exception du corps central où ils sont

Le maïs en pannouilles.

Jeu de quilles typique de la Bresse, à Sergenaux.

en plein cintre, lui procurent une sereine luminosité.

De Neublans, il est possible, en traversant le Doubs par le pont reconstruit après la Seconde Guerre mondiale, de rejoindre Dole directement. Mais on peut encore céder un instant au charme magique de la Bresse en passant par Les Essarts, Pleure, Chêne-Bernard, Tassenières et Le Deschaux. Ces villages étaient très vivants jusqu'au milieu du XXe siècle ; de ce passé, il reste quelques éléments : atelier de tournerie à Pleure, activité piscicole et poterie à Tassenières...

Le château du Deschaux appartient à la vieille famille de Vaulchier. L'accord préalable du propriétaire est nécessaire pour le visiter.

Philippe Vaulchier, secrétaire de Charles Quint, fut à l'origine de l'implantation de la famille en ce lieu. Le bâtiment rectangulaire en brique date du XVIIIe siècle et enchâsse la tour de Lioutre, plus ancienne et remaniée, au milieu d'un parc agréable, conçu à l'anglaise. Le bourg fut en partie détruit par les nazis en 1944.

Par la D. 475, nous rejoignons Dole.

Dole

Marcel Aymé

Marcel Aymé est né hors du Jura, à Joigny, en 1902, mais son œuvre est pleine de souvenirs qui se rattachent à ce département. Le succès de La Table-aux-Crevés, *prix Renaudot en 1929, l'incite à se consacrer à la littérature. Son œuvre romanesque contient une analyse de la société de la IIIe République qu'il caricature avec une tendresse teintée de pessimisme. C'est le cas de* La Jument verte *(1933) — la querelle des laïcs et des cléricaux —, du* Chemin des écoliers *(1946) — le monde des instituteurs —, de* Travelingue *qui évoque le Front populaire. Mais c'est comme conteur que Marcel Aymé témoigne du talent le plus original : les* Contes du chat perché *(1939),* Le Passe-Muraille *(1942) montrent une grande capacité d'invention à partir de légendes comme celle de la Vouivre, qui l'a merveilleusement inspiré. Mort en 1967, il reste un symbole pour tous les anticonformistes.*

Le moulin de Villers-Robert, juillet 1955. M. Aymé et son cousin Georges Monamy.

L'extrait suivant est tiré du Moulin de la Sourdine, *dont l'action se situe au cœur de Dole, dans le quartier de la Grande-Fontaine.*

« Antoine était ébranlé, et il acheva de le séduire en énumérant les délices du quartier de la Malleboine. La plupart étaient indicibles. Il n'y avait pas de mot pour exprimer le charme de ces rues étroites, peuplées, qui s'appelaient la rue de la Clé-d'Or, la rue du Sire-de-Roulans, la ruelle du Rus, la rue des Nonnettes, la rue du Papegai ou le passage du Vert-Vert. Les jeux les plus simples, les plus usés, y avaient une saveur nouvelle, et l'on s'y amusait encore de ne rien faire. Buq, depuis le temps qu'il jouait dans le quartier, prétendait ne pas le connaître à fond, tant il y avait de passages, de couloirs à surprise, de maisons à double issue.

« — Et quand je dis deux, c'est trois, c'est quatre aussi. C'est comme la rivière souterraine. Je ne peux pas dire que je connais la rivière souterraine.

« — La rivière souterraine ? demanda Antoine avec un frisson de curiosité.

« — Oui, la rivière souterraine. Tu as déjà bien vu l'endroit où la Sourdine débouche dans le fleuve ? Mais si... près du pont. Eh bien, avant d'arriver là, elle coule pendant deux cents mètres entre les maisons, et encore avant ça, elle passe sous la ville haute. J'ai vu l'endroit où elle sort des rochers. Un grand trou noir...

« Buq ajouta en baissant la voix, ému lui-même à l'évocation de ces ténèbres :

« — Il paraît que, dans le temps, il y avait un château fort du côté de la gare, et que les oubliettes tombaient justement dans la rivière souterraine. J'ai même entendu dire qu'elles n'étaient pas toutes bouchées. C'est possible, remarque. Moi, je pense aussi qu'en remontant jusqu'à la source on doit trouver une grotte, ou peut-être des catacombes...

« Antoine, écrasé par l'ampleur de cette vision, s'informa timidement :

« — Et personne n'a essayé de...

« — L'entrée est fermée par une grille, dit Buq, et ce n'est déjà pas facile d'y arriver. Mais, quand même, on peut faire quelque chose...

« — Sûrement, approuva Antoine d'une voix ardente. »

(Marcel Aymé, Le Moulin de la Sourdine, *Gallimard.)*

◀ *Le vaisseau de la collégiale de Dole.*

Les caprices de l'histoire

De la route romaine au bourg médiéval

Pour qui arrive par la route de Lons-le-Saunier, c'est-à-dire des hauteurs de la Bédugue, le site de Dole impose avec la plus grande évidence tous ses avantages. La vue plonge sur le Doubs et de l'autre côté, sur une autre hauteur, apparaît l'ancienne ville avec ses toits comtois groupés autour du beffroi massif de la collégiale. Nul doute, la destinée première de la ville a été de surveiller un point aisé de franchissement du Doubs. Ainsi, la géographie n'est-elle pas absente dans la réussite de la cité doloise. Ici, la vallée du Doubs se rétrécit avant sa confluence avec la Saône ; dès le Moyen Age, un pont enjambe les eaux. On construira plus tard le beau pont de pierre qui subsiste encore (1760-1764). La ville, en toute tranquilité, pouvait s'étager au sec sur les pentes qui dominent la vallée. Sur le point le plus élevé, Frédéric Barberousse construisit un puissant château de pierre (vers 1162).

Mais la géographie ne fut pas seule en cause, les caprices de l'histoire et les décisions des hommes ont lourdement pesé en faveur de la cité. Les grands ducs de Bourgogne n'ont-ils pas choisi Dole aux dépens de Besançon ? Cet héritage politique qui fit longtemps de Dole la capitale de la Comté perdura jusqu'à la fin du XVIIe siècle.

A l'origine, il y a donc le passage et la route. « Le site de Dole ne fut pas le site d'une ville antique. » (Jacky Theurot.) Tout commença, semble-t-il, par une voie romaine impériale autour de laquelle s'organisa progressivement un peuplement rural attesté par des traces de centuriations, l'existence de *villae* (Goux). Ce n'est qu'ensuite que vint se superposer un peuplement de bourgade.

Dole est une pure création du Moyen Age. En effet, dès le XIe siècle, un bourg existe avec son *castellum* (château). Le comte y installa au XIIe siècle un pont à péage ; la fondation de la paroisse précéda quelque peu la construction du château de Barberousse (1120). Dès lors, la ville s'affirme notamment grâce à l'octroi d'une charte de franchise par la comtesse Alix de Méranie (1274). Certes, le comte resta seigneur de la ville, mais les habitants, en s'appuyant sur leurs libertés, purent s'organiser. Bientôt la ville revêtit les insignes qui firent d'elle l'authentique capitale de la Comté. En effet, en 1386, grâce au duc Philippe le Hardi, héritier du Comté, Dole bénéficia de l'installation d'un parlement. Il fut dès lors nécessaire de perfectionner les fortifications. Dole prit l'allure d'une ville à l'abri de ses murailles, allure qu'elle conservera jusqu'à la fin du XVIIe siècle. Un autre duc, Philippe le Bon, consacra la renommée de la ville par la création d'une université (12 juillet 1422). La cité possédait ainsi tous les attributs d'une véritable capitale. Le XVe siècle fut pour elle un grand siècle. Des Dolois illustrèrent leur ville ; parmi eux, citons Jean Carondelet, conseiller des princes, agent diplomatique de Charles le Téméraire, qui deviendra le chancelier de l'empereur Maximilien.

Cependant, une catastrophe allait briser d'un coup cet élan. A la mort de Charles le Téméraire (1477), le roi de France, Louis XI, son constant adversaire, tenta de faire main basse sur l'héritage bourguignon. Le sort de Dole fut alors suspendu à l'évolution de la grande politique européenne : le duel entre Louis XI et Maximilien. Les Dolois entraînèrent d'autres villes comtoises dans la résistance à la France. Mal leur en prit. Au printemps 1479, la ville fut assiégée par l'armée française, les bombardements et les trahisons eurent raison des défenses doloises. Louis XI se montra impitoyable, dix-huit mille archers et mercenaires procédèrent au « saquement » de la ville qui fut détruite. Ne subsistèrent que quelques rares maisons, dont le couvent des Cordeliers et la maison Vurry. De la population ne survécut qu'une cinquantaine de feux. La reconstruction dura des années.

Au moment où la Comté et Dole passent sous la domination des Habsbourg d'Autriche par le traité de Senlis (1493), la cité avait à peu près récupéré : l'université avait été rétablie en

1484, le parlement réinstallé en 1490. Sous les souverains espagnols, comtes en Comté, Dole, pendant près de deux siècles, reste la capitale d'un Etat comtois, certes sous tutelle, mais avec les avantages d'une large autonomie. Pendant ce temps Besançon, ville impériale, appartenait aux Habsbourg d'Allemagne.

Dole décapitée

Après maintes tentatives, le rattachement par Louis XIV de la Franche-Comté au royaume fut fatal à la ville. Elle perdit au profit de sa rivale la fonction de capitale. Le transfert à Besançon du parlement fut décidé par lettres patentes du 22 août 1676. Mesure punitive, mais les cent mille écus offerts au roi par les Bisontins ont sans doute pesé lourd dans la balance. Tout cela en dépit d'une molle résistance au cours du siège de 1668 qui n'avait duré que trois jours — alors que celui de 1636 avait, lui, duré deux mois et demi. On vit pourtant « le maire de Dole lui-même grimper à une échelle pour décrocher les armes d'Espagne du porche de la collégiale et les remplacer par celles de France » (Maurice Gresset).

Cela ne fut pas suffisant. La décapitation se poursuivit, Dole perdit en 1691 l'université, puis en 1771 la chambre des comptes, ultime affront ! On tenta alors de prendre une revanche sur le plan archéologique en démontrant que Dole était plus ancienne que Besançon ! La ville accorda une médaille d'or au médecin Normand pour en avoir fait la démonstration dans plusieurs ouvrages !

Toutefois, cette blessure n'empêcha pas la ville de prospérer. Elle passa de cinq mille à neuf mille habitants de 1688 à 1789. Elle devint un immense chantier et connut une grande fièvre d'urbanisation. La ville ancienne prit alors son visage actuel. Outre le pont (1760), on construisit les casernes (à partir de 1738), de nombreuses fontaines, l'hôpital général de la Charité (1760), le Refuge (1771). On aligna les rues, on édifia des hôtels particuliers. Enfin, la ville s'aéra grâce à des places comme le cours Saint-Mauris, le cours Masson, la place Neuve... Il est vrai que la cité n'était plus corsetée par ses murailles ; elle s'étendit donc vers l'extérieur.

La première moitié du XIXe siècle n'apporta pas grand changement, sinon que, faute d'être devenue la préfecture du département du Jura, elle dut se contenter de la sous-préfecture. Elle avait trouvé une nouvelle rivale dans la ville montante de Lons-le-Saunier.

Le temps de l'extension urbaine

Ce n'est qu'au temps de la IIIe République, après 1870, que Dole connaît un nouveau dynamisme : « temps de nouvelles constructions » (Annie Gay) et aussi de l'apparition de nouvelles industries métallurgiques ou alimentaires.

La population passe de moins de treize mille habitants à plus de seize mille en 1911. De nouveaux quartiers apparaissent, tel celui de la Gare, l'espace bâti désormais s'étire vers le nord. Les faubourgs grandissent : Landon, Gray, La Bédugue... La ville gagne en surface. Dans l'entre-deux-guerres, l'industrialisation connaît des fortunes diverses. La fonderie de Foucherans ferme en 1930, mais en 1926 la société Solvay s'installe à Tavaux. Sur le plan des industries alimentaires, Fagot progresse, tandis qu'apparaît en 1920 la société Graf qui popularise le fromage fondu en « tartinettes » et qui fera travailler plusieurs centaines d'ouvriers.

Après 1945, la ville continue à s'étendre et à s'étirer le long des voies de communication. Toutefois, la population a tendance à stagner et les « trente glorieuses » n'ont peut-être pas apporté, en termes d'emploi, les rêves d'expansion faits par les responsables. La Z.U.P., comme un vêtement trop grand, n'est pas remplie. La crise ne favorise pas un nouvel essor industriel. La ville s'efforce de mettre en valeur un patrimoine architectural remarquable qui en fait, au dire des Dolois, la plus belle ville de Franche-Comté.

Le clocher de la collégiale, permanence de ce paysage urbain, veille,

Le siège de Dole (1636)

La ville fut investie du 27 au 29 mai. Elle s'était préparée à la résistance : 3 800 soldats rassemblés à l'intérieur des murailles renforcées. Mais les Français disposaient de 30 000 hommes et de batteries de canons installées sur les hauteurs. La population, galvanisée par des chefs comme le parlementaire Jean Boyvin et par la ferveur religieuse, déploya une résistance héroïque. Condé dut lever le siège le 15 août, après une lutte de trois mois. Les dégâts furent considérables, 10 000 boulets et 500 bombes tombèrent sur la ville, les pertes du côté français s'élevant à 5 000 hommes, les assiégés déplorant 800 victimes.

comme par le passé, sur une ville qui s'est largement étendue au cours des siècles, mais peut-être plus particulièrement sur le « secteur sauvegardé » qui protège, depuis 1967, les richesses de tout un patrimoine urbain.

Le quai des Tanneurs.

Dole aujourd'hui

Après une période de grande vitalité, Dole connait depuis les années 1980 de sérieuses difficultés. Entre 1975 et 1982, elle a même connu, comme bon nombre de villes, mais plus nettement que la plupart, un solde démographique négatif : elle a perdu deux mille quatre cents habitants, soit 8,2 %, mais reste avec un peu plus de vingt-sept mille âmes la première ville du Jura. Cette perte n'est pas compensée, comme cela se passe souvent ailleurs, par une augmentation de la population de sa périphérie. Celle-ci, déjà supérieure à celle de Dole-ville, a elle aussi diminué. Seule les gros bourgs de Rochefort et de Chaussin connaissent une progression. Dole doit donc faire face à un double problème : d'une part l'ensemble de son bassin d'emploi est en difficulté ; d'autre part, à l'intérieur de ce même bassin d'emploi, une répartition nouvelle des activités et des hommes l'oblige à reconsidérer son rôle.

Son problème majeur provient sans doute en grande partie de sa situation géographique, souvent présentée comme favorable, mais qui appelle quelques remarques. Le fait de se situer sur un axe, et mieux encore sur un nœud de communications, ne suffit pas à assurer le développement d'un pôle urbain. La concurrence des villes voisines est un frein qui s'exerce particulièrement dans les périodes difficiles. Dijon (à quarante-cinq kilomètres), Besançon (à quarante-huit kilomètres), par leur taille et leurs fonctions, sont sans aucun doute des concurrentes difficiles pour Dole, sans oublier Lons-le-Saunier, peu disposée à lui laisser la première place dans le département.

Dole possède, il est vrai, des atouts non négligeables, au premier rang desquels il faut placer son infrastructure en moyens de transport. Le plus ancien, d'envergure interrégionale ou internationale, est le réseau routier. Il s'est récemment modernisé avec la construction de l'autoroute A 36, dont il n'est pas certain qu'elle produise des retombées directes sur le développement de la ville. En sera-t-il autrement avec la mise ne place du nœud autoroutier créé par la réalisation de l'autoroute Dijon-Bourg-en-Bresse ?

La liaison fluviale Rhône-Rhin est ancienne (1832). Elle a produit des effets d'attraction pour des industries désireuses de s'installer dans la région (Solvay à Tavaux, Jacob-Delafon à Damparis). La mise au gabarit européen du canal du Rhône au Rhin produira-t-elle de semblables effets ? Cette question est au centre de vigoureux débats.

Le réseau ferré est très éclaté dans le centre-est de la France. Aucune ville n'a pu, ou n'a su, en dehors de Dijon, jouer seule le rôle de plaque tournante ferroviaire entre plusieurs axes majeurs : Paris-sud-est, vallée du Rhône-Alsace, Paris-la Suisse. Dole est l'une d'entre elles avec Dijon, Besançon et Mouchard. L'apparition du T.G.V. met en place de nouvelles stratégies. Dole, qui avait su capter le tracé de Dijon vers Mulhouse, en lieu et place de Gray, est bien desservie puisqu'elle fixe les lignes T.G.V. venant de Besançon, Berne et Lausanne, vers Paris. L'aéroport de Dole-Tavaux dont la « vocation régionale » a été plusieurs fois affirmée, ne connaît pas le développement attendu. Eloigné de Besançon, il subit la concurrence du T.G.V. pour les aller et retour vers Paris, et le volume des échanges avec les autres régions est encore insuffisant.

Dole n'a pas seulement une vocation de service que son passé de capitale administrative de l'ancienne Comté lui avait assurée. Sur la commune sont situées plusieurs entreprises de taille moyenne : Jean Renaud, qui appartient à la multinationale américaine I.T.T., avec six cents emplois ; Usine Métallurgique Doloise, productrice de composants ; Bel (produits laitiers) ; Idéal-Standard, elle aussi américaine (céramique pour le sanitaire), qui après avoir perdu la moitié de son effectif semble repartir du bon pied. Elles équilibrent, avec de nombreux ateliers de taille plus réduite, les grosses installations industrielles de Damparis (Jacob-Delafon), et de Tavaux (Solvay).

Dole vue de la collégiale (vers l'ouest). Au premier plan, la place Nationale et les halles.

L'ensemble du bassin d'emploi, après avoir connu une augmentation sévère du chômage (mille trois cent vingt pertes nettes d'emplois de 1978 à 1984) connaît, depuis, une stabilité relative.

Découverte de la ville

Peu de villes peuvent prétendre rassembler en si peu d'espace un tel patrimoine : autour de sa collégiale, Dole a su conserver de nombreux témoignages du passé, pour l'essentiel du XVe au XVIIIe siècle. Sauf à faire d'incessants aller et retour, on ne peut suivre une progression chronologique ; c'est donc par un circuit à peu près circulaire que nous proposons au visiteur de découvrir en quelques heures les principales richesses architecturales de la ville ancienne. A travers l'image des monuments, se lisent les principaux temps forts de l'histoire doloise.

Ce n'est pas une ville reconstituée que nous découvrons, mais des quartiers très vivants qui mêlent le passé aux modes de vie les plus contemporains.

La structure d'une ville est l'expression de la société qui la bâtit, mais aussi de la façon dont elle gère les héritages antérieurs. Ses fonctions — économiques, culturelles, politiques — imposent, à travers la liberté créatrice de l'artiste, bâtisseur ou artisan, les éléments princicipaux du paysage urbain : plan des rues, forme et taille des édifices, répartition des quartiers... C'est à la reconstitution de ce puzzle géant que nous invitons le visiteur, sachant que plusieurs jours sont nécessaires pour pénétrer à la fois l'organisation générale de la ville et l'atmosphère culturelle propre à chaque siècle.

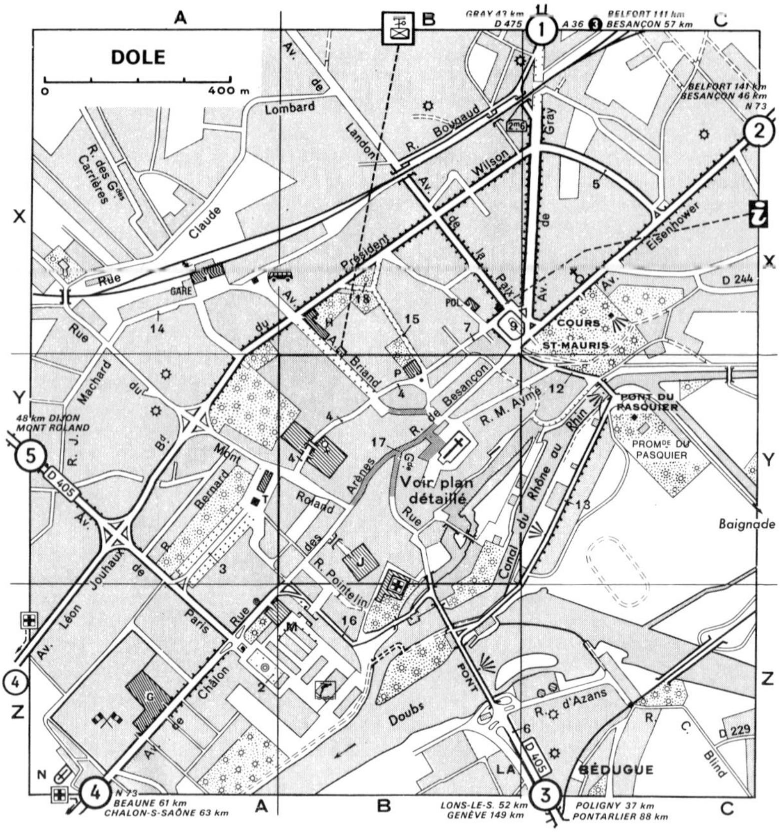

Arènes (R. des)	BY	
Besançon (R. de)	BY	
Grande-Rue	BY	
Barberousse (Pl.)	AZ	2
Clemenceau (Cours G.)	AY	3
Collège-de-l'Arc (R. du)	BY	4
Frères-Lumière (Bd des)	CX	5
Genève (Av. de)	BCZ	6
Gouvernement (R. du)	BX	7
Grévy (Pl. Jules)	BCX	9
Jaurès (Av. Jean)	CY	12
Lahr (Av. de)	CY	13
Messageries (R. des)	AX	14
Rockefeller (Av. J.)	BX	15
Vieux-Château (R. du)	BZ	16
8-Mai-1945 (Pl. du)	BY	17
11-Novembre-1918 (Pl. du)	BX	18

Plan extrait du Guide vert Michelin Jura Franche-Comté. *(Les numéros indiqués en bordure du plan renvoient aux cartes Michelin du même secteur).*

Sur les traces du guetteur de la tour

Une visite s'impose avant toute autre. Le clocher de la collégiale fournit un observatoire privilégié de la situation, du site et de l'organisation spatiale de la ville. Pendant la période estivale, la montée au sommet de la tour ne peut se faire sans être accompagné d'un guide. Sage précaution qui évite les bousculades et les incidents. Le reste de l'année, l'office du tourisme dirige le visiteur vers la mairie où une autorisation lui est remise pour obtenir les clefs du presbytère, rue Carondelet. Mais il ne regrettera, ni ces obligations, ni les deux cent soixante marches à gravir pour atteindre une plate-forme spatieuse, véritable balcon sur Dole et sa région.

Passé la nécessaire acclimatation à une altitude peu commune, source de vertige dans certains cas, il convient de s'orienter. L'axe du Doubs, voie de circulation très ancienne entre la Saône et le Rhin, voie romaine, organise l'espace du sud-ouest vers le nord-est. Au sud-est, par-delà la masse sombre légèrement surélevée de la forêt de Chaux, les plateaux du Jura et leur bordure barrent l'horizon. Au sud, sur la rive gauche de la rivière, le quartier du XIXe siècle de la Bédugue accueille les installations indus-

La place aux Fleurs : la fontaine.

trielles dévoreuses d'espace. La grande surface Mammouth devra peut-être plier bagages : le grand canal, s'il est réalisé un jour, passera à cet emplacement... Vers le sud-ouest, étirant l'axe principal, s'allongent les quartiers neufs des Mesnils-Pasteur, vers Saint-Ylie et l'aérodrome de Tavaux. Au nord-ouest, les villas cossues occupent les versants bien exposés des contreforts du mont Roland qui ferment l'horizon. Au nord-ouest enfin, la ville a fabriqué une banlieue de petits immeubles et de villas.

Ainsi le site de Dole se comprend-il mieux depuis cet observatoire : protégé au sud-est par le Doubs, la ville s'est installée sur un petit plateau qui domine la rivière d'une trentaine de mètres. Le pont a ensuite fixé le nœud d'échanges entre l'axe principal sud-ouest-nord-est, et la liaison Dijon-Genève, assurant ainsi le développement urbain sur le plateau, en auréoles semi-circulaires autour du centre ancien. De l'extérieur vers l'intérieur, l'organisation urbaine est alors aisément perceptible. L'enveloppe du XIXe siècle, aux rues droites bordées de petits immeubles hétérogènes, entoure le centre historique aux toits de tuiles rouges presque grenat. Leur faîte trahit le tracé sinueux des rues et ruelles médiévales formant cercle

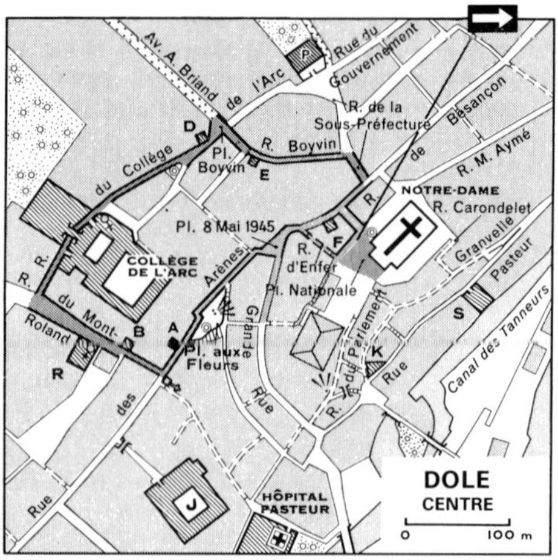

Plan du centre de Dole (plan Michelin).

autour de la collégiale. Au premier plan, vers le nord-est, la croisée des toits de la nef et du transept semble s'avancer comme un navire au-dessus des maisons de la ville. On comprend mieux l'intérêt d'avoir logé au sommet de cette tour, jusqu'en 1930, un guetteur chargé d'annoncer au porte-voix les incendies. Quel poste de contrôle !

La collégiale est un édifice majeur de l'architecture jurassienne. Visible de partout, elle fournit ainsi un repère constant pour le visiteur. Précisons d'entrée un point de vocabulaire. L'existence d'un chapitre de chanoines explique le nom de « collégiale » utilisé par les historiens, mais les Dolois la désignent comme basilique. Elle fut en effet élevée au rang de basilique « mineure » au cours d'une cérémonie dirigée par le nonce Roncalli, futur Jean XXIII, en 1950.

L'histoire de l'église Notre-Dame a été retracée par l'abbé Lacroix dans son ouvrage. Nous lui empruntons ses conclusions essentielles.

La décision de construire l'église date du début du XVIe siècle alors que Dole a pansé ses blessures de 1479 et se lance dans une phase active de reconstruction. Le Conseil prit décision le 17 décembre 1508 : « Furent convoquez et assemblez en la grant sale du parlement dud lieu tous les manans et habitans de lad ville [...] Et par tous les assistants [...] fut conclu et delibere de faire et ediffie une neufve église [...] la plus belle et honneste que l'on pourrat. » Tous considéraient « icelle église estre tres ancienne ruyneuse et non souffisante pour y accueillir et recepvoir le peuple y afferant et ressortissant ».

Les échanges de terrains nécessaires pour réaliser un ouvrage d'une telle emprise au sol sont rapidement réalisés. Un placement à Dijon est organisé pour « mectre par mémoire ce que l'on trouvoit de bon ».

Le chantier dure près de quatre-vingts ans. Quelques dates inscrites dans la pierre ou retrouvées dans les textes jalonnent la progression : 1510 dans le pilier nord précédant le transept ; le portail nord est achevé en 1554. L'église est bénite en 1557 et consacrée en 1571. Le marché du portail et du clocher date de 1577. Parmi les contrats signés, l'un concerne Hugues Sambin pour le couronnement de la tour.

De l'extérieur, l'édifice frappe par son élévation et l'impression de sécurité qui s'en dégage. L'étagement des toits, des chapelles latérales à la couverture de la nef, entraîne le regard vers le haut, tout comme les arcs-boutants bien intégrés à l'ensemble. En prenant un peu de recul, vers les halles par exemple, on peut admirer la puissante tour carrée, construite en avant de l'édifice. Les angles sont renforcés de contreforts et encadrent une façade de quatre étages. La plate-forme, œuvre d'Hugues Sambin, couvre la structure gothique de formes Renaissance : corniche sur modillons (corbeaux) à palmettes, et échauguettes octogonales. Le porche est ouvert sur trois côtés et abrite un portail Renaissance. La durée même de la construction de l'ouvrage explique ce syncrétisme ; sur une structure gothique « pure » ont été adjoints, à la fin des travaux, des éléments empruntés aux « modes » nouvelles. Nous en verrons d'autres exemples à l'intérieur.

Passé le portail double, l'église produit instantanément une quadruple impression : puissance, majesté, lumière,

Le canal des Tanneurs.

sobriété. Sur un plan strictement rectangulaire, à l'exception du clocher, s'inscrivent une nef de cinq travées, un chœur qui en comporte deux, séparés par un transept qui ne dépasse pas les limites des chapelles latérales. Partout règne la voûte d'ogives, qui permet à la nef une largeur de plus de onze mètres. Les piles, rondes près du transept, à double ovale vers la nef, ne disposent pas de chapiteaux et reposent sur des bases octogonales. Les murs nus sont recouverts de tableaux éclairés par les fenêtres hautes. L'abside est davantage travaillée, plus ouvragée aussi. Les deux extrémités du transept montrent de vastes ouvertures flamboyantes, surmontées d'une rose. Dans le chœur figurent des statues de l'école bourguignonne qui proviennent de l'ancien collège Saint-Jérôme.

Plusieurs ajouts de l'époque de la Renaissance complètent harmonieusement la structure gothique. Au fond de l'abside, le monument funéraire de Jean Carondelet et de son épouse, élevé par leur fils Jean en 1542, n'est plus qu'un simple portail : deux colonnes de marbre parent un arc de triomphe richement orné. Cette œuvre a inspiré plusieurs portails dans la ville même. A l'opposé, la tribune de l'orgue, de 1562, est due à Hugues Le Rupt, qui a su utiliser la variété de couleur des pierres de Dole et de sa région. Les orgues sont signées du facteur allemand Riepp, également responsable de ceux de Dijon, d'Autun et de Chalon-sur-Saône. Insérées dans un buffet en bois finement sculpté, elles ont une remarquable sonorité.

A l'angle sud-est de l'église, une chapelle d'un « classicisme éclatant » apporte une tonalité très différente, même si elle s'inscrit sans heurt dans l'ensemble de l'édifice. Tout ici est orienté vers le recueillement : la porte étroite, la lumière plus discrète, le plafond à caisson qui abaisse le regard. L'existence de cette chapelle est liée au « miracle de Faverney », petit village de Haute-Saône où deux hosties avaient échappé miraculeusement à l'incendie de l'église en 1608. La chapelle accueillait, avant sa profanation en 1794, les hosties miraculeuses.

Avant de quitter l'église, un regard vers les vitraux du XIXe siècle, bien intégrés à l'esprit de l'édifice, et à la chaire en marbre rouge de Sampans. Saint François de Sales et saint Jean Bosco y ont prêché.

Autour de la collégiale

La place Nationale et ses annexes autour de la collégiale forment un des rares lieux ouverts du centre ancien. Sur la droite, en sortant du porche, se dresse l'ancien hôtel de ville. Il a conservé le portail du parlement, détruit à la fin du XIXe siècle dans le cadre d'un réaménagement de la place. Au bord sud-ouest, les halles modernes (1882), loin de défigurer l'ensemble, s'intègrent plutôt bien dans ce cadre architectural prestigieux. En outre, elles apportent vie et animation à ce qui pourrait n'être qu'un musée figé. A leur gauche s'ouvre la rue du Parlement, qui accueille, en haut de la rampe, l'hôtel Mailly-Château-Renaud, qui s'étend par étages successifs jusqu'à la rue Grandvelle. Le tour de la collégiale se termine par le côté sud, en un espace très agréable composé de plusieurs niveaux : sous les escaliers du porche sud, un large parvis domine à son tour le lacet de la rue Carondelet.

Cette grande famille doloise a donné à la ville plusieurs personnalités remarquables. Jean Carondelet (1428-1501) fut conseiller au parlement de Dole, puis, à partir de 1473, au service du duc de Bourgogne, dans les Flandres. Deux de ses fils, Ferry (1473-1528) et Jean (1469-1544) servirent l'Eglise, et furent en relation avec les grands artistes et penseurs de l'époque : Michel-Ange, Raphaël, Erasme, Holbein...

Sur les traces de Pasteur

La rue Carondelet débouche sur la rue Granvelle. Prendre à gauche pour rejoindre la rue Pasteur. Face au débouché de la rue Granvelle se dresse la maison des Orphelins. Fondée par la famille Froissart de Broissia en 1735, actuels propriétaires du quotidien *Le Bien public* de Dijon, elle accueillait les orphelins d'origine noble. Elle est toujours une institution d'enseignement privée. En demandant l'autorisation, on peut accéder à un petit pont qui enjambe le canal des Tanneurs. Il offre une perspective originale sur la ville.

Au numéro 43 est sise la maison Pasteur. C'est un des lieux majeurs de la ville : Pasteur y est né et sa famille y résida jusqu'en 1825, date de son départ pour Marnoz puis Arbois. La maison a été transformée en musée. Malgré sa conception un peu vieillote, quelque peu reliquaire, il permet néanmoins, lorsqu'on prend le temps, de se familiariser avec l'homme : les témoignages d'affection à l'égard de ses parents sont bien connus, en revanche quelques notes sur ses rapports à la foi et à la pratique religieuse témoignent de son intégration dans le siècle. Ses découvertes dépassent largement l'époque, mais l'homme est de son temps ! L'atelier de son père a été reconstitué et permet de comprendre l'originalité du métier de tanneur.

Musée de la maison natale de Pasteur, 43, rue Pasteur. Ouvert d'avril à octobre. Tél. 84.72.20.61.

A côté de la maison, un passage a été aménagé qui permet de rejoindre le quai des Tanneurs. On peut l'utiliser pour rejoindre, en flânant, l'itinéraire un peu plus loin.

En reprenant la rue Pasteur, nous découvrons un quartier en cours de restauration. Les opérations, menées depuis 1978 ne se sont pas faites sans difficultés ; qualité discutée, coûts importants qui modifient la composition socio-professionnelle du quartier et, partant, son atmosphère. Difficiles débats... Avaient-ils lieu autrefois lors de l'édification des cathédrales, des remparts, des boulevards ?

A l'angle de la rue Granvelle s'élève l'hôtel de Champagney, appelé parfois maison Margot, du nom de Marguerite d'Autriche, venue à Dole pour se marier, et propriétaire un temps du terrain. Mais c'est le frère du cardinal Granvelle, grande famille comtoise, qui la fit construire en 1579. Le balcon rappelle la balustrade du clocher de la collégiale. L'escalier ajouté procure un peu de vie à cet ensemble qui donnera sans doute toute sa force à la fin des opérations de restauration.

La rue s'élargit alors pour créer une place très agréable dans ses proportions. En son milieu s'ouvre une sorte de puits : la Grande Fontaine.

Cette source, aménagée en lavoir au XVIIIe siècle, alimenté par l'une des nombreuses rivières souterraines de Dole, sourd sous la première arche de l'ancien pont Renaud-de-Bourgogne, qui en comptait dix-sept, actuelle rue Prélot. Ce pont conduisait à l'hôpital du Saint-Esprit-sur-le-Pont et à La Bédugue.

En passant par la Grande-Rue et la place Garibaldi, on parvient à l'ancien hôpital de la Charité. Fondé sous Louis XIV, après la conquête et la grave crise économique qui a suivi le départ des services administratifs à Besançon, il permettait d'accueillir des orphelins en apprentissage. Transformé en collège, géré d'abord par les Ursulines puis par la ville à partir de 1890, il est devenu en 1964 l'internat du lycée Charles-Nodier. Sur son arrière a été conservé un bastion, rare témoin de l'enceinte construite sous Charles Quint.

Le lycée occupe les locaux de l'ancien couvent des Dames d'Ounans. Ces religieuses qui dépendaient directement de Rome sont arrivées à Dole en 1595 : après avoir subi les exactions des soldats d'Henri IV, elles étaient à la recherche d'une ville fortifiée. Au cours du XVIIe siècle, elles font bâtir cet édifice très homogène dans son style et sa structure. Les pierres du cloître, détruit à la Révolution, ont servi à construire les bâtiments qui bordent l'avant-cour. Depuis, ses usages ont été multiples : halle aux grains, bains-douches, hôtel... Il accueille désormais le lycée Charles-Nodier.

A côté se dresse un des monuments les plus remarquables de Dole : l'Hôtel-Dieu (encore appelé ancien hôpital ou hôpital Pasteur). C'est un des plus beaux ensembles du XVIIe siècle de Franche-Comté, édifié sur un plan rectangulaire, rapporté d'Italie par Jean Boyvin.

L'extérieur frappe par la très belle galerie soutenue par des corbeaux (ou modillons) très ouvragés. Ils apportent un peu de fantaisie à cet ensemble plutôt sobre. Deux thèses s'affrontent : leurs ornements forment selon certains des caricatures de personnages contemporains de la construction, selon d'autres une sorte de rébus menant à la pierre philosophale...

A l'intérieur, le rez-de-chaussée, voûté d'ogives, s'ouvre à la manière d'un cloître sur une cour intérieure où l'eau se rassemble, à l'espagnole, dans un puits central. Un escalier tournant dans une tourelle polygonale permet d'accéder au premier étage, par une série de marches dont la hauteur diminue au fur et à mesure pour faciliter l'effort des malades. La galerie du premier étage, postérieure, dispose d'un plafond boisé. La pharmacie, ouverte seulement aux visiteurs en juillet et en août, et la chapelle construite par Attiret en style hellénique méritent une visite. Ce lieu a conservé des fonctions proche de la médecine : après la construction du nouvel hôpital en périphérie, ce bâtiment a été transformé en hospice.

L'itinéraire emprunte ensuite la rue Bauzonnet et la rue de l'Hôtel-Dieu. A l'angle des deux rues, une échauguette en encorbellement, finement sculptée, fait saillie sur le bâtiment. Dans la rue de l'Hôtel-Dieu, s'arrêter devant un portail Renaissance, avant de tourner dans la rue Pointelin.

Au numéro 7, la maison des Vignerons témoigne de la présence de l'activité viticole à Dole, activité aujourd'hui disparue. La place des Carmes, un peu plus loin, doit son nom au couvent des Carmes déchaussés. Ces moines, qui ne participaient pas aux opérations de défense de la ville, n'étaient guère appréciés des Dolois.

Château fort et casernes

La porte d'Arans est intégrée dans l'ancienne courtine construite par Précipiano, ingénieur gênois venu à Dole en 1541 à la demande de Charles Quint. Détruite en 1668, lors du premier siège de Louis XIV, elle fut rapidement reconstruite. Les logements des puissants mécanismes de la herse et du pont-levis sont encore bien visibles. Elle ouvre sur un espace où se dressait à l'époque médiévale le château de Frédéric Barberousse, l'époux de Béatrice, fille de Renaud III de Bourgogne.

Sur la droite, dominant l'ensemble, l'ancien pavillon des officiers, construit par Antoine-Louis Attiret au XVIIIe siècle, abrite le musée. Celui-ci mérite une visite. Des efforts récents cherchent, en l'ouvrant sur l'extérieur, à transformer son image auprès du public. Les salles supérieures permettent de s'imprégner du passé dolois. Plans et tableaux, en particulier ceux des sièges successifs, fournissent un outil d'approche pour la connaissance de la ville. Au rez-de-chaussée, des expositions temporaires permettent de se familiariser avec les nouvelles tendances de l'art contemporain. Les casernes, qui datent de 1770, ont été en partie aménagées et accueillent une grande salle des fêtes.

Musée des Beaux-Arts et d'Archéologie, 85, rue des Arènes. Ouvert tous les jours sauf le mardi.
Tél. 84.72.27.72.

Face à l'entrée du musée, la fontaine de Claude-François Attiret orne le début de la rue d'Arènes, ou des Arènes. Son nom vient d'Arans et ne doit donc pas prêter à confusion : on n'a pas retrouvé d'arènes romaines à Dole. Les mutations toponymiques sont sources de nombreuses erreurs.

Prenant cette rue en direction du centre ville, nous découvrons, parmi des magasins, des cafés, des banques et autres commerces ou services variés, quelques hôtels remarquables : au numéro 36, l'hôtel François-Richardot — aumônier de Charles Quint —, de style Renaissance ; Jean Boyvin en fit sa résidence. Au numéro 43 s'élève l'hôtel Rigolier-de-Parcey, auquel on accède par un bel escalier du XVIIIe.

Le monument majeur de la rue se trouve au numéro 20. C'est l'ancien couvent des Cordeliers, premier couvent dolois. L'accès se fait par un portail daté de 1572 et taillé par Denis le Rupt. Il comporte deux colonnes en marbre rose de Sampans.

Sauvegardé au moment du sac de 1479, le couvent fut remodelé au XVIIIe siècle. Le cloître est voûté d'arêtes et abrite un puits orné de ferronneries qui reprennent, dans leurs entrelacs, le motif de la corde. De la chapelle, encore restaurée à ce jour, seule la façade est visible. Les bâtiments accueillent le palais de justice, depuis le départ des services de la sous-préfecture, dans laquelle Charles Nodier donna des cours de littérature, peu après son mariage avec une doloise. Abrité des bruits de la rue, ce lieu est attachant par la sérénité qui en émane.

Le prestigieux passé de Dole ressurgit aux numéros 32 et 34 de la rue. L'université s'y était installée, mais le taux de fréquentation et l'importance de ses activités nécessitaient l'utilisa-

Les carrières de Sampans

Les carrières du village de Sampans, au nord de Dole, taillées à proximité du petit massif ancien de la Serre, ont fourni un matériau de choix aux ciseaux des sculpteurs dolois. Plusieurs exemples jalonnent l'itinéraire. Mais leur réputation a largement dépassé les frontières du département du Jura : l'escalier de l'Opéra de Paris en est tiré, ainsi que le soubassement de la statue de la Liberté dans le port de New York !

Un peintre jurassien en Chine : Jean Denis Attiret (1702-1768)

Ce jésuite est issu d'une famille doloise qui a donné beaucoup d'artistes, peintres ou sculpteurs. Embarqué en Chine en 1738, il sut devenir, grâce à ses qualités d'artiste, l'ami et le conseiller de l'empereur de Chine. Il s'initia aux techniques de la peinture chinoise.

tion de plusieurs autres annexes. De grandes figures universitaires ont ici donné leur enseignement de 1423 (date de la création par Philippe le Bon) jusqu'à 1691 (départ pour Besançon), période interrompue un court moment par le transfert de l'université à Poligny. Parmi elles, il faut relever le nom d'Anselme de Marenches, dont le dernier descendant fut naguère le responsable des services secrets français.

La rue d'Arènes devient piétonne à cet endroit. Ainsi, paradoxalement, la période que nous vivons redonne à la cité un caractère d'autrefois. La voiture, qui avait tenté de l'envahir doit reculer : sauf à les défigurer, elle n'est pas faite pour les rues étroites des centres anciens.

A quelques pas, un lieu charmant : la place aux Fleurs. Au cœur de la ville, elle autorise une vision directe du clocher de la collégiale, par-dessus les toits anciens. Légèrement surélevée par rapport à la rue des Vielles-Boucheries, elle fournit un poste d'observation idéal de la vie doloise. On a envie de s'y asseoir. C'est peut-être ce qui a poussé le sculpteur Boetcher, originaire de Lahr, ville allemande jumelée avec Dole, à installer *Trois Commères* de bronze, pour tenir compagnie à l'enfant de la fontaine.

Revenir quelques mètres en arrière pour s'engager dans la rue du Mont-Roland, l'une des plus cossues de la ville.

Au numéro 12, la maison d'Odon de la Tour, conseiller de Charles Quint, présente trois éléments intéressants : son échauguette Renaissance, le linteau de sa porte, et son escalier polygonal à demi engagé dans la façade.

En face, au numéro 7, s'élève l'hôtel de Froissard. Il s'agit ici des Froissards de Bersaillin, branche voisine des Froissard de Broissia déjà mentionnés à propos de la maison des Orphelins, rue Pasteur. Sa façade est agrémentée de fenêtres à meneaux de style Renaissance. Les grilles de protection doivent être rattachées à une influence rhénane plutôt qu'espagnole, comme on le fait généralement. A l'entrée, un lion sculpté accueille le visiteur ; renversez la tête, il devient un diable ! Le portail s'ouvre sur un escalier monumental classique à double révolution : qui pourra résister au plaisir d'effectuer à deux une montée symétrique ? Dans la cour, posée sur des arcades, court une galerie à l'italienne avec balustres. De là, on peut apercevoir la base de la tour de Chamblanc, ancienne tour de ville.

Sur la gauche de la rue apparaissent alors la chapelle et le couvent des Carmélites. Fondé par Jeanne Bereur, ce dernier cessa ses activités à la Révolution qui en fit une usine de « bleu » pour le linge. Cette teinture fut retrouvée incrustée dans les murs lors des restaurations. Au XIXe siècle, le Carmel y fut réinstallé un court moment, jusqu'à ce que le manque d'argent — on restaurait alors l'abbaye d'Acey — provoque l'arrivée des Ursulines, plus à l'aise financièrement. Leur présence explique la dénomination donnée parfois à l'édifice.

L'ensemble date de la décennie 1630-1640. Le portail de la chapelle est bordé de deux colonnes ioniques en marbre de Sampans. Le fronton est orné d'une niche de Compostelle. L'intérieur est en tout point admirable. La clé de voûte très ouvragée, en forme de « parapluie », est un défi aux lois de la pesanteur. A droite de l'autel, un tableau un peu troublant signé Prévost. Initiative utile : un commentaire permet de se pénétrer des volontés de l'artiste.

L'accueil est chaleureux pour qui s'intéresse, et, avec un peu de chance, le visiteur obtiendra qu'on lui montre quelques trésors cachés...

Au-delà de la façade du couvent, se succèdent trois hôtels particuliers : Bouhelier-d'Audelange au numéro 18, de Mesmay au numéro 20 et Maréchal-de-Longueville au numéro 22. Le dernier de la rue, au numéro 24, s'appuie sur les anciennes fortifications dont il a conservé une échauguette. Il est de style Renaissance, sur un rez-de-chaussée plus ancien.

Le théâtre est situé au-delà des remparts. Construit dans les années 1841-1843, récemment restauré, il dispose d'une salle à l'italienne, dotée d'une assez bonne acoustique.

Collèges et lycées

Revenant sur nos pas, nous nous engageons à présent dans la rue du Collège-de-l'Arc. A gauche, le lycée du Mont-Roland est établi dans cette rue depuis 1850. Il jouit dans le Jura d'une bonne réputation pour ses innovations pédagogiques. Son intégration dans le tissu socio-professionnel dolois est particulièrement forte.

Non, ce n'est pas le pont des Soupirs ! L'arche qui a donné son nom au collège de l'Arc permet seulement de relier la partie la plus ancienne à son annexe de l'autre côté de la rue. Elle date de 1607. En effet, depuis 1547, un enseignement de grammaire était prodigué dans cet établissement, lorsqu'en 1582 les jésuites décidèrent de le développer, en liaison avec la croissance de l'université. On y dénombrait cinq cents élèves en 1585, huit cents en 1588 : une extension de l'autre côté de la rue fut décidée qui entraîna, un peu plus tard, la construction de l'arche. Sous l'arc, dans une petite porte, un judas présente une Vierge à l'Enfant finement travaillée. A l'étage, la bibliothèque mérite une visite. La visite de la chapelle attenante nécessite la présence d'un guide. Elle date de 1599 et présente en façade un beau portail Renaissance.

Dans la rue du Collège, plusieurs hôtels particuliers sont remarquables : au numéro 18, l'hôtel Belon-d'Aligny, avec une porte de bois très ouvragée ; aux numéros 16 et 14, la maison du Bouillon. Sous Louis XV, une fondation s'occupait d'y servir une soupe populaire et y prodiguait quelques soins aux malheureux ; au numéro 2, l'hôtel de Cîteaux, belle résidence des trappistes qui étudiaient à l'université. L'escalier avec rampe de fer forgé est à voir.

Arrivé à ce point de l'itinéraire, il faut effectuer un aller et retour dans la rue Charles-Sauriat. Originaire de Saint-Lothain, près de Poligny, cet ancien élève du collège de l'Arc, camarade de classe de Jules Grévy, est l'inventeur méconnu des allumettes. Mais cette rue s'éclaire d'une autre lumière, puisqu'elle abrite l'ancien couvent des Ursulines, dit maison de la Providence,

Dole, dessin de J.-C. Thibert.

à l'histoire singulière. Elle est liée à la personnalité d'Anne de Saintonge, grande figure religieuse de Dole. Elevée par un jésuite, en dehors du collège auquel les femmes n'étaient pas admises, elle eut l'idée de fonder un ordre non cloîtré et sans habit. Face à l'opposition vigoureuse de beaucoup, dont celle de son propre père, elle tint bon et fit front devant les rudes débateurs officiels de l'Eglise qui reconnurent finalement sa foi et sa volonté. Persuadée que son œuvre était « destinée » à la Franche-Comté, elle s'installa à Dole, créant en 1606 une fondation. Soutenue par Claudine de Boisset (elle-même liée à la famille de Marenches), elle se préoccupa, entre autres, de la misère qui régnait dans les mauvais quartiers ; dans le langage d'aujourd'hui, elle pratiqua, avant l'heure, la prévention de la délinquance... Sa sœur vint la rejoindre, mais décida, quant à elle, de se cloîtrer. Quinze couvents furent fondés qui prirent le nom d'Ursulines d'Anne de Saintonge. Bien qu'elle n'ait pas commis de « miracle », elle sera prochainement canonisée.

Par la rue Raguet-Lépine (ancien couvent des Tiercelines), nous parvenons place Boyvin face à un bel ensemble restauré : l'ancien couvent de la Visitation. Antoine de Roche, né à Vaux-sur-Poligny en 1420, grand prieur de Cluny, avait établi ici un collège bénédictin qui servait bien souvent d'annexe de l'université. Il se trouva, plus tard, à l'abri des remparts ; on peut en voir encore une partie en arrière du cloître. En 1828, des sœurs de la Visitation l'occupèrent, travaillant à la reliure, avant que la municipalité ne l'acquière en 1978, pour y installer, après restauration, divers services dont l'Agence nationale pour l'emploi.

Le cloître, reconstruit en 1699, le puits et l'escalier sont en tout point remarquables ; mais ils le cèdent en qualité à ce qui reste de l'église après le percement, au XIXe siècle, de l'avenue Aristide-Briand. Les culots qui supportent les croisées d'ogives sont ornés de personnages pleins de vie... Les socles des statues des apôtres, elles-mêmes déplacées à la collégiale Notre-Dame, évoquent les prophètes : « l'Ancien Testament supporte le Nouveau ! » écrit l'abbé Lacroix.

La rue de la Sous-Préfecture conduit vers la partie orientale de la ville. Après son départ du couvent des Cordeliers en 1883, la sous-préfecture occupe l'hôtel Bereur, famille de riches négociants, qui donna plusieurs maires à Dole. Louis XIV, la reine, et sa suite, y séjournèrent en 1683.

La rue du Gouvernement s'ouvre en continuité. L'hôtel de Rye, résidence de l'ancien gouverneur militaire, présente une jolie tour-escalier, accolée à la façade.

La rue de Besançon

Passant par la place Grévy, nous retrouvons l'axe principal de la ville, la rue de Besançon, prolongement de la rue d'Arènes. L'hôtel Chandioux, à l'entrée de la rue, abrite, à l'intérieur, une salle du corps de garde de l'ancienne porte de Besançon, rasée par Louis XIV. Au numéro 7 s'élève l'hôtel de Vurry, une des plus anciennes et des plus hautes maisons de la ville, qui échappa au sac de 1479. La porte centrale permet d'accéder à un escalier à vis de 1430, qui passe pour le plus ancien de Franche-Comté.

Cette rue est vivante, bordée de commerces et de services « haut de gamme ». Au numéro 44, l'hôtel Terrier de Santans, a la particularité de disposer de trois escaliers : XVIe, XVIIe et XVIIIe siècles : une vraie leçon d'architecture. Ici vivait l'imprimeur Joly qui publia un pamphlet de Bonaparte contre un député de Corse... Au numéro 53, une plaque rappelle la défense héroïque — et sans espoir — de quelques Dolois en 1479. Charles d'Amboise, qui commandait les Français, décida de les épargner : « Conservez-les pour la graine », aurait-il dit.

La rue d'Enfer permet de retrouver la place Nationale, notre point de départ.

Visiter la périphérie de Dole

Une ville ne peut se limiter à ses quartiers anciens. Loin d'être rébarbative, la découverte de zones d'habitat des XIXe et XXe siècles offre de multiples intérêts. Pour certaines, elles ont déjà une histoire, pour d'autres, elles forment les lieux de vie d'aujourd'hui.

Vers l'est

Le cours Saint-Mauris offre un cadre agréable à ce début de promenade ; de grandes allées conduisent à des lieux charmants, couverts de grands arbres. Vers l'ouest, le cours domine la partie basse de la ville et assure d'intéressantes perspectives sur le quai des Tanneurs. Une statue de Pasteur s'y trouve depuis 1902. Due à une souscription internationale, elle faillit provoquer l'entrée en guerre de la Suisse contre l'Allemagne nazie en 1940 ! La Suisse s'opposa en effet très fermement à son enlèvement par les Allemands. Plus pacifiquement, la principauté de Monaco est chargée de la fleurir. En contrebas de cette esplanade, Attiret a dessiné des grottes qui entourent harmonieusement une source naturelle.

Par la ruelle Saint-Mauris, on rejoint l'avenue Jean-Jaurès, dont la statue se dresse un peu en avant du pavillon des Arquebusiers. Celui-ci servit

Le chemin de halage le long du canal du Rhône au Rhin.

longtemps de bourse du travail, après avoir accueilli des sociétés de loisirs, à mi-chemin entre le sport et l'entraînement militaire. Sur le Pasquier, grand pré inondable sur lequel le pavillon est construit, se déroulaient des jeux d'adresse. L'un d'entre eux consistait à abattre le « papegay », oiseau de bois fixé au sommet d'un grand mât. Ce lieu a retrouvé au XXe siècle cette ancienne fonction, puisque des installations sportives et un terrain de camping occupent à présent une partie de ces terrains. En outre, le long de l'avenue de Lahr, se déroulent à la Pentecôte les grandes fêtes annuelles de la ville.

Le chemin du canal Charles-Quint est idéal pour flâner ; les grands arbres, l'eau calme, prêtent à la rêverie. En été une « guinguette » s'anime lorsque les Dolois viennent chercher la fraîcheur de ces lieux. Les lecteurs de Bernard Clavel y retrouveront le théâtre de l'action de son ouvrage : *Le Tambour du bief*. Le chemin de halage, le long du canal du Rhône au Rhin, et le chemin de la Ferme-d'Assaut permettent, eux aussi, d'agréables promenades.

Vers le sud

« Il suffit de passer le pont »... pour atteindre le quartier de la Bédugue, ancien dans son implantation, récent dans son développement. Il accueille sur de vastes espaces, des entreprises industrielles, comme Idéal-Standard, spécialisée dans la production de céramiques sanitaires. Mais ce quartier est ausi au contact de la forêt de Chaux, et offre donc un point de départ pour des excursions pédestres intéressantes. Le village de Goux, à présent fusionné avec Dole, en bordure de la forêt est un agréable but de promenade et a révélé un intéressant matériel archéologique.

Vers le nord

Le quartier de la gare s'est étendu dans la deuxième moitié du XIXe siècle, suite à l'implantation de la voie ferrée en 1855. Dole, en effet, avait obtenu que la ligne Paris-Dijon soit prolongée jusqu'à Dole, avant de rejoindre Besançon et Mulhouse d'une part, Mouchard et la Suisse d'autre part.

On peut rejoindre le mont Roland à travers une forêt de pins qui a remplacé, après l'incendie de 1856, les bois de feuillus qui s'y trouvaient.

Vers l'ouest

Le développement des quartiers de l'ouest est plus récent. On peut s'y rendre depuis le quartier d'Arans, en suivant la route de Chalon, aujourd'hui avenue Jacques-Duhamel — grande figure politique doloise de l'après-guerre. Il faut s'arrêter près de l'église Saint-Jean, édifice contemporain puisqu'il a été construit entre 1961 et 1964 : deux audacieuses hyperboles s'élancent vers le ciel ; les grilles de fer forgé qui parent le rez-de-chaussé représentent des scènes de l'Apocalypse. A l'intérieur, la charpente, comme vrillée vers l'infiniment haut, rappelle l'impression provoquée par l'architecture extérieure.

Plus loin vers l'ouest, l'hôpital Pasteur offre ses formes rigides et anguleuses. Sa taille même, voulue par Jacques Duhamel, pose problème : est-il adapté à son aire d'influence, ou bien a-t-on vu trop grand ?

La Z.U.P. « Les Mesnils-Pasteur » couvre l'espace entre la ville et l'ancien village de Saint-Ylie. Bâtie dans les années soixante-dix, elle est, elle aussi, en partie surdimensionnée. Elle abrite la main-d'œuvre des services et des entreprises dolois, ainsi que les ouvriers travaillant à Damparis et à Tavaux, en tout près de cinq mille habitants.

Saint-Ylie est connu pour son établissement psychiatrique, ville dans la ville, créé en 1905.

Dole, base nautique

Placé dans un site exceptionnel, au cœur de la vieille cité, le port de Dole est sans concurrence en France.

La ville de Dole a fait un effort considérable dans le domaine du tourisme fluvial en se dotant d'équipements importants : en particulier, un gîte nautique placé sur le canal du Rhône au Rhin, dans le secteur sauvegardé. Cette installation, qui fournit toutes les installations nécessaires aux usagers (sanitaires, bornes électriques, eau potable...), a été complétée par une rampe de mise à l'eau de soixante mètres de long.

Pour tous ceux qui recherchent un tourisme différent de vraie détente, la Franche-Comté peut maintenant se visiter au fil de l'eau, pour profiter au mieux de la beauté de cette région.

L'association « Nouvelle Vogue » met à disposition une nouvelle base de location de bateaux au départ de Dole.

Renseignements : Nouvelle Vogue,
39, avenue Eisenhower,
39100 Dole.
Tél. 84.82.56.01.

L'université ouverte à tous

Dole, ancienne capitale de la Franche-Comté, abrita dans ses murs dès 1423 l'université des deux Bourgognes, et dès 1582 un célèbre collèges de jésuites. La dispense d'un savoir de haut niveau fut épaulée par le rôle exercé au cours des siècles d'abord par le couvent des Cordeliers observantins, lié à l'organisation de la faculté de théologie en 1437, et surtout par la multiplication des ordres religieux prédicants à la fin du XVIe siècle et au cours du XVIIe siècle. Ces établissements possédaient de riches bibliothèques qui alimentèrent le fonds ancien de la bibliothèque municipale, organisée au cours de la période révolutionnaire, mettant à la disposition des curieux et des chercheurs un riche patrimoine livresque et culturel.

L'organisation à Dole, après Besançon, d'une antenne permanente de l'Université ouverte, fille de l'université de Franche-Comté, dès 1983, répondait à l'attente d'une population déjà très nombreuse au sein de multiples associations. L'Université ouverte, dont l'organisation a été sollicitée par la municipalité qui lui a apporté un financement substantiel, repose sur une structure souple, animée par quelques bénévoles convaincus du bien-fondé d'une telle organisation et liés aux institutions universitaires bisontines. Le but recherché est d'offrir au public de tous âges et de tous niveaux sociaux des cycles de conférences données par des universitaires, assurant ainsi une qualité scientifique certaine et permettant aux chercheurs de faire participer les habitants de Dole et des environs à leur travail.

Dès 1984, l'engouement des habitants a été marqué. La provenance des « étudiants » recouvre le « pays dolois », soit Dole et les villages proches dans un rayon d'une vingtaine de kilomètres. L'originalité de l'Université ouverte à Dole est qu'elle offre chaque jour ouvrable une conférence sur un sujet différent. Le droit, l'histoire régionale, la peinture, la littérature, la conversation anglaise, l'informatique, la médecine et bien d'autres thèmes sont ainsi abordés. Si les auditeurs constituent de petits groupes pour assister aux conférences scientifiques, ils sont cinquante à soixante pour les cycles historiques et dépassent la centaine aux cycles « peinture ». Les organisateurs mettent sur pied des sorties (Orsay, circuit du sel...), des visites d'entreprises, et mettent les auditeurs dolois en relation avec Besançon pour les « voyages culturels ».

Plus de cinq siècles après l'université de Philippe le Bon, Dole renoue donc avec la tradition universitaire et les Dolois semblent apprécier l'organisation de ces conférences qui leur apportent la connaissance la plus récente dans tous les domaines.

La région doloise

Forêt de Chaux, val d'Amour, Nord-Jura

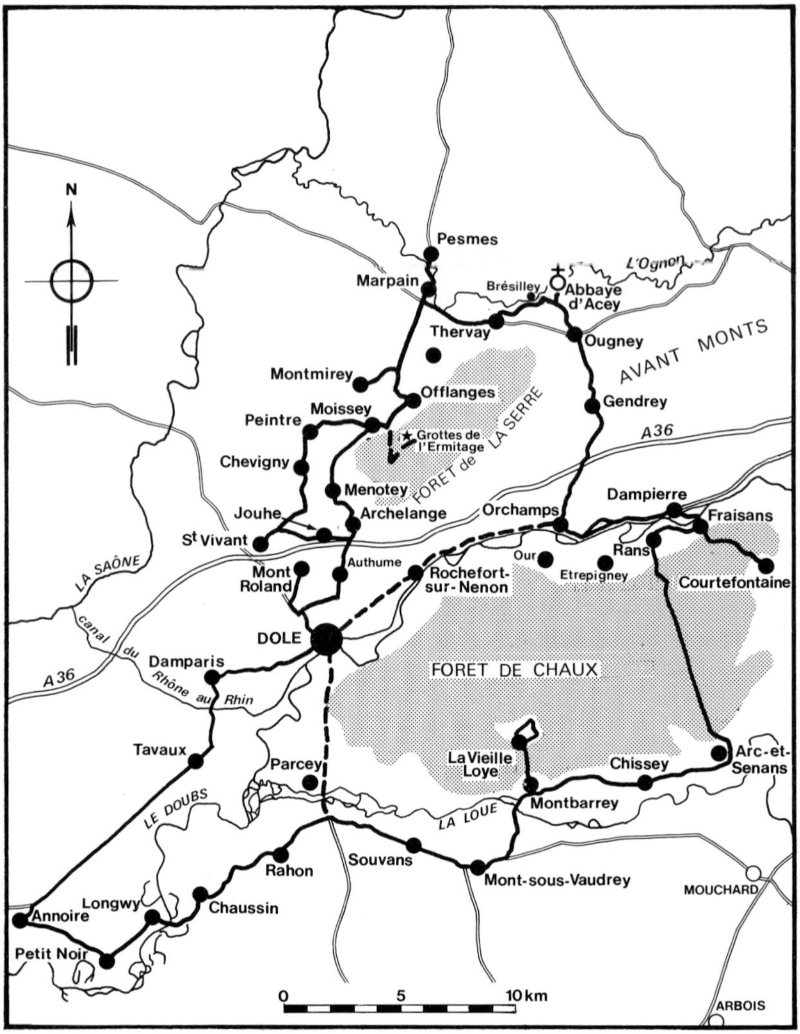

◀ *Goux et la forêt de Chaux.*

La découverte des environs de Dole réserve d'agréables surprises au visiteur peu pressé, qui prend le temps de muser au long des nombreuses petites routes de cette région de collines basses et de larges vallées. Il pourra alors déceler la variété de reliefs sans monotonie, les nuances dans les paysages agraires qui traduisent des économies rurales, anciennes ou présentes, souvent fort actives mais toujours diverses. Il pourra découvrir l'ambiance, s'attarder devant les richesses architecturales de multiples villages anciens, tantôt ramassés autour de leur vieille église, tantôt écartelés en hameaux lâches.

Le circuit que nous proposons permet de parcourir la montagne de la Serre et ses environs, pays d'églises modestes mais souvent intéressantes, pays de châteaux anciens, de villages pittoresques et de larges échappées sur les plaines de la Saône comme sur le Jura et sa bordure. Il aborde la forêt de Chaux, une des plus vastes de France, avec ses villages forestiers et quelques églises remarquables, avec ses promenades et les vestiges de ses activités anciennes, et, au sud, le large val d'Amour où sinue une Loue parfois coléreuse. Il découvre enfin, vers l'ouest, depuis les confins bressans, la plaine céréalière du Finage et les villages des bords du Doubs.

Le circuit est prévu en une large boucle, mais chaque phase peut être isolée, avec un retour à Dole : Serre et Avant-Monts, forêt de Chaux et val d'Amour, plaine du Doubs et Finage. Libre à chacun d'organiser sa découverte.

La montagne de la Serre et les Avant-Monts

Les Dolois ont, au **mont Roland**, à quelques kilomètres de leur centre-ville, un excellent point de vue pour une première approche de toute leur région. Pour l'atteindre, il suffit de prendre la direction de Dijon (R.N. 5) et, dès le sommet de la montée, après le carrefour de la voie de contournement, de bifurquer à droite dans une petite route agréable, bordée de bois de pins. Elle mène tout droit, après avoir longé un chemin de croix en pierre, au vaste parking et à l'église Notre-Dame-du-Mont-Roland, reconstruite en 1851 sur les ruines d'un établissement très ancien. Cette église abrite une Vierge miraculeuse, but de pèlerinages très suivis le lundi de Pâques, le 2 août et à la Saint-Martin.

La vue, très large, s'étend à l'ouest sur les villages proches, Sampans, la petite chapelle de Saint-Vivant-en-Amaous qui vient d'être restaurée, Biarne et, par-delà les forêts, le val de Saône déjà bourguignon et à l'horizon les versants de la Côte d'Or. A l'est, s'étend toute proche la colline boisée du Grand-Mont ; vers le sud, les faubourgs de la ville, plus loin la forêt de Chaux, les plateaux du Jura et même certains jours, les sommets enneigés des Alpes.

Mais le mont Roland est un cul-de-sac pour les automobilistes. Reprendre la route d'arrivée, puis la voie de contournement de Dole vers l'est, et, après avoir emprunté la direction de Gray, s'engager sur la petite route qui conduit à **Authume**.

Construit sous le règne de Louis XIV, le château actuel d'Authume remplace un ancien manoir détruit par les troupes françaises de Louis XI en 1477. Le corps principal, parallèle à la route, s'ouvre sur une cour intérieure, avec un avant-corps en légère saillie. Un vaste parc à la française s'étendait jadis de l'autre côté de la route à l'est, avec vases et corbeilles en pierre sculptée, puits et statues d'enfants. L'ensemble du château et du parc est dans un état de délabrement avancé. Des éléments de décoration intérieure et les statues du parc ont été enlevés au début du siècle, parfois vendus à des antiquaires, et certaines pièces exportées vers les Etats-Unis en 1920.

Outre le château, qui aurait reçu plusieurs fois la visite du jeune Napoléon Bonaparte lors de son séjour de garnison à Auxonne, quelques bons tableaux dans l'église de 1762 valent une courte halte.

Archelange, village fleuri au débouché d'un petit vallon, mérite un arrêt pour sa fontaine de Saint-Marcoul où les « individus maltraités par les humeurs froides » venaient naguère baigner les parties de leur corps affectées de scrofules, espérant une prompte guérison. Au sud d'Archelange, s'élève le mont Châtain. C'est de là que les Comtois rangés en ordre de bataille firent si grande impression sur les troupes françaises du prince de Condé qui assiégeaient Dole que celles-ci prirent la fuite sans combattre en mai 1636.

La route (D. 79), en direction de Menotey, grimpe entre des collines autrefois couvertes de vignes aux productions estimées et dont il ne reste à peu près rien. **Menotey**, sur un versant tourné vers l'ouest, mérite une visite. On découvre le village dès l'amorce de la descente, serrant ses maisons vieillottes le long de rues étroites, « à l'allure désuète, miroir exact de leur passé » (M.P. Boyé). Le site est ancien : des sarcophages, une stèle gallo-romaine y ont été trouvés au début du siècle dernier. L'église actuelle a été construite par étapes de 1510 à 1600. Le beau clocher carré de cinq étages, flanqué d'une tourelle pentagonale, présente des ouvertures en meurtrières dans sa partie basse, tandis que le sommet s'anime de deux baies géminées sur chaque face et se couvre d'une flèche octogonale. Malgré la durée de la construction, étalée sur une centaine d'années, l'ensemble de l'église est profondément marqué par l'influence gothique, même si se mêlent certains éléments de la Renaissance (colonnes à chapiteaux corinthiens) dans les parties les plus récentes.

Dans le village, sur la droite, signalons un ensemble intéressant formé par la fontaine, le calvaire et la croix.

La route, qui rejoint dans le vallon la R.N. 475, conduit à Moissey.

Une variante peut être envisagée dans notre itinéraire d'Authume jusqu'à Moissey.

A Authume, prendre alors la direction de **Jouhe** et entrer dans ce village en quittant par la gauche la grand-route dès les premières maisons. L'église Saint-Pierre, dont la construction s'est étalée du début du XVIe siècle jusqu'au milieu du XVIIIe siècle s'apparente à celle de Menotey. Le portail, tardif, s'ouvre sur une large nef avec voûtes d'ogives, aux arcs à peine brisés. Les fenêtres en tiers-point, les divers éléments d'architecture, le clocher à quatre étages de hauteur décroissante, avec meurtrières et baies géminées au sommet, témoignent de la persistance des influences gothiques dans l'architecture religieuse jusqu'au début du XVIIe siècle, et seuls les éléments les plus récents (portail de 1749) sont nettement marqués par la Renaissance.

De Jouhe, il est possible de rejoindre **Biarne** (manoir dans le village, à l'angle d'une cour carrée, avec murs percés de meurtrières et couronnés partiellement de mâchicoulis) et, par un détour, d'atteindre le hameau de **Saint-Vivant-en-Amaous** établi autour des reliques d'un ermite poitevin, apportées au IXe siècle par des moines fuyant devant les invasions normandes. La chapelle actuelle, modeste, comprend une nef centrale à deux travées, suivie d'un chœur terminé par un chevet plat. Les bas-côtés sont voûtés d'arêtes. Le portail ouest en plein cintre et le clocher carré aux baies géminées datent du XVIIe siècle. Longtemps en mauvais état, la chapelle de Saint-Vivant vient de connaître une série de travaux : sa toiture a été refaite, les contreforts et les enduits extérieurs restaurés, les abords nettoyés.

Prendre ensuite, par Raynans, la route de **Chevigny**. Dans ce village, on peut découvrir, en suivant une ruelle à droite près de l'église, les restes impressionnants du château fort, au fond d'un petit vallon. La construction s'en est poursuivie du début du XIIIe siècle jusqu'au XVIIe siècle. L'ensemble, avec son enceinte polygonale et ses tours, est cerné de fossés. Un chemin en remblai depuis le village et un pont de pierre ont remplacé au XVIIIe siècle l'ancien pont-levis et conduisent à la tour d'entrée à échauguette. La cour intérieure rectangulaire est entourée de bâtiments restaurés. On ne visite pas. Le château de Chevigny, bien que partiellement ruiné, reste fort imposant.

De Chevigny, rejoindre Moissey par Peintre, en laissant sur la gauche le village de **Frasne**. Pourtant, sa petite église peut mériter un détour. La partie principale date sans doute de 1560, les chapelles latérales sont postérieures de plus d'un siècle. Malgré la durée de la construction, l'ensemble présente une remarquable unité. Nef et chœur sont voûtés d'ogives, aux profils homogènes, avec clés de voûte décorées d'une fleur étalée. Les chapelles ont plus de diversité. Le vigoureux clocher carré, à trois étages inégaux, est construit en grès rouge de la Serre.

La prochaine étape est **Moissey** (381 habitants), sur le versant occidental de la montagne de la Serre. Le village est mentionné à partir de 1150. L'agglomération actuelle, une des principales et des plus dynamiques du canton rural de Montmirey, est accueillante et pittoresque, avec ses rues étroites, tortueuses, coupées parfois d'escaliers. Son château, ancienne maison forte flanquée de grosses tours rondes et ceinturée de fossés larges et profonds, a été plusieurs fois incendié et détruit par les troupes françaises, notamment en 1479 et en 1636 lors du siège de Dole. Alors que les deux tours de l'est, du côté de la colline, sont coiffées d'un toit conique, celles de l'ouest, plus vastes, sont basses et tronquées. L'aile nord est flanquée d'une tour polygonale, autrefois prison et aménagée en chapelle. L'ensemble, visible du parking à l'entrée du village, se découvre mieux depuis le chemin proche qui conduit à l'église ou depuis les versants de la Serre. On ne visite pas.

Moissey est intéressant également pour son église Saint-Gengoul, haut perchée et dominant le village, et construite en grès de la colline voisine. L'érection de l'abside peut remonter au début du XVIe siècle, de même que les deux travées voisines. Sur le flanc sud, la chapelle est sans doute plus ancienne, mais refaite en 1550. Les parties occidentales datent du XVIIe siècle, ainsi que les chapelles. La nef et le chœur sont en continuité et traduisent les influences gothiques. Les chapelles ont moins d'unité, avec voûtes diverses et fenêtres tantôt en plein cintre tantôt en tiers-point. Le clocher, de son portail aux baies de son troisième étage, relève de l'époque classique. La tourelle d'escalier a été ajoutée en 1831, la flèche octogonale actuelle en 1861. Une restauration intérieure a été entreprise en 1977.

L'arrêt à Moissey et la promenade à l'intérieur du village font découvrir en outre, face au parking, une magnifique fontaine publique du XVIIIe siècle et, au cimetière, une croix classée de 1609.

Avant la sortie du village s'amorce à droite, en un virage très serré, la route d'Amange qui gravit les pentes de la **montagne de la Serre**. Dans un tournant à l'orée de la forêt s'ouvre une grande carrière d'où l'on extrait l'eurite, au contact des granites qui constituent l'essentiel du massif. La forêt de la Serre (hêtres et chênes), en grande partie partagée entre les communes du pourtour, permet de belles promenades pédestres. Au sommet, tourner à gauche et suivre sur un kilomètre et demi environ l'ancien « chemin de la poste » pour atteindre, sur la gauche, le sentier fléché (peu visible) qui mène à la **grotte de l'Ermitage** (cent mètres à pied, parking à droite de la route), curieuse formation à deux étages creusée dans le grès du trias, et qui aurait été habitée à l'époque préhistorique.

Les terres siliceuses de la montagne de la Serre permettent la croissance du châtaignier, présents dans certaines forêts communales du massif. Leurs fruits abondants, petits mais parfumés et particulièrement recherchés, sont à l'origine de la fête des Châtaignes à Serre-les-Moulières, un village de la bordure orientale, fête organisée par l'association villageoise à la mi-octobre et qui connaît un grand succès populaire.

Revenir à la carrière de l'orée du bois de Moissey et prendre au sortir de la forêt la route qui file tout droit en direction d'**Offlanges**. Suivre l'arête d'une colline allongée parallèlement à la Serre. La vue est excellente sur tout le canton de Montmirey et au-delà, pour peu que le temps s'y prête, sur la vallée de la Saône et les plaines dijonnaises. Tout proches, on peut reconnaître le mont Guérin (enceinte préhistorique), Montmirey-la-Ville, Montmirey-le-Château.

En quittant Offlanges, on retrouve la grand-route de Pesmes qui file tout droit vers le nord, en passant au pied de la colline de **Montmirey-le-Château**, où se dressent quelques pans de murs de l'ancien château médiéval (début du XIIe siècle), incendié en 1478, comme le bourg voisin, par les troupes françaises de Louis XI qui massacrèrent et la garnison, et les habitants. Le château fut définitivement abandonné en 1646. Ses ruines ont reçu en 1921 une statue de sainte Clotilde (l'épouse de Clovis, roi des Francs), qu'une tradition erronée fait naître ici.

A quelques kilomètres vers le sud-ouest, **Montmirey-la-Ville** s'enorgueillit de posséder le château d'Aligny, bâti à la fin du XVIIIe siècle, considérablement embelli et agrandi il y a une centaine d'années (1870-1875). Mais ce qui en fait l'intérêt majeur et qui malheureusement ne se visite pas, ce sont les trésors qu'il renferme : une des plus belles bibliothèques comtoises et une riche collection de tableaux. La demeure est entourée par un jardin botanique à l'anglaise, avec pelouses, allées, bosquets et de nombreux arbres rares : séquoias, cèdres du Liban... La grille d'entrée du parc est due au talent du ferronnier comtois Nicolas Chappuis (XVIIIe siècle) qui a conçu également celle de l'hôpital Saint-Jacques de Besançon.

Poursuivant notre découverte, nous laisserons avec quelque regret sur notre droite, au pied de la Serre, le village de Brans et son vieux château de la fin du XVIe siècle, rénové au début du XIXe, pour filer par une belle route en direction de **Pesmes**. Ce bourg perché de Haute-Saône, commerçant et dynamique, d'un millier d'habitants, ne saurait être délaissé pour qui veut connaître la basse vallée de l'Ognon, et mérite amplement une visite. La vue est splendide en arrivant du sud sur le véritable rempart naturel couronné des constructions hardies de la ville haute et du château. Depuis la grande place centrale entourée de commerces, il est loisible de flâner dans ses petites rues étroites, souvent tortueuses, bordées de maisons anciennes ouvragées, à fenêtres à meneaux. Un petit jardin public en terrasse, quelques placettes en bordure de l'abrupt offrent de jolies vues sur la vallée de l'Ognon et sur la ville basse en contrebas, que l'on peut rejoindre par un escalier assez raide.

Parmi les monuments pesmois, l'église Saint-Hilaire, construction du XIIe siècle (clocher et mur du chœur), continuée au siècle suivant et remaniée au XVIe siècle, vaut une visite. Remarquer la chapelle d'Andelot (ou de l'Annonciation), aux marbres colorés noirs et rouges, et son retable. La chapelle de la Vierge abrite notamment une Vierge à l'Enfant du XVe siècle en marbre blanc et une sainte Catherine du siècle suivant. Le château, surplombant la ville basse, a été très endommagé durant la Révolution.

Un spectacle son et lumière existe durant les mois d'été dans cette petite ville animée.

Le retour sur la rive gauche de l'Ognon permet par un détour minime de visiter la chapelle Saint-Symphorien de **Marpain**, au gothique très homogène et très sobre du XVe siècle (le portail ouest, ajouté au XVIIe siècle, évoque le début de l'âge classique). Le clocher carré, très postérieur, a été construit en 1831.

Au carrefour suivant, prendre la R.N. 459 à gauche (direction Besançon). Elle passe à côté du **château de Montrambert**, installé sur une terrasse dominant l'Ognon. Construit en 1260, transformé par le général-comte Grenier, aide de camp de Napoléon Ier, il a été restauré en 1839 par le maître de forges Ménans. Du château primitif ne reste plus qu'une tour octogonale, au nord-est.

A l'entrée de **Thervay** (323 habitants), la deuxième rue à gauche nous fait pénétrer au centre du village et découvrir sur la place une élégante fontaine aux cygnes de fonte et l'église du XVIe siècle qui renferme de belles boiseries. Un petit chemin à côté de l'église nous conduit, en longeant les rives tranquilles de l'Ognon, à l'abbaye d'Acey,

L'abbaye de Notre-Dame d'Acey

Fondée dans le premier tiers du XIIe siècle, l'abbaye cistercienne d'Acey s'honore de posséder encore une communauté monastique d'une vingtaine de moines. Malgré le souci des religieux de protéger le cadre matériel dans lequel ils vivent, les bâtiments du monastère sont loin d'avoir l'homogénéité stylistique de leur origine. En effet, la visite de l'église, seule partie de l'abbaye accessible à tous, révèle que les huit siècles et demi de son histoire ne furent pas toujours sereins, loin de là.

Construit aux XIIe et XIIIe siècles, le monastère vécut pendant cinq cents ans environ sans subir de destructions importantes. En revanche, le XVIIe siècle fut marqué par des dégâts d'une exceptionnelle ampleur. Ce fut d'abord ceux de la guerre de Dix Ans (1636-1644), avatar comtois de la guerre de Trente Ans (1618-1644). Situé dans la zone occupée par les troupes étrangères françaises, l'abbaye subit alors les effets de la soldatesque dont les déprédations n'allaient cesser qu'en 1644. Vers le milieu du siècle, les moines profitèrent d'une accalmie dans leurs malheurs pour tenter de réparer les déprédations commises. Mais alors que l'on restaurait ce qui avait été endommagé, le 24 avril 1683, un incendie réduisait en cendre « tous les quartiers des escuiriers et granges au bout d'icelles, le couvert d'une basse voûte de l'église, une partie des cloistres, cuisine et réfectoire touchant lesdits escuiriers [...]. »

Au XVIIe siècle destructeur succéda un XVIIIe siècle consacré aux restaurations. Les moines entreprirent alors de relever les édifices conventuels. C'est alors que fut érigé le bâtiment de la cour d'honneur. Mais l'église ne fut pas négligée et le projet adopté contribua à donner à celle-ci l'aspect qu'elle garda jusqu'en 1970 : privée d'une partie de sa nef centrale (qui était déjà effondrée en partie avant le sinistre de 1683), la construction conserve ses collatéraux.

Après des décennies difficiles, le dernier tiers du XIXe siècle ouvrit une phase de travaux : réfection de l'abside (1879-1880), rejointoyage des murs vers 1900 ; réfection de la demi-rose et du carrelage, pour ne citer que les aspects les plus importants. L'entre-deux-guerres marqua une pause dans la rénovation du monastère. Mais, passé la Seconde Guerre mondiale, les constructions reprirent. C'est ainsi qu'en 1946 fut élevé le bâtiment rond de la cour principale dans le style de celui du XVIIIe siècle, au nord. Surtout, en 1970-1972, la nef fut dotée d'une couverture avec des arcs en béton.

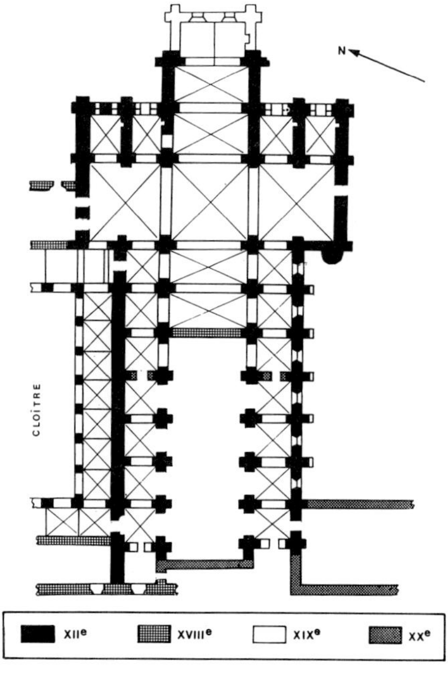

Plan de l'église actuelle (dessin de Joelle Maillardet).

L'abbaye d'Acey.

après avoir rencontré sur notre droite les ruines du château de Balançon, quelques tours carrées et pans de murs délabrés, mais qui conservent encore grande allure. Le **château de Balançon**, ancienne forteresse médiévale du XIIe siècle, saccagée en 1477 par les troupes de La Trémouille, avait été rebâti en 1559. Il connut son époque faste au XVIIIe siècle, comme résidence du duc de Randan, maréchal de France, qui y fit dessiner des jardins à la française avec statues, chaumière, cabinet de lecture, rotonde de verdure. Vendu comme bien national en 1793, il fut laissé à l'abandon et à la ruine.

En face, le village haut-saônois de Bresilley se mire dans les eaux calmes de la rivière, que longe la route jusqu'à **l'abbaye d'Acey**.

Quittant l'abbaye, la route (D. 12) se poursuit en plaine jusqu'à **Ougney**, un village fleuri (comme son voisin Vitreux), pimpant et coloré en été, et

Deux villages du Nord-Jura :

Sermange...

Offlanges.

jusqu'au siècle dernier centre important d'exploitation de mines de fer. On y remarque les restes considérables d'un château fort acquis par le comte de Bourgogne en 1251 et aménagé dans la première moitié du XVᵉ siècle. En 1477, il fut assiégé par les troupes de La Trémouille, lieutenant de Louis XI. Restauré au XVIᵉ siècle, il fut en 1631 de nouveau incendié par les Français qui le démantelèrent sur ordre de Richelieu. Le château médiéval, de plan régulier, flanqué de tours, avait environ soixante mètres de côté et était entouré de fossés. Reste seule debout à présent une tour ronde de dix-sept mètres de diamètre, aux murs épais de deux mètres soixante. Elle comprenait deux salles voûtées superposées avec cheminées, reliées par un escalier inclus dans l'épaisseur des murs. En 1942, un incendie endommagea cet édifice qui est en cours de restauration.

A la sortie d'Ougney, la route à droite (D. 125) s'élève sur le flanc du vallon de la Vèze. La vue est belle vers l'arrière sur la plaine de l'Ognon et les collines haut-saônoises parsemées de villages. Sur le versant, quelques parcelles de vignes, parfois envahies d'herbes folles, témoignent de ce qui fut une des activités principales de ces côteaux calcaires. Dans le charmant petit village de Taxenne, la route de Gendrey (D. 12) serpente entre de vieilles maisons pittoresques pour s'élever ensuite rapidement. Depuis **Gendrey** (222 habitants), un des plus petits chefs-lieux de canton du Jura, allongé sur sa colline, s'ouvre un vaste panorama sur tout le pays des Avant-Monts et vers le sud, par-delà la forêt d'Arne toute proche, sur le massif du Jura et parfois quelques sommets alpins. En prenant la direction d'Orchamps, laisser sur la droite les villages du val des « Anges », dont certains abritent quelques églises, châteaux et ruines qui ne manquent pas d'attrait (Sermange, Auxange, Romange...).

Au sortir de la forêt d'Arne, voici **Orchamps**, vieux village des bords du Doubs, sur l'ancienne voie romaine de Besançon à Chalon-sur-Saône, à présent bourgade dynamique et commerçante (1 016 habitants), sur la route nationale et la voie ferrée. On y voit de vieilles maisons (certaines du XIᵉ siècle) et l'église Saint-Etienne dont le chœur et la chapelle sont classés monuments historiques depuis 1910. L'édifice juxtapose le gothique primitif de son chœur, du milieu du XIIIᵉ siècle, au gothique plus élaboré de la chapelle latérale de 1660. Le chœur est voûté d'ogives assez élémentaires, le chevet plat à trois fenêtres proches des baies romanes et surmontées d'un œil-de-bœuf. La chapelle, du XVIIᵉ siècle, gothique par sa voûte ogivale, présente des tendances classiques dans les pilastres d'angle comme dans les nervures en doucine. La vaste nef du XIIIᵉ siècle est couverte d'un plafond en stuc (restaurée en 1880). L'édifice témoigne, ainsi que le note Pierre Lacroix, de « l'adaptation de la construction gothique à une paroisse rurale qui n'avait pas le moyen de voûter sa nef ».

D'Orchamps, tourner à gauche et remonter quelque temps la vallée du Doubs. Mais, si le cœur vous en dit, il est possible de rejoindre à Dole dès à présent. Sur la route, n'oubliez pas toutefois une halte à **Rochefort-sur-Nenon**, ancienne place forte au château imprenable, mais qui fut pris et démantelé, ancienne ville bien déchue pour cause de guerres et de destructions, très beau point de vue sur la vallée, du haut de la roche du saut de la Pucelle, cité industrielle enfin avec une importante cimenterie.

Entre le Doubs et la Loue : forêt de Chaux et val d'Amour

La route nationale N. 73 nous ménage quelques belles vues sur la vallée du Doubs et au-delà sur les villages de la bordure de la forêt de Chaux : Our, où a été reconstruit récemment un four à pain des bûcherons d'autrefois, Etrepigney, qui abrite encore un « baccu », la hutte-logement des charbonniers de Chaux.

A partir de **Dampierre-du-Jura** (église avec mobilier remarquable, dont un retable du XVIIIe siècle), le chemin départemental D. 73, à droite, nous conduit, sitôt le Doubs traversé, dans le village de **Fraisans**, ancienne localité industrielle importante de Franche-Comté.

Ses forges et hauts fourneaux, à présent déserts, ont compté plus de trois mille ouvriers au début du siècle dernier, et mille quatre cents ouvriers encore en 1900, occupés à la fabrication de « fers, tôles, fils de fer et d'acier, pointes, rivets, chaînes, machines à vapeur, matériel de chemin de fer, rails, grosse chaudronnerie ». Fraisans, qui a perdu sa puissance industrielle, est à présent une petite cité commerçante d'un millier d'habitants seulement. Le château de la Renoudière, à l'ouest du village, appartint au maître des forges de Fraisans, Jean Pourcheresse, qui le fit construire en 1715. C'est depuis 1968 une maison de retraite. Il se présente comme un édifice de style classique, avec un corps de logis rectangulaire à deux niveaux de hautes fenêtres, sous un toit à quatre pans. A l'intérieur, remarquer un escalier monumental et de riches boiseries sculptées.

Depuis Fraisans, il serait impardonnable pour des visiteurs peu pressés d'éviter **Courtefontaine**. L'église Notre-Dame est classée monument historique depuis 1875. Elle a été construite en une vingtaine d'années au milieu du XIIe siècle, ainsi qu'un prieuré auquel Charles Quint affecta en 1534 les revenus d'une importante verrerie en forêt de Chaux. Malgré ces ressources, l'établissement resta longtemps très précaire et il subit, comme toute la région, les épreuves des conflits avec les troupes françaises. Les bâtiments, souvent en mauvais état, menaçent ruine. A la fin du XIXe siècle, avec l'appui du président de la République Jules Grévy, originaire du val d'Amour voisin, commencent la sauvegarde et la restauration. Les bâtiments monastiques du XIIe siècle, très éprouvés par le temps, se retrouvent dans l'aile attenante au transept de l'église (salle capitulaire, aux fenêtres géminées). Les grands bâtiments parallèles à l'église ont abrité au siècle dernier une école tenue par des marianistes (1829-1903) puis un petit séminaire (1907-1922).

L'église de Courtefontaine est sans doute un des plus beaux témoins de l'art roman dans le Jura. Elle se compose d'une nef bordée de collatéraux, d'un transept peu saillant sur lequel s'ouvrent deux chapelles à plan semicirculaire, et du chœur terminé par un chevet plat éclairé par trois fenêtres en plein cintre. Tout est parfaitement roman et dépouillé : les piles, les grandes arcades, les longs murs sans ornement, les baies hautes et régulières, les voûtes du chœur et des chapelles, les plafonds plats de la nef et du transept. L'église s'ouvre à l'ouest par un portail en plein cintre encadré de colonnettes. Dans la partie haute, son décor se répète en réduction dans la fenêtre centrale. « La sobriété des moyens, la pureté des lignes et la cohérence des éléments produisent un ensemble impeccable. » (P. Lacroix.)

Le retour à Fraisans, puis, dans le village, la bifurcation vers Rans par le C.D. 76 nous font longer quelque temps les bords du Doubs. Au centre de **Rans**, avant de prendre à gauche au carrefour la direction d'Arc-et-Senans (D. 31), on aperçoit le long du canal de dérivation du Doubs l'ancienne usine des Hauts Fourneaux et Forges de Rans, établie au début du XVIIIe siècle par le prince de Bauffremont pour utiliser, comme à Fraisans, le bois de la forêt proche : près de trente mille stères de bois nécessaires en 1790 pour produire deux cent cinquante tonnes de fer. Converties partiellement au coke au milieu du XIXe siècle, les Forges de Rans livraient alors annuellement douze mille tonnes de fonte. Elles sont à présent abandonnées.

Par la D. 31, quitter la vallée pour s'élever d'une cinquantaine de mètres sur la terrasse qui porte la forêt de Chaux. Dominant le Doubs, le château actuel est ce qui reste d'un établissement médiéval beaucoup plus important des XVe et XVIe siècles. Remarquer surtout le donjon carré et massif, de quatre étages (seize mètres de

Les forges

Une activité métallurgique est attestée à Fraisans dès le XIVe siècle : plusieurs forges — près d'une douzaine, mais toutes ne roulent pas en même temps et la moitié « vaquent » toujours — sont mentionnées entre 1364 et 1441 dans les comptes domaniaux. Sans doute s'agit-il de bas foyers produisant par procédé direct un fer directement travaillé, notamment en clous.

La véritable création des usines, à l'emplacement où elles existaient encore au XXe siècle, remonte à l'accensement accordé en 1526 par Marguerite d'Autriche aux frères Nardin, de Besançon. A la fin du XVIIe siècle, les propriétaires sont le marquis de Brun et de Longeville, puis au XVIIIe siècle les Pourcheresse, dont l'ascension sociale reste associée aux forges de Fraisans ; en 1765, « MM. de Fraisans » sont propriétaires de cinq neuvièmes de l'usine et un maître de forges chevronné, Courty, l'est du reste.

Une description des usines est fournie par la visite effectuée en 1594 « pour reconnoistre si en icelle l'on y auroit fabriquey de la faulce monnoye ». Nous y voyons l'usine déjà installée des deux côtés du Doubs : d'un côté le « gros martel avec enclusme dessous », et de l'autre, « l'hault fourneaul » ; on y trouve aussi de petits « martinaulx », et... un petit « fourneaulx tel qu'on accoustume d'avoir les orphaivres ».

Les forges et fourneaux de Fraisans fonctionnent à peu près sans discontinuité au XVIIIe siècle. En 1744, le fourneau produit près de 1 500 milliers de livres pesant de fonte par an, et les cinq feux de forge près de 900 milliers de fer ; deux martinets complètent l'installation. Le fer est en partie exporté pour la marine à Toulon. Cet établissement est désigné en 1768 comme l'un « des plus importants de la région » par Gabriel Jars, auteur de rapports sur l'activité métallurgique en France. La production de fer par les ateliers de la forge reste stable jusqu'à la fin de l'Ancien Régime. Avec une consommation annuelle de 25 000 cordes de bois, en 1784, les forges de Fraisans constituent alors de loin l'élément le plus important de la métallurgie comtoise, la quinzaine d'autres grosses forges comtoises n'en consommant que de 9 à 13 000 (les salines de Salins et d'Arc-et-Senans ont une consommation de 10 000 cordes chacune).

Trois hauts fourneaux et trois feux de forge, entre les mains de plusieurs propriétaires jusqu'à l'Empire, existent à Fraisans sous l'Empire. Le tout est groupé entre les mains de l'un des derniers fermiers de l'Ancien Régime, Léonard Caron.

La valeur des produits élaborés à Fraisans est de 670 000 francs en 1847. En 1854, les forges de Fraisans deviennent le centre de la nouvelle Société des forges de Franche-Comté, qui se crée alors par regroupement des principales usines des départements du Jura et du Doubs, et son importance est encore renforcée dans le sens d'une concentration des moyens. La présence du canal du Rhône au Rhin permet l'aménagement d'un port près des usines, et une dérivation de la ligne de chemin de fer Dole-Besançon est mise en place. Les agrandissements apportés aux installations sont considérables, avec l'installation de forges à l'anglaise en 1856 ; on passe, de cette date à 1862, de six à vingt-deux fours à puddler, de deux à seize fours à souder, quatre marteaux pilons sont installés, et plusieurs trains de laminoirs. Les forges produisent, en fabrications diverses, 18 000 tonnes de fer. Mais les immobilisations financières trop importantes et une mauvaise gestion rendent l'exploitation peu rentable.

La main d'œuvre employée est considérable : trois cents emplois sont créés avec les transformations des années 1856 et des cités (les « Séries ») sont construites à la hâte. 1 380 ouvriers sont employés en 1882, 1 466 en 1885...

En 1899, les usines de Fraisans comprennent un haut fourneau au coke — la production de fonte au bois est abandonnée autour de 1875-1880 —, quatre aciéries (deux fours Bessemer et deux fours Mar-

de Fraisans

tin), fonderie, forge, ateliers de construction, de galvanisation, tréfilerie et pointerie. Les transformations technologiques entraînent la recherche d'une concentration verticale comprenant des mines de houille dans le centre de la France, tandis que les autres usines comtoises du groupe perdent de leur importance relative.

Au début du XXe siècle, Fraisans a pour spécialité la fabrication des chaînes de marine, après avoir produit des rails de chemin de fer à partir des années 1860. La fabrication de traverses métalliques a fourni des matériaux à l'exposition parisienne de 1889 : le seizième de la production de Fraisans pour cette année est absorbé par cette opération publicitaire (galerie d'honneur) !

Le fil de fer, produit traditionnel de plusieurs forges du groupe (notamment dans les vallées de la Loue et de l'Ain), reste un poste important de la production de Fraisans.

Mais les crises traversées, mal gérées, rendent toutes ces transformations inopérantes quant aux résultats financiers. Une grave crise de débouchés (rupture avec la compagnie P.L.M.) provoque le chômage de mille ouvriers sur quinze cents ; les mauvaises conditions salariales entraînent d'importants mouvement sociaux en 1910, avec une grève de trois mois dans les ateliers de construction : les meilleurs éléments quittent l'usine, dont l'effectif passe à moins de sept cents ouvriers en 1916, cent vingt en 1930. Le mieux apporté par les fabrications de guerre n'a constitué qu'un sursaut ; le retour de la Lorraine dans le marché français, l'évolution des marchés, les problèmes de gestion financière propres à la société entraînent la fermeture des usines de Fraisans — qui ne comprenaient plus depuis 1924 que l'atelier de construction — en novembre 1934 : la reconversion de plusieurs usines de la Société des forges de Franche-Comté dans la production d'électricité (trop tard pour prendre une part de premier plan sur la marché) ne permet pas à Fraisans de conserver une place dans l'industrie régionale et française.

Des usines de Fraisans au moment de leur splendeur, reste un document exceptionnel : la maquette animée, réalisée par un de ses ouvriers, Paul Beuchot, dans les dernières années du siècle dernier. Présentée sur les foires sous un nom évoquant Le Creusot (elle y est aujourd'hui conservée à l'écomusée de la Verrerie), elle correspond en fait au type de technologie utilisé dans la plus grande usine jurassienne.

François Lassus.

L'intérieur de la fonderie des forges de Fraisans.

Saline royale d'Arc-et-Senans.

côté, vingt-deux mètres de hauteur), couronné de mâchicoulis et flanqué d'une tourelle, le corps de logis à un étage irrégulier prolongé par une tour polygonale couverte d'un toit conique. Ces bâtiments représentent la partie nord de l'ancien château qui s'étendait davantage vers le sud, autour d'une cour carrée.

Dans le village, l'église, dont le chœur et une partie de la nef datent du XIVe siècle, mérite une courte visite.

La montée en direction de la **forêt de Chaux** offre une jolie vue vers l'ouest sur la vallée du Doubs, les collines bordières où se nichent de nombreux villages, et les Avant-Monts. Mais rapidement, l'orée du bois est franchie. La route, très droite, traverse la partie orientale du massif forestier, entre deux talus couverts de hautes fougères. C'est la diversité des peuplements végétaux, avec de nombreux chênes, des hêtres, des charmes, des bouleaux. Quelques plantations de conifères (sapins, pins) témoignent des difficultés et des efforts de restauration d'une forêt très endommagée et appauvrie par une surexploitation en taillis pendant plusieurs siècles pour les besoins des forges, des verreries, des salines. A mi-parcours, on traverse la route forestière du Grand Contour qui, d'ouest en est, partage le massif.

Six kilomètres encore et l'on quitte la forêt pour entrer dans la vallée de la Loue. A droite, apparaissent bientôt les bâtiments caractéristiques de la **Saline royale d'Arc-et-Senans**. Au carrefour, on prendra la direction pour Montbarrey et Dole en suivant le **val d'Amour**.

Le paysage rural a changé : un terrain très plat et dégagé, entièrement mis en cultures, partagé en champs laniérés. A droite, à quelques kilomètres, la lisière méridionale de la forêt de Chaux. A gauche, une bordure d'arbres suit le cours de la Loue. La route, assez sinueuse, est légèrement surélevée pour parer aux risques d'inondations.

Chissey-sur-Loue mérite un arrêt. Le village (335 habitants) était beaucoup plus important autrefois, entouré d'une

Saline royale d'Arc-et-Senans.

muraille et d'une ceinture de fossés aujourd'hui disparus, et qualifié au Moyen Age tantôt de bourg tantôt de ville.

L'église, en grande partie du XIIIe siècle, a été complétée et remaniée en quelques points au XVe puis au XVIIIe siècle ; elle est classée monument historique depuis 1840.

Au Moyen Age s'y célébrait chaque année la fête des Fous, la veille et la nuit de la Saint-Christophe, patron de la paroisse. Une « chambre des fous » dans le clocher accueillait les malades mentaux pour lesquels on sollicitait l'intercession du saint.

L'église actuelle se compose d'une nef ogivale à quatre travées, bordée de

Le tympan du portail de l'église de Chissey.

collatéraux, d'un transept et d'un chœur à chevet plat plus anciens et au gothique plus archaïque. Les piliers de la nef, par leur beauté et leur variété, retiennent l'intérêt. Au-dessus, une large corniche s'appuie sur des « modillons » sculptés d'enroulements, de feuillages, de têtes humaines grimaçantes dites « les babouins », qui évoquent sans doute les malades qui venaient ici chercher la guérison. Sur la façade occidentale, le porche voûté d'ogive, du XVe siècle, voisine avec une fine tourelle abritant l'escalier intérieur et, de l'autre côté, avec un clocher robuste, orné au dernier étage de deux baies géminées en plein cintre. Le portail roman, décoré de colonnes, présente au tympan, sous une voussure moulurée, une composition sculptée assez fruste avec le Christ entouré des saints Pierre et Paul. Le bâtiment actuel constitue « la meilleure réussite jurassienne d'église rurale gothique » (P. Lacroix).

La Vierge des Avents (XVIe siècle). Eglise de Chissey.

Parmi le mobilier de l'église, signalons une statue polychrome en pierre de saint Christophe, du XVe siècle, une Vierge à l'Enfant et la chaire sculptée du XVIIIe siècle.

La route traverse ensuite Germigney, grimpe sur la terrasse de Chaux d'où la vue domine tout le val d'Amour. Sur le versant en face, on aperçoit les villages de la rive gauche de la Loue : Ounans, Chamblay (autrefois port important pour l'expédition par radeaux des bois des forêts comtoises) et, entre eux, le château de Clairvent,

La verrerie de La Vieille-Loye. L'emballage et l'expédition des bouteilles.

édifice moderne (1820), construit à l'emplacement d'un château médiéval détruit par Philippe le Long, roi de France (1316-1322) pour punir les barons comtois révoltés. A ce château médiéval est attachée la légende tragique de la fidèle Alicette et du val d'Amour.

Le château actuel, un grand bâtiment rectangulaire flanqué de tours octogonales décorées de faux mâchicoulis et surmontées de flèches, a connu, « notamment de 1907 à 1947 lorsque l'émir Karam Pacha y encouragea la fabrication de la choucroute et l'élevage du daim et de l'escargot » (G. Pelot). Il est depuis 1948 la propriété de la Société des usines Peugeot. On ne visite pas.

Depuis Montbarrey, petit chef-lieu de canton (263 habitants), on a la possibilité de se rendre à **La Vieille-Loye**, la seule commune totalement enclavée en forêt de Chaux. Formée de multiples hameaux dispersés dans une clairière de quelques centaines d'hectares seulement, elle a eu longtemps une population de bûcherons-charbonniers et de verriers. Près du hameau des Turots subsistent encore les bâtiments d'une verrerie établie à la fin du XVIIe siècle. Très importante, elle produisait au début de ce siècle plus d'un million de bouteilles par an, « de qualité supérieure », en grande partie exportées.

De La Vieille-Loye partent de nombreuses voies forestières qui incitent à la promenade. Voir également les restes des anciens logements précaires des forestiers (baraques du 14 et baraques du 15).

Revenus à Montbarrey, traverser la Loue et prendre le val d'Amour la direction de Mont-sous-Vaudrey.

Mont-sous-Vaudrey (984 habitants), le principal centre de services du val d'Amour, en bordure des forêts de la Bresse, est la patrie de Jules Grévy, président de la République de 1879 à 1887. Il est né au château de la Grangerie, à la sortie du bourg au croisement des routes menant à Salins et Arbois. C'est un bâtiment du XVIIIe siècle, de plan rectangulaire, à six travées de deux étages. Le parc originel a été en partie loti ; le reste, avec un corps de ferme, un ancien pigeonnier, est en fort mauvais état. Un peu plus loin, sur la droite en allant vers Dole, est le château Grévy, construit à la fin du XIXe siècle par le président. Il a l'allure d'une grosse maison bourgeoise, avec corps central et deux ailes en équerre, au milieu d'un parc clos de douze hectares, planté de grands arbres. Il appartient à l'Union départementale

Ounans : ferme traditionnelle dans le val d'Amour.

des sapeurs-pompiers du Jura. On ne visite pas. La route en direction de Dole suit le rebord sud du val d'Amour, traverse les villages de Souvans (vente de foie gras, gibier séché, vin, dans une ferme), et de Nevy, puis s'insinue dans un petit vallon boisé. Au carrefour, prendre à gauche la route de Rahon, pour gagner **Chaussin**.

Il est possible toutefois de rejoindre directement Dole, par **Parcey**. Remarquer alors sur la gauche après le pont sur la Loue, les Grands Moulins de Parcey, une des plus importantes minoteries de Franche-Comté et de France. Au confluent de la Loue et du Doubs, à deux kilomètres à l'ouest du village, doit s'ouvrir en juillet 1988 le

La légende d'Alicette du val d'Amour

« Cinq ou six siècles en ça, dit la légende, vivait à Clair-Vent, un riche homme de Bourgogne, qui joignait la déplaisance à la fierté. Les tourelles de son château se miraient dans le lac de la Loue. Il avait une fille belle à ravir et qui n'était pourtant mie glorieuse. Cette jolie pucelle aimait un gent menestreux de Mont-Barrey, mais Rainfroy, dur et chiche, ne voulait pas qu'elle épousât le pauvre Philippe, et la vive Alicette fut mise en étroite prison malgré ses pleurs. Philippe, alors, creusa un chêne à l'aide du feu, et quand la lune était à son décours, il traversait le lac guidé par un fanal qu'allumait la nourrice d'Alicette. Il baisait les mains de sa mie à travers les barreaux de la tour et revenait content de sa soirée. Mais sa boursette s'épuisa bien vite à payer la nourrice avaricieuse. La maudite goyne souffla une nuit son cierge et le canot mal dirigé dévala tout à fond. Philippe se noya tristement. Peu de jours après, Rainfroy passa lui-même de vie à trépas, et sa fille, libre enfin, jura de retrouver son amant mort ou vif. Elle fit rompre à Parrecey la digue qui retenait les eaux du lac, et on le retrouva en effet à Chissey où il avait chust, déjà tout défiguré. Alicette garda de lui perpétuelle souvenance, et bâtit la chapelle d'Ounans, où elle fut inhumée à côté de son doux ami. »

(A. Rousset.)

La forêt de Chaux, une des grandes forêts françaises

Avec près de vingt mille hectares d'un seul tenant, une longueur de plus de vingt-six kilomètres et une largeur de douze kilomètres, la forêt de Chaux est la troisième forêt française pour la superficie. Elle comprend une forêt domaniale de près de treize mille hectares, entourée d'une ceinture de bois communaux. Ceux-ci proviennent du « cantonnement » des droits d'usage que quarante villages et communautés voisines possédaient « de temps immémorial » dans cette forêt.

La forêt de Chaux est dans son ensemble une chênaie-hêtraie établie sur un épais glacis de cailloutis cimentés dans une pâte argileuse, avec des variations importantes souvent d'un lieu à un autre. On en aperçoit les éléments dans certaines carrières établies à la périphérie. Elle est parcourue par un réseau de petits vallons parallèles, aux ruisseaux souvent à sec, descendant lentement vers le sud-ouest.

Le massif a été longtemps l'enjeu de querelles, voire de luttes acharnées, entre les comtes de Bourgogne, puis leurs successeurs les rois de France, et les villageois très attachés à leurs droits d'usage pour le bois, de pâturage pour leurs bestiaux et de panage pour les porcs. Depuis le XVIe siècle, les besoins de l'industrie en bois de feu et charbon de bois (verreries de La Vieille-Loye et de Courtefontaine, forges de Fraisans et de Rans, salines d'Arc-et-Senans) ont fortement mis à contribution la forêt.

Aussi au milieu du XIXe siècle, existaient de grands vides, envahis par des landes à molinies, grandes herbes bleuâtres rêches. Ces vides ont été peu à peu remplis par des plantations de pins sylvestres. Des reboisements récents utilisent également les hêtres, les chênes rouges d'Amérique, les pins Weymouth.

Aussi la forêt présente-t-elle aujourd'hui des aspects et des peuplements très divers, avec toutefois une dominante de chênes. L'ensemble, longtemps exploité en taillis sous futaie évolue lentement vers la futaie régulière.

Un réseau de routes en arêtes de poisson, de part et d'autre de la route centrale dite « le Grand-Contour », permet la visite. Mais attention à ne pas s'y perdre ! Un plan donnant le numérotage des parcelles, une boussole, peuvent être de précieux auxiliaires pour qui ne veut pas tourner en rond à la recherche de son chemin. De même, par temps pluvieux, des bottes sont bien utiles dans un terrain lourd et argileux.

Mais il est possible, dans cette grande forêt, de surprendre dans leurs éléments divers hôtes sauvages familiers de ces lieux, des lieux qui sont souvent pillés en automne par les amateurs de champignons.

golf à neuf trous de Parcey, sur une superficie de vingt-cinq hectares.

La plaine du Doubs et le Finage

A partir du carrefour de la nationale 5, la route en direction de Chaussin traverse la forêt de Rahon. Le paysage devient plus vallonné, avec de belles échappées vers le nord et l'ouest sur le confluent du Doubs et de la Loue et sur la plaine basse et humide où serpente la rivière au milieu de bras morts soulignés de saules.

Rahon, simple village aujourd'hui, fut autrefois un bourg considérable avant son incendie et sa destruction en 1674 par les troupes de Louis XIV. L'église date des environs de l'an 1500, avec quelques ajouts postérieurs. Bâtie principalement en briques rouges locales que l'on retrouve employées dans les fermes voisines, elle présente une

Rahon : le retable des Visemal.

voûte en ogive, décorée de pilastres, colonnes, nervures et arcs doubleaux. Consoles et chapiteaux sont ornés de feuillages, de fruits, de figures humaines et d'animaux. L'église est surtout intéressante pour sa chapelle, établie quelques décennies après le bâtiment principal. Cette chapelle abrite les tombes et le monument de Guillaume de Visemal et de son épouse Marie de Chaussin. On reconnaît dans l'ensemble de l'édifice les influences conjointes d'une architecture gothique et de la Renaissance.

A deux kilomètres du village en direction du Deschaux, la petite chapelle Notre-Dame-des-Bois (ou des Affligés) date de 1745. Elle remplace un édifice très ancien, but de pèlerinage pour les femmes stériles qui venaient y implorer Notre-Dame pour obtenir des enfants.

En reprenant la D. 46 pour Chaussin, nous longeons les abords de la Bresse : les villages se font plus lâches, les maisons éparses, sans ordre ou groupées en hameaux étirés. Quelques étangs apparaissent même à notre gauche, au creux de vallons barrés de digues : étang de Servotte, étang Daguin. A la sortie de Saint-Baraing, la route, du sommet de la colline, offre une belle vue sur Chaussin et ses environs.

Chaussin, bourg et chef-lieu de canton (1 487 habitants) est un centre de commerces et services, un lieu de foires (volailles), au contact de la Bresse et du Finage. Le marquisat de Chaussin fut longtemps une enclave de la Bourgogne en terre comtoise. Le centre de l'agglomération est l'ancien « bourg » médiéval autrefois clos de murailles de briques et de fossés, avec château fort (au sud de l'église actuelle). Les fortifications ont depuis longtemps disparu et seules subsistent les traces des fossés parmi les canaux qui cernent la localité. L'église actuelle, consacrée en 1700, est de style Renaissance, avec quelques restes d'un établissement plus ancien de style ogival. La ville eut longtemps à pâtir des inondations fréquentes du Doubs, de la présence de nombreux bras d'eau et marécages insalubres, mais aussi de sa situation à la frontière entre France et Comté... Elle fut pillée et incendiée en 1636 et resta même inhabitée durant dix ans au milieu du XVIIe siècle.

Au sortir de Chaussin, la D. 11, en direction de Longwy-sur-Doubs, puis Petit-Noir, traverse une région basse et humide marquée par les divagations d'un Doubs capricieux et volontiers fougueux, de nombreux bras et méandres parfois abandonnés, plus ou moins vaseux, entourés de buissons de saules, un cours en perpétuelle évolution par sapement des berges lors des fortes crues. C'est aussi un paradis pour pêcheurs.

Les abords de la rivière sont parcourus de digues qui protègent — imparfaitement — les terres contre les dégâts des eaux. La route emprunte volontiers le sommet de ces « levées » percées par endroits et pourvues de vannes pour permettre le drainage des terres agricoles en dehors des périodes de crue.

Longwy-sur-le-Doubs, sans doute le Longovico cité dans une charte de 785, compte une église intéressante. La nef date du milieu du XVIIe siècle, et sa voûte d'ogive, dont les supports sont très variés, tantôt colonnettes engagées, tantôt minces pilastres classiques, témoigne de la persistance de l'influence gothique. Les formes sont plus classiques dans le transept et dans l'abside, ainsi que dans le portail principal en plein cintre. Ces éléments dateraient du début du XVIIIe siècle et coïncideraient avec une inversion de l'orientation de l'église précédente.

La chapelle miraculeuse de Notre-Dame-des-Bois à Rahon. La tradition nous rapporte que les jeunes filles viennent y demander un mari, et les jeunes mariés des enfants.

Longwy est connu surtout pour ses grandes foires de printemps et d'automne qui attirent certaines années plus de cent mille personnes dans la localité.

Petit-Noir, dont le centre est cerné par un ancien méandre du Doubs, compte une église (reconstruite en 1661), remarquable par son mobilier (chaire richement sculptée) et la belle tombe d'une abbesse de Château-Chalon. Autour du village s'étendent plusieurs quartiers et hameaux de maisons basses (Pays-Neuf, Les Bruleux, Le Saulçois), parmi les creux d'eau et les canaux, ou « coursières », fréquentés par de nombreux canards. La protection des levées n'est pas toujours efficace contre les crues.

« Le 20 décembre 1816, à la suite de longues pluies, le Doubs et la Loue débordèrent et couvrirent de leurs eaux toutes les plaines depuis Dole jusqu'à Chalon-sur-Saône. Vingt maisons de Petit-Noir furent emportées, trente autres furent gravement endommagées, plusieurs personnes, le bétail et les récoltes furent entraînés par les flots. » (A. Rousset.)

La route départementale 11, en direction d'Annoire, traverse la **plaine du Finage**. C'est la seule région de Franche-Comté à peu près totalement déboisée, où l'arbre soit absent en dehors de quelques rares haies et des berges du Doubs. Là s'étend la principale surface céréalière du département, dans un paysage assez monotone et plat, où des recherches sur le terrain ont montré des traces de centuriation romaine.

Le retour vers Dole par la R.N. 73 très rectiligne fait traverser les villages de Beauchemin et de Chemin (motte castrale), et la petite ville industrielle de **Tavaux** (4 418 habitants), grossie depuis l'implantation de l'usine chimique Solvay.

Damparis, la commune voisine, au-delà du canal du Rhône au Rhin, compte une église en partie romane, fortement remaniée et inversée au début du XVIIIe siècle. La cité doit son importance (2 680 habitants) à son activité industrielle (équipements sanitaires Jacob Delafon).

La rentrée à Dole s'effectue par Champvans ou Foucherans.

Tavaux

Avec à présent 2 500 emplois (3 270 il y a dix ans), l'usine Solvay de Tavaux est de très loin la plus importante du département. (Les quatre entreprises suivantes dépassent à peine ou avoisinent 500 emplois, à Dole et Lons-le-Saunier, dont trois dans l'industrie agro-alimentaire.)

Son implantation sur le site par le groupe belge Solvay en 1927 est due à la conjonction de certains facteurs favorables :

— la présence proche de la saumure, fournie par les salines jurassiennes, et à présent amenée par un « saumoduc », pipeline spécial depuis la région de Poligny ;

— le canal du Rhône au Rhin, en bordure du site, qui a permis un temps l'arrivée par péniches des charbons de Blanzy-Montceau-les-Mines. Le rôle du canal est à présent remplacé par le train ;

— le calcaire des carrières locales.

L'usine à présent est reliée par gazoduc à Feyzin qui lui fournit l'éthylène nécessaire. Elle utilise aussi largement le gaz de Lacq.

« Tavaux est une unité de chimie lourde, fournissant du carbonate de soude (15 % de la production française), de la soude caustique (20 %), du chlorure de polyvinyle (30 %), du chlore et des composants chlorés (50 % de la demande nationale). Pour élaborer un million de tonnes de produits finis par an, l'usine consomme autant de courant électrique que la ville de Lyon, de gaz naturel que le reste du département du Jura. »

(D'après J. Boichard,
La Franche-Comté, *1985.)*

Le P.V.C. (polyvinylchloride en anglais, ou polychlorure de vinyle), fabriqué à Tavaux est largement utilisé dans les revêtements des sols et des murs, l'ameublement, les tuyauteries d'eau, les câbles électriques, la sellerie automobile, les vêtements, les jouets, les flacons et emballages divers.

D'importants investissements ont eu lieu ces dernières années, tant pour les économies d'énergie et l'amélioration de la productivité que pour la recherche et la production de nouveaux produits (unité de fabrication des matières de base d'une matière plastique nouvelle, le P.V.D.F., polychlorure de vinylidène, promise à un bel avenir).

A côté de l'usine s'étend la cité ouvrière, avec ses maisons entourées de jardins, ses installations sociales, écoles et église.

Des journées « portes ouvertes » permettent d'initier les visiteurs à la complexité d'une telle entreprise, par une promenade à travers les bâtiments et une présentation des principales productions. Une salle d'exposition a été aménagée.

Champagnole et les plateaux environnants

Par sa situation géographique et son dynamisme économique, Champagnole remplit pleinement le rôle d'une véritable « capitale » des plateaux jurassiens. Certes, l'agglomération est modeste (environ 10 000 habitants au dernier recensement), mais cela n'empêche pas la ville d'être active et accueillante.

L'attrait offert par la cité provient d'abord de son site, modelé agréablement par la rivière d'Ain, encore toute jeune. Il ressort également du cadre urbain, et la rue principale, commerçante, animée, est une artère où il fait bon flâner avant d'entreprendre la découverte des contrées avoisinantes. Car, en dehors de sa fonction économique, Champagnole, rare ville à l'intérieur de la chaîne du Jura avec Morez et Saint-Claude auxquelles elle a souvent été comparée, est un remarquable centre touristique. Dotée d'une série d'équipements, qui contribuent à l'agrément d'un séjour, elle constitue le point idéal à partir duquel il est possible de rayonner pour découvrir la variété des plateaux jurassiens, ponctués de vestiges inattendus, témoins du passé.

C'est à cette découverte qu'est consacré cet itinéraire, qui a été conçu en deux grandes boucles à partir de Champagnole. La première conduira le visiteur à travers le premier plateau où, de la combe d'Ain, il se rendra dans un des plus beaux massifs forestiers de France : les forêts de la Fresse et de la Joux. La deuxième, centrée sur le second plateau, offrira l'intérêt historique du val de Mièges et une variété de paysages dont on ne se lasse pas de jouir en toute saison.

Champagnole et ses proches environs

On n'apprécierait pas Champagnole et ses environs si l'on ne replaçait pas la ville et ses alentours dans l'ensemble de la géographie physique du Jura. Sur cette zone des plateaux, plus ingrate par le climat que le Vignoble ou les basses terres jurassiennes, l'homme se fixa de bonne heure. Cette précocité de l'implantation humaine n'empêcha pas Champagnole d'avoir un développement bien lent avant de connaître un réel essor à l'époque contemporaine. Témoins de cette évolution, les vestiges du passé sont parfois modestes et c'est au hasard des deux circuits proposés que l'on pourra en apprécier la qualité.

Le cadre naturel

Pour découvrir le site de Champagnole, il est recommandé de gagner le sommet du mont Rivel (804 mètres), butte témoin du plateau de Champagnole au nord de la ville. On peut y accéder à la sortie de l'agglomération par la R.N. 5 en prenant à droite une petite route passant à côté de la cimenterie. La voie étroite gagne par des lacets la ferme de Montrivel, d'où la vue embrasse la ville et ses environs.

A l'ouest, la combe d'Ain correspond à une vaste dépression d'orientation sud-ouest-nord-est barrée par la côte de l'Heute, ligne de hauteurs boisées, liées à des failles. En effet, le réseau de l'Ain supérieur avec son cours en baïonnette divise le plateau de Champagnole en deux parties inégales : d'orientation est-ouest entre Champagnole et Pont-du-Navoy, la rivière coule ensuite en direction du sud et longe la côte de l'Heute. L'Ain « déblaie alors, dans les marnes oxfordiennes comprises entre les calcaires du jurassique inférieur de l'Heute et les calcaires jurassiques supérieurs du platau de Champagnole, une ample vallée méridienne, la combe d'Ain » (Michel Chevalier et Pierre Charpentier). Large de plusieurs kilomètres au niveau de Champagnole, la vallée a été surcreusée par les glaciers et remblayée par des formations quaternaires, expliquant la présence de « vastes couloirs de plaine », favorables aux communications mais aussi à une agriculture plus aisée que celle des plateaux calcaires rocailleux. Au-delà de la côte de l'Heute, s'étendent les plateaux de Lons-le-Saunier et de Poligny aux environs de 550 mètres d'altitude.

Entre le mont Rivel et la combe d'Ain, au nord de l'Ain, la forêt de la Faye forme une immense tache verte dans le paysage et se trouve rattachée à la forêt de l'Heute. Au nord-est du mont Rivel, les hauteurs des forêts de la Fresse et de la Joux marquent la fin du plateau de Champagnole dans ce secteur. En revanche, au sud-ouest de la ville et au sud de l'Ain, le plateau est bordé d'un abrupt et découpé par les reculées aux parois rocheuses de Vers-Cul et de Balerne, qui ne sont pas sans rappeler celles du Vignoble. A l'est du mont Rivel, les hauteurs boisées de Sapois et de la Fresse sont séparées par la cluse d'Entreportes donnant accès aux plateaux de Nozeroy, de Frasne, de Pontarlier, dont les altitudes peuvent dépasser 850 mètres. Les principaux éléments du relief expliquent que depuis les plaines de l'Ain supérieur, la communication est aisée avec le plateau de Lons-le-Saunier, à l'ouest, grâce aux passages de la côte de l'Heute. De même, par la cluse d'Entreportes, à l'est de la ville, on gagne sans difficulté le val de Mièges (région de Nozeroy) et, au-delà, le Haut-Doubs, Pontarlier et le col de Jougne. Vers le sud, les gorges de l'Ain et de ses affluents facilitent la liaison avec le plateau de Grandvaux et les passages de la haute chaîne jurassienne : col de Saint-Cergue (1 232 mètres) et col de la Faucille (1 323 mètres). Cette ouverture sur l'extérieur explique vraisemblablement, pour une part, les origines et le développement humain qui présidèrent au sort de la région.

Une longue histoire

Ce n'est pas à Champagnole même qu'il faut chercher les origines de l'implantation de l'homme sur le plateau mais plus au sud, à Chalain et à Clairvaux-les-Lacs. Là, dès le néolithique, se développèrent de véritables villages « lacustres », évoqués dans la partie historique. Mais les preuves de l'ancienneté du peuplement dans les environs champagnolais ne manquent pas. C'est ainsi que sur le plateau de Lons-le-Saunier et dans la combe d'Ain ont été repérés, et parfois fouillés, de très nombreux tumulus datant du Bronze final ou de premier âge du fer (Hallstatt).

Avec la période gallo-romaine émerge un site de première importance : celui du mont Rivel. On pourrait également citer, plus éloigné de la ville, au nord-est, celui de Saint-Germain-en-Montagne. En dehors des substructures mises au jour, les fouilles ont révélé le rôle que la région joua dans le cadre de la Séquanie romaine. A en croire l'explication traditionnelle, c'est sans doute un petit nœud de routes qui serait à l'origine des établissements dont on ne connaît pas encore l'ampleur mais qui démontrent que la ville de Champagnole n'était pas encore née. « Le site même de Champagnole et ses environs ont fourni, notamment à la faveur des travaux récents de construction, de nombreux vestiges appartenant à divers niveaux archéologiques, de l'âge du fer jusqu'au Bas-Empire. Mais il semble s'agir uniquement d'une occupation rurale. Aucune agglomération urbaine ne paraît avoir existé à l'époque gallo-romaine sur le site de Champagnole. » (Michel Chevalier et Pierre Charpentier.)

Musée archéologique, hôtel de ville, Rue Baron-Delors. Tél. 84.52.14.56. Ouvert du 17 juin au 6 septembre.

Pardoxalement, le millénaire médiéval (V^{e}-XVe siècle) n'est pas mieux connu que les âges historiques qui le précèdent. Au Xe siècle le nom ancien de la ville (Campanola) apparaît pour la première fois : il désigne non seulement la petite plaine mais sans doute aussi des terroirs cultivés en champs ouverts. Champagnole va dépendre alors, pendant longtemps, de la châtellenie de Montrivel dont le château (construit ou reconstruit au XIIIe siècle) était implanté sur la colline voisine. Mais c'est à deux cent cinquante mètres en contrebas que se développa progressivement une petite agglomération qui deviendra tardivement une ville. Parmi les dates marquantes de la fin du Moyen Age, retenons celle de 1320, année de l'octroi de la charte de franchises par Hugues de Chalon-Arlay, et celle de 1391, date de la création par la même famille féodale d'un péage à Champagnole, bien révéla-

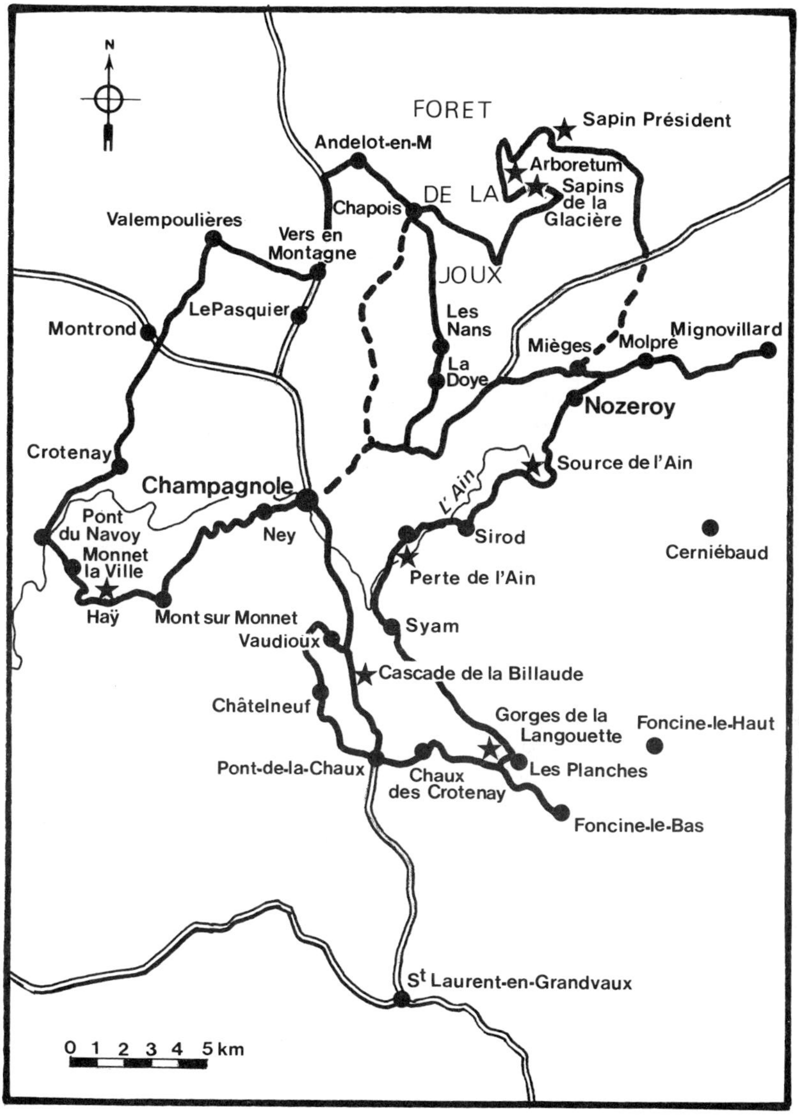
N
FORET
DE LA
JOUX
Sapin Président
Arboretum
Sapins de la Glacière
Andelot-en-M
Chapois
Valempoulières
Vers en Montagne
LePasquier
Montrond
Les Nans
La Doye
Mièges
Molpré
Mignovillard
Nozeroy
Crotenay
Champagnole
Source de l'Ain
L'Ain
Pont du Navoy
Ney
Sirod
Cerniébaud
Monnet la Ville
Perte de l'Ain
Haÿ
Mont sur Monnet
Syam
Vaudioux
Cascade de la Billaude
Châtelneuf
Gorges de la Langouette
Foncine-le-Haut
Pont-de-la-Chaux
Les Planches
Chaux des Crotenay
Foncine-le-Bas
St Laurent-en-Grandvaux
0 1 2 3 4 5 km

Le site archéologique du mont Rivel

Sur le mont Rivel, des fouilles récentes ont mis au jour une véritable agglomération gallo-romaine avec un sanctuaire.

« La bourgade occupe la majeure partie de l'angle est du plateau, son implantation est sensiblement quadrangulaire, les constructions s'étendent d'un bord à l'autre du plateau débordant même légèrement sur les pentes nord et sud ; aucun mur ne paraît limiter l'agglomération. Deux grands murs parallèles orientés sud-ouest-nord-est la traversent en diagonale. Ils délimitent une bande de terrain vierge de tout vestige ; cet axe de circulation détermine trois zones principales :

« La zone ouest est essentiellement constituée d'un grand bâtiment complexe n°2 où apparaît un ensemble artisanal consacré à une activité métallurgique. Plusieurs murs perpendiculaires à l'axe de la pente ménagent une succession de larges terrasses sur lesquelles sont implantés plusieurs grands bâtiments dont la destination est vraisemblablement publique (bâtiments n°5 et 6).

« Dans la partie est n°3, les constructions sont de dimensions plus restreintes ; elles sont disposées sur de courtes terrasses nettement marquées. Il s'agit d'un ensemble d'habitations dont l'architecture est encore largement d'inspiration indigène ; chaque maison dispose au moins d'un sous-sol sous l'une de ses pièces, mais l'appareil de moellons équarris, liés au mortier, est gallo-romain.

« Dans l'angle sud-ouest n°7 de l'agglomération, à l'extrémité de l'axe de circulation, un mur délimite une enceinte au centre de laquelle s'élève un fanum octogonal. Une série de sondages en 1971 ont permis d'en dresser le plan et d'en montrer l'importance (sondages et relevés de J.-L Odouze). Ainsi toute l'organisation de l'agglomération semble commandée par l'existence du fanum qui est le pôle d'attraction où aboutit la voie principale, et en fonction duquel s'ordonnent les deux quartiers principaux qui s'étagent sur la pente conduisant au fanum. » (François Leng.)

Les fouilles conduites sur le site en 1987 ont confirmé l'importance archéologique du mont Rivel. En effet, de nombreuses structures ont été mises au jour : une rue longue de cent vingt mètres, orientée nord-ouest-sud-est, reliant le fanum rectangulaire à une seconde rue allant jusqu'à la limite de la rupture de pente de la colline ; une allée de cinquante mètres de large, parallèle aux petits côtés du fanum rectangulaire, orientée nord-est-sud-ouest et aboutissant à cette seconde extrémité à un second fanum octogonal ; à équidistance entre les deux temples, un foyer circulaire de 3,70 mètres de diamètre est implanté au centre de l'allée ; au nord-est du site, un grand bâtiment de 10,50 × 33,50 mètres se trouve sur la pente nord. Avec cinq pièces à l'intérieur et une rampe occidentale permettant d'accéder à un couloir central, l'édifice est construit en petits moellons disposés avec un souci esthétique. De plus, quatre sondages ont été pratiqués sur le fanum octogonal afin de mieux en comprendre l'architecture.

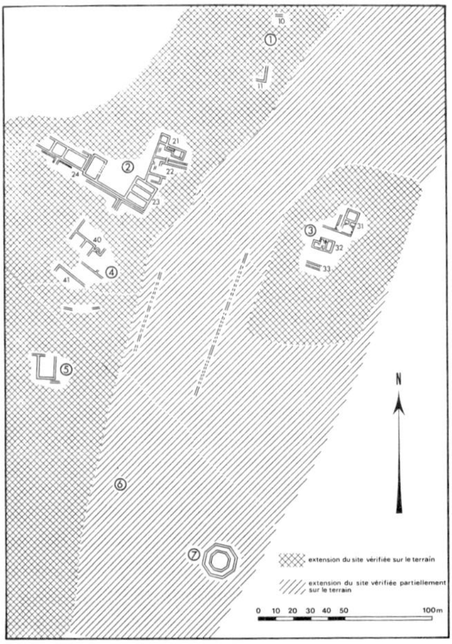

Etat des connaissances du site (F. Leng).

teur du trafic qui devait traverser le bourg. Tout pousse à croire qu'à la veille du XVIe siècle existait un premier « noyau urbain fortifié, protégé par une palissade et par quelques tours », actuellement sur le site du quartier de la Rue-Derrière. « Il est établi sur un petit platau constitué par le bourrelet morainique, qu'entaillent au sud-est l'abrupt, haut de trente mètres de la rive concave de l'Ain, au nord-ouest le profond fossé d'un petit affluent, la Londaine. » (Michel Chevalier et Pierre Charpentier.)

L'époque moderne n'épargna pas la ville qui souffrit à plusieurs reprises de la peste (1633 à 1636) mais surtout de très nombreux incendies : 1580, 1637, 1742, 1792, 1798, ce dernier ayant réduit la cité en un monceau de ruines. Mais, avec l'essor des routes et le développement de l'industrie, les XVIIIe et XIXe siècles allaient contribuer à la naissance de Champagnole. Celle-ci, dès le XVIIIe siècle, se trouva au croisement de deux axes : la voie Dole, Poligny, Champagnole, Saint-Laurent-en-Grandvaux, Morez et Gex (l'actuelle R.N. 5, plus connue sous le nom de route Blanche) ; et la route, moins importante, qui depuis Chalon-sur-Saône gagnait la Suisse en passant par Lons-le-Saunier, Champagnole et Pontarlier. Ce rôle de carrefour routier explique pourquoi en 1749 fut construit un entrepôt pour le sel de Montmorot, destiné à la Suisse. De même, les célèbres rouliers du Grandvaux faisaient étape à Champagnole avant de transporter les produits jurassiens en dehors de Franche-Comté. Mais la ville bénéficia aussi d'une métallurgie active. Tandis que des hauts fourneaux existaient en amont sur l'Ain, à Bourg-de-Sirod, et en aval, à Pont-du-Navoy, Champagnole transformait la fonte en fer et en tôles grâce aux forges et aux martinets créés depuis la fin du Moyen Age. De plus, scieries et tanneries complétaient l'activité métallurgique.

Alors qu'elle n'était qu'une bourgade de mille trois cents habitants au moment de la Révolution française, Champagnole connut ensuite une ascension régulière aux XIXe et XXe siècles. Lente au siècle dernier, la croissance devint remarquable après la Première Guerre mondiale et fut stimulée par la voie ferrée. La présence d'industries dynamiques (industries du bois, cimenterie, métallurgie...) explique cette poussée, qui bénéficia d'une structure économique équilibrée.

L'économie contemporaine

L'importance contemporaine de Champagnole provient de son industrie, qui employait au début des années 1960 plus de mille cinq cents personnes, soit quelque 60 % de sa population active (légèrement moins que Saint-Claude et Morez : respectivement 66 % et 71 %, mais beaucoup plus que les villes de bordure du Jura où le secteur secondaire ne réprésentait guère que 30 % de l'emploi à Lons-le-Saunier, Poligny et Salins-les-Bains). Deux activités dominaient alors : le travail du fer et celui du bois.

Les usines métallurgiques de la région rurale sont à présent fermées, à l'exception des modestes forges de Syam. La ville a conservé quelque activité. Les forges de la Serves, en bordure de l'Ain, dans un méandre de la rivière, produisent encore des fils de fer et des aciers spéciaux. Après avoir connu des périodes difficiles, la Société des aciers de Champagnole est, depuis 1984, intégrée au groupe suédois Kloster Speedsteel, premier producteur mondial d'acier. Les usines, hérissées de cheminées de briques, à l'est de la localité, sur la route de Pontarlier et en bordure de la voie ferrée qui lui apporte sa matière première, sont en cours de modernisation. Fondée en 1923 par Henri Girard, de Morez, et longtemps spécialisée dans les articles métalliques pour la coiffure féminine (bigoudis, pinces, épingles), la société anonyme Girard s'est depuis 1952 orientée vers la production de montures métalliques de lunettes. Elle livre actuellement deux cent quarante mille paires de lunettes par mois, exportées à plus de 60 %.

L'industrie du bois a connu également bien des vicissitudes. De la scierie à la production de meubles, de bibelots et de jouets, la filière offre plus de mille deux cents emplois, soit le quart des

Maison forte au Pasquier.

Champagnole : un ancien carrefour ferroviaire

« De la fin du XIXe siècle jusque vers 1950, Champagnole va devenir un carrefour ferroviaire. Dès 1867, la ville est, du fait de son importance industrielle, réunie par une bretelle de quatorze kilomètres partant d'Andelot à la voie ferrée de Dijon en Suisse, par Dole et Pontarlier, ouverte depuis peu, qui deviendra au XXe siècle , après la percée du tunnel du Mont-d'Or, la ligne du Simplon-Orient-Express. Peu à peu, le tronçon de Champagnole pousse vers le sud à la rencontre de la ligne jurassienne qui progresse depuis Bellegarde et Nantua. La liaison ne sera effective qu'en 1912, retardée notamment par la nécessité de multiplier les travaux d'art pour vaincre les gorges de la Bienne vers Morbier, Morez et Saint-Claude. A partir de cette date, Champagole bénéficie du passage de l'unique ligne longitudinale du Jura, qui la relie aux petits centres industriels de Morez, Saint-Claude, Oyonnax et Nantua et où circule quotidiennement l'express Paris-Belgrade.

« En 1891, Champagnole avait été atteint de l'ouest par une voie ferrée venant de Lons-le-Saunier, qui, après s'être hissée par la reculée de la Vallière, empruntait notamment la combe d'Ain. Après 1920, entreront en service des lignes électrifiées à voies étroites mettant en liaison Champagnole avec les régions situées plus à l'est : la ligne de Foncine qui relie Champagnole à la haute vallée du Doubs et celle de Boujailles, orientée vers Nozeroy et les hauts plateaux situés plus au nord.

« Une position ferroviaire encore plus importante aurait été réservée à Champagnole, si la ligne Paris-Genève, par le tunnel de la Faucille, dont il fut souvent question vers 1900 avait été réalisée. Mais rien ne vint prolonger la voie ferrée Dole-Poligny, premier tronçon de la ligne, ouverte en 1884, et le trafic de Genève continua à contourner les plateaux jurassiens par la cluse des Hôpitaux et la vallée du Rhône. »

De tout cela il ne reste pas grand-chose. Seule demeure la voie locale vers Morez, raccordée à Andelot-en-Montagne, à la ligne Paris-Lausanne et desservie seulement par quelques trains journaliers.

(Michel Chevalier et Pierre Charpentier, Champagnole.*)*

La métallurgie de la région de Champagnole (Bourg-de-Sirod, Champagnole, Syam)

Si l'on en croit le dictionnaire de Rousset, des forges ont existé à Champagnole dès le XVIe siècle, mais les détails manquent pour dresser un bilan de l'activité métallurgique de la région à cette époque. Trois martinets existent à Champagnole même au milieu du XVIIIe siècle, celui de la Serve et deux au Bas, créés dans les années 1690.

Alexis Olivier possède l'un de ces derniers en 1757 : il utilisait, comme le martinet de Bourg-de-Sirod (remontant au XVIe siècle), les vieilles ferrailles de la saline de Salins pour fabriquer des outils aratoires, des clous, des faux ; celui de Syam — possédé au milieu du XVIIIe siècle par des bourgeois qui le font exploiter par un maître de martinet originaire de la région mortuacienne — utilisait des rebuts provenant du fourneau de Foucherans pour une fabrication analogue. Ces différentes usines constituent le centre d'un petit groupe de forges de dénaturation qui fait un peu le pendant de celui du Haut-Doubs ; elles sont la seule industrie métallurgique dans cette partie du Jura.

La réduction, au milieu du XVIIIe siècle, des zones où les salines de Salins et de Montmorot interdisent toute concurrence industrielle, permet alors le développement d'une métallurgie plus importante. A la fin du siècle les héritiers d'Olivier peuvent posséder un haut fourneau établi au Pont-du-Navoy ; ils exploitent trois forges à Champagnole, les deux du Bas et le martinet des Isles. L'usine de la Serve, produisant surtout des clous, est achetée à la famille de Lamartine, en 1788, par le Lyonnais Abraham Müller. A Bourg-de-Sirod, un propriétaire actif fait appel à un maître de forges haut-saônois qui y établit dans les années 1780 un haut fourneau (qui sera arrêté dès 1806), une grosse forge comprenant quatre feux d'affinerie, et tente la création d'une manufacture de fer-blanc, qui ne sera réalisée, sans grand succès, que dans les années 1840... Le martinet de Syam est transformé par les Jobez en une usine, dans des bâtiments datés de 1811, comprenant forge, martinet et platinerie, le tout lié au haut fourneau de Toulouse-le-Château. Le passage à une métallurgie intégrée est alors réalisé pour ce groupe d'usines, comme plus au sud à Clairvaux, dans les dix années qui précèdent la Révolution, dans un cycle de transformations qui se poursuit au-delà de l'Empire.

Ces usines voient leurs propriétaires faire partie des fondateurs de la Société des forges de Franche-Comté, en 1857. Aucune ne profite réellement de l'opération : c'est Fraisans, au nord, et dans une moindre mesure Pont-du-Navoy et la Saisse, à Pont-de-Poitte, plus au sud, qui deviennent les usines principales du groupe et se développent dans le cadre de la spécialisation de ses usines secondaires dans le fil de fer et le clou.

L'usine de Bourg-de-Sirod, qui emploie soixante-cinq ouvriers en 1864 et quatre cents en 1886, est arrêtée avant la fin de la guerre de 1914 : elle laisse la place à une centrale électrique.

La clouterie de Champagnole conserve une certaine importance et survit à la Société des forges de Franche-Comté : ce n'est qu'en 1976 que le groupe des Aciéries de Rombas (Sidelor) arrête toute fabrication. Les laminoirs de Syam, enfin, dans le créneau très particulier des profilés — la petite taille de l'usine est la raison d'une souplesse qui la rend compétitive sur un marché demandant des produits très particuliers mais en moyenne ou petite quantité — sortent depuis quelques années d'une semi-léthargie qui les a somme toute maintenus en activité.

(François Lassus.)

effectifs salariés du bassin d'emploi. Champagnole compte quelques fabriques importantes qui en font la capitale jurassienne du meuble. L'ébénisterie de style, les sièges, les meubles de séries et spécialisés en font la renommée. Mais la branche a perdu quelques centaines d'emplois, par diminution de l'effectif moyen de salariés par entreprise. Elle représentait près du tiers de l'emploi il y a trente ans. Pour la plupart, il s'agit de petites entreprises artisanales. Mais quelques grands établissements dominent, dont certains ont connu parfois des difficultés : Sanijura, Vapil, Riskoff, Jurassiège, et parmi les fabricants de jeux et de jouets Giraud-Sauveur et Joustra, qui a repris les établissements Jouef en difficulté, intégrant des productions en métal et en matières plastiques.

Champagnole est le point de départ de la firme régionale en holding Bouvet-Ponsard. Etablie en 1893 par la famille Bouvet, originaire du Grandvaux, et longtemps spécialisée dans le roulage et les messageries, puis le commerce du bois (et devenue une des plus importantes de l'est de la France), la fabrique de chaux de Champagnole, est liée à la présence au mont Rivel, au nord de la localité, de deux bancs marno-calcaires aisément exploitables. Le fils et les gendres d'Alfred Bouvet (les frères Ponsar) vont développer l'entreprise, créer l'usine de ciment artificiel dans les années 1920, « Ciments de Champagnole ».

Ce sera longtemps la plus importante usine de ce type, jusqu'à la création de l'usine de cimeterie de Rochefort-sur-Nenon, près de Dole, par la même entreprise Bouvet-Ponsar. Deux bancs marno-calcaires ont été exploités, en grandes carrières et galeries souterraines sur le versant sud-ouest du mont Rivel. En 1964 un éboulement dans une galerie a causé la mort de plusieurs ouvriers.

La combe d'Ain et la forêt de la Joux

Depuis Champagnole, bien des circuits peuvent guider le visiteur à travers la beauté des plateaux du Jura où les vestiges du passé créent un autre centre d'intérêt à côté de celui des paysages. Parmi les itinéraires possibles, l'un consiste à faire une grande boucle en direction de l'ouest pour prendre contact avec la partie nord de la combe d'Ain et revenir à Champagnole par la forêt de la Joux, la plus belle sapinière du massif jurassien.

A partir de Champagnole, la combe d'Ain s'atteint en empruntant la D. 471 qui file tout droit en direction de Pont-du-Navoy. A cette bonne route, fort belle d'ailleurs à partir de Ney, on pourra préférer la D. 74 qui, à la sortie du village de Ney, gagne Mont-sur-Monnet. Après quelques virages on monte à flanc de coteau sur le bord de la reculée et on aperçoit sur la gauche le site de Balerne, nom illustre au Moyen Age pour l'abbaye cistercienne qui y fut fondée en 1136. Au terme de six kilomètres de trajet dans un milieu très verdoyant, apparaît le tout petit village de Mont-sur-Monnet, au milieu d'une clairière de défrichement avec de très nombreuses haies. Environ deux kilomètres après le village, avant la descente, prendre sur la droite un petit chemin qui conduit à une propriété privée où s'élèvent les vestiges d'un important château médiéval et le **château de l'Haÿ**, belle construction du XVIIIe siècle.

Située au sud-ouest d'une sorte d'éperon, qui forme la montagne des Hayers, dominant la combe d'Ain, la demeure, bâtie en 1733 par Charles-Louis Moreau, est connue sous le nom de château de l'Haÿ puis sous celui de château de Monnet. Au milieu d'un vaste parc, l'édifice, entouré de plusieurs dépendances, se présente sous la forme d'une grosse bâtisse rectangulaire, à un étage et des combles, couverte d'un toit à coupes. La façade orientale, par laquelle on aborde l'édifice, comprend au rez-de-chaussée une porte centrale et quatre fenêtres. Le premier étage correspond à une rangée de cinq fenêtres. Deux petites lucarnes à croupes s'ouvrent dans la haute toiture de tuiles très aiguë. Du

La forêt domaniale de la Joux

Situé à quatorze kilomètres au sud-est de Salins, étirée du nord au sud sur le rebord du plateau de Levier à une altitude comprise entre 600 et 900 mètres, la forêt de la Joux, vaste de 2 659 hectares et peuplée de sapins dominants et d'épicéas, est aujourd'hui l'une des plus belles forêts résineuses d'Europe.

Propriété des princes de Chalon, le massif passa en 1530, à la mort de Philibert, à la branche de Nassau, mais fut confisqué par Philippe II d'Espagne en 1567, lorsque Guillaume de Nassau, prince d'Orange, dit « le Taciturne », prit la tête de l'insurrection des Pays-Bas. Dès lors, la forêt appartint à la couronne d'Espagne et devint propriété du roi de France en 1678 après le rattachement de la province. Après la Révolution, elle passa tout naturellement dans le domaine de l'Etat, non sans avoir été revendiquée, mais en vain, en 1828, par la ville de Salins qui s'en estimait propriétaire en raison de l'affectation ancienne de « la Joux d'Onglières et de Salins » aux salines de la ville. En effet, dès le Moyen Age, comme la plupart des forêts proches de Salins, dans un rayon de trois lieues autour de la cité, la forêt de la Joux se trouva affectée à l'approvisionnement des salines en bois de chauffage et resta donc jusqu'au XIXe siècle un important réservoir de combustible. Cette production exigeait des bois de petite taille et eut pour conséquence une exploitation à courte révolution : ainsi, un procès-verbal de visite de 1606 parle d'un « très grand et ample taillis », avec çà et là des bouquets de « haute futaie de sapins » et sous le couvert « une infinité de jeunes sapineux ». En 1687, la forêt est présentée comme « une futaie de sapins de dix à cinquante ans, mêlée de taillis de dix à vingt ans », alors qu'en 1727, le commissaire réformateur Maclot, venu procéder à la mise en règle de la forêt, parle d'une « futaie de sapins mêlée de broussailles ». Il prescrivit d'abattre six mille pieds d'arbres par an, de plus de quatre pieds de circonférence, l'exploitation devant revenir tous les vingt à vingt-cinq ans au même endroit. Ce règlement permit le développement de la remarquable futaie que nous admirons aujourd'hui. Dès la fin du XVIIe siècle, la forêt fournissait aussi d'importantes quantités de bois de construction (poutres, chevrons, planches) et de bois de marine, qui furent d'ailleurs plus des pièces de charpente que des mâts, les résineux jurassiens étant jugés trop cassants par l'administration des arsenaux qui leur préférait, sauf cas de grande nécessité, les mâts importés de Scandinavie. Au cœur de la forêt, la maison forestière de la marine témoigne encore aujourd'hui de la réalité de cette ancienne exploitation.

Mais la Joux ne fut pas seulement une réserve de combustible industriel ou de bois d'œuvre, elle fut aussi une composante majeure de la vie matérielle des paysans riverains. Dès le Moyen Age en effet, elle se trouva grevée de nombreux droits d'usage au bois de construction et de chauffage, et de droits au pâturage concédés aux communautés voisines. Ainsi, en 1606, une liste des usagers dénombre trente-cinq communautés de granges et plusieurs particuliers qui disposent de droits étendus moyennant la seule obligation de fournir six gardes pour la surveillance de la forêt. Dans le courant du XVIIe siècle, à la faveur des troubles et des lacunes administratives, le nombre des usagers a beaucoup progressé puisque au début du XVIIIe siècle on compte cinquante-six communautés et dix-sept particuliers. En 1727, Maclot, constatant l'étendue des dégradations, réduit à trente-deux le nombre des communautés et granges usagères, après minutieuse vérification de leurs titres. Il réintègre aussi dans le domaine royal 580 arpents abusivement distraits par des particuliers ou des communautés. Les usages étaient désormais strictement précisés et délimités et la forêt trop dégradée pour être normalement exploitée fut fermée jusqu'en 1750. Les droits d'usage furent éteints par cantonnement entre 1861 et 1875 : la forêt domaniale perdit alors 640 hectares répartis entre les communautés riveraines qui les reçurent en pleine propriété pour la satisfaction de leurs usages au bois. En revanche, le droit au pâturage subsistait sur toute l'étendue du massif qui recevait 1 684 têtes de bétail en 1864, mais seulement 69 en 1943.

En définitive, la forêt de la Joux, forêt comtale devenue royale puis doma-

•••

niale, vouée aux usagers et à l'approvisionnement des salines en combustible ou des arsenaux en bois de marine, reprise en mains par la nouvelle administration forestière française au début du XVIIIe siècle, symbolise bien les aléas, les mutations et les permanences de l'histoire forestière comtoise.

Avec l'immensité de ses hautes futaies, avec ses arbres d'élite que la pénombre et le silence des sous-bois rend semblables aux piliers d'une cathédrale, avec la richesse et l'exubérance de sa flore, avec ses longues routes ombragées et ses belvédères qui offrent d'inoubliables échappées sur ses vastes horizons brisés, elle est un haut lieu du tourisme comtois et constitue l'une des innombrables facettes de la personnalité de la province.

François Vion-Delphin.

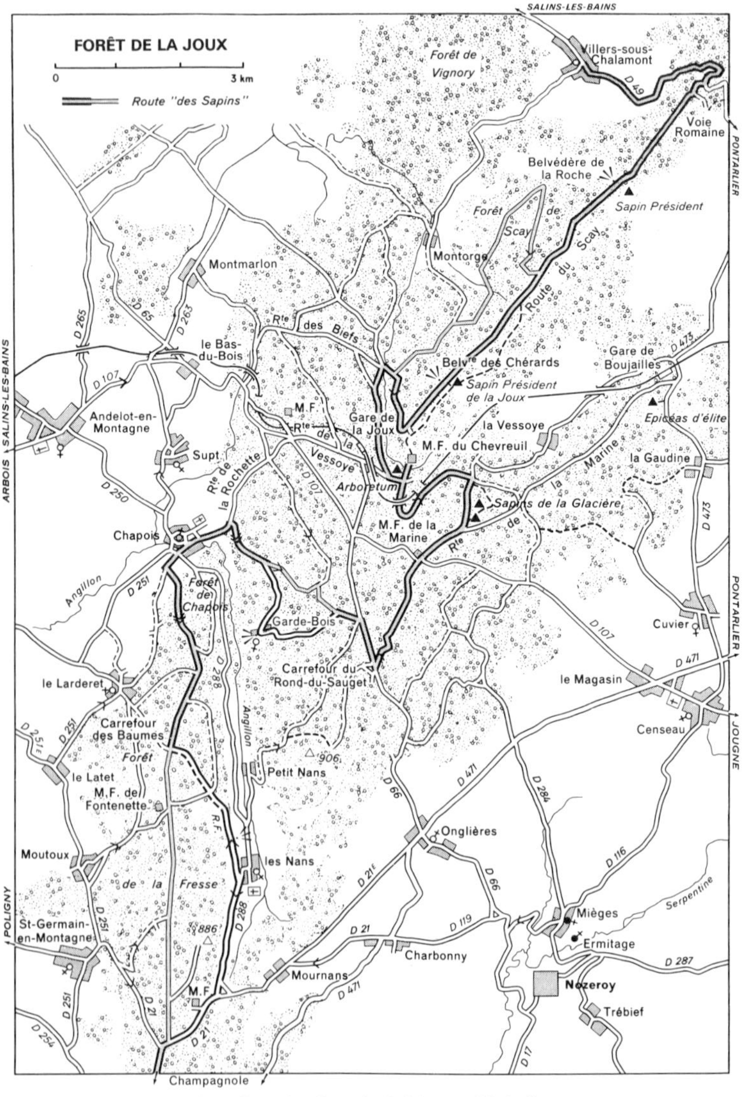

Jura-Franche-Comté, *Guide vert Michelin.*

La sécherie de la Joux fournit des semences pour toute la France

Durant longtemps, la régénération naturelle par la chute des graines au gré du vent a permis seule le maintien et le renouvellement. Cependant, le souci de privilégier certaines espèces utiles et surtout le besoin de reboisement d'espaces dévastés ont peu à peu amené les forestiers à pratiquer la régénération artificielle par semis et plantation de jeunes plantes élevées en pépinières. Cette politique s'est développée dans la forêt de la Joux dès 1860, avec la récolte des cônes et l'extraction des graines de résineux, maintenant appliquée également aux feuillus. L'obtention des graines nécessite, pour d'habiles grimpeurs, l'escalade des arbres jusqu'à la cime, à l'aide d'échelles métalliques emboîtables. Ils récoltent ainsi les cônes de résineux, mais également les graines de feuillus divers : merisiers, érables, hêtres, frênes, noyers.

En 1950, à l'initiative de deux ingénieurs jurassiens, MM. Lachaussée et Lacroix, l'Office national des forêts a édifié une vaste sécherie pour traiter et conserver par réfrigération entre six et douze tonnes de graines appartenant aux principales essences résineuses françaises : épicéa, sapin, pin noir, pin sylvestre, cèdre, douglas. La sécherie a été étendue en 1982 aux graines d'arbres feuillus, particulièrement les hêtres et les chênes. Ainsi peuvent être stockés durant deux à trois hivers jusqu'à trente tonnes de faines et plus de trois cents tonnes de glands.

La sécherie de la Joux, entreprise pilote en son domaine, place la France au premier plan dans le monde en matière de conservation de graines d'arbres forestiers, à partir d'individus hautement sélectionnés pour leur port et la qualité de leur bois.

Dans la forêt de la Joux, le plus beau de tous les sapins, le « sapin Président ».

côté de l'ouest la maison donne sur une petite terrasse. C'est en allant au-delà du château du XVIIIe siècle que l'on peut encore voir ce qu'il reste du château médiéval qui, au XVe siècle, appartint aux comtes de Bourgogne. Démoli en 1479, l'édifice ne se releva pas de ses ruines car, en 1532, la forteresse n'avait plus qu'une tour « ja caduque ». Après avoir franchi les vestiges de trois murs, le visiteur découvre une citerne très bien conservée, une tour ronde, une tour carrée, à l'intérieur de laquelle se trouve une niche en arc brisé, et une autre tour ronde à proximité du rocher dominant la vallée de l'Ain.

La petite route (D. 40) entre Monnet-le-Château et Monnet-la-Ville, célèbre par le cimetière mérovingien qui fut fouillé, ne manque pas de charme, en offrant une belle vue sur la combe d'Ain et Pont-du-Navoy. Depuis Monnet-la-Ville, le visiteur peut se rendre à Marigny, par la D. 27, s'il désire aller aux lacs de Chalain, de Chambly et du Val, puis aux cascades du Hérisson, ou gagner **Pont-du-Navoy**. Cette dernière localité, implantée aux bords de l'Ain, doit son charme à la présence de la rivière qu'il fait bon voir couler

La Faye-de-Montrond

La forêt domaniale de la Faye-de-Montrond s'étend actuellement sur 890 hectares, au sud du village jurassien du même nom (neuf kilomètres au nord-ouest de Champagnole). Elle constitue un ensemble assez compact (cinq kilomètres du nord au sud et autant d'est en ouest), situé sur le premier plateau du Jura, à une altitude comprise entre 520 et 650 mètres. Implantée entre la côte de l'Heute (de 650 à 680 mètres à cet endroit) à l'ouest de l'Angillon, affluent de l'Ain, à l'est, elle recouvre des calcaires bathoniens et des placages fluvio-glaciaires.

La Faye-de-Montrond s'intègre à une vaste zone forestière comprenant, au nord la forêt domaniale des Moidons et la forêt communale d'Arbois, à l'ouest, celle de Poligny et la forêt de l'Heute, à l'est la forêt domaniale de la Fresse, et enfin, au sud, tout un ensemble de petites forêts communales ou privées. Elle est bordée ou prolongée par plusieurs petits bois tels que le bois des Rieppes, le bois de la Combe-Pachod, le bois des Cinq-Chênes au nord, les bois de Montsaugeon et de la Masselette au sud. La ville la plus proche se trouve au sud-est (Champagnole) et nombreux sont les villages voisins (Montrond et Le Pasquier au nord, Ardon et Vannoz à l'est, Crotenay au sud, Besain à l'ouest) ainsi que les hameaux (La Rochère, Pont-de-Gratteroche, Les Baraques-du-Nord) ou les fermes isolées, surtout à l'est.

Située dans une zone très humide (environ 1 600 millimètres de pluie par an) et fraîche, la Faye-de-Montrond compte des essences variées : sapins (40 %), épicéas (15 %), hêtres (35 %), charmes et divers (10 %), tels que chênes pédonculés, érables, ormes et sorbiers. Convertie en futaie feuillue dès 1860, la forêt vit l'introduction de résineux dès 1865. L'enrésinement se poursuit si activement aujourd'hui, dans les zones où le hêtre n'a pas de valeur, que les arbres sont à majorité résineuse.

(François Vion-Delphin.)

depuis le pont qui la traverse (en pierre depuis 1797). Par beau temps, la limpidité de l'eau attire le regard des badauds soucieux d'apercevoir les truites qui se complaisent à résister au courant. A partir de Pont-du-Navoy, en empruntant la D. 471 en direction de Lons-le-Saunier sur quelques kilomètres, la route offre sur la gauche une belle vue sur la combe d'Ain et, à droite, sur la retombée boisée de la côte de l'Heute. On surplombe aussi les forges de Pont-du-Navoy, qui jouèrent un grand rôle à partir de la fin du XVIIIe siècle. Après six kilomètres de parcours on accède au village de **Mirebel**, au nom évocateur. La localité, située juste à un passage transversal de la côte de l'Heute, est dominée par les ruines de son château médiéval, confondu avec la roche et caché par la végétation, d'où la vue s'étend à l'ouest sur le premier plateau très boisé et, à l'est sur la vallée de l'Ain et les plateaux qui se prolongent jusqu'à la haute chaîne du Jura. Entre le château fort et le village, la petite église Saint-André possède un chœur datant peut-être au XIIIe siècle et une nef et un clocher construits à la fin de l'âge gothique.

Mais les bords de l'Ain peuvent être davantage appréciés en prenant à partir de Pont-du-Navoy, la petite route (D. 21) qui rejoint Crotenay où, en arrivant, on aperçoit sur la droite la butte de Montsaugeon, célèbre par son château démantelé par les troupes de Louis XI. Puis, en longeant le rebord oriental de la côte de l'Heute et en traversant la forêt de la Faye de **Montrond**, dont le site correspond (comme celui de Mirebel) à un col traversant la côte et dû à des failles. En dehors de la forêt à laquelle il a donné son nom, il mérite une mention particulière pour le donjon médiéval qui domine la localité. Bâti au sommet d'une motte naturelle, à l'extrémité nord de l'arête rocheuse de la côte de l'Heute, le château fut détruit à la fin du XVe siècle. Avec ses treize mètres de côté, une vingtaine de mètres de haut, des murs de 2,5 mètres d'épaisseur, le donjon de Montrond est un bel exemple de l'architecture militaire du XIIIe siècle. La porte, accessible par une échelle, était située en hauteur et chaque mur avait une fenêtre conçue pour assurer une protection contre le tir.

De Montrond il est facile d'atteindre Valempoulières (D. 23) et de ce village, situé au milieu d'une clairière, de rejoindre **Vers-en-Montagne** par la D. 251E. Ce village a conservé les vestiges de son ancien château du Moyen Age. Il ne reste plus, à proximité des bords de l'Angillon, que deux tours circulaires au nord et au sud, partiellement détruites. Pour les voir, il faut quitter la route de Champagnole à Salins-les-Bains (D. 467), tourner près de la fromagerie, laisser sur la droite le lavoir et franchir le ruisseau de l'Angillon : on arrive en face de l'entrée de la ferme construite sur l'emplacement du château.

Une fois à Vers-en-Montagne, si l'on souhaite retourner à Champagnole, le plus simple consiste à rejoindre la R.N. 5 à Ardon en passant par Le Pasquier, où l'on n'oubliera pas de regarder, sur la gauche de la route, à l'entrée nord du village, une grosse demeure datant de la fin du XVIIe siècle et incorporée au milieu des bâtiments agricoles. Mais il serait dommage de ne pas gagner Andelot-en-Montagne et d'aller visiter la forêt de la Joux, une des plus célèbres du département du Jura. Pour l'atteindre à partir d'Andelot-en-Montagne, le plus simple est de se rendre à Chapoix et de suivre un circuit reliant les principaux centres d'intérêt.

Avec une superficie de deux mille six cent cinquante-neuf hectares, la forêt de la Joux n'a pas une dimension exceptionnelle. En revanche, ce qui la rend incomparable, ce sont les dimensions de ses sapins qui en font l'une des plus belles de France. La parcourir en voiture ou, mieux, à pied est toujours une source d'agrément, l'atmosphère créée par les hautes futaies étant à nulle autre pareille. En effet, certains arbres ont jusqu'à quarante mètres de hauteur et plus d'un mètre de diamètre à 1,30 mètre du sol (le sapin Président, par exemple). Chaque année, plusieurs milliers de sapins sont abattus, ce qui peut représenter entre vingt mille et trente mille mètres cubes de bois. La forêt est divisée en cinq cantons ou séries, les résineux les plus spectaculaires étant dans le canton de la Glacière et aux Sources.

Afin de guider les touristes dans la forêt de la Joux, l'O.N.F. a créé une « route des sapins » qui, de Champagnole à Levier, traverse les massifs forestiers de la Fresse, de la Joux et de Levier. Elle est d'autant plus agréable à suivre qu'elle est remarquablement aménagée : parcs de stationnement, aires de pique-nique et de jeu, sentiers de randonnée balisés. L'itinéraire que nous proposons est conçu à partir de Chapois et inclut une excursion dans le département du Doubs jusqu'à Levier.

De Chapois, petit village à la lisière du massif forestier, se rendre au belvédère de Gardebois, d'où la vue plonge sur la vallée de l'Angillon et la forêt de la Fresse. Aller ensuite jusqu'aux sapins de la Glacière, situés évidemment dans le canton le plus froid de la forêt. Autour d'une excavation profonde se dressent de remarquables résineux, impressionnants par la hauteur et la parfaite verticalité de leurs fûts. La lumière tamisée, qui perce le couvert végétal, crée une atmosphère particulière que l'on a parfois comparé à l'impression éprouvée au pied des piliers d'une grande cathédrale.

A partir des sapins de la Glacière, reprendre la route en direction de l'Arboretum et de la maison forestière du Chevreuil. Cette dernière, située dans une clairière, forme le centre d'intérêt touristique du massif forestier. La visite de l'Arboretum permettra d'apprécier une plantation d'arbres étrangers à la région. Pour avoir une vision complète de tous les attraits de la forêt de la Joux, pousser jusqu'au sapin Président et au belvédère des Chérards. De ce dernier, on a un beau panorama sur les plateaux boisés qui s'étendent en direction de Salins-les-Bains. Quant au sapin Président, le plus célèbre des résineux de la forêt de Joux, il l'emporte sur tous ses semblables par ses dimensions : à 1,30 mètre du sol sa circonférence approche quatre mètres et sa cime culmine à quarante-cinq mètres du sol. On estime que vieux de plus de deux siècles, il pourrait fournir six cents plan-

Sur la route de Champagnole à Nozeroy, après le défilé d'Entreportes.

ches (la capacité d'un arbre s'évalue en « planches » de quatre mètres de longueur, de 0,25 mètre de largeur et de 0,027 mètre d'épaisseur. Un mètre cube de bois donne trente-trois planches).

Une variante consiste à se rendre au pied des épicéas d'élite situés entre la Gaudine et la gare de Boujailles. Pour cela, gagner cette dernière. A quelques centaines de mètres au sud, un sentier balisé conduit jusqu'à un autre résineux d'exception : la « présidente des Fiouves », épicéa rival du sapin Président.

Une fois la visite de la forêt de la Joux achevée, le retour à Champagnole peut se faire par des voies différentes. Nous nous contenterons de mentionner la route qui, par Censeau, relie Mièges et Nozeroy dans la mesure où elle fait l'objet d'une description détaillée au sein de ce chapitre.

En revanche, en regagnant Chapois, il y a trois possibilités pour retourner

à Champagnole. La première consiste à remonter le cours de l'Angillon et sa vallée étroite, entourée de forêts. Aux Nans, une petite route permet d'atteindre les sources et les grottes de la Doye, avant de rejoindre la D. 471 qui, par Equevillon, conduit à Champagnole.

La seconde revient à longer la lisière de la forêt de la Fresse en traversant les localités qui sont sur sa bordure occidentale : Le Larderet, Le Latet, Le Moutoux, Saint-Germain-en-Montagne puis Champagnole. Enfin, la troisième (la plus rapide) impose de retourner sur la départementale 467, qui relie Salins-les-Bains à Champagnole, en traversant à nouveau Andelot-en-Montagne.

Le dernier itinéraire offre l'avantage de pouvoir jeter un coup d'œil aux vestiges du château médiéval de Vers-en-Montagne, à la demeure du XVIIe siècle du Pasquier si, à l'aller, depuis Valempoulières, on a filé directement sur Andelot sans passer par Vers.

Le val de Mièges, les vallées de l'Ain, de la Saine et de la Lemme

Si Champagnole forme un point de départ idéal pour entreprendre un circuit en direction de la combe d'Ain et du premier plateau, il en est de même pour gagner les terres plus élevées du nord-est du département, qui constituent une sorte de coin dans celui du Doubs. Là ce sont d'autres paysages qui attendent le visiteur et aussi de bien séduisants témoins du passé, caractéristiques du val de Mièges. Mais, plus au sud, les vallées de trois rivières (l'Ain, la Saine et la Lemme), se taillant leur cours à travers les roches calcaires couronnées de résineux, donnent une vision plus traditionnelle du Jura : celle de la fraicheur des cascade et de l'eau qui coule dans un cadre de verdure. La variété et la beauté des paysages compensent largement ce que l'on pourrait considérer a priori, et à tort, comme un manque d'originalité.

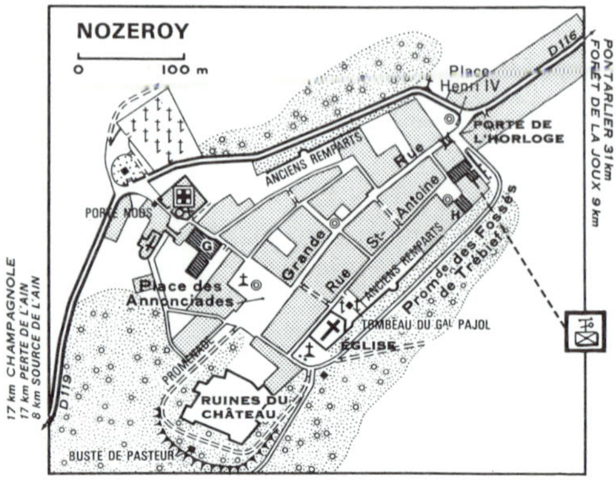

Nozeroy (plan Michelin, Jura-Franche-Comté).

Le val de Mièges

C'est par une route sinueuse et pleine de charme (D. 471) que depuis Champagnole on gagne Nozeroy, capitale historique du val de Mièges. Assez vite après la sortie de la ville, la départementale prend de l'altitude et se fraye un chemin à travers la ligne de hauteurs méridienne qui se dresse en face d'elle. La cluse d'Entreportes, au toponyme évocateur, correspond en fait à un étroit passage entre des chaînons plissés, boisés, donnant accès au plateau de Nozeroy. Là existe bien une petite région à part au sein du département du Jura, bien caractéristique de ces « pays » dont l'assemblage forme un aspect de la réalité jurassienne.

Alors que la D. 471 file en direction de Censeau, Frasne et Pontarlieu, c'est par une petite route que l'on gagne Nozeroy. Près de Charbonny, on perçoit une des caractéristiques du platau de Nozeroy qui, très défriché, reste vert à cause des haies. Au début de la descente sur la vallée de la Serpentine (principale rivière du val de Mièges et l'affluent le plus important de l'Ain naissant), la vue est belle sur Mièges et **Nozeroy**, vieux bourg implanté sur une colline qui domine un plateau couvert de pâturages. La cité au riche passé a conservé son allure médiévale et l'on s'en rend vite compte lorsqu'on arrive sur la petite place dominée par

Pierre sculptée à Nozeroy.

La pierre ocre de Nozeroy dans le soleil du soir.

le très beau beffroi qui marque l'entrée de la ville.

Celle-ci doit son origine à la famille des Chalon qui en firent le centre d'une vaste châtellenie. En faisant construire un château fort sur la butte isolée au centre du val de Mièges, Jean de Chalon l'Antique (1190-1267) suscita par la même occasion l'apparition d'un bourg. Dès le XIIIe siècle, Nozeroy devint une localité non négligeable, dotée d'une charte de franchises en 1283. En 1362 Hugues II de Chalon-Arlay fondait un hôpital dans l'agglomération et vingt-quatre ans plus tard Jean III de Chalon-Arlay prit, par son mariage avec Marie des Baux, le titre de prince d'Orange. En 1530, à la mort de Philibert de Chalon, la seigneurie passa aux Orange-Nassau. Si la ville souffrit de la guerre de Dix Ans (1635-1644), en fait le château ne fut complètement détruit qu'après la conquête de la Comté par les troupes de Louis XIV.

La visite de Nozeroy doit commencer à partir de la place Henri-IV. Là, immédiatement, le caractère fortifié du bourg s'impose par la présence de la porte de l'Horloge, tour carrée d'une trentaine de mètres de haut et qui a gardé, dans la partie supérieure de sa face extérieure de beaux mâchicoulis. Pour accéder à la ville ancienne, passer sous cette tour, à côté de laquelle avait été bâti le couvent des Cordeliers dont on voit encore les restes. Une fois la porte franchie, il est agréable de suivre la Grande-Rue où plusieurs maisons méritent de retenir l'attention : au numéro 25, une belle façade aux fenêtres séparées par une niche en accolade ; au numéro 28, des frontons triangulaires ouvrent le dessus des portes et des fenêtres ; le numéro 30 se caractérise par sa porte en accolade et des fenêtres dont les meneaux ont été supprimés ; au numéro 36, une maison sur arcades mord sur la rue. La pierre jaune des demeures contribue à donner à l'ensemble un charme indiscutable. Au bout de la Grande-Rue, la place des Annonciades se signale par un magnifique marronnier et par plusieurs édifices : la maison de Gilbert Cousin qui, né à Nozeroy en 1506, fut secrétaire d'Erasme ; l'ancien couvent des Annonciades, construit en 1617 comme le rappelle la date inscrite au fronton de la porte : une maison du XVIe siècle (numéro 9). Une rue en direction du nord conduit jusqu'à la porte de Nods, proche de l'hôpital Sainte-Barbe reconstruit au XVIIIe siècle.

Depuis la place des Annonciades, il est agréable d'aller jusqu'à l'extrémité de la colline sur laquelle se trouve Nozeroy, pour admirer le paysage et les ruines de l'ancien château médiéval. Attestée dès 1261, une première forteresse fut rasée dans les années 1440 par Louis de Chalon-Arlay pour être remplacée par un édifice dont tous les auteurs sont unanimes à louer la splendeur. De grands artistes, comme Jean de la Huerta, travaillèrent à sa décoration. Plusieurs grands personnages séjournèrent à Nozeroy : Philippe le Bon, Louis XI, Charles le Téméraire, le duc de Clèves, les princes de Savoie, les comtes de Neuchâtel. Le château fut le siège d'une cour brillante dans le seconde moitié du XVe siècle et une partie du siècle suivant. A partir du XVe siècle, la construction subit à plusieurs reprises l'outrage des hommes. Si le château ne fut pas l'objet d'un démantèlement lors de la conquête française, à la fin du XVIIe siècle, en revanche la période révolutionnaire lui fut fatale. En 1815 un incendie compléta la destruction de l'édifice qui servit alors de carrière de pierre. De nos jours le château se présente sous le forme d'une imposante construction quadrangulaire ruinée. On y remarque néanmoins les vestiges d'un escalier dans l'angle sud-ouest.

Pour éviter de retourner à la place Henri-IV par la même rue qu'à l'aller, nous conseillons au visiteur de poursuivre son chemin en longeant le rebord sud de la colline. Cet itinéraire conduit directement à l'église Saint-Antoine qui mérite plus qu'une simple mention. Il n'est pas impossible que

Gilbert Cousin (1506-1572)

Né à Nozeroy en 1506, Gilbert Cousin fut un des plus brillants humanistes franc-comtois. Chanoine, il passa une partie de sa vie à Bâle et Fribourg avec Erasme, dont il était le secrétaire. Gilbert Cousin publia plusieurs dizaines d'ouvrages ou de traductions. Les plus remarquables sont : Narrationum Sylva *(1507) et* Brevis Burgundiae Comitatus descriptio *(Bâle, 1522). Suspect de sympathies envers la Réforme, il fut emprisonné et mourut dans les prisons de l'archevêché en 1572.*

Le calme de la place centrale.

dès 1261 ait existé une chapelle qui devint le collatéral nord de l'édifice actuel. L'histoire de l'église s'éclaire vraiment à partir de 1491, date à laquelle Jean III de Chalon-Arlay fonda un chapitre de chanoines, auquel sera rapidement uni le prieuré de Mièges. « Par cette union, renversant la hiérarchie antérieure, le chapitre devient curé primitif de tout le val. » (Pierre Lacroix.) Plusieurs étapes jalonnent l'édification de l'église qui fut consacrée par l'évêque auxiliaire de Besançon en 1488. Comme souvent dans les villes des Chalon, l'église était intégrée dans le rempart protégeant la cité. En 1815, un incendie détruisit le clocher, et quinze ans plus tard la façade fut refaite. Quant à l'intérieur, il fut rénové en 1980.

L'extérieur de l'église frappe par son aspect austère, la grosse tour ronde à l'angle sud-est, le portail latéral classique et le contrefort en diagonale qui forment une partie de la façade. L'intérieur de l'édifice s'impose par la largeur de la nef (dix mètres) sur trois travées, les collatéraux d'inégales dimensions, l'absence de transept, un chœur d'une travée et une abside à trois pans. Les croisées d'ogives barlongues recouvrant la nef et le chœur retombent dans cette dernière partie de l'édifice sur des culots sculptés, représentants des personnages qui forment une des originalité de l'église. De même, la clef de l'abside est ornée d'un buste qui est peut-être celui du Père éternel.

Du côté de l'abside, à l'extérieur de l'église Saint-Antoine, se dresse le tombeau du général Pajol, né à Besançon en 1772 et mort à Paris en 1844. Aide de camp de Kléber en Egypte, général en 1807, il s'illustra comme cavalier en Russie, à Leipzig et à Montereau (1814). Très hostile aux Bourbons, il contribua à la révolution de 1830 en poursuivant Charles X à Rambouillet et fut gouverneur de Paris sous Louis-Philippe. A partir du tombeau, il est conseillé de revenir à la place Henri-IV par la promenade des Fossés-de-Trébief, qui borde les anciens remparts. Mais l'on peut aussi emprunter la rue Saint-Antoine, parallèle à la Gande-Rue, qui possède quelques intéressantes maisons de l'époque moderne (XVI-XVIIe siècle).

Il suffit de descendre de la colline où se trouve implanté Nozeroy pour atteindre le petit village de **Mièges**, dans le val qui porte son nom. Si la localité apparaît dans les textes de l'époque carolingienne, il faut attendre le XIe siècle pour relever la mention

Deux éléments remarquables de l'église Saint-Germain de Mièges

Parmi les principaux centres d'intérêt de l'église Saint-Germain de Mièges, le portail et la chapelle des Chalon, de style gothique flamboyant, forment un ensemble unique dans le Jura par la richesse de la décoration sculptée.

« Le portail mérite un regard attentif : quatre nervures toriques de diamètre et d'écartement décroissants, posées sur des bases prismatiques moulurées, et séparées par trois gorges, s'incurvent en tiers-point sous une archivolte décorée de choux frisés et d'un plantureux fleuron. Dans la première gorge, ondule un riche plant de vigne dans lequel se logent des vendangeurs en costumes variés, un escargot, des oiseaux picorant, un lièvre. Au sommet des ceps, un écusson porte le cor des Chalon-Orange, et dans l'autre les tiges dessinent une croix de Saint-André cantonnée de grappes. Le svelte trumeau, composé de trois colonnettes, s'achève par un chapiteau à feuilles plates surmonté de la statue en pierre du saint patron ; elle meuble le tympan nu, de même qu'un bel ange porte-écusson. Le linteau de chaque porte, coiffé d'une accolade, s'orne d'une chaîne aux maillons variés, tendue aux extrémités par des hommes couchés, voire difformes. Au-dessus du fleuron, une corniche s'enrichit encore de branches feuillées où s'affairent deux bûcherons, tenues à chaque bout par un lion et un ours ; dominant le tout, la statue de saint Antoine, patron du chapitre de Nozeroy. Profusion de la nature et scènes de vie font de ce portail un des vestiges majeurs de l'église du XVe siècle.

« Le "clou" de l'église du XVe siècle est évidemment la chapelle des Chalon, qui longe le chœur au sud. Les thèmes du portail s'y retrouvent : la vigne avec ses ouvriers, les oiseaux, un lièvre et un renard. Sa dernière travée dont les nervures et les bases se multiplient à foison, ornée à un angle par une tourelle aussi chargée de vigne, et de minuscules personnages (dont les symboles des évangélistes, et un ange tenant le blason des Chalon), s'épanouit dans une dentelle de voûte d'où pendent cinq clés : le seigneur debout sur le globe, entouré par le souffle, et les quatre évangélistes se détachant sur une banderole quadrilobée. Il est difficile d'imaginer une composition plus aérienne et plus mouvementée. »

(Pierre Lacroix, Eglises jurassiennes, romanes et gothiques.*)*

d'un prieuré desservant la paroisse dont il était « curé primitif ». Jusqu'à la fin du Moyen Age, Mièges demeura l'unique paroisse de tout le val mais, en 1437, son prieuré fut uni au chapitre de la collégiale Saint-Antoine de Nozeroy, qui prit alors le titre de curé.

De l'église priorale et paroissiale de style roman, il ne reste plus grand-chose : deux colonnes à chapiteaux. En revanche, l'édifice construit au XVe siècle, à l'époque de Louis de Chalon, est beaucoup mieux représenté. La guerre de Dix Ans (1635-1644) endommagea considérablement le bâtiment, nécessitant après la tourmente une série de reconstructions qui durèrent au moins jusqu'en 1665, date de la consécration de l'autel majeur. Mais, comme l'a souligné l'abbé Pierre Lacroix, « l'essentiel de cette reconstruction n'est pas précisé, à savoir le remplacement (ou l'enveloppement) des piles flamboyantes par les massifs piliers classiques, supportant là aussi le voûtement d'ogives » tel qu'il était antérieurement. La foudre ayant détruit la charpente du clocher et celle de l'église en 1839, une nouvelle restauration eut lieu en 1853, en attendant celle de la nef en 1977. Vue de l'extérieur, l'église Saint-Germain

La source de l'Ain.

s'impose d'abord par la haute tour carrée, achevée en 1707, et terminée actuellement par une plate-forme avec les statues de saint Jean-Baptiste et de l'Evangéliste, de sainte Anne et de saint Michel. Remarquer également les curieux personnages sur lesquels reposent certaines archivoltes abritant plusieurs fenêtres. A l'est, l'abside, pour l'essentiel du XVIIe siècle, conserve des éléments de la fin du Moyen Age. Mais c'est indiscutablement le portail qui constitue, grâce à sa décoration sculptée du XVe siècle, la partie externe la plus intéressante.

L'intérieur de l'église s'ordonne en fonction d'une grande nef de cinq travées, encadrée de collatéraux, sans transept, le chœur d'une travée se prolongeant par une abside à trois pans. Les piliers massifs reçoivent les arcades et les doubleaux en plein cintre, dont les arêtes contrastent avec les ogives. Le voûtement est surtout original au niveau de l'abside où six portions d'ogives viennent s'appuyer sur des culots gothiques et où une portion rejoint le doubleau. Les chapelles sont de styles différents. Si, par exemple, celles de l'ouest appartiennent au gothique flamboyant, en revanche celles qui correspondent à la cinquième travée datent de la fin du XVIIIe siècle : 1769 au nord, 1775 au sud. Mais la plus remarquable demeure la chapelle des Chalon, à droite du chœur, de style gothique flamboyant, avec sa voûte à cinq clés pendantes, ornées d'un Christ au centre et des symboles des Evangélistes.

L'église Saint-Germain de Mièges ne retient pas seulement l'attention par son architecture et ses sculptures car en faisant le tour intérieur de l'édifice, on voit un mobilier digne d'intérêt : retables, stalles, bancs en bois sculpté.

A quelque deux cents mètres de l'église, sur la route de Molpré, à droite, existe un petit ermitage consacré à Notre-Dame, qui est l'objet d'un pèlerinage le lundi de Pentecôte et le 8 septembre, fête de Notre-Dame de Mièges. La chapelle, construite et modifiée au XVIIe siècle, est composite, marquée par le classicisme, malgré ses voûtes d'ogives.

Depuis Mièges, les amateurs d'architecture religieuse pourront pousser jusqu'à **Mignovillard**, par Molpré et la D. 64 à travers un paysage vallonné de prairies et compartimenté de haies. C'est un petit village implanté au XIIIe siècle dans le cadre des grands défrichements. Là se dresse l'église Saint-Michel, dont la nef date du XVe siècle alors que les bas-côtés qui l'encadrent furent élevés dans la première moitié du XVIIIe siècle. A l'intérieur, remarquer les personnages sculptés sur lesquels reposent les croisées d'ogives et les doubleaux de la nef ainsi que les portions d'ogives de l'abside. Au sommet de cette dernière, la clef de voûte représente saint Michel, patron de l'église.

Mais Mignovillard n'est pas intéressant uniquement pour son église médiévale et moderne. A partir de la localité, on peut emprunter une route (D. 340) en direction du sud, qui permet d'apprécier le plateau caractérisé par un peuplement en hameaux et petits villages. Avec Cerniébaud, Foncine-le-Haut et plusieurs localités voisines, Mignovillard assure aux pratiquants de ski de fond des équipements et des pistes de qualité, dont une centaine de kilomètres à plus de mille mètres d'altitude.

Les vallées de l'Ain, de la Saine et de la Lemme

Contrairement à ce que laisse supposer ce titre, la découverte des vallées de l'Ain, de la Saine et de la Lemme ne forme pas une excursion complètement indépendante de la précédente et peut très bien s'articuler avec la visite du val de Mièges. Mais, par souci de clarté et pour laisser au visiteur le choix entre deux circuits totalement différents par l'intérêt qu'ils présentent, nous avons tenu à les dissocier. En effet, si le premier est surtout à caractère historique, le second est davantage géographique.

C'est sur le plateau de Nozeroy, à 750 mètres d'altitude que l'Ain prend sa source. Pour y parvenir à partir de Champagnole, prendre la D. 471 en direction de Nozeroy et de la quitter cinq kilomètres plus loin sur la droite, pour atteindre le petit village de Conte, proche de l'endroit où sourd la rivière. Mais, depuis Nozeroy on peut également gagner les **sources de l'Ain** en se dirigeant au sud en direction de Conte. Là, au nord du village prendre la route d'accès balisée jusqu'à un parking où il faut laisser la voiture. Un petit chemin conduit à l'amphithéâtre rocheux boisé au pied duquel jaillit la source, une résurgence, c'est-à-dire une eau d'infiltration qui réapparaît après un trajet souterrain dans les roches calcaires. En fonction des précipitations, le débit est donc très variable. C'est la raison pour laquelle, certaines années, la faiblesse des précipitations explique l'assèchement total de l'entonnoir (1945, 1947, 1949, 1959, 1964, 1976...).

Depuis Conte, il faut suivre la D. 283, traverser Sirod et rouler jusqu'à Bourg-de-Sirod où l'on verra, dans un site plein de charme, les **pertes de l'Ain**. Là encore, l'excursion ne peut se faire qu'à pied, en ayant laissé la voiture à proximité de la petite centrale électrique et des chutes de la rivière. Après avoir traversé un pont et la cour des anciennes forges, le chemin à travers bois se divise en deux sentiers. Celui de droite aboutit à la passerelle depuis laquelle l'on voit l'Ain s'engouffrer dans une étroite crevasse, au milieu de blocs de rochers éboulés.

A moins d'un kilomètre au nord des pertes de l'Ain, sur un étroit chaînon qui domine le cours méridien de la rivière, se dresse la forteresse médiévale de **Château-Villain**. Pour y accéder, prendre sur la gauche un chemin juste avant le tunnel qu'emprunte la D. 84 entre Sirod et Bourg-de-Sirop ou un sentier à partir de ce dernier village. Le site du château est remarquable : il correspond à un éperon barré, large de quarante à soixante mètres et bordé à l'est et à l'ouest, par des abrupts supérieurs à cent mètres. « Au nord, l'étranglement du promontoire, inférieur à vingt mètres, est coupé par un fossé doublé d'une escarpe en gros blocs posés à sec. Au sud, le chemin d'accès du château emprunte le versant plus doux qui descend vers l'ancien Bourg-Dessus. La vieille route de Sirod à Champagnole devait, pour contourner l'éperon, traverser ce bourg et franchir une porte encore conservée (la construction actuelle est datée de 1616). Aujourd'hui la route passe en tunnel sous la forteresse et le Bourg-Dessus n'est plus que ruines. Le château est entièrement détruit, il n'en reste que quelques beaux pans de mur en grand appareil... » (Yves Jeannin).

La villa palladienne de Syam

La villa de Syam fut construite en 1818 par Jean-Emmanuel Jobez (1775-1828), qui ne se contenta pas d'être un maître de forges mais fut aussi maire de Morez, sa ville natale, et député de l'opposition libérale sous la Restauration. Un voyage en Italie, où il découvrit les villas réalisées par Palladio au XVIe siècle, dans les environs de Vicence, influença le style de sa future demeure jurassienne. C'est Denis-Philibert Lapret, architecte de la ville de Besançon, qui réalisa la maison dénommée successivement « Le Péristyle », puis « Le Château Carnot ».

Située au milieu d'un beau parc, la demeure correspond à un bâtiment orienté aux quatre points cardinaux et représentant un carré parfait (23,35 mètres de côté). L'édifice possède quatre faces symétriques avec un portique au sud. Chaque face comporte trois niveaux de cinq fenêtres inégalement espacées. Aux quatre angles de la construction, des pilastre corniers se terminent par des chapiteaux à volutes. Sous la toiture règne un entablement d'inspiration antique. Le plan interne de l'édifice est un cercle inscrit dans un carré : c'est le plan de la villa Capra, dite « La Rotonda », chef-d'œuvre de Palladio à Vicence. Après un vestibule à l'antique, on atteint la rotonde centrale sur laquelle donnent toutes les pièces. Les deux étages sont soulignés par deux balcons, un troisième et faux balcon ayant été réalisé pour créer un effet de hauteur. Des peintures en trompe l'œil aux emblèmes et symboles pompéiens recouvrent les plafonds et les murs. Des meubles dans le style de l'Empire et de la Restauration, avec des papiers panoramiques originaux, achèvent de donner de l'unité à la villa.

Pertes et chutes de la rivière s'expliquent par la différence d'altitude (une centaine de mètres) entre le plateau de Nozeroy où l'Ain prend naissance, et celui de Champagnole où il poursuit son cours. En effet, après Bourg-de-Sirop la rivière coule vers le sud au fond d'une vallée pittoresque aux versants boisés. Puis subitement, au lieu dit Les Forges, juste avant d'être grossie des eaux de la Saine, elle opère un virage en direction de Champagnole au nord-ouest. Une route (D. 127) suit le cours de l'Ain et permet d'en apprécier la beauté, mais c'est à un trajet en sens opposé que nous convions le visiteur afin de découvrir la Saine.

A la bifurcation de la D. 127, prendre la direction de **Syam**. A l'écart du village existe une grosse demeure bourgeoise, construite en 1818, et qui présente l'originalité d'avoir été influencée par le style architectural de Palladio.

A Syam, après l'église, la D. 279 permet de franchir la Saine et, à partir d'un embranchement, de gagner soit la cascade de la Billaude et le hameau du même nom sur la R.N. 5, soit La Chaux-des-Crotenay en remontant la vallée de la Saine sur sa rive gauche. C'est en fait une route un peu moins pittoresque que nous conseillons d'emprunter pour réaliser une boucle avant de regagner Champagnole.

En effet, la D. 127 conduit jusqu'au village des **Planches-en-Montagne** d'où l'on se rendra aux gorges de la Langouette. Il s'agit d'un défilé spectaculaire (quelques mètres de largeur et quarante mètres de profondeur) réalisé par la Saine dans les roches calcaires. La vue est impressionnante depuis le pont situé au débouché des rochers. A partir du parking, on peut aller à pied aux belvédères (sentier fléché), pour mieux voir le cours tumultueux de la Saine qui, par l'intermédiaire de cascades, tombe au fond d'un étroit ravin.

En retournant aux Planches-en-Montagne, le visiteur curieux du détail prendra la direction de Foncine-le-Bas (D. 127). Avant de parvenir à cette localité, qui s'oppose par l'altitude à Foncine-le-Haut implanté sur le cours

Gentianes dans les pré-bois près de Foncine-le-Haut.

supérieur de la Saine, un belvédère aménagé sur la gauche de la route offre un beau point de vue sur les gorges de Malvaux au fond desquelles coule la Saine. Quant à **Foncine-le-Haut**, le village fut longtemps très industriel et spécialisé dans le travail de l'horlogerie. De nos jours, si la localité a conservé quelques activités de ce type, elle est surtout connue pour les possibilités qu'elle offre aux amateurs de ski de fond.

A partir de là, faire demi-tour et prendre la route en direction de La Chaux-des-Crotenay et du **Pont-de-la-Chaux** (D. 16). Ce village, situé sur la R.N. 5, est un véritable carrefour pour concevoir diverses excursions : en direction de l'est vers la vallée de la Saine (itinéraire que nous venons de décrire) ; en direction du sud vers Saint-Laurent-en-Grandvaux, Morez et Les Rousses ; en direction de l'ouest pour atteindre rapidement les lacs. Centré sur Champagnole, notre circuit incite donc à regagner cette dernière ville par la route la plus directe : la R.N. 5, qui ne manque pas de charme en lon-

geant le cours sauvage de la Lemme. Les eaux qui se faufilent à travers les rochers ainsi que les sapins qui recouvrent les hauteurs agrémentent d'une façon inattendue les quelques kilomètres qui séparent Le Pont-de-Chaux de la Billaude.

Là, il faut quitter la R.N. 5 sur la droite et atteindre la cascade qui porte le nom du hameau près duquel elle jaillit. Un parking permet de laisser la voiture et de gagner un belvédère dominant le saut que la Lemme effectue à travers les rochers, ou de descendre au fond de la vallée. Le sentier qui conduit au niveau de l'eau est une épreuve autant par le dénivellé de certaines marches que par leur nombre (une centaine). Mais une fois parvenu au pied de la cascade, la fraîcheur de l'eau et le cadre de verdure donnent une bonne idée d'un des charmes spécifiques du Jura.

On regagnera sans difficulté la R.N. 5 pour Champagnole, à moins que l'on ne préfère descendre au fond de la vallée retrouver les confluents de la Lemme et de la Saine, de la Saine et

Arsure-Arsurette : un habitat traditionnel remanié.

La scierie du pont de La Chaux.

de l'Ain et, retraversant Syam, rejoindre Champagnole par une voie moins fréquentée. Depuis Le Pont-de-la-Chaux, en évitant l'excursion à la cascade de la Billaude, il est aussi possible de contourner partiellement la R.N. 5 (par l'ouest) et de gagner Châtelneuf et Le Vaudioux, avant de retrouver la route principale pour Champagnole. L'intérêt de ce détour réside dans le site de Châtelneuf, village construit au pied de son château du XIIIe siècle (aujourd'hui en ruine) et proche du petit lac du Fioget.

Au pays des lacs et des eaux vives

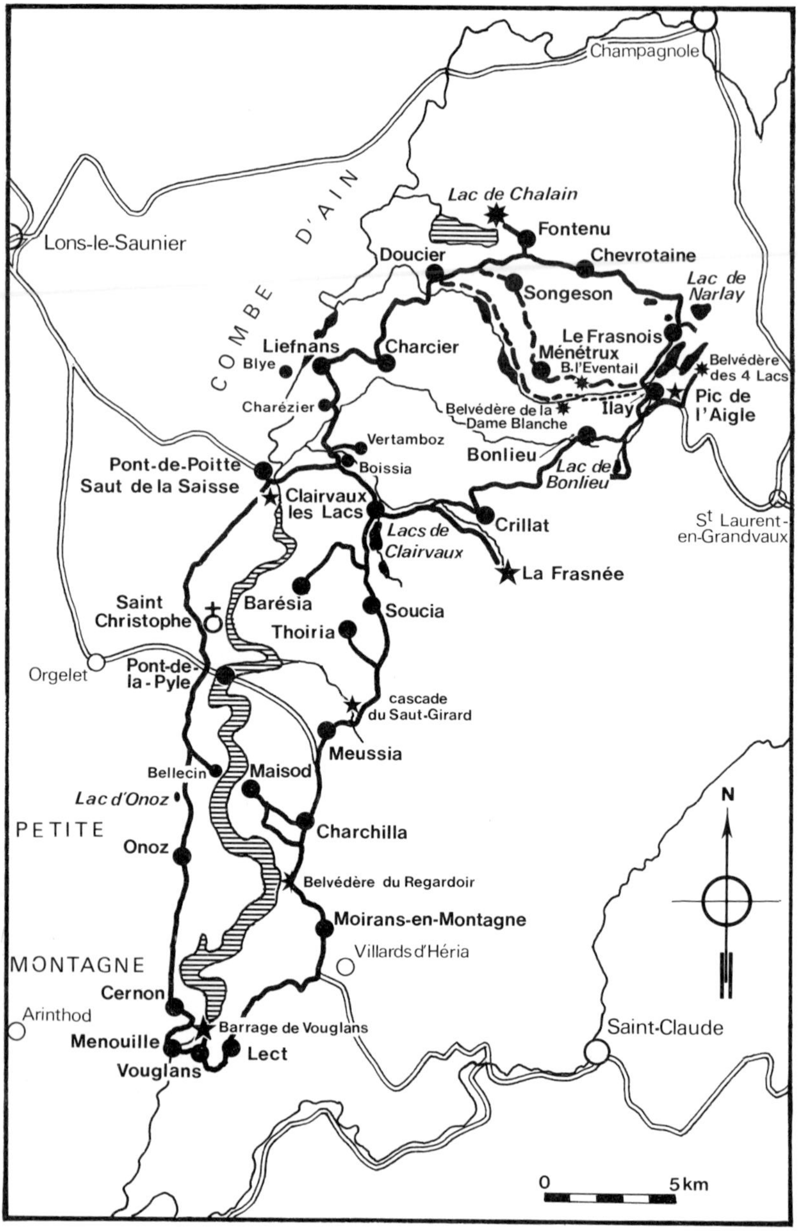

◄ *Le lac de Vouglans.*

Une des images traditionnelles du Jura repose sur la présence de ses eaux vives et de ses lacs tranquilles au centre de vallons boisés.

Nulle part mieux qu'autour de Clairvaux, dans le « pays des lacs », cette image n'est mieux à sa place. Une dizaine de lacs, grands et petits, de Clairvaux à Chalain et au Frasnois, offrent aux visiteurs leurs eaux calmes, souvent poissonneuses, aux teintes d'un vert parfois jaunâtre, dans lesquelles se mirent les silhouettes sombres des sapins et les frondaisons dorées des hêtres à l'automne.

Nulle part dans le Jura ne trouve-t-on plus d'eaux vives tombant en cascades prestigieuses, s'évasant en éventail ou virevoltant de gradin en gradin. Et on ne peut compter les sites qui, depuis quelque hauteur, dégagent la vue sur une campagne paisible, rassurante, où alternent les forêts, les champs, les pâturages piquetés de haies et changeant selon les floraisons.

Les villages ne sont pas en reste qui, même modestes, savent offrir pour retenir l'attention du visiteur quelque humble chapelle romane, écrasée sous un lourd toit de pierres grises, quelque maison paysanne, quelque pan de mur ruiné évoquant un rude passé, quelque produit de l'adresse locale dans le travail du bois.

Et la construction du barrage et du lac de Vouglans, qui a, il est vrai, noyé certains villages, a apporté au Jura un attrait supplémentaire que traduisent les belvédères, les activités lacustres et balnéaires, les campings et les résidences secondaires dont il a suscité ou favorisé la création.

L'itinéraire proposé part de Clairvaux, centre du pays des lacs, et prévoit deux grandes boucles, au dessin parfois complexe tant sont multiples et variées les possibilités de visites et de découvertes. L'une court autour du nouveau lac de Vouglans que l'on retrouve dans les paysages sous des angles différents, l'autre, plus variée, conduit à des lacs, des cascades, des chapelles romanes, des points de vue souvent grandioses à Chalain, à Ilay, au pic de l'Aigle, à Bonlieu et dans l'étonnante vallée du Hérisson.

Clairvaux-les-Lacs

Même si elle ne compte que 1432 habitants au recensement de 1982, la bourgade de Clairvaux-les-lacs tient une place importante dans le tourisme jurassien, tant par ses qualités propres et ses attraits que par sa position sur un grand axe de passage et au cœur d'une petite région qui concentre un certain nombre des sites les plus prestigieux et les plus connus du Jura.

La ville est installée, sur la pointe d'un petit plateau triangulaire au confluent de deux modestes vallées, profondes d'une cinquantaine de mètres, aux versants souvent raides : le Drouvenant et son affluent le Paillon ou rivière du Lac. Vers le sud, sans grande rupture, s'étend la dépression marécageuse où se nichent les deux lacs de Clairvaux, aux portes mêmes de la localité.

Des restes d'habitations dans ces zones humides attestent d'un peuplement ancien du site : village installé dans les marais, ville gallo-romaine comme semblent en témoigner les nombreuses découvertes de monnaies gauloises et romaines et de médailles. La vie semble cependant avoir un temps déserté ces lieux après les invasions germaniques au IVe et au Ve siècle, et on ne retrouve une trace sûre qu'au Xe siècle lorsque les moines de l'abbaye de Gigny, dans la Petite-Montagne, fondent au débouché du Grand lac le prieuré de Saint-Nithier pour en abriter les reliques. Une localité va se développer au Moyen Age entre le château fort, construit au XIIe siècle sur la pointe du plateau par les seigneurs de Cuisel (Cuiseaux), et le passage sur la rivière du Lac, proche du prieuré de Saint-Nithier.

Clairvaux fut le centre d'une importante baronnie qui compta jusqu'à vingt-quatre villages, avant son démembrement lors de la création de la seigneurie et du château de Saint-Sorlin, à une dizaine de kilomètres plus au nord, au centre de la combe d'Ain.

Le **château fort de Clairvaux** occupait avec ses dépendances une place considérable (quatre hectares), à la pointe du plateau. Il était défendu naturellement par l'abrupt des vallées, que venaient renforcer de hauts murs (on en retrouve quelque trace le long du chemin en forte pente qui conduit de la ville au confluent du Drouvenant et de la rivière du Lac). L'accès vers le sud était barré par de larges fossés. Le château proprement dit comprenait deux grosses tours rondes de cinq étages chacune, encadrant un corps principal rectangulaire flanqué de deux grandes ailes. Dans l'enceinte des murailles à créneaux existaient également une basse-cour où se trouvaient les écuries, les dépendances et une chapelle dédiée à la Vierge (Notre-Dame-de-l'Isle), un colombier, une fontaine et un jardin.

En dehors de l'enceinte, et dominant la vallée du Drouvenant, s'étendait au sud-est un vaste parc où avaient lieu fêtes et tournois. Il se retrouve en partie dans l'actuelle promenade du Parterre.

Le château était, au Moyen Age, la résidence habituelle des seigneurs de Clairvaux, qui aimaient s'y retrouver en joyeuse compagnie, avec une cour nombreuse et animée.

Clairvaux fut d'abord la propriété de la famille des sires de Cuisel (Cuiseaux) au XIIe siècle, puis passa aux Villersexel, par le mariage de l'héritière de la baronnie avec Jean de Faucogney, sire de Villersexel. Au milieu du XIVe siècle, la seigneurie échut, ainsi que Châtel de Joux, à Guillaume de Beauffremont, chambellan du duc de Bourgogne. Sa famille la conserva jusqu'en 1808, année où le dernier héritier vendit ce qui restait de la terre de Clairvaux à Noël-Nicolas Lemire, capitaine de vaisseau, qui depuis longtemps déjà possédait les forges de Clairvaux et qui depuis 1786 avait développé une usine identique à Pont-de-Poitte, sur l'Ain.

Le château a sans doute été détruit en 1637 lors de l'incendie qui ravagea la ville, et n'a pas été reconstruit. Ne subsistent à présent, que quelques restes du rempart et une tour ronde à trois étages au-dessus d'un fossé presque entièrement comblé. Tournées vers l'est, trois petites fenêtres alignées, encadrées chacune de pilastres et d'un fronton triangulaire, en sont les seules ouvertures. Le toit conique est couvert de « laves ». La tour servit de prison au cours du XIXe siècle. Propriété privée, elle ne se visite pas.

Sur l'esplanade, ou promenade de l'Isle, d'où la vue est magnifique, existe une chapelle du XVIIIe siècle, dédiée à Notre-Dame-de-Lorette, qui succède à l'ancien édifice construit dans la basse-cour du château.

A côté du château fort et le prolongeant sur la terrasse au sud était installé le **bourg de Clairvaux**. Son enceinte de hauts murs, dont il reste quelques vestiges, cernait la partie centrale de la ville actuelle, en un ensemble allongé des murs du château au pont d'Augeon, sur la rivière du Lac. Au pied des murs avaient été creusés de larges et profonds fossés. Le bourg ainsi clos de murailles comptait de nombreux fabricants de tissus de laine. De cette ville médiévale, il ne reste rien, la totalité des maisons (sauf une), ayant été incendiées, de même que le château, par les troupes françaises du duc de Longueville en juillet 1637. La ville reconstruite subit encore en 1753 un incendie criminel, qui donna lieu à un procès retentissant. Il existe de ce fait peu de monuments anciens remarquables.

L'église Saint-Nithier, dont certaines parties datent du XIIe siècle, a été plusieurs fois profondément remaniée, notamment après l'incendie et la destruction de 1637. Tout fut bouleversé. Auparavant orienté, c'est à dire tourné vers l'est, l'édifice est alors inversé, le portail transporté à la nouvelle entrée, le chœur rebâti en style classique, avec percement de quatre fenêtres. Le clocher roman porte une double baie géminée en plein cintre, ornée de six colonnettes. A l'intérieur, la chapelle de sainte Catherine est celle des seigneurs de Clairvaux au XIVe siècle et a servi de sépulture à plusieurs d'entre eux. Le chœur est intéressant par ses stalles, de style ogival (XVe siècle), achetées au 1772 à l'abbaye de Baume-les-Messieurs. En 1808, l'église a reçu cinq magnifiques tableaux de grands maîtres du XVIIIe siècle, en provenance de Versailles.

Des travaux récents, en 1987, ont permis de mettre en valeur les différents styles de l'édifice et la richesse de son mobilier en enlevant l'enduit de plâtre qui recouvrait depuis cent ans les murs intérieurs.

Les anciennes halles en bois qui existaient à l'entrée du château, et voisinaient avec le pilori, ont été détruites en 1852 pour l'élargissement de la grand-route et l'établissement de la place au nord de la ville.

Sur la route de Saint-Claude, au sud-est, est la chapelle Saint-Roch, à l'intérieur du cimetière. Elle servit de lieu de relégation pour les malades durant les épidémies de peste, notamment en 1637.

La présence d'eaux vives a très tôt permis une grande activité industrielle à Clairvaux et dans ses environs immédiats. La vallée du Drouvenant était une véritable rue d'établissements profitant de la force motrice de la rivière : forges, tanneries, moulins, scieries, papeteries... Les activités industrielles sont à présent bien réduites : moins d'une dizaine d'entreprises ont plus de dix ouvriers. Les forges, les tanneries, les papeteries ont disparu. Le travail du bois (scierie, tournerie, fabrique de petits objets), la lunetterie occupent à présent une part importante de la main-d'œuvre ouvrière. La principale entreprise, anciennement Peterlite (fabrique de plaques en matière plastique), qui compta jusqu'à une centaine d'ouvriers, connaît actuellement de graves difficultés.

Clairvaux est un petit centre tertiaire animé, au service de la partie sud de la combe d'Ain et des plateaux voisins. Son marché du mercredi existe depuis 1746. En période d'été, il devient le pôle attractif de toute la région des lacs. La cité mise de plus en plus sur

Croisières sur le lac de Vouglans

A partir de l'embarcadère de « Surchauffant », au pont de la Pyle.

— Sur le Louisiane *(restaurant, bar, 150 places assises, de début avril à fin octobre), croisières de 1 h 30 : trois à six voyages journaliers selon la saison (en juillet-août, premier départ à 10 h, dernier départ à 19 h 45). Tarifs spéciaux pour groupes.*

— Sur la Pyle *(avec dégustation possible de produits régionaux), trois croisières proposées : à Mercantine (1 h 15 aller-retour, 22 km) ; à la chartreuse de Vaucluse (2 h 15 aller-retour, 32 km) ; au barrage de Vouglans (3 h aller-retour, avec possibilité d'arrêt à la chartreuse : 1/2 heure ; 46 km). Tarifs spéciaux pour groupes.*

Le barrage et le lac de Vouglans

Barrage de type voûte mince *: hauteur totale de 130 mètres, longueur en crête de 427 mètres, épaisseur en crête de 6 mètres, volume total de 545 000 mètres cubes.*

Lac *: longueur de 32 kilomètres, superficie de 1 600 hectares (cinquième lac de barrage de France pour la superficie, derrière le réservoir Marne, 4 800 hectares ; le lac de barrage de Serre-Ponçon, 3 000 hectares ; le lac de Sainte-Croix, 2 500 hectares ; et le réservoir Seine, 2 300 hectares). Le volume total de la retenue est de 605 millions de mètres cubes d'eau (troisième de France après Serre-Ponçon, 1 270 millions de mètres cubes, et Sainte-Croix, 767 millions de mètres cubes ; devant Bort-les-Orgues, 477 millions de mètres cubes, et le réservoir Marne, 350 millions de mètres cubes).*

Usine de Vouglans *: hauteur de chute de 101 mètres, débit équipé de 320 mètres cubes par seconde, puissance électrique totale de 264 000 kilowatts, production électrique moyenne de 270 millions de kilowattheures par an.*

sa « vocation » touristique. La saison estivale multiplie par trois, voire par quatre la population du canton (car les communes voisines aussi accueillent les touristes). La capacité d'accueil de la ville est de trois mille sept cents places : deux mille sept cents places au camping et mille lits dans les cinq hôtels, les maisons familiales et les chambres d'hôtes.

Clairvaux a été consacrée en 1987 **station verte de vacances**. Elle entend valoriser ses atouts naturels et notamment la présence de ses deux lacs, aux abords immédiats de la cité. Le lac inférieur ou Grand lac a quelque mille quatre cents mètres de longueur et cinq cents à sept cents mètres de largeur (soixante-quatre hectares), avec une profondeur maximale de vingt-cinq mètres. Il a été aménagé avec plage et baignade, possibilité de canotage et de pédalo. Le lac supérieur, ou Petit lac, de moindres dimensions (sept cents mètres de long, quatre cents mètres de large), reçoit ses eaux de la Font de Piley et de la Font de Néton, résurgences importantes au pied des plateaux calcaires. La plaine basse et marécageuse entre les deux lacs est durant la période de hautes eaux totalement recouverte, si bien que les deux lacs ne forment qu'une seule nappe d'eau.

Autour de Clairvaux, dans la forêt et en bordure des vallées, existent de nombreuses possibilités de promenades et de découvertes.

Autour du lac de Vouglans

Le circuit autour du lac de Vouglans, à partir de Clairvaux, débute au **Pont-de-Poitte**, centre dynamique (657 habitants) sur la grand-route de Lons-le-Saunier à Morez et à la Suisse.

Depuis le pont sur l'Ain s'offre une belle vue sur la rivière et ses fonds rocheux. L'Ain quitte un bief calme à l'amont pour s'enfoncer rapidement à l'aval entre des versants en forte pente. Une route à gauche, à la sortie du pont, permet de suivre la berge sur un kilomètre, le long du **saut de la Saisse** (douze mètres de dénivelé global). En période de crue, la rivière qui peut atteindre ici un débit de plusieurs centaines de mètres cubes par seconde, se précipite en bouillonnant sur toute la largeur du lit. En basses eaux, elle se résoud en multiples cascatelles entre des rochers blancs souvent troués de « marmites de géants ». Le débit moyen est d'une trentaine de mètres cubes par seconde.

La puissance de la chute d'eau a été très tôt utilisée pour l'industrie. Les « forges de la Saisse » dont on longe quelques bâtiments, ont été construites, sur lettres patentes du prince de Beauffremont par Noël Lemire à l'extrême fin du XVIIIe siècle, sur l'emplacement d'une petite usine plus ancienne. Elles fabriquaient « du fer en barre pour le commerce et pour cercles, du larget (plaque étroite de fer laminé) pour clouterie, du fer laminé pour clous, du fer en cercle et de la clouterie » (A. Rousset). A côté des forges existaient également un moulin, un battoir et une scierie. Le château Lemire, domicile des maîtres de forges, est en face, dans un parc que la route contourne.

Au carrefour, prendre à gauche la D. 49 en direction d'Orgelet, en suivant le large plateau du Ruisseau-des-Bourbouillons. On laisse sur la gauche le hameau de Poitte, ancien centre communal dont dépendait Pont-de-Poitte, et qui ne compte plus que quelques maisons autour de sa petite église en fort mauvais état. Outre saint Brice, patron de la paroisse, on vénère à Poitte, saint Guérin, qui a donné lieu longtemps à un pélerinage très suivi chaque 28 août. Sa fête était chômée avec la plus grande dévotion. « Les habitants s'abstiennent de tout travail et se gardent bien surtout d'atteler les bestiaux ce jour-là. Ils font bénir un peu de sel donné le lendemain matin au bétail pour le faire prospérer et le préserver des maladies. » (A. Rousset, 1854.)

Depuis les environs de Poitte, la vue s'étend sur les villages voisins et la combe d'Ain.

A partir du carrefour avec le chemin conduisant à Largillay, la D. 49 s'engage dans un secteur plus contrasté, serpente entre les collines allongées de la bordure orientale de la Petite-Montagne, bordure qui prolonge vers le sud la côte de l'Heute. Au croisement suivant, on prendra la direction de La Tour-du-Meix, puis au bout de cinq cents mètres, une petite route à gauche qui conduit à Saint-Christophe, hameau perché au sommet d'une colline.

L'église de **Saint-Christophe**, entourée de son cimetière, domine toute la vallée du ruisseau de Borre, un affluent de la Valouse. La vue se porte au-delà, sur les monts et les vaux parallèles, caractéristiques de la Petite-Montagne de la région d'Orgelet, distant de huit kilomètres à peine. L'édifice, du XIIe siècle, a été profondément remanié quelque trois cents ans plus tard. On y remarque un bel autel orné de bas-reliefs représentant les Rois mages, ainsi qu'une grande statue en bois de saint Christophe, datant du XVe siècle. Une chapelle à droite, voûtée d'ogives, avec culs-de-lampe décorés d'anges ailés, abrite un remarquable christ en albâtre et une Vierge à l'Enfant qui compte parmi les chefs-d'œuvre de l'art bourguignon. Chœur et chapelle sont éclairés de fenêtres géminées et trilobées.

Dans le hameau, plusieurs vieilles maisons montrent leurs pignons à redans couverts de lauzes (« laves »), comme on en trouve dans toute la Petite-Montagne et le Revermont.

Une descente assez raide conduit au village de La Tour-du-Meix, autrefois bourg fortifié renommé pour ses tisserands de draps de laine. Il est adossé à la colline qui porte encore quelques

Le pont de la Pyle.

restes d'un château fort construit en 1166. C'était la maison de plaisance favorite de abbés de Saint-Claude, qui y menaient une vie princière et très entourée. Le château fut pris, dévasté et brûlé en 1637 par les troupes françaises du duc de Longueville. Il n'en reste que de rares pans de murs.

En atteignant la grand-route (R.N. 470), prendre la direction de Moirans sur quelques kilomètres pour, sitôt passé un étroit défilé, atteindre la vallée de l'Ain et le lac de Vouglans au pont de la Pyle.

« une des plus belles et des plus hardies constructions de ce genre ».

A l'entrée du pont actuel, une aire de parking permet une vue sur l'ouvrage lui-même et sur cette partie du lac qui décrit ici un grand méandre. Une boutique ouverte en saison présente un certain nombre de « produits du terroir ». A l'autre extrémité du pont et en poursuivant la route sur quelques centaines de mètres, la vue se dégage vers le sud et donne la possibilité de découvrir en enfilade les proches méandres du lac.

Le barrage de Vouglans.

L'ouvrage actuel du **pont de la Pyle** long de trois cent cinquante et un mètres et large de neuf mètres, repose sur trois piliers d'une hauteur maximale de soixante-quatorze mètres (dont la base est dans l'eau). Il fut construit lors de la mise en fonction du barrage de Vouglans en 1968, pour remplacer un ancien pont, datant de 1820, au fond de la vallée, d'une seule travée de trente-huit mètres de longueur, surmonté d'une galerie couverte et considéré longtemps comme

La création du barrage, qui a englouti l'ancienne route en fond de vallée, a également submergé la Baume à Varoz, une grotte importante s'ouvrant par une allée étroite à partir des bords de l'Ain, dans laquelle le capitaine Varoz (ou Varod), de La Tour-du-Meix, chef des partisans comtois en lutte contre les troupes françaises de Louis XIV, se laissa mourrir de faim plutôt que de se rendre.

Sur la rive, près des virages de l'ancienne route, a été créé l'ensemble touristique de **Surchauffant**, avec un important terrain de camping-caravaning, port, plage, jeux et, d'avril à octobre, possibilité de croisières sur le lac à bord du *Louisiane* ou de *la Pyle*.

Revenus en direction de La Tour-du-Meix, aussitôt après le défilé, nous prendrons à gauche la route (D. 60) pour Onoz, qui suit un petit vallon herbeux entre des versants boisés et offre la possibilité, par de petites routes annexes en forêt, d'atteindre plusieurs points de vue installés sur la crête qui domine la rive droite de l'Ain. C'est d'abord le chemin pour le belvédère de Château-Richard ; c'est quelques kilomètres plus loin, un embranchement vers le plateau dégagé d'En Musia et le site de Bellecin. L'ancien tracé de la route nationale vers Saint-Claude, à présent coupé par le lac, desservait les villages, maintenant submergés, de Bellecin, Le Bourget (la commune a été depuis rattachée à Orgelet) et Brillat. A Bellecin, sur le versant dominant l'ancien village détruit, a été établie une base nautique importante, en cours d'aménagement. On la découvre en contrebas de la route, à gauche. Des équipes d'athlètes nationaux viennent régulièrement s'y entraîner en vue de championnats. Tous les deux ans le site accueille la Fête de la chasse, de la pêche et de la nature, qui connaît un succès grandissant (douze mille visiteurs en 1987). La prochaine manifestation doit avoir lieu en 1989.

La route d'Onoz (D. 60), après le franchissement d'un léger col au milieu de taillis encombrés de sous-bois de buis, débouche dans un vallon à fond plat où se niche le petit lac d'Onoz, au milieu des prairies. Long de cent cinquante mètres, large de cent mètres, il étale sur un hectare et demi sa surface d'un « vert jaune modifié dans le sens du vert par la teinte noire du fond tourbeux » (P. Joanne). Son trop-plein s'échappe par un court déversoir dont les eaux disparaissent rapidement dans les trous de la roche, pour rejoindre l'Ain par des sources au fond du lac de Vouglans.

Deux kilomètres encore, et la route traverse le village d'Onoz (dans la localité, embranchement à gauche menant à l'étang et au point de vue de Bourlache). Dans l'église est à remarquer un beau groupe sculpté et le tombeau du père Odoardi, ermite, « mort en odeur de sainteté » en 1736. Pèlerinage très suivi à Notre-Dame-d'Onoz.

La commune d'Onoz comprenait dans son finage les ruines et les jardins de la chartreuse de Vaucluse, fondée en 1139 dans les gorges de l'Ain, en « un des sites les plus austères du Jura », à présent submergé par les eaux du lac de Vouglans. La chartreuse de Vaucluse fut engloutie. Certains vestiges médiévaux se voient encore au château de la Muire.

Au sud d'Onoz, la route (D. 3) suit un val étroit, de tracé méridien, encadré de longues collines boisées. Au premier carrefour, prendre à gauche la direction de Cernon. Elle réserve, au début de la descente vers ce village, une vue magnifique sur un grand méandre du lac, sur les plateaux boisés, les chaînons et les localités du sud du Jura.

Après la traversée de Cernon, une route récente nous fait dominer les installations du barrage et de l'usine hydroélectrique de Vouglans, mis en eau en 1968.

André Besson a traité des problèmes de la construction du barrage dans son roman *Le Village englouti* et évoque dans un récit-catastrophe plus récent ce qui résulterait d'une rupture du barrage.

A **Menouille**, (petite chapelle de persistance romane, datant du XVIe siècle), prendre la direction de Moirans. Sitôt traversé Vouglans et après le virage qui fait accéder au sommet du versant dominant le hameau, un chemin à gauche, en cul-de-sac, conduit à un belvédère au-dessus du barrage de Vouglans. Il offre une vue générale sur le site et les installations.

Quelques centaines de mètres encore et s'amorce à gauche la route de **Lect** (D. 299). Le village est bâti sur un versant longuement incliné vers le sud. Les maisons à long balcon de bois couvert, les épis de maïs au séchage révèlent la proximité et les influences du Bugey. Lect, et son hameau Vouglans, comme beaucoup de communes du canton de Moirans travaillent le bois et comptent plusieurs ateliers de tournerie-tabletterie. Un sentier proche du cimetière conduit, au bout de quelques centaines de mètres en forte pente à Notre-Dame-de-la-Roche, d'où la vue est magnifique sur le village et le sud du Jura.

La route de Moirans, améliorée récemment, réserve dès la sortie de Lect, de belles échappées vers le sud et l'ouest et se poursuit en un parcours agréable en forêt. Elle rejoint, après six kilomètres, la départementale (D. 295) venant de Martigna (église de tradition romane du XVe siècle, remaniée au XVIIIe siècle ; lac de Chanon), puis, après une descente au flanc d'un petit vallon, la grand-route (R.N. 470) de Saint-Claude à Lons-le-Saunier par Villards-d'Héria (à droite) et Moirans (à gauche).

Après la traversée de **Moirans-en-Montagne** (2154 habitants), important centre du travail du bois et confection de jouets, la route contourne la colline du mont Robert (743 mètres) et rejoint les plateaux bordant le lac de Vouglans. Vers la gauche se développe la « plaine de Mauran », surface bosselée et rocheuse et, selon la tradition, emplacement de la ville gallo-romaine de Mauriana définitivement détruite et abandonnée au XIIe siècle au profit d'une nouvelle cité dans le site actuel du bourg. L'église primitive de Moirans a toutefois persisté là jusqu'au XVIIIe siècle, à côté du cimetière paroissial qui existe encore.

Un virage à droite recoupé à 2,5 kilomètres du bourg a été aménagé en parking pour la promenade au **belvédère du Regardoir**, avec lunette et chalet-buvette installé sur une corniche au-dessus d'un méandre du lac de Vouglans.

Au carrefour suivant, les voyageurs peu pressés prendont la D. 301 (l'ancienne route nationale vers Lons-le-Saunier, que l'on retrouve à Bellecin de l'autre côté du lac) et, par un parcours en corniche, atteindront la place de Mercantine, aménagée récemment sur la rive du lac. Au sommet plat de la colline a été créé le camping de Trélachaume, au milieu d'un petit bois de pins et de bouleaux.

Maisod, sur le plateau dominant le plan d'eau, compte parmi ses maisons assez dispersées un manoir du XVIe siècle, construit à l'emplacement d'un château fortifié ruiné en 1477 par les troupes de Louis XI. Lamartine, alors officier de la maison du roi Louis XVIII, y a séjourné en 1814, durant les Cent Jours. Le parc boisé est clos de murs. L'entrée élevée, avec portail et importante porterie, permet cependant d'entrevoir le château au toit très pentu, flanqué de deux tours : l'une, carrée est d'origine (XVIe siècle), l'autre, ronde, d'aspect médiéval, ne date que de 1860. On ne visite pas.

La croix de pierre à côté de la chapelle, dans le village, a vu en août 1604 les adieux de saint François de Sales à sainte Jeanne de Chantal au retour d'un pèlerinage à Saint-Claude.

Le passage à **Charchilla**, aux maisons très éparses, permet de visiter l'église, sur une éminence à l'ouest du village. Commencé au XIIe siècle, l'édifice a connu plusieurs réfections et ajouts, du XIVe au XIXe siècle (la flèche du clocher est de 1852). La chapelle seigneuriale à la droite du chœur est de style ogival, voûtée d'arêtes. Elle contient la pierre tombale (du XVe siècle), avec portraits gravés, de Claude de Chassal, officier du duc de Bourgogne, et de son épouse.

A la sortie du village, prendre à nouveau la route de Lons-le-Saunier, qui traverse un plateau bocager où alternent cultures, pâturages et bosquets, puis bifurquer en direction de Clairvaux-les-Lacs en traversant le village de **Meussia** (417 habitants). C'est la principale agglomération du nord du canton de Moirans. Elle vit surtout du travail du bois (tournerie et tabletterie) et du moulage des matières plastiques (importante usine Berrod). La route traverse les gorges de la Cimante (à gauche au début du virage, sentier menant à la cascade du saut Girard, en contrebas).

A **Thoiria**, un petit village un peu à l'écart de la grande route (on peut l'atteindre en bifurquant vers une petite route sur la gauche), une fruitière fabrique son comté de façon très traditionnelle, comme il y a un siècle (visite organisée). Elle expose depuis

1987 dans ses vitrines les œuvres des artisans tourneurs, fabricants de jouets, industries de la corne, bouteilles-souvenirs, autant de produits jurassiens des cantons voisins.

On traverse ensuite **Soucia**, village éclaté en plusieurs quartiers, qui n'a rien conservé de son château d'autrefois, mais est au cœur d'aimables légendes.

La route de Clairvaux, au sortir de Soucia, longe à gauche le vallon tourbeux de la Serra, en contrebas. La vue se dégage sur toute la combe d'Ain et bientôt, à droite, se distinguent les deux lacs de Clairvaux et la plaine marécageuse qui les sépare en période sèche et est recouverte lors des grandes eaux.

Avant de revenir à Clairvaux, il est possible de faire un léger détour par **Barésia-sur-l'Ain** pour visiter l'ancienne église Saint-Martin, isolée avec le cimetière paroissial sur une colline au nord du village (beau point de vue).

La légende de Soucia

« Un horrible dragon désolait les deux rives de l'Ain. Pour calmer sa fureur, les habitants de Soucia firent avec lui un pacte d'après lequel ils devaient lui offrir chaque année les deux plus jolies filles du village pour les dévorer. Les jeunes gens, se voyant enlever successivement toutes leurs fiancées, résolurent, dans leur désespoir, de tuer le monstre. Plusieurs fois, ils l'atteignirent et le percèrent de coups, mais l'animal buvait le sang chaud qui sortait de ses plaies et renaissait à la vie plus fort et plus glouton qu'auparavant. Ils furent enfin délivrés de ce monstre par saint Georges. Ce saint envoya, le jour de sa fête (le 10 novembre), une forte gelée qui glaça le sang que le dragon perdait par une blessure qu'on venait de lui faire.

En reconnaissance de cet heureux événement, on bâtit une église qui fut dédiée au libérateur (saint Georges est le patron de la paroisse de Soucia). »

(A. Rousset, 1858).

L'édifice tel qu'il nous apparaît à présent est ce qui reste d'une église beaucoup plus importante construite au XIIe siècle. La nef primitive, en mauvais état, a disparu en 1928 et ses pierres employées pour la clôture du cimetière. Seul l'ancien chœur, sous une grande toiture de « laves », a été conservé (et restauré en 1942). On aperçoit sur la façade les traces des anciens murs de la nef. Le chevet plat à oculus circulaire, avec ses deux baies jumelées, l'actuel pignon ouest et sa grande ouverture en plein cintre (l'ancien arc triomphal du chœur) font de cet édifice mutilé « un authentique témoin de l'art roman du XIIe siècle » (P. Lacroix).

De Barésia, le retour s'effectue par Soyria, ancienne commune rattachée à Clairvaux.

Des lacs et des cascades

Une autre boucle de découverte peut s'effectuer depuis Clairvaux, vers le nord et l'est, parmi les hauts lieux du tourisme jurassien.

La route de la combe d'Ain

Le départ de Clairvaux s'effectue par la R.N. 78 en direction de Lons-le-Saunier. La route suit un moment le sommet du plateau, couvert de dépôts glaciaires, qui domine la vallée du Drouvenant, puis par une série de virages, atteint la terrasse inférieure de la combe d'Ain, très verte et très cultivée. Prendre à droite la direction de Boissia (D. 27) : monument à la mémoire de quinze jeunes maquisards tués par les nazis en juin 1944. Après le pont sur le Drouvenant, rivière qui fit autrefois tourner bien des fabriques, scieries, moulins, papeteries, forges, clouteries, dont on retrouve la trace le long de son cours, une petite route à droite conduit à Vertamboz et à sa jolie chapelle romane dominant la vallée, d'où la vue est excellente (portail en plein cintre, voûte en berceau brisé continu, chevet semi-circulaire à voûte en cul-de-four).

Reprendre la direction de Charézier et et Charcier. Au bout de quelques kilomètres, bifurquer à gauche après avoir franchi la Syrène pour atteindre et traverser Charézier. A la fontaine, une route à droite, puis, hors du village, un chemin étroit et sinueux au pied de la motte de Gourdaine, conduisent au hameau de Liefnans.

A **Liefnans**, se dresse au carrefour la minuscule chapelle romane Saint-Sauveur avec son toit de « laves » et ses murs épais sans autre ouverture que la porte et deux lucarnes étroites, l'une au-dessus du portail installée dans un pignon à redans, l'autre dans le chevet plat. L'espace intérieur ne dépasse pas une profondeur de 2,60 mètres pour une largeur de 4,25 mètres. La date gravée à l'entrée (1572) témoigne de la persistance tardive de la tradition romane.

Le chemin devant la chapelle conduit au barrage de Blye, une petite retenue sur l'Ain, avec une usine hydroélectrique. La vue s'étend sur la combe d'Ain et le village de Blye, allongé sur sa colline basse de l'autre côté de la rivière.

L'autre chemin au carrefour de Liefnans mène à Charcier par un tracé sinueux entre les collines de Gourdaine au sud et de Saint-Sorlin au nord. La **butte de Saint-Sorlin**, isolée et dominant toute une partie de la combe d'Ain, portait autrefois un château fort important établi au XIVe siècle et entouré d'un fossé profond. Le château, auquel était lié un village aujourd'hui disparu, eut beaucoup à souffrir du passage des Grandes Compagnies (1361) et fut détruit sur ordre de Louis XI. Il n'en reste rien. Sur la colline existait également une église fort ancienne, datant du XIe ou du XIIe siècle, point de ralliement et centre paroissial de toute la région, de Charézier à la vallée du Hérisson. Lorsque les cloches de Saint-Sorlin annonçaient le sacrifice de la messe, toute la combe d'Ain se prosternait... L'édifice actuel, auquel on peut accéder par un sentier peu visible depuis la route au sommet de la montée, a été restauré en 1834 par un habitant de Liefnans, Elie Simonin, à partir des ruines de l'ancienne église délaissée depuis la fin du XVIIe siècle. Seul l'ancien chœur a été repris, la nef a disparu. L'ancien arc triomphal entre la nef et le chœur, en partie muré, est incorporé à la façade, dont le portail en plein cintre (de 1834) s'entoure de sculptures naïves se rapportant à la vie de saint Saturnin, c'est-à-dire saint Sorlin. Accolé à l'édifice, un ermitage avec six cellules, habité de 1834 à 1885, est à présent en ruines. L'ensemble des bâtiments est en assez mauvais état. Un pèlerinage au début de septembre y persistait encore ces dernières années.

A **Charcier** (92 habitants), on retrouve la D. 27, aux abords de l'église Saint-Saturnin, qui a remplacé comme centre paroissial l'église de Saint-Sorlin ruinée. L'édifice actuel date du début du XVIIIe siècle et atteste de l'influence romane persistante (sauf le clocher-porche, dont la construction est postérieure d'une cinquantaine d'années). Chaque pignon du transept est percé d'une fenêtre en plein cintre, tout comme le chevet plat. La façade porte deux baies, percées de part et d'autre du clocher. La voûte du transept est en berceau brisé. Celle de la nef, identique, se prolonge dans le chœur. L'ensemble est entièrement couvert de « laves » tout comme la sacristie basse, attenante au chevet. L'église, aujourd'hui isolée sur la place, était naguère entourée du cimetière, qui a été reporté à la sortie sud du village.

La route de Doucier (D. 27) longe le rebord du plateau boisé de Denezières, fragment de l'ensemble du plateau de Champagnole. Elle domine à gauche la combe d'Ain et le confluent de l'Ain et du Hérisson. La butte isolée de Châtillon et le village à son pied (château ruiné ; église de 1806 avec de bons tableaux et des reliques de saint Valère et saint Georges), se détachent en avant de la côte boisée de l'Heute qui ferme l'horizon vers l'ouest. A l'entrée de Collondon, un hameau de la commune de Doucier, on peut remarquer à droite une maison forte (de 1653), entourée d'une cour close de murs. On ne visite pas.

On traverse le Hérisson pour entrer dans le village de **Doucier** (202 habitants), au centre d'une région touristique importante. Bâti sur une ancienne

Le pont du Navoy.

moraine fermant la vallée glaciaire du Hérisson, le village est dominé par le rebord boisé et rocheux du plateau calcaire. L'église, sur la colline proche du carrefour central du village, compte, sous un clocher à dôme comtois, de nombreux éléments d'influence romane, mais apparaît très composite car profondément remaniée à diverses époques. La nef a été ajoutée en 1780.

Trois itinéraires de Doucier à Ilay

A Doucier s'ouvrent diverses possibilités d'itinéraires, pour la découverte des environs. Nous en proposerons trois pour gagner le hameau d'Ilay, au cœur du val des Quatre-Lacs (ou plateau du Frasnois). Deux peuvent s'effectuer en voiture, le troisième nécessite une marche de 3,5 kilomètres, dans un des plus beaux sites du Jura, après une approche possible en automobile.

Variante 1 : de Doucier à Ilay par les lacs

Notre première proposition part de Doucier par la D. 39, laisse à droite la direction de Chambly et la vallée du Hérisson, que l'on découvre en enfilade au fur et à mesure que la route s'élève pour atteindre le sommet du plateau. Prendre alors à gauche la direction de Chevrotaine (D. 90). Bientôt l'horizon s'ouvre et dans un virage un belvédère (aménagé à cinquante mètres de la route, au-dessus d'un abrupt de quatre-vingt mètres) offre une vue dégagée sur le lac de Chalain et les installations touristiques du domaine.

Avec une superficie de deux cent trente-deux hectares et une profondeur maximale de quarante-cinq mètres, le **lac de Chalain** est le plus grand lac naturel du département du Jura, et le troisième de la chaîne, après le lac de Joux (en Suisse) et le lac de Saint-Point dans le Haut-Doubs. Mais c'est, par son site particulier, certainement un des plus impressionnants de tous : profondément enfoncé dans une échancrure au bord du plateau de Champagnole, il est encadré sur plus de la moitié de ses berges par des versants abrupts et boisés qui se reflètent dans ses eaux bleutées. La partie occidentale, au contraire, est basse et marécageuse, et cernée de collines arrondies, vestiges de moraines apportées par les glaciers du quaternaire. C'est dans ce secteur qu'ont été découvert en 1905, par suite d'une baisse du niveau des eaux, des vestiges d'habitations « lacustres » préhistoriques, une barque, divers outils, qui

Le lac de Chalain vu du belvédère.

sont à présent exposés au musée de Lons-le-Saunier.

A l'amont du lac, une petite plaine enchâssée dans le plateau forme le domaine de Chalain, où, autour d'un château rénové de la famille de Chalain se développent les installations sportives et de loisirs et un terrain de camping-caravaning très prisé. Lac et domaine sont la propriété du département du Jura.

Au prochain carrefour, dans un petit vallon sec qui aboutit à Chalain, une route à gauche conduit au village de **Fontenu** (47 habitants), intéressant par sa charmante petite chapelle gothique de Saint-Bonnet (de 1524), dans son cimetière entouré de tilleuls aux énormes troncs. Le clocher, plus récent, surmonte un porche en plein cintre. Le portail, orné de bases et de moulures typiques du gothique final (P. Lacroix), mène à une nef voûtée d'ogives. Au chevet plat : une large baie à réseau flamboyant. Les ornements délicats du lavabo mouluré, des clés de voûte, du portail, révèlent ici, au début du XVIe siècle, l'influence du gothique finissant.

Le chemin étroit mais carrossable qui débute près de l'église suit quelque temps le rebord du plateau au-dessus de Chalain et ménage plusieurs points de vue magnifiques sur le lac et son environnement, au-delà sur la vallée de l'Ain, la côte de l'Heute et les plateaux.

Revenir à Fontenu et suivre la direction de **Chevrotaine**, minuscule village et commune de vingt-deux habitants, dans une étroite clairière du plateau. A l'entrée de la localité, à droite, à l'angle d'une propriété privée, se dresse une petite chapelle romane avec chevet plat éclairé d'une fenêtre trilobée, voûte en berceau et clocher-mur en façade. La forêt devient continue, l'altitude croît lentement, des sapins se mêlent aux hêtres et aux chênes moins nombreux. Sur la droite apparaît soudain, en pleine solitude dans son val, le **lac du Vernois**, un des plus petits du Jura (six hectares), avec sa couronne de prairies et de bois. Après la montée du col en fin de vallon (803 mètres), la route prend la direction du sud. Au sortir de la forêt se découvre le pittoresque **lac de Narlay**, parfois appelé lac du Frasnois, enchâssé entre des hauteurs (bois des Ifs et bois de Banc) qui se rapprochent peu à peu au nord-est et lui confèrent une forme triangulaire caractéristique. Sa rive orientale est serrée de près par un versant couvert de sapins sombres, tandis que la rive nord se prolonge en prairies et forêts feuillues qui mirent leurs couleurs changeantes selon les saisons dans ses eaux très profondes.

« D'après la tradition locale, un village tout entier y fut englouti parce que ses habitants avaient refusé, à l'exception d'un seul dont la maison fut sauvée, d'accorder l'hospitalité à une vieille mendiante ; et à minuit le jour de Noël, on entend encore le coq de ce village chanter au fond du lac. » (Lequeutre.)

D'une superficie de quarante hectares, à l'altitude de 740 mètres, le lac de Narlay est très profond : trente-neuf mètres, ce qui est énorme pour ses dimensions. Ses eaux s'infiltrent dans des fissures de la roche et réapparaissent en résurgence près de l'ancien moulin, au sud du domaine de Chalain. Leur trajet demande douze heures pour passer de Narlay à Chalain (7,5 kilomètres à vol d'oiseau). Le lac de Narlay est la propriété de la commune du Frasnois.

Dans ce dernier village, une petite incursion de deux kilomètres en direction de La Chaux-des-Crotenay (pont de la Lemme) laisse voir le lac sous un autre angle depuis la rive sud et, au-delà d'une légère montée, de découvrir à droite le lac du Petit-Maclu (six hectares), très allongé au pied du versant très raide et boisé de la côte de Maclu (956 mètres). Un chemin permet de s'approcher et de longer sa rive sud jusqu'au lac du Grand-Maclu (vingt-cinq hectares).

Le village du **Frasnois** livre un nouvel exemple d'église d'influence romane tardive (de 1762) avec porche en plein cintre, voûte en berceau brisé, chœur voûté d'arêtes et chevet plat. De nombreuses possibilités de promenades à pied existent au départ du village, à la découverte des lacs voisins enchâssés parmi les prairies et des forêts ombreuses de montagne où se côtoient hêtres et sapins. Le sommet d'une colline proche du réservoir au sud-est du village, offre un joli tour d'horizon sur la commune dans son environnement montagneux, sur les vallons et les plans d'eau, lacs de Narlay, d'Ilay, de Maclu.

A la sortie du Frasnois vers le sud, la vue se dégage sur le **lac d'Ilay**, encore appelé lac de la Motte. Il doit ce nom à la présence en son milieu d'une motte, ou île rocheuse, couverte de sapins et de hêtres. Elle abrita jusqu'au XVIIe siècle le prieuré d'Ilay (ou de Saint-Vincent-de-la-Motte), fondé onze siècles auparavant par saint Point, et dont il ne reste rien. Un chemin, aujourd'hui recouvert de plus d'un mètre d'eau et décelable seulement à la présence d'une traînée de joncs, conduisait à cette île depuis la rive orientale.

Le lac d'Ilay, long de dix-huit cents mètres pour une largeur de trois cents à cinq cents mètres selon les endroits, s'étend sur quelque quatre-vingts hectares, avec une profondeur maximale de trente mètres. Appartenant au domaine privé, il vient d'être acquis, en 1987, par un industriel jurassien.

Il reçoit les effluents des très poissonneux lacs de Maclu, ses voisins et contribue à l'alimentation de la rivière le Hérisson : son exutoire au sud perd rapidement ses eaux dans la roche. Elles ressortent en résurgence en aval du saut Girard, dans la vallée du Hérisson.

A la limite méridionale du lac se situe le hameau d'Ilay, qui lui a donné son nom, carrefour de plusieurs routes très fréquentées des touristes.

Variante 2 : de Doucier à Ilay, par le plateau

Pour atteindre Ilay depuis Doucier, un autre itinéraire est possible. Plus court, il ne permet pas de découvrir les lacs de la région du Frasnois, mais réserve de belles vues, notamment sur la vallée du Hérisson et ses cascades réputées et traverse de petits villages aux chapelles romanes qui ne manquent pas d'intérêt.

Pour sortir de Doucier, il convient alors de prendre la D. 39 qui gravit le flanc de la vallée du Hérisson (belle vue en enfilade sur la vallée de Chambly et ses lacs). **Songeson**, petit village de soixante-six habitants, peut faire l'objet d'une halte pour son église, de style roman tardif, dont la construction remonte au début du XVIe siècle, mais a été profondément agrandie et remaniée peu avant la Révolution. On y retrouve un air de parenté avec les églises et chapelles rurales du secteur. Les murs épais (1,5 mètre environ), le long toit descendant très bas sous une couverture de « laves » grises donnent à l'édifice un aspect trapu évident. L'intérieur est voûté en berceau avec chevet plat sans fenêtre (celle-ci, en tiers-point, a été fermée lors de la construction de la sacristie qui prolonge le chœur). Deux chapelles à peu près identiques simulent un transept : celle du sud avec porte et lavabo ornés date de 1550, celle du nord est de deux siècles plus récente. Le clocher-porche, du XVIIIe siècle finissant, à trois étages, porte un dôme comtois recouvert de tuiles.

La route sinue sur le plateau dans une lente montée parmi les taillis de chênes et de hêtres entrecoupés de vallons et de dolines cultivés où se nichent pâturages et champs. L'arbre impose sa présence partout, non seulement en forêt mais aussi dans les haies nombreuses et les bosquets épars au milieu des clairières. On le retrouve, prêt pour le transport, dans les piles de fûts entassés au bord des chemins, ou sur l'aire des scieries, attendant d'être débité et travaillé. Ainsi en est-il à la scierie Janier, à l'entrée de Ménétrux.

Ménétrux-en-Joux, malgré sa petite taille (43 habitants), peut susciter un arrêt pour sa chapelle de 1664, au toit couvert de « laves » à l'ancienne. Le portail en plein cintre, les baies latérales pénétrant dans la voûte basse en berceau brisé continu, le chevet plat, le clocher-mur en façade témoignent, ici encore, des influences romanes. Dans le village, un petit chemin, à droite, permet de se rapprocher du rebord du plateau au-dessus de la vallée du Hérisson et de découvrir, à cent soixante mètres en contrebas, les prairies du val de Chambly et les divagations de sa rivière, en face le versant raide du bois de l'Envers, couronné à l'est d'une corniche rocheuse, et, plus loin, la surface presque rectiligne du plateau de Denezières.

Mais la vue sur la vallée du Hérisson est plus saisissante et spectaculaire à quelques kilomètres en amont, après être revenu sur la route d'Ilay (D. 39). S'amorce alors, à droite, un sentier (fléché) qui conduit au **belvédère de l'Eventail**, un point majeur de découverte panoramique de la cascade de l'Eventail en contrebas.

L'itinéraire (D. 39) se poursuit en forêt parmi les chênes et les hêtres, sur une route quelquefois en corniche sur le haut du versant des gorges du Hérisson. Au sortir du bois, on atteint le hameau de la Fromagerie (exposition et vente d'articles de boissellerie), puis Ilay, où il est possible de rejoindre à pied le Hérisson, au saut Girard, en prenant un sentier à droite, trois cents mètres environ avant l'entrée d'Ilay. Le sentier est un point de départ pour une meilleure découverte de la vallée et des cascades du Hérisson.

Variante 3 : de Doucier à Ilay par la vallée et les gorges du Hérisson

(Obligatoirement à pied pour une partie au moins.)

La troisième possibilité d'itinéraire, qui combine un début de parcours en voiture (huit kilomètres au départ de Doucier par le val de Chambly) et une découverte de la haute vallée du Hérisson qui ne peut se faire qu'à pied et représente un des points forts du tourisme jurassien.

D'Ilay à Clairvaux

Pour juger de l'ensemble des paysages de la région et jouir d'un panorama très étendu, il faut franchir quelques kilomètres sur la route de Saint-Laurent-en-Grandvaux, par un itinéraire au flanc d'une cluse cernée d'abrupts, entre la côte d'Aval au sud et le pic de l'Aigle, qui avoisine mille mètres, au nord.

Dès l'arrivée sur le plateau, et avant la descente sur La Chaux-du-Dombief

Le lac de Bonlieu.

(437 habitants), prendre à gauche (virage serré) la petite route en direction de La Boissière.

Une découverte impressionnante, un panorama magnifique sur l'ensemble du Jura est réservé au promeneur qui entreprend, par un sentier signalé à gauche sur la route, la montée (parfois assez raide) au **pic de l'Aigle** (ou bec de l'Aigle, 993 mètres), un crêt dominant tout le Jura des plateaux. La vue est très vaste. Au centre, s'ouvre la cluse d'Ilay, avec ses versants abrupts boisés. A droite s'étalent les plateaux, la tranchée droite de la vallée du Hérisson, la combe d'Ain, les plateaux de Lons en bordure, et au loin, visibles par temps clair, les plaines de la Saône. A gauche s'alignent les chaînons parallèles du Jura au-delà du val du Dombief, la forêt de la Joux-Devant et le mont Noir qui limitent à l'est le Grandvaux, plus loin le Risoux, et au-delà le Jura suisse, le Noirmont et la Dôle, et parfois, au loin, les hauteurs enneigées des Alpes et du Mont-Blanc...

Pour peu que le temps s'y prête, la demi-heure de marche nécessaire est amplement récompensée.

Le pic de l'Aigle domine le site du château de l'Aigle, forteresse médiévale avec donjon massif et château fort entouré de fossés, construit au début du XIVe siècle par Jean de Chalon, sire d'Arlay. Les chartreux de l'abbaye de Bonlieu, qui eurent pendant des siècles à subir les violences et les exac-

Cascade du Hérisson : été et hiver.

tions des seigneurs de l'Aigle, demandèrent et obtinrent du roi Louis XIV en 1684 la destruction totale du château.

Sur la route de La Boissière, à un kilomètre environ, se détache un chemin forestier carrossable, sous une belle hêtraie-sapinière qui conduit au **belvédère des Quatre-Lacs** (parking en bordure de route et sentier sur deux cents mètres). De ce balcon perché sur la bordure abrupte de la côte de Maclu, se découvrent en contrebas les deux lacs de Maclu, le grand lac de la Motte, et la masse triangulaire du lac de Narlay. Entre eux on aperçoit le village allongé du Frasnois. La vue s'étend bien au-delà, sur les plateaux boisés troués de clairières, sur la

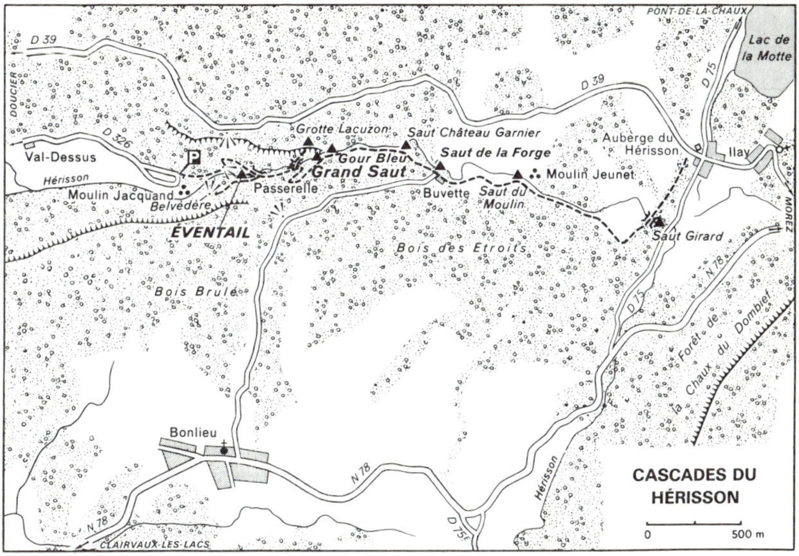

Le site du Hérisson (plan Michelin).

combe d'Ain, au loin sur le rebord du Jura et les plaines de Bresse.

Pour continuer notre grande boucle autour de Clairvaux, faire demi-tour et reprendre la direction de La Chaux-du-Dombief. Autre possibilité : la route du belvédère conduit, par une longue descente en forêt au hameau du Cernoir, commune d'Entre-Deux-Monts, où l'on atteint la R.N. 5. On peut alors poursuivre vers la gauche pour Pont-de-la-Chaux et suivre une partie de l'itinéraire numéro 6. On peut aussi tourner à droite en direction de Pont-de-Lemme et Saint-Laurent.

A la jonction avec la R.N. 5, prendre à droite la direction de Bonlieu. Les rochers du pic de l'Aigle se détachent

Le belvédère des Quatre-Lacs : au deuxième plan, les lacs d'Ilay et du Grand-Maclu.

conduit au cirque de rochers et au village de **La Frasnée** (quarante-sept habitants), et à la source du Drouvenant.

« Sa magnifique source s'échappe du flanc de rochers à pic, hauts de cent cinquante mètres, tombe avec fracas en plusieurs rameaux et forme une belle cascade... Lors des grandes pluies ou de la fonte des neiges, l'orifice de la source ne suffit plus au passage des eaux, qui montent alors dans un tuyau naturel appelé le "Trou des Gangônes" et viennent jaillir au sommet d'un rocher appelé le "grand Dard". Le site est magnifique et même un des plus beaux du Jura. » (P. Joanne.)

La rentrée à Clairvaux s'effectue en suivant la vallée du Drouvenant.

Morez, Les Rousses et le Grandvaux

Le lac des Mortes.

commune de Morbier compte plusieurs centres pour l'accueil de groupes. Belles possibilités de promenades. On retrouve la R.N. 5 dans sa descente du col de la Savine. Possibilité par un léger détour, d'aller au **belvédère de la Madone-des-Buclets** (912 mètres) : après avoir atteint la route nationale en venant des Marais, continuer la descente sur six cents mètres environ et prendre une petite route à droite. La Vierge des Buclets est à un kilomètre, sur une colline à gauche et presque en bordure de la route. Belle vue sur Morbier et le site de Morez que l'on découvre en enfilade. Revenir à la route nationale et poursuivre la descente vers Morbier que l'on aborde par le quartier de Combefroide.

Avec 1266 habitants pour une commune de 1715 habitants, très étendue et comptant de nombreux écarts, le centre de **Morbier** s'allonge sur un petit plateau entre la colline du bois des Crottes et le vallon Saillard. L'église actuelle, dont on a fêté en 1987 le cent cinquantième anniver-

saire, a remplacé au siècle dernier un édifice plus petit construit au XVIe siècle lors de la venue de nombreux colons normands et picards dans le val de Morbier. Cette chapelle, érigée en église en 1593, fut démolie au milieu du siècle dernier lors de l'élargissement de la route royale et de la création de la place. Avec près de huit cents emplois offerts dans la commune par une douzaine d'ateliers importants et de nombreuses entreprises artisanales, Morbier est un important centre industriel du haut Jura. La lunetterie y tient, comme à Morez, une place notable. Mais la commune est renommée également pour ses fabriques d'horlogerie de gros calibre : mouvement d'horlogerie, pendules et horloges comtoises. En cela elle se différencie de l'industrie horlogère du Doubs, tournée principalement vers la production des montres.

Cette tradition horlogère est ancienne et débute au XVIIe siècle. Un habile forgeron de Morbier, du nom de Mayet, aurait été chargé par les moines de Saint-Claude de réparer une vieille

La Dôle vue des Rousses.

Le village s'est beaucoup accru depuis une cinquantaine d'années. La route nationale est devenue sur près d'un kilomètre et demi, le grand axe de développement. Des lotissements coquets sont apparus en bordure de l'ancienne route royale de La Cure et dans la direction de Bois-d'Amont, mêlés à quelques immeubles résidentiels. La fièvre de construction gagne Les Rousses-en-Bas.

La cité veut asseoir son développement sur le tourisme. La capacité d'accueil de la commune est de huit mille lits. Au centre, neuf hôtels-restaurants totalisent cent quarante-sept chambres, auxquelles s'ajoutent celles des établissements de la bordure du Noirmont et de l'auberge des Piles proche de La Cure.

Le ski, introduit aux Rousses en 1902 par le maire Félix Péclet à des fins utilitaires, comme moyen de locomotion commode et rapide pour les montagnards isolés, est devenu un des moteurs du dynamisme rousseland. L'agglomération, au cœur de la station des Rousses-Haut-Jura, veut valoriser

De la Dôle, les Alp

celles de « la Croix du Tronc » puis d
la « Combe sèche ». On jouit alors a
sortir de la forêt d'une belle vue sur l
vallée de Bois-d'Amont et, au-dessus
sur le plateau des Petits Plats et l
mont Sâla (1 511 mètres).

Le massif du Risoux est un mont
l'épaisse couche calcaire qui le cons
titue est pliée en anticlinal, avec que
ques ondulations secondaires. L
sommet affecte l'aspect d'un lourd pl
teau creusé de nombreuses dépre
sions fermées, dolines et gouffres.

Si l'on n'emprunte pas la route
Risoux, continuer la D. 29, par L
Rousses-d'Amont, en direction
Bois-d'Amont. La route longe le l
des Rousses.

Le lac des Rousses ou de Quinç
ney (c'est à dire des Pinsons) s'éte
sur près de cent hectares (longue
deux mille deux cents mètres, large
maximale cinq cent mètres). Il est
menté par plusieurs « biefs » desc
dant du Noirmont (bief Noir) ou
Risoux (bief des Rousses-d'Amont
s'écoule dans l'Orbe dont il consti
la source, Un rebord à faible prof

son climat montagnard bien enneigé et les pentes douces de son large val et apparaître comme une capitale du ski de fond et de randonnée. Au centre d'un domaine de sept mille quatre cents hectares pour des skieurs de tous niveaux, la zone nordique propose quatre cent cinquante kilomètres de pistes balisées et régulièrement entretenues parmi forêts, plateaux, crêtes et combes. Trois pistes éclairées permettent le ski de fond en nocturne. Au mois de février la station vit au rythme de la Transjurassienne, une grande course internationale de ski de fond de soixante-seize kilomètres, de Lamoura à Mouthe, et fréquentée, chaque année, par quelque quatre mille concurrents.

La région des Rousses a aussi développé le ski alpin, en trois massifs, sur les pente franco-suisses du Noirmont, aux Tuffes et aux Jouvencelles sur la commune de Prémanon et en Suisse à La Dôle. Au total, trente-huit remontées mécaniques et quarante kilomètres de pistes de tous niveaux fonctionnent en saison.

Une enquête récente prouve cette bivalence de la station : 39 % de la clientèle d'hiver pratique le ski alpin, 46 % le ski de fond et 18 % les deux disciplines.

La pratique du ski est également à l'origine de la spécialisation de l'entreprise Grandchavin, travaillant depuis 1970 à la fabrication de skis de fond. Avec onze personnes, elle produit dix mille paires de skis haut de gamme par saison (10 % du marché). Le développement de la mode des nouvelles glisses (monoski, surf) a permis une nouvelle production : les établissements Grandchavin en sont devenus, avec mille surfs produits en 1986-1987 (marque Hot Snowboards) le premier fabricant français (1/4 du marché, qui compte une quarantaine de fabricants). Visite possible de la fabrique tous les mercredis soirs en saison.

Le syndicat d'initiative créé en 1986 et les municipalités de la station veulent également favoriser les activités d'été. Un terrain de golf à neuf trous s'est ouvert en 1987 aux Rochats (route du Noirmont), sur une vingtaine d'hectares vallonnés, traversés par un petit ruisseau. Golf miniature, équitation, tennis, complexe sportif complètent les possibilités offertes par le centre des Rousses. Pêche, baignades et sports nautiques sur le lac proche ajoutent un attrait supplémentaire, de même que la beauté des paysages et le calme reposant des sous-bois invitent à la promenade.

Aux Rousses ont eu lieu, du 10 au 19 février 1962, les entretiens préliminaires à la signature du traité d'Evian mettant fin à la guerre d'Algérie. Ils se sont tenus sous un secret absolu, dans le bâtiment de l'Equipement (Ponts et Chaussées), à la sortie du village en direction de La Cure, entre MM. Louis Joxe, Robert Buron et Jean de Broglie, ministres français, et MM. Belkacem Krim, Ben Yahia et Malek, plénipotentiaires algériens arrivant chaque jour d'Yverdon en Suisse par la route de Bois-d'Amont.

Dans le village, prendre la route des Rousses-en-Bas, puis la D. 29, et atteindre Bois-d'Amont par la rive nord du lac.

La descente depuis la colline de l'église révèle devant nous le massif déroule vers le sud-ouest la combe de Château-des-Prés, limitée par les forêts de la Joux-Devant et du Cernois. Elle est drainée par le ruisseau du Loutre, qui se perd vers le sud dans un gouffre après un cours de six kilomètres. Le château, bâti par l'abbaye de Saint-Claude vers l'an 1240 pour la défense de la terre de Grandvaux, était situé sur la pointe du rocher, à pic de trois côtés, et séparé de la montagne par un fossé large et profond avec pont-levis. Il n'en reste que quelques fondations.

Une autre possibilité de découverte, à partir de l'abbaye de Grandvaux et avant de rallier Château-des-Prés, consiste à suivre la rive orientale du lac pour rejoindre Les Brenets (direction de Chaux-des-Prés). On appréciera en route le réseau de murettes construites sur les versants proches de la Joux-Derrière. Aux Faivres, prendre la route de la cluse qui rejoint la vallée de **Prénovel**, ancienne dépendance de l'abbaye de Grandvaux. Les maisons sont toutes situées sur le versant à l'ouest, et à l'orée de la forêt. L'église de Prénovel, néoclassique, datée de 1829, occupe le sommet d'une éminence d'où la vue se dégage sur l'ensemble de la vallée et le bief de Nanchey.

La chapelle Saint-Rémi, à l'extrémité orientale du village des **Piards**, date de la fin du XVe siècle, construite par deux membres de la famille Piard. Un reliquaire contenant divers ossements de saint Rémi fut donné à cette chapelle qui devint alors un but de pèlerinage très fréquenté. Le pape Léon X, en l'an 1521, accorda même des indulgences plénières à tous ceux qui visitent le 7 juin la chapelle des Piards. Elle a été restaurée et remaniée en 1886.

Revenir à Chaux-des-Prés et prendre la route de Château-des-Prés (D. 28). Remarquer à l'est du village de Chaux-des-Prés, de grandes tourbières autrefois intensément exploitées, dans une zone en creux, à droite en contrebas de la route.

A partir de Château-des-Prés, prendre la direction de Morez (D. 437, puis D. 28). Un détour à gauche par une petite route conduit à la chapelle des Maisonnettes, Notre-Dame-de-Bon-Secours, élevée en 1840 par Pierre Vuillet et ses sœurs et située à côté d'un établissement longtemps maison des Frères de la Croix de Jérusalem.

La route D. 28 bientôt s'engage dans le large val de la Bienne, au milieu duquel la rivière a creusé des gorges profondes ne laissant de part et d'autre qu'un étroit plateau. On rejoint Morez par Tancua et le bas de la commune de Morbier.

Une autre possibilité pour suivre au plus près les gorges de la Bienne consiste, au hameau des Mouilles, à prendre la direction de La Rixouse (D. 26), puis à l'entrée de Lezat, de prendre à gauche la direction de Morez : la route, souvent parallèle à la voie ferrée de Saint-Claude à Morez, suit le haut des gorges. On rejoint alors directement Morez par le pont sur l'Evalude.

Les rouliers du Grandvaux

Peu occupés à la culture d'une terre ingrate, les Grandvilliers étaient naguère rouliers convoyeurs, opérant le transport des marchandises à travers leurs montagnes et dans une grande partie de la France ; plusieurs ne rentraient au pays qu'une ou deux fois l'an. Après avoir chargé pour Bordeaux, ils remontaient à Bâle ou à Strasbourg, pour aller ensuite sur Nantes ou Le Havre ; leur mode de chargement les faisait préférer aux charretiers provençaux. ils étaient fiers de leur bonne renommée. On les voyait portant blouse, limousine et grand chapeau, tenant le milieu des routes, un seul homme à la tête de cinq ou six voitures, sans jamais se ranger d'une ligne pour qui que ce fût. Leurs chevaux de montagne avaient forte encolure, énorme poitrail, mais une croupe relativement mince, ce qui en faisait une race spéciale. Leurs chariots, à quatre roues, avaient pour toute garniture deux poutres en sapin sur lesquelles on posait tout en équilibre. Napoléon Ier les employa beaucoup, et avec une préférence marquée, dans ses armées, au service des transports ; munis de solides voitures et eux-mêmes d'une adresse et d'une intrépidité à toute épreuve, ils triomphaient de presque toutes les difficultés.

(Jovignot.)

Le haut Jura
de Saint-Claude

sonnes, toutes dirigées par Condat, qui est bientôt à la tête d'une vaste « communauté » de près de mille cinq cents personnes. Au VIIe siècle l'archevêque de Besançon, le futur saint Claude, abandonne sa charge pour venir diriger l'abbaye, lui conférant ainsi un prestige supplémentaire.

Autour de Saint-Oyend (le nom s'est peu à peu imposé à la place de Condat) les défrichements se développent, en même temps qu'un artisanat du bois : chapelets, crucifix, petites statues sont fabriqués, préfigurant l'industrie plus tardive de la tournerie.

L'abbaye, quant à elle, se développe grâce aux multiples donations : Charlemagne, Frédéric Barberousse, Frédéric II, pour ne citer qu'eux, apportent de substantielles contributions. La terre de Saint-Claude dispose de plusieurs propriétés réparties dans tout le territoire de la France actuelle. Au sens strict, elle couvre les soixante et onze communes de l'arrondissement d'aujourd'hui, auxquelles il faut ajouter la vallée de la Valserine, Dortan, Gex (Ain), Saint-Cergue, le lac de Joux (en Suisse), Mouthe, Rochejean (dans le Doubs). Des liens sont établis avec Poligny, avec Genève... Placée dans le ressort administratif du Saint Empire romain germanique, elle bénéficie de droits très étendus, dont, en 1175, celui, rare, de pouvoir battre monnaie. Détachée du diocèse de Lyon, elle n'a de comptes à rendre qu'à Rome. Son abbé cumule ainsi les fonctions de chef spirituel et de seigneur médiéval.

Après la découverte du corps intact de saint Claude au XIIe siècle, un regain de la dévotion et des pèlerinages assure à l'abbaye, qui prend alors le nom de Saint-Claude, une prospérité jusqu'à la Révolution.

Cependant, cette prospérité même, est en partie source de son déclin. Dès les XIIIe et XIVe siècles, un certain relachement se fait sentir. Etre moine devient un privilège réservé à la noblesse (1393), et le chef de l'abbaye n'est plus, à partir de 1472, un religieux mais un grand laïc. La règle bénédictine est abandonnée en 1668 et les moines vivent alors une vie de gentilshommes. Pour limiter la dispersion des revenus, ils restreignent d'eux-même leur effectif qui de cinq cents environ au Moyen Age, s'établit à une vingtaine peu avant la Révolution. Accrochés à leurs privilèges, ils maintiennent dans cette partie du royaume de France la mainmorte personnelle, contre laquelle Voltaire proteste, jusqu'à la Révolution qui, d'un coup, abat l'ensemble de ces privilèges.

La « Vie des Pères du Jura »

La Vie des Pères du Jura *a soulevé bien des questions. Certains érudits ont prétendu que l'œuvre serait une compilation ou l'invention d'un auteur tardif. Cette opinion, affirmée par Bruno Krurch à la fin du XIXe siècle, a été définitivement réfutée par François Martine en 1968. Ce dernier a établi que l'on peut, sans grand risque d'erreur, fixer la rédaction de la* Vie des Pères du Jura *aux alentours de 520. Elle serait donc postérieure de dix ans au plus à la mort de saint Oyend.*

« La Vita Patrum Jurensium *[...] ne représente pas seulement les principales vertus et les actes des trois Pères, Romain, Lupicin, Oyend ; elle offre, en outre, nombre de renseignements intéressants (et certains sont introuvables ailleurs) sur la vie monastique au Ve siècle et sur la Gaule à la même époque. C'est un document d'autant plus tentant pour l'historien que son auteur affirme être le disciple de saint Oyend et avoir utilisé, pour sa relation, les confidences de cet abbé, les récits des anciens moines, ainsi que ses propres observations. Aujoutons qu'au point de vue littéraire, la* Vita Patrum Jurensium *est à la fois bien caractéristique de l'hagiographie monastique et originale parmi beaucoup d'autres* Vitae Patrum, *pour le fond et pour la forme. » (François Martin, introduction à la* Vie des Pères du Jura.*)*

L'industrie

Conformément à l'histoire générale de l'Europe occidentale, ce double pouvoir spirituel et temporel fondé sur la terre et les privilèges du sang fut peu à peu supplanté par une nouvelle source de richesse.

Il est difficile d'établir une chronologie stricte des implantations industrielles à Saint-Claude. D'une part plusieurs initiatives ont pu surgir en même temps, ou bien correspondre à une diversification volontaire de telle ou telle entreprise. D'autre part, loin d'être concentré sur la seule ville de Saint-Claude, ce processus d'industrialisation s'implanta de façon très diffuse. Les hameaux alentour s'en trouvèrent ainsi renforcés et connurent dès lors des développements autonomes.

L'artisanat du bois est représenté depuis fort longtemps dans le haut Jura. Si les sapins et les épicéas sont pour la plus grande part exportés vers le Bas-Pays pour les charpentes ou la meublerie, le travail du bois, pour les outils ou les objets divers de taille plus réduite, ont donné lieu à de véritables spécialisations. Avant la Révolution notamment, un artisanat tourné vers la fabrication d'objets pieux (statues, chapelets, croix...) s'était largement développé, entraînant l'apparition autour de l'abbaye d'un grand nombre de marchands.

La production est très variée : boissellerie, tournerie, layetterie (petites boîtes et armoires). Cet artisanat a largement profité des effets induits par les activités plus motrices, comme la pipe et le diamant : réputation de qualité, connaissance des circuits commerciaux, etc...

La naissance de l'industrie de la pipe à Saint-Claude est consécutive à son introduction en France en 1560 par Nicot, ambassadeur de France au Portugal. A cette date, un réchaud en argent ou en porcelaine emmanché sur un tuyau tenait lieu de pipe. Les sculpteurs sur bois ainsi que les tourneurs de Saint-Claude proposèrent alors de nouvelles solutions à base de bois, pour le fourneau et le tuyau, et de corne, pour le seul tuyau. Mais le véritable tournant se produisit au milieu du XIXe siècle, lorsque Daniel David de Chaumont, près de Saint-

La pipe : du produit brut au produit semi-fini.

Claude, tenta un essai à partir de racine de bruyère proposée par un fournisseur corse. Le succès fut immédiat : en effet la bruyère, non pas la petite bruyère qui fleurit sur les landes acioles, mais une variété arborescente (*Erica arbora*), ne laisse pas en chauffant le goût âcre du merisier, du poirier ou du noyer. Le quasi-monopole mondial de fabrication assura à Saint-Claude une indéniable prospérité jusqu'à la Première Guerre mondiale. Les marchés extérieurs, en particulier le marché anglais, se tournèrent alors vers d'autres producteurs, introduisant ainsi une concurrence jusque-là inexistante. La diffusion massive de la cigarette ainsi que le changement d'attitude à l'égard du tabac ont rendu cette industrie très fragile. En 1925, sept mille personnes produisaient vingt-huit millions de pipes ; aujourd'hui quelques centaines d'ouvriers en fabriquent chaque année environ deux millions...

Venant de Corse, mais surtout du Maroc, les ébauchons de bruyère, petits morceaux taillés dans la grosse racine, subissent de multiples façonnages. Le musée de la Pipe, ouvert de mai à septembre, permet de se familiariser avec ces différentes opérations. Il présente une pièce originale : une machine à sculpter datant de 1863. Fondée sur le principe du pantographe, elle dispose de quatorze fraises rotatives agissant chacune sur un ébauchon ; l'opérateur pouvait guider le mouvement d'ensemble à partir de la forme originale, au moyen d'un palpeur qui en épousait tous les contours. Les artisans pipiers ont pris l'habitude de sculpter des visages célèbres sur les fourneaux : plusieurs spécimens sont ainsi exposés.

Dans le cadre d'une politique de promotion de leur production, ils ont également fondé une confrérie qui accueille en son sein les fumeurs de pipe très connus. Parallèlement un « pipe-club » organise annuellement un grand concours. En 1987, c'est une femme qui a remporté le titre en brûlant, avec patience, trois grammes de tabac en 1 h 52' 33'' !

L'industrie des pierres précieuses recouvre des productions de natures très diverses.

David, un nom attaché à l'industrie de la pipe.

La lapidairerie (de *lapis*, la pierre, en latin) est apparue au XVIIIe siècle sur le plateau de Septmoncel, répondant à une forte demande de la part de joailliers genevois. Au début de ce siècle « ce travail se pratiquait dans presque toutes les fermes, occupant partiellement trois mille personnes » (Jean Boichard). L'apparition des fausses pierres (verroterie) et des matières synthétiques a modifié la structure de cette industrie qui s'est rapidement tournée vers l'utilisation d'une main-d'œuvre moins qualifiée, mais très productive. Depuis 1930, la taille des pierres fines a nettement reculé ! La concurrence, celle du Tyrol notamment, devient particulièrement sévère. Il subsiste encore quatre ou cinq entreprises employant trois cents personnes environ, concentrées à Septmoncel. Seule la pierre naturelle est encore taillée par les artisans : la marchandise brute ne permet pas le travail en série. D'après Martial Barbe, meilleur ouvrier de France, installé à Lamoura, « l'étude des proportions et des angles nécessaires, afin de donner le maximum d'éclat à la

Sciage du diamant : procédé moderne.

L'industrie du diamant

Le sciage

Tout d'abord, on pratique une incision dans le diamant destiné à être coupé. Cette incision sert d'amorce à l'attaque de la scie en bronze de phosphore d'une épaisseur de 5 à 10 centièmes de millimètre. La pierre est fixée par un ciment spécial entre deux mors solidaires d'un montage réglable muni d'un contrepoids. Celui-ci est réglé de façon telle que le diamant appuie légèrement sur la scie. Une pression trop forte déformerait la scie et la coupe ne serait plus droite. Une pression trop faible ralentirait le travail. La scie est garnie, uniquement sur la tranche, de poudre de diamant mêlée d'huile déposée avec un rouleau. Les faces latérales de la scie ne doivent pas être garnies de poudre de diamant car il y aurait alors échauffement et dilatation de la scie, ce qui peut faire éclater la pierre. La scie tourne de 5000 à 8000 tours par minute : à cette vitesse, la force centrifuge maintient la scie bien plane et droite. Ceci est très important car la scie, étant extrêmement fine, est très souple. En général, on scie le diamant de manière à obtenir deux pierres de grosseur différente, ce qui conduit à une meilleure rentabilité. Mais dans certains cas, on scie le diamant en plein milieu, en particulier lorsque les pierres sont très petites ou lorsqu'on veut supprimer un défaut. L'opération dure de quelques heures à quelques jours, selon la dimension et la cristallisation de la pierre.

La taille

On commence généralement par tailler les facettes du dessous. Le diamant est solidement assujetti par collage sur un support métallique que l'on place dans une « coquille », elle-même solidaire d'une « pince ». La « coquille » est munie d'une griffe poussée par un ressort qui maintient le diamant en place. Le diamant est usé et poli par contact avec une meule circulaire plane dont le métal est enduit de poudre de diamant, seul matériau capable d'attaquer le diamant. Les réglages de la pince et de la coquille déterminent la position de la pierre à tailler par rapport à la meule, ainsi que la position des facettes et la valeur des angles des arêtes. On surveille fréquemment l'avancement du travail et on fait tourner la coquille sur son axe pour mettre le cristal de diamant dans la position la meilleure pour la taille. Lorsque la facette est taillée et polie, on tourne d'un demi, puis d'un quart de tour le support de la pierre afin de tailler successivement les huit facettes. La taille d'une facette dure de quelques minutes à quelques heures. Les rendements totaux en poids de l'ensemble de l'opération vont de 25 à 55 %. C'est-à-dire que 75 à 45 % du poids des diamants bruts est transformé en poudre ou en esquilles pratiquement irrécupérables.

Quelques chiffres

***5**. C'est le nombre de carats contenus dans un gramme. Le carat est l'unité de poids utilisé pour les diamants bruts ou taillés, ainsi que pour d'autres pierres précieuses.*

***10**. C'est la dureté du diamant dans l'échelle de Mohs. Ce chiffre ne correspond pas à une mesure physique, mais à une estimation de dureté réalisée par le physicien Mohs, créateur de l'échelle. Selon lui, la valeur 10 est la plus élevée possible. On n'a jamais trouvé de corps plus dur que le diamant.*

***8/8**. C'est ainsi que les diamantaires désignent les diamants taillés dont la forme générale est celle du brillant, mais qui, compte tenu de leurs faibles dimensions (en dessous de deux millimètres de diamètre), ne sont taillés qu'avec huit facettes dessus et huit facettes dessous.*

***32/24**. Terme par lequel on désigne la taille classique du brillant, et correspondant au nombre de facettes réparties dans le dessus et le dessous de la pierre. Il est à signaler que cette taille est la même pour des pierres allant de 1/100e de carat à plusieurs dizaines de carats.*

***969,80** carats. C'est le poids à l'état brut de « l'étoile du Sierra Leone », dernier en date des grands diamants découvert en Afrique, en 1972.*

***3024** carats. C'est-à-dire 605 grammes. C'est le poids du Cullinan, le plus gros diamant qu'on ait trouvé. Il a été extrait de la mine Premier d'Afrique du Sud en 1905, et le gouvernement sud-africain l'a offert à Edouard VII. On en a tiré neuf gros diamants dont le plus gros du monde : une poire de 530,20 carats qui orne le sceptre royal britannique.*

Les stalles de la cathédrale

Les stalles de la cathédrale de Saint-Claude sont célèbres : les Jurassiens y tiennent sentimentalement, de nombreux visiteurs leur accordent un regard. Hélas, au matin du 27 septembre 1983, le chef-d'œuvre est apparu amputé de sa moitié sud : une combustion de toute la nuit, sans flamme et donc inaperçue, l'avait réduite en cendres...

Aussitôt, deux personnes : le conservateur des Objets d'art du Jura et une enseignante sanclaudienne, nommée depuis conservateur déléguée, ont voulu sauver la « mémoire » de la partie anéantie (deux cents sujets sculptés, dans un décor varié). L'absence presque totale de documentation publique détaillée a imposé le recours aux photographes privés. La confiance des prêteurs et l'étude menée à partir de leurs documents restituent l'essentiel de la vision disparue. En janvier 1988, celle-ci revit à 95 %. Grâce à ce résultat, le ministre a décidé la reconstitution, à vrai dire la « re-création », à l'identique. Moins spectaculaire, mais aussi important est l'accroissement de la connaissance dû aux deux chercheurs : histoire et message de ces stalles sortent désormais de la pénombre. Car, en France, une seule étude originale leur avait été consacrée : trente pages, en 1874 ! Certes, auteur et dates n'étaient pas ignorés : l'inscription d'une grande jouée, puis une quittance découverte en 1876, nommaient Jehan de Vitry, bourgeois de Genève, attelé à l'œuvre entre 1448 et 1465. Or ce sculpteur, dont le « portrait » figure sur une petite jouée, voit sa personnalité se préciser : actif depuis 1440, proche du milieu artistique genevois, travaillant à d'autres ensembles... Après les dégradations dues au transfert brutal vers l'abside en 1768, puis aux infiltrations consécutives à l'incendie de 1799, une restauration s'imposait. Vers 1870, sous l'impulsion d'un chartiste devenu vicaire général et fondateur d'une congrégation, dom Gréa, elle fut confiée à des artisans jurassiens de haut niveau : les ébénistes Girardet, le sculpteur Robelin. La minutie de l'exécution a donné le change sur les parties remplacées alors. Le sujet principal, surtout, échappait aux « connaisseurs » locaux ; les études françaises, même celle de l'historien du monastère, dom Benoît, se bornaient à voir, aux dorsaux, vingt-quatre apôtres et prophètes anonymes. Ici s'affirme un des progrès majeurs accomplis depuis 1983 : la comparaison avec un groupe de stalles voisines, en Savoie, Suisse et val d'Aoste, procure à celles de Saint-Claude leur vraie place. Elles sont les premières en date de cette « famille » caractérisée par le thème iconographique du « Credo apostolologique et prophétique » : apôtres et prophètes y alternent, les premiers portant un article du Credo et les autres un verset qui le préfigure. A Saint-Claude, les supports, livres ou phylactères sont nus, d'où l'oubli du message ; ailleurs ils sont inscrits, leur texte désigne chaque personnage, et donc les stalles sanclaudiennes s'éclairent par les autres.

L'identification de ce message multiplie leur intérêt : elles s'insèrent ainsi dans un courant fécond de la fin du Moyen Age, en Europe occidentale. D'autres sculptures (Albi...), vitraux (Angers, Riom...) , tapisseries, peintures murales (Sion, Amiens, Sienne...), manuscrits, gravures, voire œuvres littéraires, expriment cette correspondance entre l'Ancien et le Nouveau Testament. La recherche a donc révélé les dimensions d'art et de pensée des stalles, leurs relations dans l'espace et le temps.

Pierre Lacroix.

Saint-Claude : le grand pont et la cathédrale.

partie basse de la ville. Traverser le Tacon ; depuis le pont, la vue sur la haute ville est saisissante. Longer la rivière vers l'amont, passer sous le Grand-Pont : la perspective verticale est impressionnante. Devant l'hôpital, tourner à droite et monter le chemin des Chèvres. Le cimetière de Saint-Claude est à proximité. On peut y voir contre le mur sud, le monument funéraire élevé à la mémoire d'Emile Ponard, fondateur du mouvement ouvrier de Saint-Claude. Du cimetière on bénéficie d'une très belle perspective vers le nord sur le mont Bayard. Les couches jurassiques se suivent aisément : un pli « en genou » domine à l'ouest, la vallée de la Bienne. Le Grand-Pont, aisément rejoint, fournit un bon poste d'observation : l'exiguïté des lieux a contraint les zones résidentielles à s'établir sur les pentes mêmes, et à « pousser » leurs formes vers le haut.

La ville

Par la rue Gambetta, où se trouve le musée de la Pipe et du Diamant, et la rue Rosset, on traverse des quartiers aux activités très mêlées. Aux deuxièmes ou troisièmes étages, de grandes baies vitrées trahissent la présence d'ateliers. Par la rue du Collège et la rue Victor-Hugo, on atteint la place du 9-avril-1944 qui rappelle aux Sanclaudiens une bien triste journée.

Le retour s'effectue par la rue du Pré, artère très commerçante, véritable épine dorsale de la ville. Rue active, vivante qui accueille les grands défilés de carnaval et de la traditionnelle fête des Soufflaculs.

La grotte Sainte-Anne

De la ville même, il est possible d'effectuer une jolie promenade au-dessus de Saint-Claude. Depuis la rue du Collège, une petite rue, puis un

> ### *La fête des « soufflaculs »*
>
> *Cette fête, qui se déroule au début du mois d'avril, met les Sanclaudiens, et surtout les Sanclaudiennes, en émoi. Munis de soufflets, des personnages carnavalesques, aux longues chemises blanches, tentent de « gonfler » les robes de ces dames ! Est-ce pour perpétuer une tradition médiévale qui aurait visé, elle, non pas la gente féminine mais les moines habillés de vastes tuniques ?*
>
> *Aujourd'hui, tout cela se passe dans la bonne humeur, au cours d'un grand défilé, avec majorettes, chars, musiques, bataille de confettis, retraite aux flambeaux. La journée culmine avec l'incinération du « roi des Soufflaculs », avant le grand bal des « Souffl's » dans la salle des fêtes.*

sentier balisé en rouge permettent d'accéder à un point de vue situé plus de deux cents mètres au-dessus de la ville. La grotte a été façonnée par une rivière souterraine et forme donc une ancienne exsurgence que le réseau a abandonné au profit de galeries plus profondes. « La longueur pénétrable est d'une centaine de mètres et le porche d'entrée, agrandi par la gélifraction des calcaires, mesure six mètres de haut et quatre à six mètres de large » (D. Mathieu).

Les environs de Saint-Claude

Vers l'ouest et le sud : Saint-Lupicin, Moirans, la basse vallée de la Bienne, la vallée du Longviry

Deux itinéraires permettent de se rendre de Saint-Claude à Saint-Lupicin. L'un, par la D. 436, emprunte la vallée de la Bienne, puis la D. 470 jusqu'à Lavans-lès-Saint-Claude. L'autre, plus long mais plus pittoresque, contourne la grande forêt d'Avignon par le nord. En quittant Saint-Claude par la D. 437 en direction de Saint-Laurent, il convient d'abord d'effectuer un court aller-retour au petit village d'**Avignon-les-Saint-Claude**. Au XIIe siècle, l'abbé de Saint-Claude fit venir d'Avignon dans la vallée du Rhône, des moines spécialisés dans la construction des ponts. Il accorda des terres à ceux qui désiraient rester, après la réalisation de l'ouvrage ; c'est l'origine du nom de ce village, doté d'une petite chapelle de 1629. La route offre, à la montée et à la descente de belles perspectives sur le site de Saint-Claude.

Reprendre ensuite la direction de Valfin. Ceux que passionnent les phénomènes karstiques peuvent se rendre jusqu'à la source intermittente de Noire-Combe. Cinq cents mètres après la sortie de la ville, prendre à droite jusqu'au hameau de Noire-Combe, puis, à droite, un sentier conduit à la source. Le débit de celle-ci varie : « Il augmente pendant deux à trois minutes, puis diminue pendant cinq à six. Le phénomène est lié, selon l'hypothèse la plus vraisemblable, à l'amorçage et au désamorçage d'un syphon souterrain. » (Daniel Mathieu.)

A Valfin, il faut prendre à gauche et rejoindre Saint-Lupicin soit par Cuttura, soit par les Prés-de-Valfin et Leschères (D. 146).

Saint-Lupicin est un gros village qui présente de multiples intérêts.

L'église est « un des édifices romans les plus complets du Jura ». Dès 460, saint Lupicin s'y fixa, entouré bientôt de plus de cent cinquante moines. C'est là qu'il fut enseveli vers 480. L'édifice que nous avons sous les yeux est très ancien. Sa façade appartenait déjà à une église antérieure que l'on date de la période carolingienne. Le portail présente des matériaux provenant d'un monument antique, ainsi que de pavements d'origine gallo-romaine, tous savamment réutilisés. Au XIIe siècle, l'église actuelle fut construite en arrière de la façade. Elle dispose d'une nef de trois travées dont la voûte d'ogive a été surajoutée. Le transept est, quant à lui, voûté d'arête. Une coupole ajourée surmonte la croisée du transept et de la nef ; elle soutient la comparaison avec celles des plus belles églises de la chrétienté.

Cascade des Combes-sur-l'Abîme.

Saint-Lupicin accueillit dans ses murs plusieurs personnages célèbres. Elle fut la paroisse du curé Marquis « lieutenant » de Lacuzon. Antide Janvier y vécut au XVIIIe siècle. Né à Pratz, astronome et mathématicien, introduit à la cour de Louis XVI, il fut le promoteur de l'horlogerie dans le haut Jura.

Le château fut un lieu de séjour pour Lamartine, qui y accueillit sans doute Franz Liszt. Le parc privé de treize hectares abrite des arbres centenaires. L'ensemble de la propriété appartient à la famille Jeantet, qui introduisit l'ébonite dans la région.

Saint-Lupicin est aujourd'hui très représentative des industries haut-jurassiennes : fabrication de pipes (marque J.P.L.), mais aussi boissellerie, taille de bijoux, injection plastique. Elle accueille aussi la Maison de l'environnement du Parc naturel régional du haut Jura. Antenne du Centre permanent d'initiation à l'environnement de Franche-Comté, elle assure l'information du grand public en matière d'environnement. Le visiteur y trouvera matière à découvertes multiples dans l'ensemble du haut Jura.

Depuis Saint-Lupicin, il est possible de se rendre au belvédère de la Scia qui présente un point de vue magnifique sur les environs de Saint-Claude. L'anticlinal qui le porte se prolonge vers le sud au-delà de la cluse de la Bienne, où il devient nettement dissymétrique. Vers l'est, le crêt de Surmontant et du Cuchet, comme «entaillé de reculées » (D. Mathieu) domine la combe de Vulvoz-Choux.

La D. 118 ramène à **Lavans-lès-Saint-Claude**, capitale française du bouton ! 75 % de la production nationale y est assurée et pour une large part exportée. Le bourg accueille également l'un des grands du jouet jurassien : Smoby. « En 1924, le pipier Moquin fonde à Lavans-lès-Saint-Claude une fabrique de jouets en bois ; dix ans plus tard il adopte partiellement les résines synthétiques, puis s'y convertit totalement en 1950. Il livre aujourd'hui quatre mille pièces par jour, entreprend le lancement de trente modèles nouveaux par an dont quinze arrivent sur le marché. En 1983, la firme devient cotée en bourse, à Lyon, et prend le nom de Smoby ; avec plus de quatre cents ouvriers, elle est devenue la troisième maison française de la spécialité, consacrant le tiers de son activité à la fabrication d'objets de plage, pour se dégager du trop exclusif marché des étrennes. Elle est au centre de Superjouet, ce cartel commercial constitué pour élargir la prospection à l'étranger et éviter les concurrences meurtrières. » (Jean Boichard.)

On quitte Lavans par la D. 470 en direction de **Pratz**. A L'entrée du village un petit chemin à gauche conduit au site et à la chapelle de Saint-Romain-de-Roche. « Dans une position saisissante, sur un promontoire dominant de deux cent soixante mètres la vallée de la Bienne [...], cette chapelle évoque une histoire longue mais encore peu dévoilée. Une grotte voisine a livré la tombe d'une très jeune femme, avec un matériel peut-être religieux de l'âge du bronze. » (Pierre Lacroix.) L'histoire de ce lieu est directement liée à celle de Saint-Claude puisque les deux frères, Romain et Lupicin, y établirent une communauté de religieuses, dirigée par leur sœur « à qui la tradition locale donne le joli nom de Yole ». Romain y mourut en 460 et y fut enterré. Le monastère se maintint jusqu'au VIe siècle. Au XIIe siècle, ce lieu fut à nouveau voué au culte chrétien. De cette période date la jolie chapelle que nous avons sous les yeux. Elle marque la persistance romane dans le haut Jura. Son extérieur est robuste ; le toit de lave renforce le caractère austère mais précieux de l'ensemble. Un clocher-mur marque la séparation de la nef et du chœur. A proximité, un autel dédié à saint Martin témoigne, moins de son passage ici, très incertain, que de la vitalité de son culte dans le Jura. Chaque année, un pèlerinage s'y déroule. Autrefois les pèlerins venaient à pied depuis Saint-Claude.

Le château de Pratz, qui ne se visite pas, appartenait au père de Lamartine.

Le tracé de la D. 470 en direction de Moirans a été rectifié dans un souci de gain de temps. Il tranche les alignements de plis qui précèdent la vallée de l'Héria. Le même objectif a présidé à la réalisation d'un ouvrage d'art peu fréquent dans le Jura. Un viaduc majestueux enjambe le val de l'Héria. A l'entrée du pont, prendre à droite en direction de **Villards-d'Héria**, détour obligatoire pour qui visite le département du Jura. Dans le village, une petite chapelle du XVIIIe siècle présente une voûte en berceau légèrement brisé. Ses murs épais, presque sans fenêtre, lui confèrent un aspect simple et robuste. Mais c'est ailleurs que se situe l'intérêt majeur de Villards-d'Héria. En suivant le fléchage on parvient aisément à l'un des rares sanctuaires gallo-romains de la chaîne

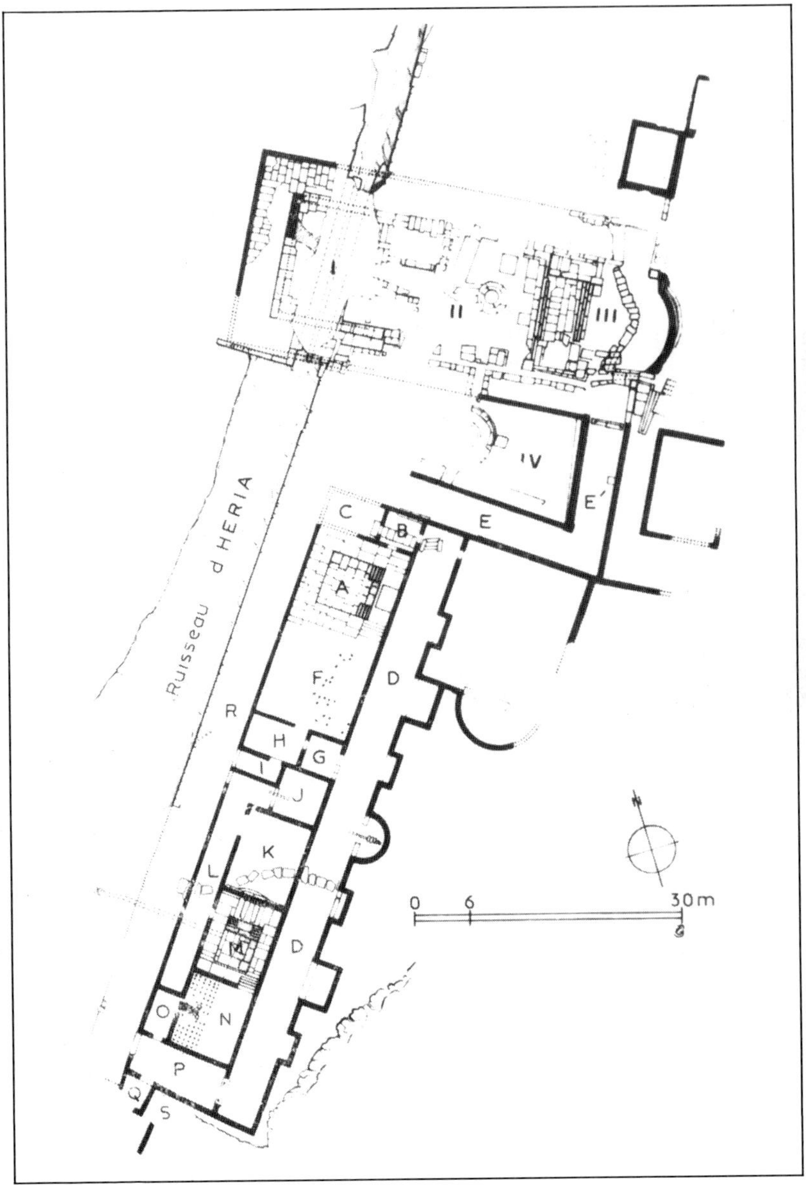

Plan du sanctuaire du val de l'Héria.

Le lac d'Antre.

du Jura. Des fouilles minutieuses ont mis au jour des éléments architecturaux uniques, que l'on peut visiter grâce à l'aide précieuse de jeunes archéologues qui servent de guides pendant la saison estivale.

Après cette visite particulièrement instructive, il est agréable d'aller se reposer près des eaux calmes du lac d'Antre, à deux ou trois kilomètres au-dessus des fouilles archéologiques. Miroir des falaises et des forêts qui l'entourent, il s'en dégage une incontestable magie. Celle-ci fut sans doute propice à l'émergence de nombreuses légendes : certaines en ont fait le cadre de cultes druidiques, d'autres ont prétendu qu'une ville s'y était engloutie. Le soir, le son des cloches de l'église nous parviendrait encore, près d'une borne (aven) sonnante...

Après avoir rejoint la D. 470, à l'autre extrémité du viaduc, il est aisé d'atteindre **Moirans**. Serré dans l'axe d'un anticlinal aux bords très relevés, le bourg a su profiter de ce site très défensif : deux châteaux forts aux entrées nord et sud, suffisaient à assu-

rer sa protection. Aujourd'hui la ville a débordé ces limites : vers le nord elle s'étend désormais au-delà de la barre rocheuse ; vers le sud de vastes ateliers occupent une bonne partie de l'espace.

A l'instar des plateaux voisins, Moirans a connu un peuplement très précoce. La présence néolithique, protohistorique et gallo-romaine est attestée. Au Moyen Age, le bourg, alors fortifié, fut le siège d'une baronnie appartenant aux abbés de Saint-Claude. Le château fort fut détruit en 1637 par les Français. Moirans disposa d'un atelier monétaire du XIIe au XVe siècle, et d'un collège du XVIe et XVIIIe siècle.

L'église, au cœur de la ville, manque de dégagement pour être admirée aisément. De plan rectangulaire, sans transept — seule une travée plus large marque son emplacement — elle suggère une comparaison avec la cathédrale de Saint-Claude. La nef, voûtée d'ogives, est aveugle, mais cependant bien éclairée par les ouvertures flamboyantes des collatéraux. « Ces fenêtres, décorées de réseaux somptueux

Erosion dans la vallée du Tacon.

Molinges est un ancien port où étaient confectionnés les radeaux de flottage de bois à destination de Lyon (exposition intéressante à la mairie).

A proximité du village, une ancienne marbrerie a exploité jusqu'en 1985 les couches sédimentaires de l'urgonien.

Une courte promenade pédestre permet d'admirer le cirque du Pas-de-l'Ane, creusé à partir de la cluse de la Bienne dans l'axe anticlinal. « Parfaitement dessinée, la voûte calcaire a été dégagée par l'érosion des terrains crétacés qui la recouvraient. Ceux-ci subsistent sur le flanc oriental, où les différences de résistance entre les couches déterminent une série de crêts dissymétriques. » (D. Mathieu.)

Depuis Molinges, il est possible de rejoindre Saint-Claude directement par la D. 436. Mais on peut aussi s'engager dans la vallée du Longving pour une extraordinaire promenade panoramique. Prendre la D. 100 puis, après quelques kilomètres, la D. 293 en direction de Rogna. Dès lors on embrasse l'ensemble de la vallée, vaste amphithéâtre ouvert vers le nord. **Viry** fait office de chef-lieu, son église, détachée du bourg, est un point de repère aisé pour le randonneur. Le village est particuièrement dynamique : jumelages, fêtes, dont le célèbre Carmentran, le plus grand carnaval de la région. Carmentran est le nom d'un personnage légendaire, chargé d'expier, après jugement, toutes les fautes dont il serait responsable à l'endroit des habitants de Viry... Ce dynamisme est soutenu par un artisanat et une industrie très actifs : à l'extérieur du village, une entreprise fabrique, à partir du plastique, des enjoliveurs de roues pour une grande marque automobile française. De nombreuses promenades à pied peuvent être effectuées depuis Viry : à l'ancien village de Sièges, au cœur de la forêt, aujourd'hui rattaché à Viry ; ou bien encore en direction de l'Ain par les sentiers des faux sauniers, très nombreux dans la région. Par Sous-le-Rosay nous rejoignons Choux, sur l'autre versant de la vallée. Au-dessus de nos têtes, tels de grands oiseaux, planent très souvent les ailes-delta de quelques passionnés : le haut Jura, notamment les falaises de Choux, est un haut lieu de la pratique de ce sport. La D. 63 conduit à Vulvoz, au cœur d'une combe, puis la D. 291 permet de rejoindre la Bienne par une véritable route panoramique.

Le sud et l'est : au pays du ski de fond et de la randonnée pédestre

A l'est de Saint-Claude, la vallée du Tacon offre une pénétration aisée vers l'extrême sud-est du département du Jura. La D. 124 utilise la rive gauche de la rivière, mais il est possible d'emprunter la D. 290 sur la rive opposée. La vallée du Tacon est une combe, la plus vaste du secteur de la haute chaîne. Entièrement dégagée dans les marnes de l'oxfordien, sa topographie varie entre le nord et le sud. Autour des Bouchoux, l'apparition, sous les marnes, des calcaires du jurassique moyen, crée un replat topographique. La rivière est rejetée à l'ouest de la combe où elle s'encaisse dans les marnes. Au nord de Coiserette, la combe a été défoncée par l'érosion, puis en partie comblée d'alluvions glaciaires et fluvioglaciaires. Le Tacon y a réincisé son cours actuel, fabricant des versants

La Pesse : solitudes enneigées.

aux pentes abruptes et très instables. « Ici l'érosion n'est pas seulement un mot qui réfère à une action se déroulant au rythme des temps géologiques. C'est une réalité dont les habitants de la vallée voient, et pour certains ressentent durement, les effets. » (Daniel Mathieu.)

Le village des Bouchoux malgré sa petite taille est chef-lieu de canton. Accroché à la pente, son allure est celle d'un village de montagne. De là plusieurs promenades pédestres peuvent être effectuées vers la cascade du Moulin au nord ou bien vers le point de vue de la Croix-des-Couloirs, sur la route de La Pesse.

Depuis Les Bouchoux, l'itinéraire revient sur la D. 124, franchit le col de la Croix-de-la-Serra pour atteindre Désertin. Cette zone frontalière fut le théâtre de vifs affrontements entre « Cuanais » (pour Séquanais : les Franc-Comtois) et « gris » (soldats français) aux XVIe et XVIIe siècles. Depuis Désertin, il est possible de se rendre à un magnifique belvédère situé à la frontière de l'Ain et du Jura. Ce site peut être atteint depuis la D. 25 par un petit chemin qui part sur la droite quatre kilomètres environ après Désertin. Le cirque de la combe d'Orvaz se découvre peu après. Face au belvédère, la roche Fauconnière, au nom évocateur, ferme l'amphithéâtre. Une source intermittente apparaît à nos pieds.

Au-delà du bois de Cernetrou, c'est le plateau de La Pesse-Les Moussières qui accueille le visiteur. Le terme de « plateau » ne doit pas surprendre ici, tant l'impression d'ensemble s'y apparente. Certes des plissements ont affecté les sédiments jurassiques, ployés en vastes courbures : anticlinaux souvent coffrés et larges synclinaux. Parfois la couverture crétacée s'est plissée par gravitation au cœur de ces synclinaux créant ici et là quelques reliefs plus marqués. Mais l'ensemble a été aplani par les surfaces d'érosion tertiaires, soulevées en bloc et responsables de l'impression générale de planitude. Leur démantèlement par l'érosion récente crée le modelé actuel fait de petites collines et de larges dépressions. La forêt est largement défrichée laissant place à un

Les crêtes des Monts-Jura.

paysage très ouvert, favorable à la randonnée pédestre et au ski de fond. L'ensemble de la zone est couverte d'un habitat dispersé : des fermes isolées au milieu des pâturages s'intercalent entre de gros hameaux.

La Pesse, à plus de 1 100 mètres d'altitude, est devenu un centre majeur de la pratique du ski de fond et des sports de neige. Pour fixer une clientèle venant dans une large mesure de la région parisienne, la station organise chaque année une compétition pour sportifs amateurs intitulée Paris-Givré ! Elle accueille au cours de l'hiver, en liaison avec ses proches voisines, des épreuves pour chiens de traîneaux, qui drainent chaque année une foule de plus en plus nombreuse. L'été, elle est un point de départ intéressant pour de nombreuses randonnées pédestres. L'une d'entre elle est particulièrement recommandée : partir vers le sud et traverser la combe d'Evuaz, rejoindre le sentier de grande randonnée G.R.9, en prenant à gauche à la sortie de la combe. Le G.R. évite le crêt de Chalam, que l'on peut atteindre par un sentier qui devient très raide peu avant le sommet. La montée au crêt au Merle, un peu plus au nord, est en revanche plus aisée. Des deux sommets, la vue sur la Valserine (ou val Mijoux) est saisissante. Au-delà de la vallée, la barrière des Monts-Jura s'élève, majestueuse, masquant à notre vue les sommets alpins, à l'exception du mont Blanc qui émerge, par temps clair entre Reculet et le Grand-Crêt-d'Eau. Vers l'ouest, la vue s'étend, infinie, sur les plateaux et le

Tavaillons au refuge des Adrets.

bas pays. Le retour à La Pesse s'effectue par une petite route depuis la borne au Lion.

Musée de La Pesse
Fromagerie de La Pesse
Tél. 84.42.70.48.
Ouvert en juillet et en août, et sur demande.

Autour du karst

Les passionnés de géologie trouveront à proximité de La Pesse, de quoi satisfaire leur curiosité. Près du hameau de Chaudezembre, au lieu dit « Sous-la-Vye », une dépression fermée forme un authentique ouvala. Par ses dimensions, elle ne peut en effet s'apparenter à une doline. « D'un diamètre de plusieurs centaines de mètres, elle s'encaisse d'une bonne trentaine dans les topographies avoisinnantes. Son fond presque plat est en partie occupé par une tourbière. » (D. Mathieu.) C'est l'occasion de découvrir en outre un milieu naturel très spécifique du haut Jura, qu'il faut connaître, pour mieux le respecter.

Après avoir traversé l'Embossieux, par un petit chemin qui prend à gauche sur la D. 25, il est aisé de rejoindre le lieu dit L'Embouteilleux au nom très suggestif. Sous un ancien moulin vient en effet se perdre dans un aven, le petit ruisseau qui draîne la dépression. Des colorations ont montré que le réseau souterrain conduisait les eaux à quelques kilomètres au nord, au niveau des cascades du Flumen.

Enfin, peu après le hameau des Mouilles, sur la droite, quelques dolines marquent le paysage. Issues de la dissolution superficielle des couches calcaires, ou marno-calcaires, elles rassemblent, en leur centre, les argiles résiduelles. Celles-ci, plus fertiles, donnent à la végétation un vert plus sombre.

Les Moussières : pré de fauche.

Les Moussières se tournent résolument vers le tourisme ; mais un tourisme maîtrisé qui s'intègre aux héritages économiques antérieurs : agriculture et artisanat. Dans le cadre du parc naturel régional, un projet de Maison du fromage se met en place. Conçue comme une vitrine montrant la fabrication en grandeur réelle du fromage « bleu de Septmoncel », elle présentera la vie des agriculteurs jurassiens, non pas en la figeant comme dans un musée, mais en l'intégrant aux nouvelles approches du milieu

La Transjurassienne.

agricole. Dans un proche avenir elle pourrait étendre ses compétences aux autres fromages « jurassiens », comté, mont-d'or, et morbier. A proximité des Moussières, un village de vacances vient d'ouvrir ses portes. Il a pour parrain un nom inattendu mais bienvenu dans cette région : Georges Moustaki.

Nous quittons alors la D. 25 pour prendre la D. 292 en direction des Molunes, commune dispersée comme sa voisine Bellecombe, dans la combe de la Simard. De nombreux gîtes d'étape accueillent le visiteur lancé sur la Grande Traversée du Jura qui passe à proximité.

Lajoux, qui abrite la maison du Parc naturel régional du haut Jura, dispose d'une antériorité certaine en matière touristique. Les soyeux lyonnais en avaient fait leur lieu de séjour pendant l'entre-deux-guerres. Si l'hiver remplit la station, l'été ne manque pas de charme. Les pré-bois accueillent d'anciens chalets d'estive, témoignant de la pratique, assez rare dans le Jura, de cette transhumance.

Depuis Lajoux on peut rejoindre directement Lamoura, étape suivante de notre itinéraire. Mais une variante présente de nombreux attraits. La D. 436 conduit vers l'est à Mijoux et au col de la Faucille. Du col, une très belle randonnée vers le Colomby-de-Gex peut être entreprise : le panorama sur les Alpes, par temps clair, y est inoubliable. De Mijoux, par la D. 50 et la D. 313, il faut contourner le crêt Pela, au cœur de la forêt du Massacre. Très profonde, très dense, elle doit son nom au massacre de mercenaires français par les soldats du duc de Savoie en 1535.

On rejoint Lamoura par la D. 25 qui emprunte la combe du Lac. Le visiteur estival devra imaginer cette combe emplie un dimanche de février par près de trois mille skieurs. Elle fournit en effet le point de départ de la célèbre Transjurassienne. Cette course de ski de fond de renommée mondiale conduit les grands champions, mais aussi de nombreux amateurs, vers Mouthe, soixante-douze kilomètres plus au nord, à travers le haut Jura ; les premiers en un peu plus de trois heures seulement !

Lamoura, neuf cents habitants en 1904, trois cent trente-trois aujourd'hui, abrite les trois activités majeures du haut Jura : agriculture, artisanat et tourisme. La coopérative laitière fabrique un fromage « bleu » à partir du lait collecté dans les nombreux hameaux de la commune. Au village, la plupart des fermes disposent à côté

Dans le val Mijoux.

de l'écurie, d'un atelier d'artisanat. Elles se distinguent ainsi de plus grosses demeures, sans écurie, entièrement consacrées à l'industrie. Lamoura est un berceau de l'industrie du diamant : un nommé Michaud, du hameau des Thoramys, fut le premier en 1735 à façonner des pierres pour l'horlogerie, puis pour la bijouterie. En 1896, trois cent dix-huit personnes travaillaient dans l'industrie lapidaire, en ateliers ou à la ferme. Aujourd'hui Lamoura s'enorgueillit de l'installation au village de Martial Barbe, meilleur ouvrier de France, spécialiste de la taille du diamant. Au village, une maison de la diamanterie fournit d'utiles informations. Lamoura est un foyer touristique important : comme partout dans la haute chaîne, le ski de fond y est roi. La station a fourni à l'équipe de France plusieurs champions dans cette discipline.

La D. 436 permet de rejoindre Septmoncel, capitale de l'industrie du lapidaire. L'entreprise Dalloz est la plus importante taillerie mondiale ; elle exporte plus de 80 % de sa production. De cette famille est issu le juriste Dalloz qui a donné son nom à une série de guides juridiques.

Musée du Coulou
Tél. 84.41.64.39.
Ouvert tous les jours.

La route de Septmoncel à Saint-Claude est récente. Avant l'avènement de l'automobile, il fallait utiliser l'ancien sentier des Moines. Celui-ci est aujourd'hui balisé et fournit une agréable promenade. La route, quant à elle, doit effectuer de nombreux lacets avant de rejoindre la vallée. Au détour de l'un d'eux, il faut s'arrêter pour admirer une curiosité naturelle bien connue : le « chapeau de gendarme ». Cette forme de relief permet de bien comprendre ce qu'est un pli, même si elle n'est pas l'exemple même du style jurassien. Il s'agit en effet d'un petit « plissement » des couches crétacées qui ont glissé par gravité sur les calcaires du jurassique. Le phénomène est néanmoins très parlant.

Un peu plus bas le belvédère du saut du Chien offre une belle vue sur les gorges du Flumen. Pour mieux les admirer, il est possible de remonter la rivière jusqu'à sa résurgence en utilisant la D. 290 jusqu'au lieu dit « Le

Martinet », évocateur de la proto-industrie ; prendre ensuite à gauche et longer le Flumen jusqu'à une usine électrique ; poursuivre à pied pendant 1 500 mètres environ.

Vers le nord-est

Le troisième itinéraire de découverte nous entraine à nouveau vers les larges plis de la haute chaîne. Les points de visite les plus proches de Saint-Claude peuvent être atteints à pied. Le syndicat d'initiative dispose d'une série de fiches appropriées pour les découvrir.

De Saint-Claude, il faut prendre la direction de Chaumont sur la D. 304. Au premier carrefour tourner à droite vers « Serger » ; passer ensuite devant le stade et continuer tout droit. A la fourche, emprunter le chemin de pierre à gauche, sur deux kilomètres. La cascade de **la Queue de Cheval** est formée par le saut que le Grosdard effectue pour passer de la combe de Tresses, taillée dans les terrains tendres de l'argovien-oxfordien, à celle du bief du Tapon, dégagée, elle, dans les masses du lias. L'emboîtement des deux combes forme un grandiose amphithéâtre.

La D. 304 traverse le hameau de Main-Morte, au nom évocateur. De là un sentier conduit au crêt Pourri qui offre un point de vue intéressant sur le site de Saint-Claude. La D. 69 E1 permet de rejoindre **Longchaumois**.

Cette commune de cinq mille sept cents hectares, la plus vaste du Jura, est installée sur un vaste plateau. Les couches jurassiques sont pourtant plissées, mais les longues périodes d'érosion de l'ère tertiaire ont provoqué un aplanissement général. L'érosion de surface est encore visible comme ces lapiaz, situés près de la ferme des Peisses, au nord du village. L'« entassement des feuilles et des branchages, l'abondance des mousses masquent les fissures et les rendent dangereuses au promeneur inattentif. Une petite clairière permet cependant d'observer les lapiaz mis à nu et d'apprécier le découpage de la dalle calcaire en un véritable pavement d'énormes blocs. » (D. Mathieu.)

Longchaumois, patrie de Lacuzon, possède l'une des plus belles églises rurales du département du Jura. Construite dans la première moitié du XVIIe siècle, elle témoigne des persistances romanes et gothiques dans cette partie du Jura : quatre paires de grandes arcades en plein cintre portent une voûte en vaisseau brisé ; le chœur, quant à lui, est voûté d'ogives.

« Cette architecture, parfaitement homogène, sans concessions à l'ornement mais tempérée et sans rudesse, s'égaie par le discret bleuté de nombreuses pierres particulièrement sensible dans les collatéraux. En outre, après la nef romane et la robuste travée sous clocher, le chœur gothique paraît se dilater par l'effet des murs verticaux, et s'élève grâce au voûtement d'ogives, que répètent les deux chapelles en bordure. » (Pierre Lacroix.)

Longchaumois abrite plusieurs ateliers aux productions très variées. C'est le cas également de Cinquétral qui fut longtemps tourné vers le travail à domicile.

Dans les lacets qui ramènent vers Saint-Claude, un belvédère offre une vue saisissante sur le site de la ville. Au bas de la première série de virages, un petit sentier conduit à la cascade du pont de la Pitié. Au début de la seconde série, un chemin conduit au hameau de Vaucluse, à proximité de la résurgence du trou de l'Abîme. Enfin, dans le dernier virage, un sentier que Lamartine, dit-on, emprunta souvent, conduit à un étroit défilé dont la rivière s'échappe par une cascade.

Renseignements pratiques

Pour venir dans le Jura

PAR LA ROUTE

De Paris :

autoroute A. 6, puis A. 36 jusqu'à Dole ; R.N. 6 jusqu'à Chalon-sur-Saône, puis R.N. 78 vers Lons-le-Saunier.

De Lyon :
R.N. 83.

De Dijon :
R.N. 5 jusqu'à Dole.

De Lorraine :
R.N. 57 jusqu'à Besançon,
puis R.N. 83.

D'Alsace :
autoroute A. 36 jusqu'à Besançon ou Dole ; R.N. 73 jusqu'à Besançon ou Dole ; R.N. 83 depuis Besançon.

De Suisse :
de Neuchâtel par Pontarlier, puis D. 72 vers Salins ou D. 471 vers Champagnole ; de Lausanne ou Genève par Saint-Cergue, puis la R.N. 5 vers Poligny ou D. 25 vers Saint-Claude.

PAR LE TRAIN

De Paris:
gare de Lyon, T.G.V. vers Dijon, Dole, Mouchard. Certains trains s'arrêtent à Dole et pas à Mouchard et inversement.

De Strasbourg et de Lyon :
ligne Strasbourg-Lyon. Turbotrains : arrêts à Mouchard et Lons-le-Saunier. Omnibus : Arrêt à toutes les gares de Besançon à Bourg-en-Bresse.

Les principales cartes disponibles sur le Jura

- Cartes Michelin :

1/200 000, n°66 et 70 ou, très pratique, la réunion des deux : n°243.

- Cartes I.G.N. :

1/250 000, série rouge, n°109 ;

1/100 000, série verte, n°37, 38 et 44.

- Cartes Didier et Richard :

1/50 000, n°33 et 34.

Pour s'informer

A PARIS

Maison de la Franche-Comté
2, boulevard de la Madeleine
75009 Paris, tél. (1) 42.66.26.77.

A BESANÇON

Le comité régional du tourisme

32, rue Charles-Nodier
25000 Besançon, tél. 81.83.50.47.

DANS LE JURA

Comité départemental du tourisme
Relais départemental des gîtes ruraux
Service des meublés
Association des logis et auberges de France
Service Loisirs-accueil Jura

Pour tous ces organismes, une seule adresse :

8, avenue du 44e-R.-I.

Adresse postale :

Hôtel du département
39021 Lons-le-Saunier,
tél. 84.24.19.64.

Chalets d'accueil

Dole (39100)
Route de Dijon, tél. 84.72.05.41.

Mouchard (39330)
Quartier Bel-Air, tél. 84.73.81.32.

Groupement touristique du Triangle-d'Or

Hôtel de Ville
39600 Arbois, tél. 84.37.42.61.

Agence pour la promotion des activités jurassiennes

178, rue du Regard
39000 Lons-le-Saunier, tél. 84.47.27.27.

Fédération de défense de l'environnement du Jura

18, rue de la Ronde
39000 Lons-le-Saunier, tél. 84.24.11.43.

Espace nordique jurassien

Annexe de la mairie
39300 Champagnole, tél. 84.52.58.10.

Comité régional de ski en Jura

112, rue de la République
B.P. 41
39400 Morez, tél. 84.33.33.65.

Allo neige,
tél. 84.43.08.20.

OFFICES DU TOURISME

Arbois (39600)
Rue de l'Hôtel-de-Ville,
tél. 84.66.07.45.

Champagnole (39300)
Hôtel de ville,
tél. 84.52.14.56.

Dole (39100)
6, place Grévy,
tél. 84.72.11.22.

Les Rousses (39220)
tél. 84.60.02.55.

Lons-le-Saunier (39000)
1, rue Pasteur,
tél. 84.24.65.01.

Morez (39400)
Place Jean-Jaurès,
tél. 84.33.08.73.

Poligny (39800)
Grande-Rue,
tél. 84.37.24.21.

Saint-Claude (39200)
(Office du tourisme des trois cantons)
1, avenue de Belfort, B.P. 94,
tél. 84.45.34.24.

Salins-les-Bains (39110)
Place des Alliés,
tél. 84.73.01.34.

SYNDICATS D'INITIATIVE

Lamoura (39310 Septmoncel)
tél. 84.42.67.01.

Port-Lesney (39600)
Mairie, tél. 84.73.82.72.

Saint-Amour (39160)
Mairie, tél. 84.48.74.77.

Saint-Laurent-en-Grandvaux (39150)
Place Charles-Thévenin,
tél. 84.60.15.25.

ASSOCIATIONS

A.D.A.P.E.M.O.N.T.
39320 Saint-Julien-sur-Suran
tél. 84.85.47.91.

A.D.A.N.E.P.
39250 Nozeroy
tél. 84.51.17.43.

A.N.E.J.
39350 Gendrey
tél. 84.81.01.91.

PARC NATUREL DU HAUT JURA
MAISON DU HAUT JURA
Lajoux, 39310 Septmoncel
tél. 84.42.60.37.

A.D.A.L.A.C.S.
Mairie, 39270 Orgelet
tél. 84.35.54.54.

A.D.A.V.A.L.
Mairie de Montbarrey
39380 Mont-sous-Vaudrey
tél. 84.81.54.58.

A.D.A.S.U.R.
Mairie de Beaufort
39190 Beaufort
tél. 84.25.00.89.

La Bresse veut vivre
Mairie de Chassagne
39230 Sellières
tél. 84.48.65.41.

Pour se loger

HOTELS

Les chiffres entre parenthèses indiquent le nombre de chambres.
LF : Logis de France.

Arbois et environs

Hôtel de Paris★★ (18)
Rue de l'Hôtel-de-Ville
tél. 84.66.05.67.

Les Messageries★★ (26)
Promenade Pasteur
tél. 84.66.15.45.

Le Moulin de la Mère Michelle★★ (7)
Les Planches, 39600 Arbois
tél. 84.66.08.17.

Champagnole et environs

La Vouivre★★★ (20)
39, rue Gédéon-David
tél. 84.52.10.44.

Grand Hôtel Ripotot★★ (55)
Rue Général-Leclerc
tél. 84.52.15.45.

Hôtel du Parc★★ (20)
13, rue du Jura
tél. 84.52.13.20.

Franc-Comtois★ (14)
11, rue Georges-Clemenceau
tél. 84.52.04.95.

Hôtel de la Londaine★ (20)
23, rue Baronne-Delort
tél. 84.52.06.69.

L'Auberge (9)
6, rue Georges-Clemenceau
tél. 84.52.14.24.

La Chaumière (6)
22, rue Georges-Clemenceau
tél. 84.52.06.39.

Hôtel de Paris (7)
Rue Baronne-Delort
tél. 84.52.52.33.

Bourgeois★ (15)
Andelot, 39110 Salins-les-Bains
tél. 84.51.43.77.

Aux Creux de Fer ★ (LF), (9)
Andelot, 39110 Salins-les-Bains
tél. 84.51.40.49.

Central (8)
Censeau, 39250 Nozeroy
tél. 84.51.10.48.

Beauséjour★ (25)
Chaux-des-Crotenay, 39150 Saint-Laurent
tél. 84.51.52.51.

Hôtel des Lacs (32)
Chaux-des-Crotenay, 39150 Saint-Laurent
tél. 84.51.50.42.

Hôtel de France★ (8)
Crotenays, 39300 Champagnole
tél. 84.51.20.12.

Hostellerie de Foncine (6)
39520 Foncine-le-Bas
tél. 84.51.50.68.

Hôtel de la Truite et Terrasse★★ (20)
39460 Foncine-le-Haut
tél. 84.51.91.22.

Pension de famille Faivre Lecoutre (LF), (9)
39460 Foncine-le-Haut
tél. 84.51.90.59.

Le Castel Blanc (Hôtel-Club)★★ (11)
Chatelblanc, 25240 Mouthe
tél. 81.69.24.56.

Auberge des Gourmets★★ (7)
Le Vaudioux, 39300 Champagnole
tél. 84.52.01.64.

Chez Georgette (8)
Le Pasquier, 39300 Champagnole
tél. 84.52.09.80.

Hôtel de la Poste (9)
Montrond, 39300 Champagnole
tél. 84.52.11.24.

Hôtel des Remparts (Mme Joliveaux)★ (10)
39250 Nozeroy
tél. 84.51.13.44.

Hôtel du Pont-de-Gratteroche★ (23)
Pont-sur-Gratteroche, 39300 Champagnole
tél. 84.52.05.52.

Hôtel du Cerf (Hugon-Berbey)★★ (30)
Pont-du-Navoy, 39300 Champagnole
tél. 84.51.20.87.

Le Clavelin★★ (7)
Vers-en-Montagne,
39300 Champagnole.

Dole et environs

Mapotel Chandioux★★★ (33)
Angle place Grévy
tél. 84.79.00.66.

Nouvel Hôtel★★★ (29)
2, place Grévy
tél. 84.79.12.11.

La Chaumière★★ (18)
346, avenue du Maréchal-Juin
tél. 84.79.03.45.

Pourcheresse★★ (18)
8, avenue Duhamel
tél. 84.82.01.05.

Auberge du Père Guy★ (8)
38-40, avenue du Maréchal-Juin
tél. 84.72.40.32.

Hôtel de la Cloche★ (28)
2, place Grévy
tél. 84.82.00.18.

Le Petit Parc★ (19)
Place de la Gare
tél. 84.72.13.82.

Le Lion d'or (8)
6, rue Arney
tél. 84.72.02.41.

Le Grand Cerf (9)
9, rue Arney
tél. 84.72.11.68.

Moderne (21)
40, avenue A.-Briand
tél. 84.72.27.04.

Mon Plaisir★ (10)
Baverans, 39100 Dole
tél. 84.72.22.50.

Au Village★★ (17)
Brevans, 39100 Dole
tél. 84.72.56.40.

Le Primevère★★ (30)
Choisey, 39100 Dole
tél. 84.82.18.00.

La Doulonne (3)
Etrepigney, 39700 Orchamps
tél. 84.71.31.97.

Chalet Mont-Roland★ (16)
Sampans, 39100 Dole
tél. 84.72.04.55.

Saint-Hubert★ (8)
Parcey, 39100 Dole
tél. 84.71.00.57.

Fernoux-Coutenet★ (12)
Rocherfort-sur-Néron, 39700 Orchamps
tél. 84.70.60.45.

Lons-le-Saunier et environs

Grand Hôtel de Genève★★★ (42)
Avenue Jean-Moulin
tél. 84.24.19.11.

Le Cheval Rouge★★ (18)
47, rue Lecourbe
tél. 84.47.20.44.

Gambetta★★ (24)
4, boulevard Gambetta
tél. 84.24.41.18.

Nouvel Hôtel★★ (24)
50, rue Lecourbe
tél. 84.47.20.67.

Motel Le Solvan★★ (26)
Boulevarde de l'Europe
tél. 84.24.40.50.

Excelsior Hôtel★ (17)
3, rue Pasteur
tél. 84.24.02.82.

Le Moderne★ (13)
26, rue A.-Briand
tél. 84.24.42.76.

Hôtel du Parc « La Causette »★ (19)
9, avenue Jean-Moulin
tél. 84.24.47.21.

Terminus★ (18)
37, avenue A.-Briand
tél. 84.24.41.83.

Tiffany★ (11)
9, rue Rouget-de-Lisle
tél. 84.24.44.11.

Bar-Hôtel Le Glacier (7)
1, place Ph.-de-Chalon
tél. 84.47.26.89.

Hôtel des Sports (16)
21, rue Saint-Désiré
tél. 84.24.04.42.

Chez Nous (19)
Rue G.-Trouillot (entrée rue de l'Aubépin)
tél. 84.47.24.78.

La Résidence (12)
Montaigu, 39570 Lons-le-Saunier
tél. 84.24.13.16.

Hôtel de la Tour★ (14)
39240 Arinthod
tél. 84.48.00.05.

Auberge de la Croix Blanche★★ (15)
71580 Beaurepaire-en-Bresse
tél. 85.74.13.22.

Hôtel du Chevreuil★ (16)
1, rue des Granges, 39140 Bletterans
tél. 84.85.00.83.

Hôtel de la Cloche★ (14)
2, rue Louis-le-Grand, 39140 Bletterans
tél. 84.85.01.48.

Hôtel du Jura★ (24)
36, rue d'Amont, 39140 Bletterans
tél. 84.85.04.11.

Chez Yvonne★ (8)
Châtillon, 39130 Clairvaux
tél. 84.25.70.82.

Chauvin-Ethevenard ★ (26)
Rue Neuve, 39130 Clairvaux-les-Lacs
tél. 84.25.82.21.

Hôtel des Platanes (6)
Domblans, 39210 Voiteur
tél. 84.85.22.13.

La Sarrazine (22)
Doucier, 39130 Clairvaux
tél. 84.25.70.60.

Auberge du Col des Tilles★ (12)
Mantry, 39230 Sellières
tél. 84.85.51.72.

La Fontaine★★ (20)
Montchauvrot, 39230 Sellières
tél. 84.85.50.02.

Hôtel de la Valouse★★ (16)
Rue des Fossés, 39270 Orgelet
tél. 84.25.40.64.

Café du Centre (7)
5, rue des Fossés, 39270 Orgelet
tél. 84.25.42.38.

Hostellerie des Monts Jura★★ (10)
Pannessières, 39570 Lons-le-Saunier
tél. 84.43.10.03.

Domaine touristique du Revermont★★
(28) Passenans, 39230 Sellières
tél. 84.44.61.02.

Auberge du Rostaing★ (10)
Passenans, 39230 Sellières
tél. 84.85.23.70.

Le Vieux Pressoir (7)
Plaisia, 39270 Orgelet
tél. 84.25.41.89.

Hôtel de l'Horloge★ (12)
Pont-de-Poitte, 39130 Clairvaux
tél. 84.48.30.09.

Hôtel du Chapeau Rouge (8)
39230 Sellières
tél. 84.85.50.20.

Hostellerie Saint-Germain★★ (10)
Saint-Germain-lès-Arlay, 39210 Voiteur
tél. 84.44.60.91.

Hôtel du Suran★ (11)
39320 Saint-Julien-sur-Suran
tél. 84.85.40.48.

Auberge du Pont★ (10)
Thoirette, 39240 Arinthod
tél. 74.76.80.46.

Hôtel de la Source★ (10)
Thoirette, 39240 Arinthod
tél. 74.76.80.42.

Hôtel des Messageries (6)
Thoirette, 39240 Arinthod
tél. 74.76.80.47.

Hôtel du Cerf★ (11)
Grande-Rue, 39210 Voiteur
tél. 84.85.24.41.

Morez et environs

Hôtel de la Poste★★ (46)
1, rue du Docteur-Régad
tél. 84.33.11.03.

Hôtel du Commerce★★ (19)
7, rue Lamartine
tél. 84.33.01.02.

Central Modern'Hôtel★ (50)
106, rue de la République
tél. 84.33.03.07.

Bon Séjour (12)
17, quai Aimé-Lamy
tél. 84.33.10.51.

Les Clarines (28)
Les Marais, Morbier, 39400 Morez
tél. 84.33.02.20.

La Route Blanche (12)
Morbier, 39400 Morez
tél. 84.33.12.78.

Auberge du Centre (5)
La Mouille, 39400 Morez
tél. 84.60.62.76.

Les Mélèzes (9)
La Chapelle-des-Bois, 25240 Mouthe
tél. 81.69.21.82.

Poligny

Hôtel de Paris★★ (25)
7, rue Travot
tél. 84.37.13.87.

Les Charmilles (12)
Route de Dole
tél. 84.37.24.51.

Hostellerie des Monts de Vaux★★★ (10)
Aux Monts de Vaux
tél. 84.37.12.50.

La Vallée Heureuse★★ (10)
Route de Genève, R.N. 5
tél. 84.37.12.13.

Grange de Grotte (chambre, table d'hôte)
Chaussenans, 39800 Poligny
tél. 84.37.34.08.

Port-Lesney

Chalet Bel Air★★ (7)
39330 Mouchard
tél. 84.37.80.34.

Hôtel du Parc★★ (15)
Port-Lesney, 39600 Arbois
tél. 84.37.81.41.

Hôtel restaurant Bonjour★
Port-Lesney, 39600 Arbois
tél. 84.37.87.86.

La Tonnelle (10)
Pagnoz, 39330 Mouchard
tél. 84.37.81.17.

Hôtel restaurant Uny Pontarlier (4)
Port-Lesney, 39600 Arbois
tél. 84.37.83.27.

Station des Rousses

Hôtel de France★★★ (33)
39220 Les Rousses
tél. 84.60.01.45.

Arc Hôtel★★ (7)
39220 Les Rousses
tél. 84.60.50.59.

Christiania (22)
39220 Les Rousses
tél. 84.60.01.32.

Hôtel du Gai Pinson (20)
39220 Les Rousses
tél. 84.60.02.15.

Plein Soleil★★ (9)
39220 Les Rousses
tél. 84.60.05.63.

La Redoute (26)
39220 Les Rousses
tél. 84.60.00.40.

Relais des Gentianes (14)
39220 Les Rousses
tél. 84.60.50.64.

El Patio★ (8)
39220 Les Rousses
tél. 84.60.02.01.

Hôtel des Rousses (13)
39220 Les Rousses
tél. 84.60.00.02.

Auberge des Piles (demi-pension) (20)
39220 Les Cressonnières
tél. 84.60.00.44.

Le Chamois (12)
39220 Le Noirmont
tél. 84.60.01.48.

Le Noirmont★★ (7)
39220 Le Noirmont
tél. 84.60.30.15.

Hôtel restaurant Arbez (10)
La Cure, 39220 Les Rousses
tél. 84.60.02.20.

Hôtel des Sports (5)
39220 Le Noirmont
tél. 84.60.02.59.

La Darbella (15)
Prémanon, 39220 Les Rousses
tél. 84.60.78.30.

Hôtel restaurant Dalloz (27)
39310 Lamoura
tél. 84.41.21.45.

La Spatule (25)
39310 Lamoura
tél. 84.41.20.23.

Hôtel restaurant Girod (12)
39310 Lamoura
tél. 84.41.21.56.

Auberge du Vivier★★ (14)
Bois-d'Amont, 39220 Les Rousses
tél. 84.60.93.00.

Saint-Amour

Hôtel de l'Alliance (16)
Rue Sainte-Marie
tél. 84.48.74.94.

Hôtel du Commerce★ (15)
Place de la Chevalerie
tél. 84.48.73.05.

Hôtel de la Gare (11)
Avenue de la Gare
tél. 84.48.84.90.

Saint-Claude et environs

Hôtel restaurant Joly (16)
Le Martinet
tél. 84.45.12.36.

Jura Hôtel★★ (23)
40, avenue de la Gare
tél. 84.45.24.04.

Saint-Hubert★★ (30)
3, place Saint-Hubert
tél. 84.45.10.70.

Hôtel restaurant du Pont-de-Rochefort
(10) Rochefort, 39200 Saint-Claude
tél. 84.45.02.13.

Hôtel de la Poste★ (15)
1, rue Reybert
tél. 84.45.52.34.

Auberge de la Chaumière (7)
39370 Les Bouchoux
tél. 84.42.71.63.

Hôtel restaurant de la Bienne (10)
Chancia, 01590 Dortan
tél. 74.77.71.60.

Hôtel restaurant de la Haute-Montagne
(23) Lajoux, 39310 Septmoncel
tél. 84.41.20.47.

Hôtel restaurant Le Lizon (11)
Lizon, 39170 Saint-Lupicin
tél. 84.42.12.65.

Hôtel restaurant Gruet (9)
Le Manon, 39310 Septmoncel
tél. 84.41.22.16.

Hôtel restaurant Chapiez (10)
Meussia, 39260 Moirans-en-Montagne
tél. 84.42.03.02.

L'Escale (7)
7, place de l'Eglise
39170 Saint-Lupicin
tél. 84.42.13.41.

Hôtel restaurant de la Bienne (14)
39360 Vaux-lès-Saint-Claude
tél. 84.42.40.34.

Au retour de la Chasse (14)
Villard-Saint-Sauveur,
39200 Saint-Claude
tél. 84.45.44.44.

Hôtel restaurant Poncet (16)
Echallon, 01490 Saint-Germain-de-Joux
tél. 74.76.48.53.

Les Egravines (15)
Mijoux, 01410 Chezery-Forens
tél. 50.41.30.65.

Le Soleil (38)
Mijoux, 01410 Chezery-Forens
tél. 50.41.31.04.

Saint-Laurent-en-Grandvaux

Moulin des Truites Bleues★★★★ (20)
tél. 84.60.83.03.

Hôtel de la Poste★★ (11)
tél. 84.60.15.39.

Hôtel du Commerce (20)
tél. 84.60.11.41.

Auberge des Sapins (17)
tél. 84.60.83.90.

Auberge de la Poutre★★ (10)
Bonlieu, 39130 Clairvaux-les-Lacs
tél. 84.25.57.77.

Hôtel du Lac (39)
Bonlieu, 39130 Clairvaux-les-Lacs
tél. 84.25.57.11.

Hôtel de l'Abbaye★★ (27)
Grande-Rivière,
39150 Saint-Laurent
tél. 84.60.11.15.

Auberge du Hérisson (14)
Narlay, 39150 Saint-Laurent
tél. 84.25.58.18.

Les Rouliers★★ (17)
Les Piards, 39150 Saint-Laurent
tél. 84.60.42.36.

Au Bon Séjour (8)
Saint-Maurice-Crillat,
39130 Clairvaux
tél. 84.25.82.80.

Hôtel de la Forêt (11)
Saint-Pierre,
39150 Saint-Laurent
tél. 84.60.12.86.

Salins-les-Bains

Grand Hôtel des Bains★★ (32)
1, place des Alliés
tél. 84.37.90.50.

Hôtel des Deux Forts (18)
Place du Vigneron
tél. 84.73.02.53.

Hôtel Ermitage (15)
Les Coteaux
tél. 84.73.22.00.

CAMPINGS CARAVANINGS

Les chiffres entre parenthèses indiquent le nombre d'emplacements.

Arbois (39600)

Camping municipal Les Vignes★★ (100)
tél. 84.66.14.12.

Baume-les-Messieurs (39210 Voiteur)

Camping municipal La Toupe★ (60)
tél. 84.44.61.41.

Bonlieu (39130 Clairvaux-les-Lacs)

Les Lapereaux★★ (33)
tél. 84.25.58.56.

L'Abbaye★★ (50)
tél. 84.25.57.04.

Champagnole (39300)

Camping municipal En Boyse★★★
(266), tél. 84.52.00.32.

Chaussin (39120)

Les Rives du Doubs★ (35)
tél. 84.81.61.61.

Chaux-des-Crotenay
(39150 Saint-Laurent-en-Grandvaux)

Camping municipal★★ (60)
tél. 84.51.50.00.

Chilly-le-Vignoble
(39570 Lons-le-Saunier)

Camping municipal★★ (50)
tél. 84.47.53.76.

Chissey-sur-Loue
(39380 Mont-sous-Vaudrey)

La Joussotte★★ (33)
tél. 84.37.63.17.

Clairvaux-les-Lacs (39130)

Camping municipal Le Grand Lac★★
(100), tél. 84.25.82.42.

Camping municipal En Fayolan★★★
(185), tél. 84.25.82.42.

La Grisière et Europe Vacances★★
(500), tél. 84.25.80.48.

Cousance (39190 Beaufort)

Camping municipal La Gizia★ (22)
tél. 84.85.90.21.

Dole (39100)
L'Ile du Pasquier★★ (100)
tél. 84.72.02.61.

Doucier
(39130 Clairvaux-les-Lacs)
Domaine de Chalain★★★★ (800)
tél. 84.24.29.00.
Les Mérilles★★ (50)
tél. 84.52.12.53.

Eclans-Nenom (39700 Orchamps)
Les Marronniers★★★★ (90)
tél. 84.70.60.71.

Etival
(39130 Clairvaux-les-Lacs)
Le Val d'été★★ (40)
tél. 84.44.87.31.

Le Frasnois
(39130 Clairvaux-les-Lacs)
Camping municipal Sur Narlay★★ (100)
tél. 85.25.58.74.

Lect
(39260 Moirans-en-Montagne)
Les Cyprès★★ (30)
tél. 84.48.40.18.

Longchaumois
(39400 Morez)
Le Baptaillard★★★ (130)
tél. 84.60.62.34.

Lons-le-Saunier (39000)
Camping municipal La Marjorie★★★★
(120), tél. 84.24.26.94.

Maisod
(39260 Moirans-en-Montagne)
Trelachaume★★ (200)
tél. 84.42.03.26.

Marigny
(39130 Clairvaux-les-Lacs)
La Pergola★★★★ (230)
tél. 84.25.70.03.
Marigny★★ (50)
tél. 84.25.70.39.

Ménétrux-en-Joux
(39130 Clairvaux-les-Lacs)
Relais de l'Eventail★★★ (53)
tél. 84.25.71.59.

Mesnois
(39130 Clairvaux-les-Lacs)
Beauregard★★ (50)
tél. 84.48.32.51.

Moirans-en-Montagne (39260)
Champ Renard★★ (100)
tél. 84.42.34.98.

Mouchard (39330)
La Halte jurassienne★★ (25)
tél. 84.73.83.92.

Monnet-la-Ville
(39300 Champagnole)
Sous-Doriat★★ (50)
tél. 84.51.21.43.

Montigny-sur-l'Ain
(39300 Champagnole)
Auberge du Git★★ (60)
tél. 84.51.21.17.

Orchamps (39700)
Camping municipal★ (33)
tél. 84.71.30.35.

Ounans
(39380 Mont-sous-Vaudrey)
Le Val d'Amour★★ (100)
tél. 84.73.61.89.

Parcey (39100)
Les Bords de Loue★★★ (133)
tél. 84.71.03.82.

Patornay
(39130 Clairvaux-les-Lacs)
Le Moulin★★★★ (160)
tél. 84.48.31.21.

Petit-Noir
(39120 Chaussin)
Les Bords du Doubs★★ (67)
tél. 84.81.63.56.

Plaisia
(39270 Orgelet)
La Chourlette★ (67)
tél. 84.25.41.89.

Pont-de-Poitte
(39130 Clairvaux-les-Lacs)
Les Pêcheurs★★★ (200)
tél. 84.48.31.33.

Port-Lesney
(39330 Mouchard)
Camping municipal La Corvée★★ (50)
tél. 84.73.82.72.

Ranchot
(39700 Orchamps)
L'Ile★★ (30)
tél. 84.71.13.56.

Saint-Claude (39200)
Camping municipal Le Martinet★★
(133), tél. 84.45.00.40.

Saint-Laurent-en-Grandvaux (39150)
Camping municipal
Le Champ de Mars★★ (100)
tél. 84.60.14.13.

Salins-les-Bains (39110)
Camping municipal★★ (50)
tél. 84.73.10.12.

Thoiria
(39130 Clairvaux-les-Lacs)
Moulin de la Fraite★ (40)
tél. 84.44.80.21.

La Tour-du-Meix
(39270 Orgelet)

Surchauffant★★★ (200)
tél. 84.25.41.08.

Vaux-lès-Saint-Claude (39360)

Au Gravier★★ (67)
tél. 84.42.41.21.

LES GITES

Les gîtes ruraux

Le plus souvent aménagé dans une demeure traditionnelle, le gîte rural est une maison ou un logement indépendant situé près d'une ferme ou d'un village. Vous pouvez le louer pour une ou plusieurs semaines ou pour un week-end. A votre arrivée, vous serez accueilli par les propriétaires.

Les gîtes de France
Hôtel du département
39021 Lons-le-Saunier cedex
tél. 84.24.19.64 ou 84.24.57.70.

Les gîtes d'étapes

Pour les randonneurs à pied, à cheval ou à skis. Ils sont prévus pour de courts séjours (deux à trois jours). Se renseigner pour les tarifs et les prestations.

Les chiffres entre parenthèses indiquent le nombre de lits.

Bellecombe
(39130 Septmoncel)

La Dallue (12)
tél. 84.41.69.03.

Refuge des Adrets (28)
tél. 84.41.64.79.

Chez les Gris (25)
tél. 84.41.65.82.

Bellefontaine
(39400 Morez)

Centre d'accueil O.C.C.A.J. (25)
tél. 84.33.19.86.

Bief-du-Fourg
(39250 Nozeroy)

L'Accueil des randonneurs.

Bois-d'Amont
(39220 Les Rousses)

Gîte communal, 96, Grande-Route (20)
tél. 84.60.92.62.

Chalet Gaillard, forêt du Risoux (19)
tél. 84.60.94.13.

Cerniebaud
(39250 Nozeroy)

Saint-Sorlin, centre nordique
et climatique (40)
tél. 84.51.10.39.

La Combe-de-Morbier (39400)

La Vallée blanche.

Foncine-le-Haut (39460)

Les Valles (16)
tél. 84.51.90.21.

Le Bouquillon.

Refuge Le Paradis, Les Planches (15)
tél. 84.82.70.73.

Grande-Rivière (39150)

Les Cernois (12)
tél. 84.60.18.67.

Lajoux (39310)

Centre d'accueil O.C.C.A.J. (20)
tél. 84.41.23.00.

Lamoura (39310)

Chalet Le Versoix (44)
tél. 84.42.64.62.

Les Fournets (19)
tél. 84.41.25.27.

Chalet de la Frasse, forêt du Massacre
tél. 84.42.64.81.

Longchaumois (39400)

Le Rosset.

Longcochon (39250)

Centre école Le Sillet (50)
tél. 84.51.16.16.

Les Molunes (39310)

Centre refuge de la Vie Neuve (54)
tél. 84.41.67.99.

Morbier (39400)

La Combette, La Combe (15)
tél. 84.33.27.23.

La Mouille (39400)

Gîte communal.

Les Moussières (39310)

L'Outa.

La Pesse (39370)

La Semine.

La Buissonière.

Refuge Le Berbois (32)
tél. 84.42.72.41.

A. Malatrait (32)
tél. 84.42.72.20.

Prémanon (39220)

Loge de Beauregard (50)
tél. 84.60.77.14.

La Grenotte, chemin du Bief-de-la-Chaille (35), tél. 84.60.54.82.

Michel Forestier, La Sambine (20)
tél. 84.60.04.51.

Les Rousses (39220)

Auberge de jeunesse,
Le Bief-de-la-Chaille (49)
tél. 84.60.02.80.

Le Grand Tetras.

Saint-Laurent-la-Roche (39570)

Foyer rural (15-20)
tél. 84.44.22.72 ou 84.43.01.60.

Salins-les-Bains (39110)

Chalet « Lou Be Co »,
hameau de Baud (40-45)
tél. 84.73.02.57
ou 81.53.69.44 (réservation).

VILLAGES DE VACANCES ET MAISONS FAMILIALES DE VACANCES

V.V.F. de **Lamoura**
(39310 Septmoncel)
(ouvert toute l'année)
tél. 84.42.62.23.

V.V.F. de **Brillat**
(Maisod, 39260 Moirans-en-Montagne)

(ouvert toute l'année)
tél. 84.42.03.71.

Bellefontaine
(39400 Morez)

M.F.V. foyer Saint-Jacques.

Chaux-des-Crotenay
(39150 Saint-Laurent-en-Grandvaux)

M.F.V. de la Langouette
tél. 84.51.51.99.

Lavans-lès-Saint-Claude
(39170 Saint-Lupicin)

M.F.V. La Cydilla - Champandré
tél. 84.42.10.89.

M.F.V. Saint-Désiré - Champandré.

Les Rousses (39220)

M.F.V. Le Grépillon.

M.F.V. C.E.S. des Rousses.

M.F.V. La Bourbe
tél. 84.60.03.38.

Longchaumois (39400 Morez)

M.F.V. Les Charrières
tél. 84.30.05.80.

Prémanon (39220 Les Rousses)

M.F.V. Chalet Péclet
tél. 84.60.08.31.

Saint-Claude (39200)

M.F.V. L'Oiselière

Septmoncel (39310)

M.F.V. de Bévy
tél. 84.42.60.45.

Pour pratiquer les sports

MOTONAUTISME-SKI NAUTIQUE

Base de Surchauffant
Lac de Vouglans, M. Lorge, Revigny, 39000 Lons-le-Saunier
tél. 84.24.07.61.

SPELEOLOGIE

Groupe de spéléologie du Jura
Montaigu, 39570 Lons-le-Saunier
tél. 84.24.36.70.

Comité départemental de spéléologie
38, rue Foch, 39300 Champagnole
tél. 84.52.29.15.

AVIATION

Tourisme
Aéroport de Dole-Tavaux
(école de pilotage)
tél. 84.81.18.17.

Aérodrome de Champagnole
(école de pilotage)
tél. 84.51.21.03.

Aérodrome de Saint-Claude-Pratz.

Aérodrome de Lons-le-Saunier
tél. 84.25.36.61.

Aérodrome d'Arbois
tél. 84.66.10.62.

Ecole de voltige aérienne
Aéroport de Dole-Tavaux
tél. 84.81.18.17.

U.L.M.
Aérodrome de Champagnole
tél. 84.51.21.23.

VOL A VOILE
Aérodrome d'Arbois
tél. 84.66.10.62.

PARACHUTISME
Tél. 84.24.45.46, 84.43.07.76
et 84.52.03.81.

DELTA-PLANE

Poupet Vol-Libre
Saint-Thiébaud
39110 Salins-les-Bains
tél. 84.73.09.71.

Delta Club du haut Jura
47, rue des Perrières
39200 Saint-Claude
tél. 84.45.50.83.

Ecole de delta
23, place Pré-Chevalier
01590 Dortan

PARAPENTE

Les Ailes buissonnières
19, rue Lafayette
39000 Lons-le-Saunier
tél. 84.43.04.72.

CANOE-KAYAK

F.S.T.
Christian Denojean
La Margorie
1000, avenue des Gentianes
39000 Lons-le-Saunier

CHASSE

Fédération départementale de la chasse
Direction départementale de l'agriculture
Avenue du 44e-R.I.
39000 Lons-le-Saunier
tél. 84.24.21.07.

VELO

Randonnée
Ligue régionale de la Fédération française de cyclotourisme
14, rue du Doubs
39500 Tavaux.

Moutain byke

Etapes-Jura
Bureau des gîtes
Lajoux, 39310 Septmoncel
tél. 84.41.20.34.

VOILE ET PLANCHE A VOILE

Bellecin

Base de plein air
M. Cordier
39270 Orgelet
tél. 84.25.41.37.

Chalain

Cercle de voile
M. Daroles
C.E.S. Saint-Exupéry
39000 Lons-le-Saunier
tél. 84.24.41.90.

Doucier

Centre national de plein air
39130 Clairvaux-les-Lacs
tél. 84.25.70.31.

Fédération des œuvres laïques du Jura
29, rue des Toupes
39000 Lons-le-Saunier
tél. 84.47.06.56.

Orgelet

Jura Nautic Club
M. Crétin
Mairie de Maisod
39260 Moirans-en-Montagne.

SKI

S'il est un lieu pour parler de ski de fond et de randonnée, comme de ski alpin, c'est sans nul doute la montagne jurassienne. Est-ce bien un hasard si l'Ecole nationale de ski de fond a trouvé à s'y implanter ?

Depuis une décennie, les activités liées à la neige, quelles soient sportives ou de loisirs, se sont prodigieusement développées.

C'est ainsi que lorsque la pratique du ski s'est ouverte aux gens des plaines et aux gens des villes, les villages jurassiens se sont transformés en « stations » avec pistes et itinéraires aménagés, les champions locaux sont devenus moniteurs et les foyers et centres écoles ont été créés.

Faut-il encore présenter ces paradis du ski nordique que sont les massifs du Risoux, du Massacre, du Mont-Noir et de la Haute-Joux. Faut-il aussi rappeler ces vocables évocateurs que sont Cerniébaud, Les Rousses, Lamoura, La Pesse, Prénovel... la Transjurassienne, le Marathon des neiges, la Traversée du Massacre... ?

Ne va-t-on pas dire que la Mecque du ski de fond est elle aussi jurassienne, et que chaque skieur se doit d'y effectuer, une fois au moins dans sa vie, un pèlerinage !

Après avoir parlé de pèlerinage, pourquoi ne pas parler de miracle, quand on considère la manière dont les pistes et itinéraires locaux se sont naturellement raccordés, pour former un seul et même réseau de près de 1 500 kilomètres, permettant de relier entre eux les différents

Le financement du ski de fond

Les pratiquants sont unanimes à s'entendre sur le plaisir qu'ils éprouvent à skier dans de belles traces. Cela suppose que les pistes aient fait, dès l'automne, l'objet d'une préparation. Le coût du damage varie quant à lui de quatre mille à six mille francs du kilomètre sur une saison d'hiver. A cela il convient d'ajouter les frais engagés au titre du déneigement, des parkings, de l'accueil et de l'information...

Il est dès lors évident que les communes de montagne ne peuvent pas faire face, seules, aux coûts de gestion de leur domaine skiable.

C'est pourquoi la loi Montagne, dans ses articles 81 et suivants, a reconnu la nécessité d'une sorte de partage des charges.

Pour éviter que les usagers ne soient soumis à la redevance sur chaque site d'un département ou d'un massif, les associations départementales de promotion du ski de fond ont reçu pour mission de coordonner la participation financière des usagers et de promouvoir un ski de fond de qualité.

C'est ainsi que ces associations, regroupées au sein de France ski de fond se sont engagées sur une charte dite « Qualité du ski nordique — Je participe », et sur un principe de réciprocité entendu au niveau national.

Parallèlement à cela, trois associations départementales du massif jurassien ont mis en place un système de réciprocité valable pour le Doubs, le Jura et l'Ain.

Avec votre carte annuelle (réciprocité nationale), votre carte hebdomadaire ou votre carte journalière (réciprocité de massif), vous participerez non seulement à la couverture d'une partie des frais de gestion du domaine skiable, mais vous contribuerez aussi au développement d'une dynamique de l'accueil touristique, basée sur le respect des usagers, et la pratique du ski de fond dont la qualité sera sans cesse améliorée.

***Tarifs hiver 1987-1988** :*

Saison : adultes 120 F, enfants 50 F

Semaine : adultes 70 F, enfants 30 F

Journée : adultes 15 F,
enfants, après-midi, groupes 10 F

Ces cartes sont valables dans le Jura (Ain, Doubs, Jura) et en Suisse.

Le Jura à pied

La nature jurassienne se prête bien à la promenade. Si le nombre important de chemins carrossables est une invitation au voyage et à la découverte, par l'automobiliste, de sites souvent magnifiques, points de vue et belvédères prestigieux où l'œil embrasse de vastes paysages vallonnés, depuis la plaine bressanne jusqu'aux cimes enneigées des Alpes, la connaissance profonde de la nature jurassienne exige souvent plus de temps et d'attention, et compose plus facilement avec la promenade à pied.

Qu'il envisage une boucle — circuit de quelques heures ou qu'il préfère une randonnée plus longue et plus sportive, le touriste à pied trouvera dans le Jura de nombreuses possibilités. Malgré le développement du réseau routier, il reste encore tant de sentiers à travers champs et prairies, tant de layons en sous-bois pour satisfaire les goûts et les exigences de chacun, et permettre une connaissance du milieu jurassien.

Les sentiers de petite randonnée (P.R.), pour les vacanciers adeptes de randonnées-promenades autour de leur lieu de séjour.

Ils sont d'utilisation facile, peuvent être empruntés en famille ou en groupe, et sont pour la plupart aménagés en boucles qui ramènent au point de départ, petite ville ou parking.

Très nombreux dans tout le département, ils ont été créés le plus souvent à l'initiative des associations locales ou des collectivités.

Se renseigner auprès des syndicats d'initiative, offices du tourisme ou associations, qui mettent à disposition les dépliants, itinéraires, cartes et descriptifs.

Les sentiers de grande randonnée de pays , plus longs, permettent de découvrir toute une petite région dans ses aspects naturels, humains, architecturaux, économiques. Constitués également en boucles, ils nécessitent en général une petite semaine de marche. Mais rien n'intordit de n'en suivre qu'une partie seulement.

Ces G.R. de pays ont leur signalisation propre, en peinture orange.

— G.R. de pays « Tour du lac de Vouglans », suivant les hauteurs de part et d'autre de la retenue d'eau de 1 600 hectares, depuis le pont de la Pyle jusqu'au barrage, et retour par l'autre rive.

— G.R. de pays « Tour du massif de la Serre », au nord de Dole, entre Doubs et Ognon. Il permet la découverte des abords du massif de la Serre et des Avant-Monts. Villages pittoresques, églises et châteaux, sites et points de vue, en grande partie décrits dans ce guide. (Informations et cartes de l'itinéraire disponibles auprès de l'A.N.E.J., 39350 Gendrey, tél. 84.81.01.91.)

— G.R. de pays « Tour du pays de Nozeroy ». Il fait découvrir tout le val de Mièges encadré de célèbres forêts : sapinières de la Joux, parmi les plus belles de France, forêt du Prince et de la Haute-Joux sur bordure du mont Noir. Il se poursuit dans le secteur plus vallonné de Foncines et des Planches (gorges de la Langouette, cascades de la Billaude) et conduit aux sites des pertes et de la source de l'Ain. (Informations et carte de l'itinéraire disponibles auprès de l'A.D.A.N.E.P. , 39250 Nozeroy, tél. 84.51.17.43.)

Plus récents :

— G.R. de pays « Tour de la Petite-Montagne », parmi les vallons et chaînons autour d'Orgelet, Saint-Julien et Arinthod ; et englobant les hauteurs du Revermont vers l'ouest, d'où la vue est magnifique sur la plaine de Bresse. (Informations et carte de l'itinéraire disponibles auprès de l'A.D.A.P.E.M.O.N.T., 39320 Saint-Julien-sur-Suran, tél. 84.85.47.91.)

— G.R. de pays « Tour du pays des Lacs », autour de Clairvaux, permet la découverte d'un secteur très divers et

Le Jura à pied. Les sentiers de grande randonnée

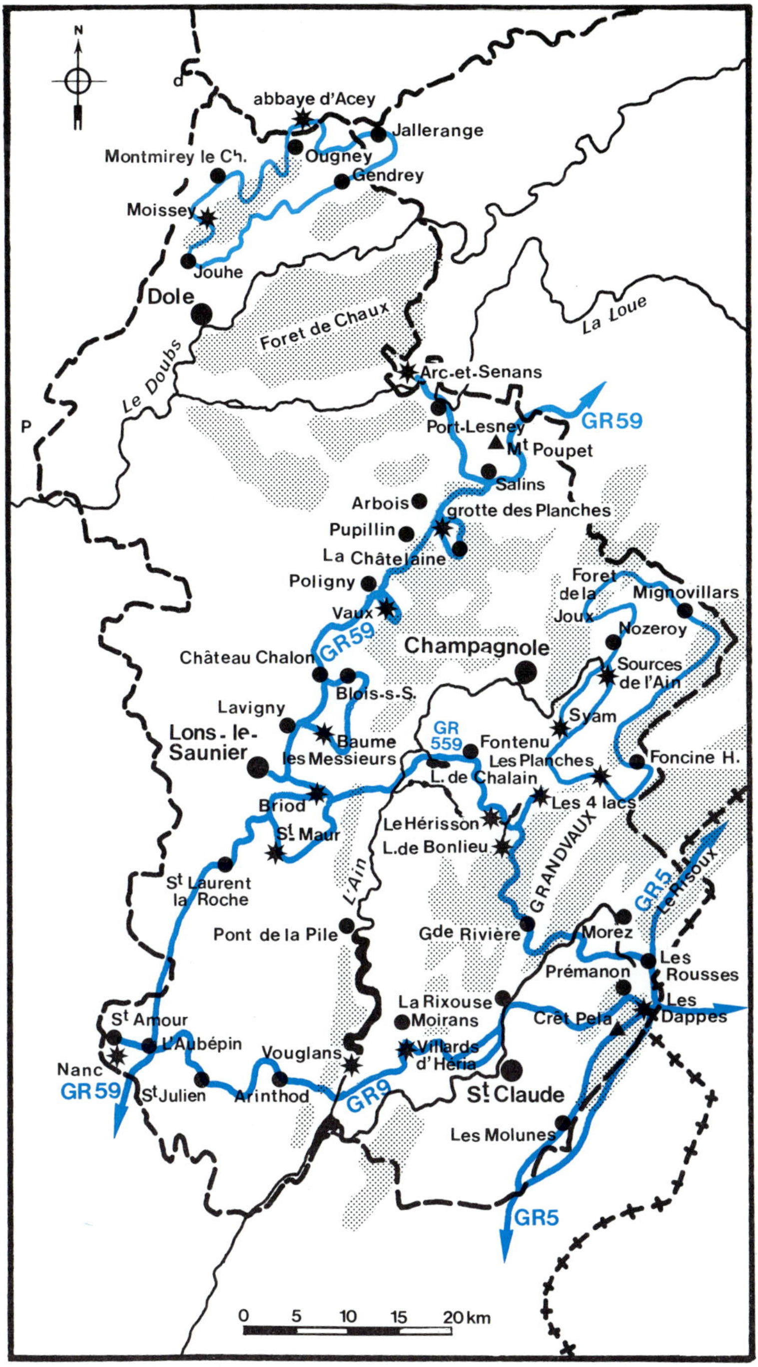

très fréquenté, depuis la région du Frasnois et Chalain jusqu'au lac de Vouglans. Nombreux points de vue. Villages pittoresques et églises romanes. (Informations et carte de l'itinéraire disponibles auprès de l'A.D.A.L.A.C.S., mairie 39270 Orgelet, mairie, tél. 84.35.54.54.)

Les sentiers de grande randonnée (G.R.). Le département est concerné par plusieurs itinéraires nationaux et internationaux, reconnus et entretenus par des bénévoles, sous l'égide de la Fédération française de randonnée pédestre. (Comité national des sentiers de grande randonnée, 8 avenue Marceau, 75008 Paris ; délégation départementale aux sentiers de grande randonnée, M. Roger Valeyre, 13, montée Gauthier-Villard, 39000 Lons-le-Saunier, tél. 84.47.50.12.)

— Le G.R. 5 (E2), « Hollande-Méditerranée » ne concerne que trente-neuf kilomètres de sentier sur notre département, dans le secteur des Rousses : il traverse l'admirable forêt du Risoux, longe le fort des Rousses et s'engage dans les gorges du bief de la Chaille pour rejoindre La Cure et entrer en Suisse en direction de Saint-Cergue et de Nyon. (Topoguide G.R. 5 « Doubs-Jura-canton de Vaud ».)

— Le G.R. 9 « Jura-Méditerranée », partie du sentier européen E4, de l'Autriche à l'Espagne. Deux secteurs concernent le département (127 kilomètres) :

• de Saint-Amour à La Cure, par la Petite-Montagne, Vouglans, les hauteurs de Moirans (lac d'Antre), les gorges de la Bienne, le plateau de Longchaumois et Prémanon au milieu des forêts de sapins et de pesses (épicéas) ;

• de La Cure en direction du sud (Bugey) par la montagne des Tuffes (belvédère des Dappes, la forêt du Massacre, la combe du Lac et la crête au-dessus de la vallée de la Valsérine). (Topoguide G.R. 9 « Chaînons du Jura ».)

— Le G.R. 59 « Franche-Comté » suit sur 220 kilomètres le rebord de la montagne en permettant la visite des principales curiosités naturelles (mont Poupet, grandes Reculées) et des cités ou monuments prestigieux : Arc-et-Senans, Salins, Arbois, Poligny, Baume-les-Messieurs, Lons-le-Saunier). La plupart sont décrits dans ce guide. (Topoguide G.R. 59 « Vosges-Franche-Comté-Bugey ».)

— Le G.R. 559 « Lacs et forêts du Jura », liaison entre Les Rousses (G.R. 5) et le G.R. 59 à Lons-le-Saunier. Sur cent kilomètres, il permet de relier quelques-uns des plus beaux sites jurassiens, pour la plupart décrits dans ce guide : gorges de la Bienne, Grandvaux et lac de l'Abbaye, les quatre lacs, les gorges du Hérisson, le lac de Chalain, la combe d'Ain et le plateau de Lons-le-Saunier. (Topoguide « Contrefort du Jura ».)

Cartes topographiques utiles au randonneur et promeneur

Cartes au 1/100 000, I.G.N., n°37, 38 et 44 (indiquent le tracé des sentiers de grande randonnée).

Cartes au 1/50 000, Didiers-Richard *Itinéraires pédestres et à ski* :

• n°33, *Au cœur du Jura : Lons-le-Saunier-Pontarlier-Morez* ;

• n°34, *Jura sud, des Rousses à Belley*, beaucoup plus complètes et détaillées, mais ne concernent que la partie haute du massif. Tout l'ouest et le nord du département ne sont pas couverts.

Cartes I.G.N. au 1/50 000, et plus localement cartes au 1/25 000, donnant tous les sentiers utiles.

Le Jura à cheval

Depuis peu, la randonnée équestre possède dans le département du Jura un nouvel atout, exactement depuis l'été 1987, époque à laquelle a été inauguré le Grand-Huit. Celui-ci se présente comme un vaste réseau de sentiers balisés et spécialement aménagés pour la promenade à cheval, soit près de mille kilomètres d'un parcours qui bénéficie de tous les avantages de la nature jurassienne. Le Grand-Huit, véritable paradis pour les cavaliers, est constitué d'une boucle au nord de Champagnole et d'une autre au sud, le tout agrémenté de bretelles. Une association, avec l'aide des collectivités locales, gère l'entretien de ce circuit qui traverse quelques 192 communes rurales.

Les cavaliers au cours de la randonnée ont à leur disposition une soixantaine de relais pour l'hébergement des bêtes et des hommes. Chaque étape est prévue pour une bonne petite journée à cheval, soit en moyenne une trentaine de kilomètres. Les amateurs y rencontreront également les bons offices d'une vingtaine de prestataires de service sans oublier les maréchaux-ferrants et les vétérinaires, si besoin est.

Tout est donc pensé et organisé pour répondre aux besoins de cette forme d'équitation. Ceux qui ne la connaissent pas peuvent la pratiquer et satisfaire leur aspiration à des paysages tout de calme et de variété. Loin du bitume, à travers pâtures et forêts de magnifiques cheminements leur permettront de découvrir un Jura secret.

Et vive les chevauchées, en toute liberté, selon la formule que chacun aura choisie, promenade accompagnée ou non, propriétaire de la monture ou non. Les vallées et les collines, les prés et les sous-bois, les sources et les ruisseaux attendent le cavalier ; découvrir le Grand-Huit, c'est en même temps découvrir le Jura.

Un guide avec cartes et descriptifs est disponible :

Le Jura du Grand-Huit
Guides Vannoz
39300 Champagnole.

PRESTATAIRES DE SERVICE SUR LE GRAND-HUIT

— On organise des randonnées accompagnées sur le Grand-Huit en : 1, 2, 3, 4, 5, 6, 7, 8, 9, 10, 11, 13,14, 15, 16, 17, 20 et 23.

— On peut se joindre à une randonnée accompagnée avec son cheval personnel en : 2, 3, 4, 5, 7, 10, 11, 12, 15, 16, 17, 18, 20 et 23.

— On peut louer un cheval sans accompagnateur en : 2, 3, 5, 10, 18, 20, 21 et 22.

— On peut louer poneys ou ânes de bât en : 4, 7, 18, 20 et 21.

— Transport de chevaux en : 5, 6, 10, 13, 15, 19, 21 et 22.

— Pension de chevaux en : 3, 5, 6, 7, 10, 11, 12, 13, 15, 19, 20, 22 et 23.

1. Andelot-en-Montagne (39110)

Poney-club du quartier des Chênes
Anne-Marie et Hubert Dole
tél. 84.51.45.97.

2. Bletterans (39140)

Le Rondeau
Patrice Cezard
tél. 84.44.40.25.

3. Bonlieu (39150)

Ranch des Cascades
Michel Bailly
tél. 84.25.58.35.

4. Cerniébaud (39250)

Centre nordique et climatique
Guy Vacelet
tél. 84.51.10.39.

5. Champagnole (39300)

A.P.A.E.C.
Gaston Péterlé
tél. 84.52.60.49.

6. Courlans (39570)

Poney-club de la Jument Verte
Alain Mortier
tél. 84.24.52.68.

7. Crenans (39260)

Ferme accueil
Hélène et Francis Baron
tél. 84.42.00.50.

8. Dole (39100)
Centre équestre de la forêt de Chaux
Philippe Zinetti
tél. 84.72.06.14.

9. L'Embossieux (39370)
A.G.A.D. La Pesse
Jean-Yves Comby
tél. 84.42.70.48.

10. Falletans (39700)
Daniel Rouget et Serge Aubertin
tél. 84.70.64.97.

11. Gizia (39190)
Relais de Revermont
Gérard Jaillet
tél. 84.48.94.60.

12. Longcochon (39250)
Centre école du Sillet
Martial Henriet
tél. 84.51.16.16.

13. Lons-le-Saunier (39000)
Etrier Lédonien
tél. 84.47.16.63.

14. Montrond (39300)
Ferme de la Californie
Christian Dole
tél. 84.52.22.03.

15. Ounans (39380)
Ecuries du Val d'Amour
Michel Drouet
tél. 84.37.69.05.

16. Quintigny (39570)
F.B. Riding School
François Bessot
tél. 84.85.07.25.

17. Rothonay (39270)
Ferme équestre
Jean Gauthier
tél. 84.35.53.98.

18. Saint-Cyr-Montmalin (39600)
Ranch des Sapins
Alain Robert
tél. 84.66.21.60.

19. Saint-Pierre-Montfleur (39320)
Gérard Guyot
tél. 84.44.30.19.

20. Salins-les-Bains/Bracon (39110)
Ranch des Deux Forts
Emile Prout
tél. 84.37.90.98.

21. Trenal (39570)
Ferme des Muans
Jean-Luc Gouttefarde
tél. 84.47.45.77.

22. Vescles/Chenilla (39240)
René Briffouillières
tél. 84.48.40.44.

23. Villarot-Bosjean (71330)
Centre hippique de la Chêneraie
Bernard Vincent
Tél. 85.74.76.41.

ADRESSES UTILES

Jura du Grand-Huit
Adresse postale : Lavigny, 39210 Voiteur
tél. 84.25.30.19.

Siège social :
mairie de Champagnole (39300)
tél. 84.52.66.21.

Association régionale pour le tourisme équestre
52, rue de Dole, 25000 Besançon
tél. 84.52.47.10.

Le Jura à cheval : le Grand-Huit

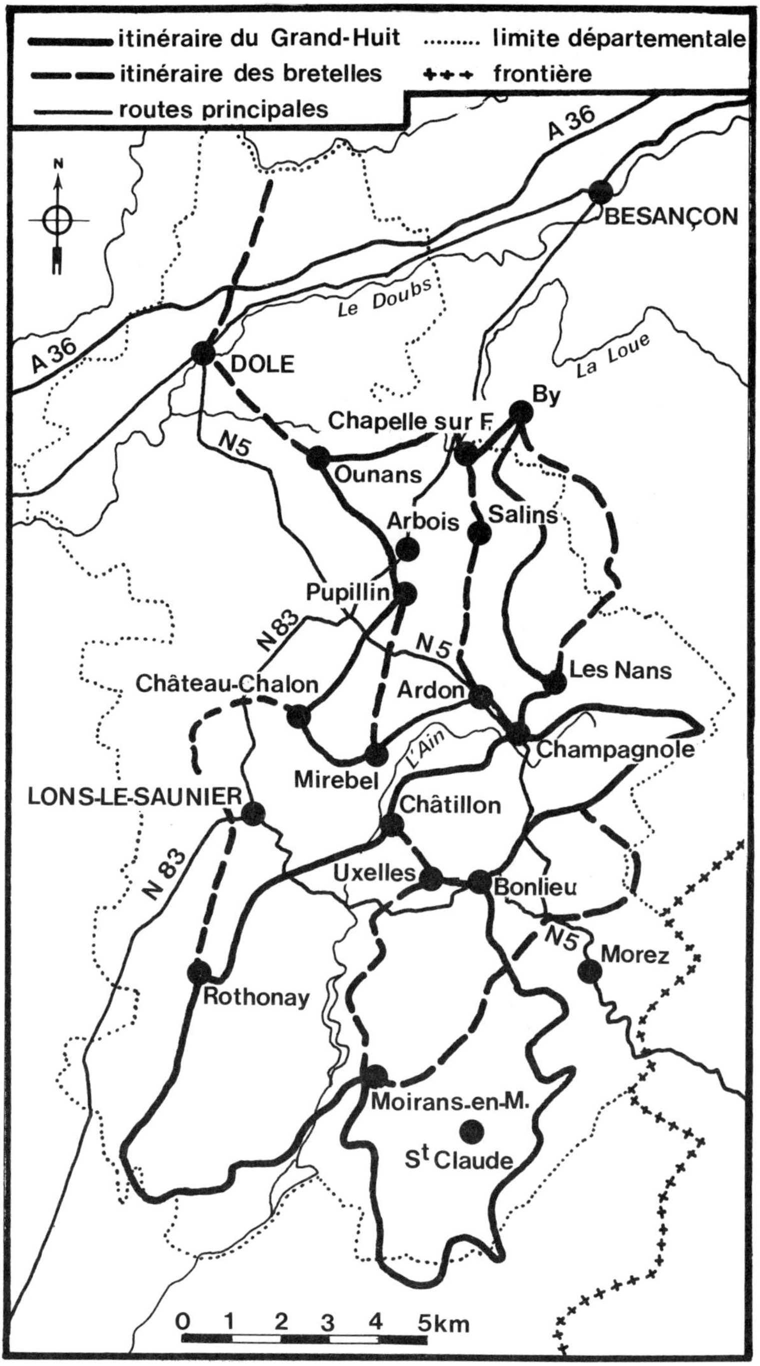

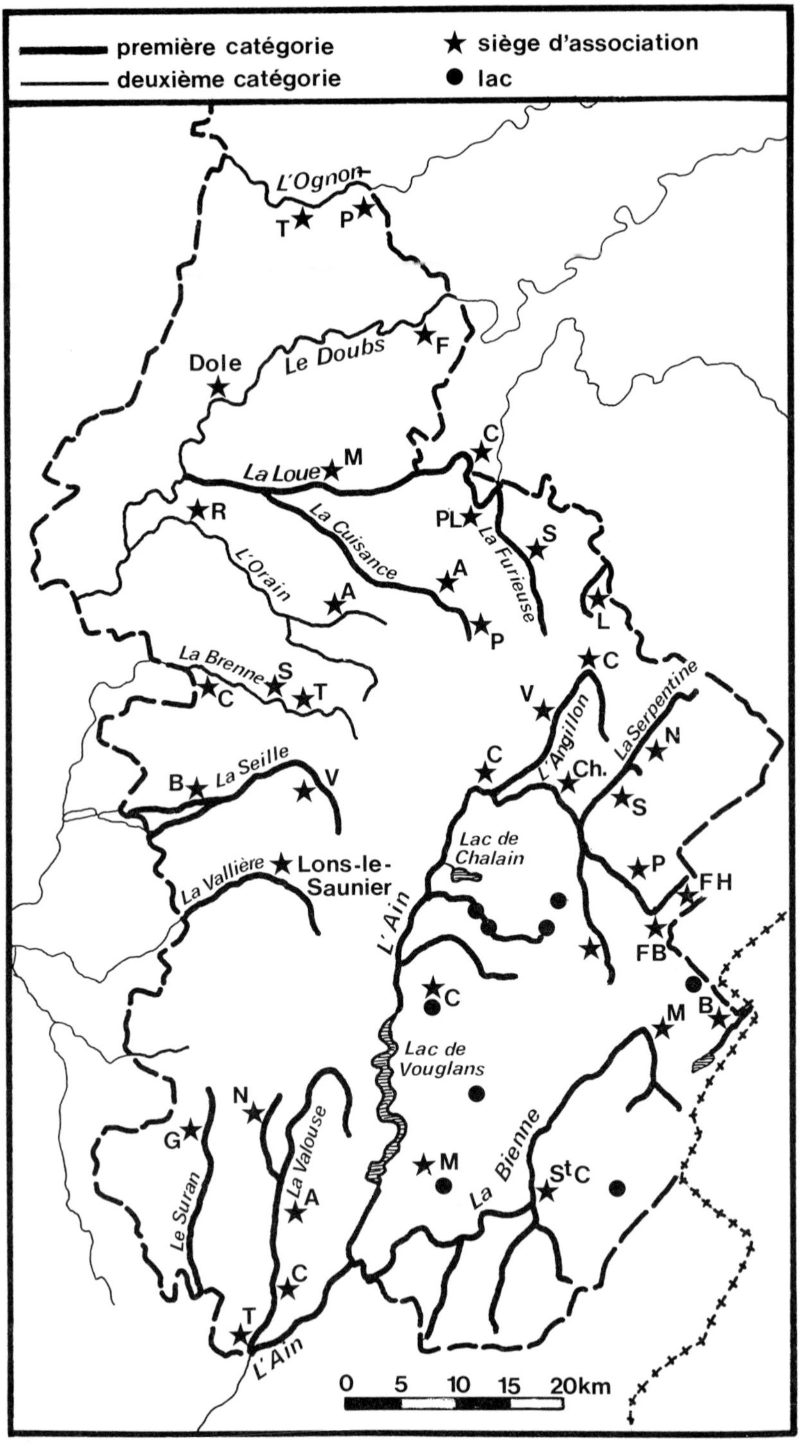
première catégorie
deuxième catégorie
siège d'association
lac
L'Ognon
T
P
Le Doubs
F
Dole
C
La Loue
M
R
PL
La Cuisance
La Furieuse
S
A
L'Orain
A
P
L
La Brenne
S
T
C
C
V
L'Angillon
La Serpentine
N
C
Ch.
B
La Seille
V
S
Lac de Chalain
Lons-le-Saunier
La Vallière
P
FH
L'Ain
FB
C
B
M
Lac de Vouglans
N
G
La Valouse
La Bienne
M
StC
A
Le Suran
C
T
L'Ain
0
5
10
15
20km

La pêche dans le Jura

Le jura est pour les pêcheurs un pays plein d'attraits, grâce à ses nombreux cours d'eau et à ses lacs. On ne compte pas moins de 650 kilomètres de rivières classées en première catégorie et 120 kilomètres en seconde catégorie. Il convient d'ajouter 929 hectares de lacs naturels et les 1 600 hectares de la retenue de Vouglans.

Quarante et une associations de pêche et de pisciculture font partie de la Fédération départementale et s'efforcent de maintenir des peuplements de qualité.

Le Jura a l'avantage de permettre toutes sortes de pêche dans toutes les régions. Dans la montagne, les torrents au courant rapide sont le domaine de la truite, reine des poissons du Jura. En plaine, dans le Revermont et le Vignoble se pêche également la truite dans la Loue, la Cuisance, la Seille, la Furieuse, la Grozonne, tandis que le brochet et les poissons blancs se trouvent dans les parties plus basses des rivières, dans le Doubs, la Brenne et l'Ognon. Carpes et tanches sont abondantes dans le Doubs et l'Ognon, ainsi que dans l'Ain.

La pêche au lancer est possible en début de saison, à la mouche dès avril dans la plupart des rivières de première catégorie. Le « wading » est réglementé, voire interdit (pour la Cuisance). Des conditions locales particulières existent pour chaque cours d'eau.

Pour tout pêcheur, il est recommandé de se mettre en rapport avec les sociétés de pêche qui entretiennent les cours d'eau et disposent de cartes saisonnières. La carte de la Fédération départementale des associations agréées de pêche et de pisciculture du Jura (5, rue Arney, 39100 Dole, tél. 84.79.18.19) permet la pêche dans la quasi-totalité des eaux du département, à l'exception des pêches particulières et réservées.

La pêche en lac

Un grand nombre de lacs jurassiens constituent des eaux closes privées, non soumises à la réglementation halieutique, sur lesquelles les conditions d'exercice de la pêche dépendent des propriétaires. Il en est de même des lacs privés de la vallée du Hérisson.

Le lac de Chalain appartient au département, le droit de pêche y est exercé par l'A.A.P.P. de Chalain, de la Fédération départementale de pêche et de pisciculture.

Associations agréées de pêche et de pisciculture du Jura

Arbois (39600)

La Cuisance, Roger Lorange, 19, rue de l'Ermitage.

Arinthod (39240)

La Truite de la Valouse, Christian Michaud.

Aumont (39800 Poligny)

Les Amis de la Grozonne, Gaston Sauce.

Bletterans (39140)

La Seille jurassienne, J.-P. Simonin, Nance.

Bois-d'Amont (39220 Les Rousses)

La Truite de l'Orbe, Roland Crétin.

Champagne-sur-Loue (39600 Arbois)

La Truite champenoise, Jean-Marie Viennot, 23, rue Jean-d'Abbans, Thise, 25220 Roche-lez-Beaupré.

Champagnole (39300)

Gaule régionale champenoise, Robert Bugnet, 17, rue L.-et-G.-Bazinet.

Chapois (39300 Champagnole)

L'Angillonaise, Octave Prin.

Chaumergy (39230 Sellières)

La Gaule du val de Brenne, Bernard Pannetier.

Clairvaux-les-Lacs (39130)

Les Pêcheurs clairvaliens, Raymond Coquelin, 4, impasse du Tunnel.

Cornod (39240 Arinthod)

La Truite valousienne, Paul Mermet.

Crotenay (39300 Champagnole)

Société de pêche de Crotenay, Edouard Jeanpierre.

Dole (39100)
La Gaule du bas Jura, Jean-Paul Perret, 14, avenue Rockefeller.
Foncine-le-Bas (39520)
La Seinette, Robert Bueb.
Foncine-le-Haut (39460)
La Truite de la Baume, Jean-Luc Dessertenne.
Fraisans-Ranchot-Dampierre (39700 Orchamps)
Société de F.R.D., Claude Pillot, Dampierre.
Gigny-sur-Suran (39320 Saint-Julien-sur-Suran)
La Gaule suranaise, Auguste Laumonde, Montrevel.
La Chaumusse (39150 Saint-Laurent-en-Grandvaux)
Les Pêcheurs de la Lemme, Robert Saillard.
Lemuy (39110 Salins-les-Bains)
Société de pêche de Lemuy, Louis Prince.
Lons-le-Saunier (39000)
— La Truite de l'Ain, Robert Chambard, chemin de Chonay, 39570 Perrigny.
— La Gaulle lédonienne, Albert Moureau, 5, avenue Jean-Moulin.
— A.A.P.P. de Chalain, Fédération départementale de pêche et de pisciculture.
Moirans-en-Montagne (39360)
La Gaule moirantine, Emile Favre, Les Carrés.
Montbarrey (39380 Mont-sous-Vaudrey)
La Gaul du val d'Amour, Jacques Demontron.
Morez (39400)
Société de pêche du haut Jura, Jean Benoît, 3, rue de la Verrerie.
Nancuise (39270 Orgelet)
La Truite du Valouson, Claude Gaillard.
Nozeroy (39250)
La Gaule du val de Mièges, Joseph Parraud, Molpré.
Pagney (39350 Gendrey)
La Brême de l'Ognon, Alain Gomot, Vitreux.
Planches-près-Arbois (Les) (39600 Arbois)
Société des Planches, Marcel Geillon.
Planches-en-Montagne (Les) (39150 Saint-Laurent-en-Grandvaux)
La Langouette, Daniel Vionnet,Chaux-des-Crotenay.
Port-Lesney (39600 Arbois)
La Truite du val d'Amour, Maurice Dubois.
Rahon (39120 Chaussin)
L'Amicale de l'Orain, Daniel Belin.
Saint-Claude (39200)
La Biennoise, Jean Robellet, 6, route d'Avignon.
Salins-les-Bains (39110)
Gaule régionale salinoise, Henri Midol-Monnet, Bracon.
Sellières (39230)
La Gaule brennoise, Raymond Bon, place de la Fidélité.
Sirod (39300 Champagnole)
La Truite du val de Sirod, Gustave Baliset.
Thervay (39290 Moissey)
Le Brochet de l'Ognon, Pierre Guillemot, Malans, 70140 Pesmes.
Thoirette (39240 Arinthod)
La Valousienne, Gilbert Payot.
Toulouse-le-Château (39230 Sellières)
Société de Toulouse-le-Château, Roger Saussard.
Vers-en-Montagne (39300 Champagnole)
La Saumonée, Jacques Chevalet, Le Pasquier.
Voiteur (39210)
La Truite de la haute Seille, Roger Decœur.

Ne font pas partie de la fédération du Jura :
Arc-et-Senans (25610)
La Gaule du val d'Amour, Jean Prost.
Oyonnax (01100)
La Société des pêcheurs d'Oyonnax, Marcel Monnier.
Bourg-en-Bresse (01000)
Association des pêcheurs sportifs de Bourg, Henri Joly.

Ce que l'on peut pêcher

Lacs et catégories	1	2	3	4	Autres
Lac de l'Abbaye (2e) (privé) à Grande-Rivière	★	★	★		Blancs, anguilles...
Lac de Bellefontaine (A.A.P.P. du haut Jura)	★	★			
Lac d'Antre (2e) (privé) Villards-d'Héria		★	★		Carpes
Lac de Chalain (2e) (F.F.P.P. du Jura)	★	★			Corégones
Lac de Clairvaux (2e) (A.A.P.P. Pêcheurs clairvaliens)	★	★	★		Ablettes
Lac d'Etival (2e) (privé)	★	★			
Lac d'Ilay (2e) (privé)	★	★	★		
Lac de Lamoura (2e) (privé)	★	★	★		
Lac de Norlay (2e)	★	★			Blancs
Lac des Rousses (1re) (A.A.P.P. du haut Jura)	★	★	★	★	Gardons, salmonidés
Retenue du saut Mortier* (1re) sur l'Ain				★	
Lac du Val (Chambly) (1re) (Gaule lédonienne)	★	★	★	★	Carpes, cyprinidés
Lac de Vouglans (1re) (A.A.P.P. Gaule moirantine, Pêcheurs clairvaliens)	★	★	★	★	Corégones, carpes, gardons

1 : perches - 2 : brochets - 3 : tanches - 4 : truites.
(* N'appartient pas à la fédération du Jura.)

Orientation bibliographique

Cette bibliographie regroupe une série d'ouvrages, scientifiquement fiables, auxquels le lecteur désireux d'étoffer le contenu de ce livre pourra se reporter. Il y trouvera d'autres références lui permettant d'élargir le champ de ses connaissances.

Ouvrages géographiques et historiques généraux

Boichard (Jean), *La Franche-Comté*, Paris, 1985.

Boichard (Jean), sous la direction de, *Le Jura de la montagne à l'homme*, Toulouse, 1986.

Chauve (Pierre), *Jura*, guide géologique régional, Paris, 1975.

Cheval (René), *Franche-Comté*, Besançon, 1987.

Claval (Paul), *Haute-Bourgogne et Franche-Comté*, Paris, 1978.

Enquête sur le Jura depuis cent ans, Société d'émulation du Jura, Lons-le-Saunier, 1953.

Febvre (Lucien), *Philippe II et la Franche-Comté*, Paris, 1912.

Fiétier (Roland), sous la direction de, *Histoire de la Franche-Comté*, Toulouse, 1985.

Gresser (Pierre), Royer (Claude), Dondaine (Colette), Thierry (André), Wieber (Jean-Claude), Boichard (Jean), *Franche-Comté*, Paris, 1983.

Lequinio (J.-M.), *Voyage pittoresque et physico-économique dans le Jura*, Marseille, réédition, 1979.

Lerat (Lucien), Gresser (Pierre), Gresset (Maurice), Marlin (Roger), *Histoire de la Franche-Comté*, coll. Que sais-je ?, n°268, P.U.F., Paris, 1981.

Rousset (Alphonse), *Dictionnaire géographique, historique et statistique des communes de la Franche-Comté... Département du Jura*, 6 vol., Besançon, Lons-le-Saunier, 1853-1858.

Aspects particuliers

Parmi les ouvrages ci-dessous, nous ne saurions trop recommander ceux de Michel Mangin (et collaborateurs), de Pierre Lacroix, et de Françoise Vignier (sous la direction de), qui forment un ensemble descriptif des sites et édifices antiques et médiévaux.

Brelot (J.), Berthet (M.) et Duhem (G.), *A travers les villages du Jura (Champdivers, Les Rousses, Lamoura)*, Lons-le-Saunier, 1963.

Jeunet (André), Hell-Girod (Ginette), *Les Recettes de la table franc-comtoise*, Strasbourg, 1974.

Kempf (Jean-Pierre), Moyse (Gérard), *Hommes illustres de Franche-Comté*, Wettolsheim, 1977.

Lacroix (Pierre), *Arts sacré dans le Jura. Poligny, Baume, Saint-Claude*, Conservatoire départemental des A.O.A. du Jura, Lons-le-Saunier, 1972.

Lacroix (Pierre), *Eglises jurasiennes, romanes et gothiques*, Besançon, 1981.

Locatelli (René), *De la réforme grégorienne à la monarchie pontificale : le diocèse de Besançon (vers 1060-1220)*, thèse de doctorat d'Etat soutenue en 1984 (à paraître).

Mangin (Michel), Jacquet (Bernard), Jacob (Jean-Paul), sous la direction de, *Les Agglomérations secondaires en Franche-Comté romaine*, Paris, 1986.

Minvielle (Pierre), *Le Jura. Guide Minvielle du randonneur*, Paris, 1984.

Moyse (Gérard), *Les Origines du monachisme dans le diocèse de Besançon (Ve-Xe siècle)*, Paris, 1973.

Rey (Maurice), sous la direction de, *Les Diocèses de Besançon et de Saint-Claude*, Paris, 1977.

Royer (Claude), *L'Architecture rurale française : Franche-Comté*, Paris, 1978.

Royer (Claude), *Les Vignerons. Usages et mentalités des pays de vignobles*, Paris, 1980.

Theurot (Jacky), Gay (Annie), *Dole pas à pas*, Roanne, 1985.

Theurot (Jacky), *Le Jura autrefois. Images retrouvées de la vie quotidienne*, Roanne, 1986.

Tournier (René), *Les Eglises comtoises. Leur architecture des origines au XVIIIe siècle*, Paris, 1954.

Vernus (Michel), *La Vie arboisienne, villes et villages,* Dole, 1979.

Vernus (Michel), *La Vie comtoise au temps de l'Ancien Régime*, 2 vol., Lons-le-Saunier, 1983-1984.

Vie des pères du Jura, introduction, texte critique, lexique, traduction et notes par François Martine, Paris, 1968.

Vignier (Françoise), sous la direction de, *Dictionnaire des châteaux de Franche-Comté* (sous la direction d'Yvan Christ) ; *Franche-Comté, pays de l'Ain, Ain, Doubs, Haute-Saône,* Jura, Paris, 1979.

Monographies

Benoît (Dom), *Histoire de l'abbaye et de la terre de Saint-Claude*, Montreuil-sur-Mer, 1890-1892.

Bonjean (Jean-Michel), *Lons-le-Saunier, rue par rue,* Lons-le-Saunier, 1987.

Brelot (Jean), Berthet (M.) et Duhem (Gustave), *Histoire de Lons-le-Saunier*, Lons-le-Saunier, 1957 (rééd. 1976).

Brelot (Claude et Isabelle) et Mayaud (Jean-Luc), *L'Industrie en sabots. La taillanderie de Nans-sous-Sainte-Anne (Doubs), les conquêtes d'une ferme-atelier aux XIXe et XXe siècles*, Paris, 1982.

Chevalier (Michel), Charpentier (Pierre), *Champagnole*, Paris, 1960.

Coindre (Gaston), *Mon vieux Salins*, Besançon, 1930.

Grand (G.), *Histoire d'Arbois*, Besançon, 1959.

Gresser (Pierre), Locatelli (René), Gresset (Maurice), Vuillemin (Elie), *L'Abbaye Notre-Dame-d'Acey*, Besançon, 1986.

Lacroix (Pierre), Renon (Andrée), *Bletterans et Villevieux, histoire, monuments, stalles gothiques*, Société d'émulation du Jura, Lons-le-Saunier, 1986.

Lacroix (Pierre), Renon (Andrée), *Les Stalles de Jehan de Vitry. Cathédrale de Saint-Claude*, Saint-Claude, 1983.

Lerat (Lucien), *La « Ville d'Antre ». Mythes et réalités*, Paris, 1965.

Locatelli (René), Gresser (Pierre), Fiétier (Roland), Moyse (Gérard), Courtieu (Jean), *L'Abbaye de Baume-les-Messieurs*, Lons-le-Saunier, 1978.

Pidoux de la Maduère (abbé), *Mon Vieux Poligny*, Dijon, 1932.

Theurot (Jacky), Bienmiller (Daniel), Marmet (Maryvonne), Gay (Annie), Viennot (Jean-Louis), *Histoire de Dole*, Roanne, 1982.

Index des principaux noms de lieux et de personnalités

Abbaye (lac de l'), *328, 329.*
Abergement-Saint-Jean, *208.*
Abîme (trou de l'), *356.*
Acey, *47, 69, 225, 236, 237, 238.*
Adrest (Les), *352.*
Agathange (père), *120.*
Aigle (pic d'), *297, 299, 300.*
Ain (combe d'), *18, 34, 37, 39, 255, 260, 262-270, 285, 286, 291-293.*
Ain (pertes de l'), *276.*
Ain (source de l'), *275.*
Ain (vallée de l'), *16, 27, 35, 270, 276, 286-289, 294.*
Alésia, *38, 39.*
Alicette, *247, 248.*
Alièze, *59.*
Amoudru (Anatole), *71.*
Amour (val d'), *20, 66, 92, 231, 241, 244, 246, 247, 248.*
Andelot-en-Montagne, *66, 133, 138, 260, 269.*
Angillon (vallée de l'), *267, 269.*
Antre (lac d'), *12, 346.*
Arbois, *10, 13, 14, 26, 35, 47, 48, 51, 57, 58, 65, 66, 69, 76, 84, 85, 90, 93, 94, 96, 102, 107, 112, 145, 165, 167, 172-178, 180.*
Arc-et-Senans (Saline royale d'), *71, 72, 73, 181, 192, 193, 244, 245, 249.*
Archelange, *234.*
Arinthod, *133, 135, 136.*
Arlay, *33, 52, 94, 124, 145, 147, 155, 156.*
Arne (forêt d'), *240.*
Aromas, *141.*
Arsure-Arsurette, *280.*
Artois (Mahaut d'), *47.*
Attiret (Antoine-Louis), *224.*
Attiret (Claude François), *71, 224.*
Attiret (Jean Denis), *224.*
Authume, *233.*
Auxange, *240.*
Avant-Monts (les), *14, 233, 240, 244.*
Avignon-les-Saint-Claude, *342.*
Aymé (Marcel), *75, 212.*
Bailly (Auguste), *75.*
Balançon (château de), *238.*
Barbe (Martial), *336, 355.*
Barbie (Klaus), *59, 349.*
Barésia-sur-l'Ain, *291.*
Bartholdi (Frédéric), *122.*
Baudin (forges de), *201, 202.*
Baume (Philibert de la), *139, 140.*
Baume-les-Messieurs, *43, 68, 119, 129, 143, 145, 148, 150, 151, 153, 155, 156, 157, 158, 159, 160, 161, 162, 163, 198, 284.*
Beaufort, *142.*
Béchet (rochers du), *308, 312, 325.*
Bel (fromagerie), *111, 216.*
Belin (fort), *183, 184, 185, 190.*
Belkacem Krim, *318.*
Bellecombe, *354.*
Bellefontaine, *308, 309.*
Bellegarde, *260.*
Bernon (abbé), *137.*
Bersaillin, *203.*
Berthet (M.), *314, 318.*
Besain, *172.*
Besançon, *14, 38, 39, 40, 41, 42, 46, 51, 52, 55, 57, 65, 74, 108, 112, 155, 194, 213, 214, 216, 236.*
Besson (André), *75.*
Bez (Les), *327.*
Biarne, *233, 234.*
Bichat (Xavier), *75.*
Bienne (la, rivière), *16, 19, 26, 43, 260, 305, 308, 309, 312, 313, 314, 320, 324, 325-330, 342, 344, 348, 349.*
Biou (Le), *178.*
Blanche (vallée), *309.*
Bletterans, *20, 71, 74, 92, 197.*
Blois-sur-Seille, *150, 155.*
Bois-d'Amont, *316, 318, 319, 320, 321, 322, 323.*
Boissière (La), *297, 298.*
Bonlieu (lac de), *47, 297, 300.*
Bosco (saint Jean), *222.*
Bouchot (Henri), *162.*
Bouchoux (Les), *101, 350, 351.*
Bourg-de-Sirop, *259, 261, 277.*
Bourgeois (Charles), *111.*
Bourgogne (Jeanne de), *47.*
Bousson (docteur), *171.*
Bouvet-Ponsard, *262.*
Bouvets-d'Amont (Les), *328.*
Bouvier (Alain), *123.*
Bouvier (médecin), *75.*
Bouviers (Les), *327.*
Boyvin (Jean), *223, 224.*
Brans, *236.*
Brelot (Claude Isabelle), *10.*
Brelot (Jean), *108.*
Brenets (Les), *327, 330.*
Bresse (la), *13, 15, 20, 24, 33, 79, 108, 133.*
Bresse jurassienne, *92, 100, 101, 126, 149, 195-209.*
Briod, *124, 149.*
Broglie (Jean de), *318.*
Broissia, *142.*
Brueghel (Pieter), *124.*
Buchon (Max), *75.*
Bucle (col de la), *312.*
Bugey (monts du), *13, 50, 348.*

Buxy (Blanche de), *75.*
Calvin, *51.*
Campy (M.), *33.*
Carondelet (Jean), *213, 221, 222.*
Cernetrou (bois de), *351.*
Cernois (forêt du), *330.*
César (Jules), *38, 39.*
Chalain (lac de), *19, 34, 36, 37, 124, 265, 283, 293, 294, 295.*
Chalam (crêt de), *352.*
Chalon (Aimé de), *160.*
Chalon (Jean de, dit Jean l'Antique), *44, 46, 146, 271, 297.*
Chalon (Louis de), *69, 274.*
Chalon (Mahaut de), *160.*
Chalon (Philibert de, roi de Naples), *109, 114, 272.*
Chamblay, *71, 246.*
Chambly (lacs de), *265, 295, 296, 300.*
Champagne, *191.*
Champagnole, 41, 76, 88, 101, 107, 148, 253, 262, 266, 267, 268, 269, 270, 276, 278, 279, 280, 293, 300.
Champrougier, *204, 205.*
Chancia, *348.*
Chapelle-des-Bois, *309.*
Chapelle-Voland, *199, 200.*
Chapois, *267.*
Chappuis (Nicolas), *236.*
Charchilla, *290.*
Charcier, *292.*
Charézier, *292.*
Charles le Téméraire, *48, 213, 272.*
Charles Quint, *50, 94, 139, 241.*
Charles VIII, *48.*
Charpentier (Pierre),*255, 256, 259, 260.*
Charreton (Benoît), *110.*
Charvet (mont), *138.*
Chatagna, *134.*
Château-Chalon, *94, 143, 144, 150, 151, 152, 153, 155, 156, 251.*
Château-des-Prés, *329, 330.*
Château-Villain, *276.*
Chaudezembre, *353.*
Chaumergy, *200.*
Chaumont (Daniel David de), *335.*
Chaumont, *356.*
Chaumuse (La), *326, 328.*
Chaussin, *79, 248, 249, 250.*
Chauvins (Les), *327, 328.*
Chaux (forêt de), *14, 16, 20, 24, 29, 67, 218, 228, 231, 232, 233, 240, 241, 244, 247, 248, 249.*
Chaux-des-Crotenay, *278, 295.*
Chaux-du-Dombief (La), *124, 296, 299, 300, 301.*
Chavéria, *35, 124, 134.*
Chemenot, *199.*
Chemilla, *142.*
Chêne-Sec, *200.*
Chevalier (François Félix), *168, 169.*
Chevalier (Michel), *255, 256, 259, 260.*
Chevigny, *71, 234, 235.*
Chevrotaine, *293, 294.*
Chien (saut du), *355.*
Chissey-sur-Loue, *69, 191, 244, 245, 246, 248.*
Choisey, *71.*
Chousat (Jean), *168.*
Choux, *350.*
Christin (avocat), *71.*
Cinquétral, *356.*
Clair (saint), *324.*
Clairvaux (lacs de), *19, 36, 37, 283.*
Clairvaux-les-Lacs, *34, 35, 49, 124, 128, 283, 286, 291, 299, 301, 302.*
Claudel-Roustang, *111.*
Claudet (Georges-Max), *182.*
Claudet (Max), *75, 182.*
Clavel (Bernard), *75, 153, 228.*
Clucy, *190.*
Cluny, *137, 155, 156, 194.*
Coiselet (lac du), *348.*
Coiserette, *350.*
Colbert (J. de), *60.*
Colomb (Georges, dit Christophe), *39.*
Colomban (saint), *43.*
Colonne, *203, 204.*
Combes-sur-l'Abîme, *343.*
Commenailles, *198, 199.*
Commères (rocher des Trois), *321.*
Condat, *43, 57, 67, 314, 333, 334.*
Conliège, *35, 108, 124, 128, 129.*
Considérant (Victor), *59, 75, 190.*
Coras (Josette), *124.*
Cornod, *138.*
Cornot (Louis), *110.*
Courbeau, *148.*
Courbet (Gustave), *124, 191.*
Courtefontaine, *241, 249.*
Cousance, *140, 142.*
Cousin (Gilbert), *272.*
Cousin (Victor), *156.*
Cramans, *192.*
Crançot, *149, 150.*
Cressia, *133, 140.*
Crillat, *301.*
Croix-de-la-Serra (col de la), *351.*
Crottes (bois des), *310.*
Cuanais (les), *351.*
Cuisance (la), *174, 175, 176, 177, 179.*
Cuiseaux, *140, 283, 284.*
Cul (fontaine du), *326.*
Cullinan (le), *337.*
Cure (La), *313, 315, 316, 318, 320, 321, 322, 323.*
Cuttura, *342.*
Dame-Blanche (belvédère de la), *300.*
Dalloz, *355.*
Damparis, *79, 216, 251.*
Dampierre-du-Jura, *68, 241.*
Dappes (belvédère), *324.*
Dard (vallée du), *129, 150, 153, 161.*
Dejoux (Claude), *71.*
Delacroix (Alphonse), *39.*
Denezières, *301.*
Désertin, *351.*
Désiré (saint), *109, 122.*
Desnes, *198.*
Dessoubre (le), *16.*
Deux-Fays, *208.*
Devosge (Michel), *188.*
Dole, *10, 25, 48, 49, 50, 51, 52, 56, 57, 58, 60,*

61, 65, 68, 69, 70, 71, 74, 75, 76, 79, 90, 94, 107, 112, 174, 211-230, 233, 259, 260.
Dôle (la), *316, 317, 319, 322, 323.*
Dombief (val du), *297.*
Domblans, *145, 148, 151, 155.*
Dortan, *334, 348.*
Doubs (vallée du), *14, 16, 20, 79, 213, 219, 240, 241, 244, 248.*
Dougier, *292, 293, 295, 296.*
Dournon, *83.*
Doye (La), *312, 313, 325.*
Drouvenant (le), *283, 284, 285, 301, 302.*
Duhamel (Jacques), *229.*
Duhem (Gustave), *61, 108, 113, 121.*
Dumas (René-François), *55, 110.*
Dunod, *153.*
Ecuvet (mont), *329.*
Eleusippe (saint), *203.*
Embouteilleux (L'), *353.*
Embossieux (l'), *19, 353.*
Entre-Deux-Monts, *299.*
Entreportes (cluse d'), *256, 268.*
Ermitage (grotte de l'), *235.*
Essia, *133.*
Etienne (Marie), *169.*
Etoile (L'), *94, 143, 145, 155.*
Eudes IV, *47.*
Evalude (l'), *330.*
Evans, *67, 68.*
Eventail (belvédère de l'), *296.*
Evuaz (combe d'), *352.*
Faivres (Les), *327.*
Faucille (col de la), *16, 256, 313, 324, 354.*
Faure (Edgar, président), *190.*
Faye-de-Montrond (forêt de), *255, 266.*
Febvre (Lucien), *75, 140.*
Fier (mont), *313.*
Finage (le), *10, 20, 21, 40, 79, 233, 245, 251.*
Flumen (les cascades du), *353, 355, 356.*
Foncine-le-Bas, *100, 277, 327.*
Foncine-le-Haut, *100, 277, 278.*
Fontenu, *294.*
Fort-du-Plasne, *326, 327.*
Fourier (Charles), *59.*
Fraisans, *48, 71, 241, 242, 243, 249.*
France (Marguerite de), *47.*
Frasne, *256.*
Frasnée (La), *302.*
Frasnois (Le), *283, 293, 294, 295.*
Frédéric Barberousse, *44, 46, 94, 174, 213, 224, 334.*
Fresse (forêt de la), *255, 256, 267, 269.*
Friant (H.), *170.*
Frontenay, *154, 155.*
Furieuse (vallée de la), *107, 189, 191.*
Gagneur (Marguerite, dite Syamour), *166.*
Gagneur (Wladimir), *166, 171.*
Gaillard (Alphonse), *75.*
Garde (belvédère de la), *308.*
Gargantua (roche de), *301.*
Gascard (Pierre), *75.*
Gazelot, *71.*
Gendrey, *240.*
Genève, *51, 61, 312, 324, 334, 338.*
Germagnat, *141.*
Germigney, *142, 246.*
Géruge, *141.*
Gevingey, *141.*
Gex, *259, 334.*
Giboudeau (Gilbert), *76.*
Gigny-sur-Suran, *132, 133, 137, 138, 156, 283.*
Girard (Henri), *259.*
Girardot de Nozeroy, *51.*
Girardot (L.A.), *36.*
Girod (Claude), *306.*
Girod (François Xavier), *75.*
Gollut (Louis), *50.*
Goux, *232.*
Granchavin, *318.*
Grand-Crêt-d'Eau, *352.*
Grande-Rivière (lac de), *329.*
Grand-Etang, *198.*
Grandvaux (le), *16, 18, 21, 52, 75, 85, 89, 256, 259, 297, 303-330.*
Granvelle (cardinal), *223.*
Gresser (Pierre), *45.*
Gresset (Maurice), *45.*
Grévy (Jules, président de la république), *58, 59, 76, 226, 241, 247.*
Grimaldi (Jean-Marie de), *125, 182, 188, 189.*
Grivel (comte de), *112.*
Grivine (col de la), *322, 323.*
Grosdard (le), *356.*
Grozon, *48, 172.*
Guérin (saint), *286.*
Guillons (Les), *327.*
Hay (château de l'), *262.*
Hell-Girord (Ginette), *100, 101.*
Hennequin (Gilles), *349.*
Henri IV, *51, 94, 110, 174.*
Héria (val de l'), *345, 349.*
Hérisson (vallée du), *19, 292, 293, 295, 296, 299, 298, 299, 300.*
Heute (côte de l'), *255, 266, 287, 294.*
Ilay, *293, 295, 296, 297, 298.*
Izernore, *333.*
Jacob-Delafon, *216, 251.*
Janvier (Antide), *344.*
Jaurès (Jean), *59.*
Javel (Louis), *189.*
Jeanin (Yves), *172, 276.*
Jeantet, *344.*
Jean XXIII (Pape), *220.*
Jean sans Peur, *48.*
Jeunet (André), *100, 101.*
Jeurre, *349.*
Jobin (sculpteur), *123.*
Joly (imprimeur), *227.*
Jougne (col de), *46.*
Jougne (val de), *314.*
Jouvencelles (Les), *323.*
Joux (forêt de la), *24, 29, 255, 256, 262-269.*
Joux (val de), *19, 101, 313, 314, 322, 324.*
Joux-Derrière (forêt de la), *325, 330,*
Joux-Devant (forêt de la), *19, 24, 325, 328, 329, 330.*
Jovignot, *330.*
Joxe (Louis), *318.*
Jupille (Jean-Baptiste), *76.*
Jura-Transport, *111.*
Kemler (Joseph, résistant), *59, 349.*
Klemczinski (Pierre), *76.*

Rouget (Charles), *96.*
Rouget de Lisle (Claude Joseph), *52, 56, 110, 113, 116, 122, 141.*
Roulière-Lambert (Marie-Jeanne), *124.*
Rousses (lac des), *19, 319, 320.*
Rousses (Les), *21, 61, 92, 129, 279, 303, 304, 308, 312-319, 322, 323, 324.*
Rousset (Albert), *261, 286.*
Rouzier (Joseph), *349.*
Ruffey-sur-Seille, *198.*
Rupt (Hugues Le), *220.*
Rupt (Denis Le), *224.*
Rye, *208.*
Saine (vallée de la), *270, 276-279.*
Saisse (saut de la), *286.*
Sales (saint François de), *222.*
Saligney, *59.*
Salins (Hugues de), *44, 46, 185, 194.*
Salins-les-Bains, *10, 14, 35, 39, 46, 47, 48, 51, 52, 59, 65, 66, 69, 70, 71, 74, 75, 90, 107, 112, 167, 181-190, 194, 259.*
Sambin (Hugues), *220.*
Sampans, *222, 224, 225, 233.*
Saône (la), *79.*
Saône (plaine de la), *14.*
Sauerländer (Willibald), *45.*
Sarogna, *135.*
Sauriat (Charles), *226.*
Savine (col de la), *16, 325.*
Seigneur (étang), *204, 205, 207.*
Seille (vallée de la), *20, 108, 128, 145, 147, 148, 149, 150, 152, 153, 197.*
Sellières, *49, 200, 201.*
Senne (la), *327.*
Septmoncel, *21, 101, 315, 353, 355.*
Séquanes, *38, 39, 42, 65, 351.*
Sermange, *239, 240.*
Sergenaux, *208, 209.*
Serger, *356.*
Serre (montagne de la), *14, 19, 233, 235.*
Serre-les-Moulières, *235.*
Sézéria, *134.*
Simard (combe de la), *354.*
Sirod, *52, 276.*
S.K.F., *111.*
Smoby, *344.*
Solvay (usine), *88, 172, 214, 216, 251, 252.*
Songeson, *295.*
Soucia, *291.*
Soufflaculs (roi des), *342.*
Souvans, *248.*
Speusippe (saint), *202.*
Stangue, *71.*
Strasbourg, *52.*
Superjouet, *344.*
Suran (vallée du), *16, 136, 137, 138.*
Surchauffant, *289.*
Syam, *39, 259, 261, 277, 280.*
Saint-Amour, *43, 49, 50, 51, 133, 138, 139, 140, 142, 174.*
Saint-Amour (Guillaume de), *140.*
Saint-Cergue, *256, 312, 313, 323, 334.*
Saint-Christophe, *287.*
Saint-Claude, *(voir Saint-Oyend), 15, 16, 26, 40, 47, 49, 50, 51, 55, 57, 59, 61, 67, 69, 71, 74, 79, 82, 88, 90, 99, 100, 101, 107, 197, 255, 259, 260, 311, 319, 328, 330, 331-333, 334-339, 340, 341, 342, 343, 344, 355, 356.*
Saint-Cyr, *179.*
Saint-Etienne-de-Coldre, *149.*
Saint-Germain-en-Montagne, *41, 124, 256, 269.*
Saint-Germain-lès-Arlay, *145, 148, 153, 155.*
Saint-Hubert-le-Bas, *59.*
Saint-Hymetière, *136, 137.*
Saint-Jean-de-Losne, *46.*
Saint-Jean-d'Etreux, *140.*
Saint-Julien, *133, 136, 137, 138, 142.*
Saint-Laurent-en-Grandvaux, *25, 26, 83, 91, 101, 128, 259, 296, 299, 301, 305, 306, 325, 326, 328, 329.*
Saint-Laurent-la-Roche, *50, 133, 141.*
Saint-Lothain, *43, 67, 68, 226.*
Saint-Lothaire, *172.*
Saint-Lupicin, *43, 67, 68, 88, 342, 344.*
Saint-Maur, *134.*
Saint-Oyend, *40, 45, 46, 315, 334.*
Saint-Pierre, *326, 328.*
Saint-Romain-de-Roche, *43, 349.*
Saint-Sorlin (butte de), *292.*
Saint-Thiébaud, *190.*
Saint-Vincent-de-la-Motte, *295.*
Saint-Vivant-en-Amaous, *233, 234.*
Tacon (le), *43, 350.*
Tancua, *330.*
Tapon (bief du), *356.*
Taurain (saint), *137.*
Tavaux, *79, 88, 172, 214, 216, 251, 252.*
Taverdet (G.), *142.*
Taxenne, *240.*
Thervay, *236.*
Thévenins (Les), *327.*
Thoirette, *75, 83, 141.*
Thoreigne (la), *18.*
Thoiria, *290.*
Thomarys (Les), *355.*
Toulouse-le-Château, *31, 202, 203, 261.*
Tour-du-Meix (La), *287, 288, 289.*
Tourmont, *172.*
Tournier (René), *45, 68.*
Transjurassienne (la), *317, 354.*
Tresses (combe de), *356.*
Tuffes (mont des), *322, 323, 324.*
Turu (mont), *312.*
Vadans, *179.*
Val (lac du), *265.*
Valfin-sur-Valouse, *139, 141.*
Vallière (la), *107, 109, 260.*
Vallin Duhail (résistant), *59.*
Valmijoux, *19.*
Valouse (vallée de la), *134, 287.*
Valouson (vallée du), *18, 134.*
Valserine (vallée de la), *334.*
Vaucluse, *356.*
Vaucluse (chartreuse de), *47, 148.*
Vaulchier (Philippe), *209.*
Vaux-lès-Saint-Claude, *349.*
Verges, *149.*
Vernet (Horace), *124.*
Vernier (saint), *151.*
Vernier (Théodore, avocat), *55, 110.*
Vernois (Le), *145, 151, 155, 199, 294.*

Vers-Cul, *256*.
Vers-en-Montagne, *267, 269*.
Vesontio, *38, 41*.
Vevy, *149*.
Victor (Paul-Emile), *324*.
Vieille-Loye (La), *247, 249*.
Vignoble (le), *10, 14, 15, 16, 20, 21, 25, 40, 47, 48, 67, 85, 100, 126, 143, 145, 147, 148, 151, 152, 153, 179, 180, 183, 197, 199, 200*.
Villards-d'Héria, *12, 32, 39, 40, 41, 65, 124, 328, 345, 346*.
Villeneuve-sous-Pymont, *124*.
Villers-Farlay, *71, 76*.
Villevieux, *197, 198*.
Vincent, *198*.
Vion-Delphin (François), *263-264, 266*.
Viry, *350*.
Viseney (Le), *203*.
Vitreux, *238*.
Voisin (Jean-Claude), *66*.
Voiteur, *143, 145, 148, 151, 152, 153, 155, 180*.
Voltaire, *334*.
Vosbles, *141*.
Vouglans, *148, 285, 289*.
Vouglans (lac de), *281, 283, 285*.
Vregille (Bernard de, père), *194*.
Vuillemey (M.), *33*.
Vuillemin (Elie), *45*.
Vuillet (Pierre), *330*.
Watteville (Jean de), *157, 161*.

Remerciements

Les auteurs remercient Pierre Badois, Bernard Bichon, Jérôme Boillot, le Comité départemental de tourisme, le Comité régional de tourisme, Jean-Yves Crétin, Jean-Luc Dufay, Claude Journu, François Kerlouegan, l'abbé Pierre Lacroix, François Lassus, Lucien Lerat, René Locatelli, Joëlle Maillardet, Claude-Roland Marchand, François Marcot, Daniel Mathieu, Jean-Louis Nappey, Jean-Louis Pavas, Pierre Petrequin, M. le président de l'Association des syndicats d'initiative et des offices du tourisme du Jura, Christophe Rameau, Micheline Roumegous, Jacky Theurot, Robert Toussaint, Denis Vuillermoz.

Dep. Leg. B-16194-88

Composition, montage, photogravure : Textel, 69005 Lyon. Achevé d'imprimer chez Cronion S.A., Barcelone, Espagne, en avril 1988. Dépôt légal : 2e trimestre 1988.